MODERN MONEY THEORY

A Primer on Macroeconomics for
Sovereign Monetary Systems 2nd edition

L. Randall Wray

MMT
現代貨幣理論入門

L・ランダル・レイ［著］
中野剛志・松尾 匡［解説］
島倉 原［監訳］ 鈴木正徳［訳］

東洋経済新報社

palgrave
macmillan

First published in English under the title
Modern Money Theory; A Primer on Macroeconomics for Sovereign Monetary Systems
by L. Randall Wray, edition: 2

Japanese translation published by arrangement with Springer Nature Limited
through The English Agency (Japan) Ltd.

巻頭解説

「現実」対「虚構」

ＭＭＴの歴史的意義

中野 剛志

「現代貨幣理論（Modern Monetary Theory もしくは Modern Money Theory）」。通称「ＭＭＴ」。

２００年に及ぶ経済学の歴史においても、これほどまでに革命的であり、そしてスキャンダラスな経済理論が脚光を浴びることは、そうめったにはない。

もっとも、最近になって現れたかに見えるＭＭＴであるが、実は、20世紀初頭のゲオルグ・Ｆ・クナップ、ジョン・Ｍ・ケインズ、ヨーゼフ・Ａ・シュンペーターらの理論を原型とし、アバ・ラーナー、ハイマン・ミンスキーなどの業績も取り込んで、１９９０年代に、本書の著者Ｌ・ランダル・レイ、ステファニー・ケルトン、ビル・ミッチェルといった経済学者、あるいは投資家のウォーレン・モズラーらによって成立したという系譜をもっている。ＭＭＴの歴史は、その原型も含めて考えるならば、意外と長いのである。

それにもかかわらず、MMTの登場は、やはり、革命的で、スキャンダラスな事件だと言わざるを得ない。

それは、世界中の経済学者や政策担当者が受け入れている主流派経済学が大きな間違いを犯していることを、MMTが暴いてしまったからである。

しかも、単なる間違いではない。貨幣の理解からして間違っているというのである。

経済学とは、貨幣を使った活動についての理論だと考えられている。しかし、その「貨幣」について、主流派経済学は正しく理解していなかったというのだ。もし、そうだとしたら、主流派経済学の理論はその基盤から崩れ去り、その権威は地に堕ちるだろう。これ以上スキャンダラスなこともないではないか。

否定された「商品貨幣論」

さて、その貨幣についてであるが、主流派経済学は、次のように説明してきた。

原始的な社会では、物々交換が行われていたが、そのうちに、何らかの価値をもった「商品」が、便利な交換手段（つまり貨幣）として使われるようになった。その代表的な「商品」が貴金属、特に金《きん》である。これが、貨幣の起源である。

しかし、金《きん》そのものを貨幣とすると、純度や重量など貨幣の価値の確認に手間がかかるので、政府が一定の純度と重量を持った金貨を鋳造するようになる。次の段階では、金《きん》との交換を義務付けた兌換紙幣を発行するようになる。こうして、政府発行の紙幣が標準的な貨幣となる。最終的には、金《きん》との交換による価値の保証も不要になり、紙幣は、不換紙幣となる。それでも、交換の際に皆が受け取り続ける限り、紙幣には価値があり、貨幣としての役割を果たす(1)。

これが、主流派経済学の貨幣論、いわゆる「商品貨幣論」である。しかし、商品貨幣論が間違いであることは、歴史学・人類学・あるいは社会学における貨幣研究によって、すでに明らかにされている。また、イングランド銀行や国際決済銀行も、商品貨幣論を否定している(2)。「貨幣とは何か」については、依然として様々な説があるが、少なくとも、商品貨幣論のような素朴な貨幣論を未だに信じている社会科学は、もはや主流派経済学のみなのではないか。

延命を図る主流派経済学

では、MMTの貨幣論は、どのようなものであるか。詳しくは、本書本編に譲るとして、その概要だけ触れておくならば、こうである。

まず、政府は、債務などの計算尺度として通貨単位（円、ドル、ポンドなど）を法定する。

次に、国民に対して、その通貨単位で計算された納税義務を課す。

そして、政府は、通貨単位で価値を表示した「通貨」を発行し、租税の支払い手段として定める。

これにより、通貨には、納税義務の解消手段としての需要が生じる。こうして人々は、通貨に額面通りの価値を認めるようになり、その通貨を、民間取引の支払いや貯蓄などの手段としても利用するようになる。こうして、通貨が流通するようになる。

要するに、人々がお札《さつ》という単なる紙切れに通貨としての価値を見出すのは、その紙切れで税金が払えるからだというのである。

ＭＭＴの理論は、この正しい貨幣論を「前提」として構築される。ＭＭＴは、貨幣論という理論の「前提」からして、主流派経済学とはまったく異なっている。それゆえ、ＭＭＴが導き出す政策的含意もまた、当然にして、主流派経済学とは大きく違ったものとなる。

その結論だけ言えば、主流派経済学は、マクロ経済運営の中心に、中央銀行による金融政策を位置づけている。他方、財政政策の評価については、消極的あるいは否定的である。金融政策が「主」であり、財政政策は「従」という扱いなのである。

これに対して、ＭＭＴは、この主従を逆転させる。マクロ経済運営で中心的な役割を果たすべきは、財政政策なのである。中央銀行による金融政策も重要ではあるが、その役割はあくまで「従」としての位置づけとなると言ってよい。

主要先進国における経済政策は、おおむね、主流派経済学の理論に従って運営されてきた。とりわけ１９９０年代後半以降は、日米欧いずれにおいても、金融政策中心の傾向が顕著に強まった。

しかし、この金融政策中心のマクロ経済運営は、金融市場の不安定化（資産バブルとその崩壊の繰り返し）や低成長、あるいは所得格差の拡大といった結果をもたらした。とりわけ、２００８年の世界金融危機、その後のユーロ危機、あるいは日本の長期デフレによって、主流派経済学が処方する金融政策中心のマクロ経済運営は失敗に終わったということが、白日の下にさらされたのである。

このため、世界金融危機以降は、ポール・クルーグマン、ローレンス・サマーズ、あるいはオリヴィエ・ブランシャールなど、主流派に属する経済学者の中からでさえ、金融政策の限界を認め、財政政策を重視すべきだという声が上がってきている。

しかし、彼らは、財政政策の重要性を認めたとはいえ、主流派経済学が貨幣論という「前提」から間違っていたことまでは、未だ認めていない。もし、それを認めてしまったら、主流派経済学の理論体系が根底から崩壊し、MMTに取って代わられてしまうだろう。トーマス・クーンの言った「科学革命」が経済学において勃発するのだ。

だから、クルーグマンもサマーズもブランシャールも、今のところ、MMTを批判的に評価し、受け入れようとはしていない。彼らは、主流派経済学の既存の枠組みを破壊することなく、その中で「財政政策が主、金融政策が従」という結論を導き出そうとしているように見える。要するに、主流派経済学の延命を図っているのだ。

日本の経済学者や評論家、あるいは政策担当者の大半も、海外の主流派経済学者の虎の威を借りつつ、MMTを「極論」「暴論」扱いしている。その中には、消費増税論者がMMTを批判するのに、消費増税に反対するクルーグマン、サマーズあるいはブランシャールの名を引いてくるなどという滑稽な例すら見られる。

だが、主流派経済学が間違った貨幣論の上に成立している以上、その枠組みの中で、結論だけ変えるような論理操作を施したところで、何の意味があるというのだろうか。そのような姿勢は、研究者として不誠実であると言うべきではないのか。

シュンペーターが指摘していた「経済学者という強力な社会集団」

なぜ、主流派の経済学者や政策担当者たちは、MMTに対して、このような不誠実な態度をとり続けるのであろうか。

意外なことに、その答えは、シュンペーターが教えてくれる。

ちなみに、シュンペーターは、MMTの形成に大きな貢献をしたミンスキーの指導教官である。ミンスキーは、本書の著者レイの師であるから、レイはシュンペーターの孫弟子ということになろう。

あまり知られてはいないが、シュンペーターは、知識人、とりわけ経済学者の在り方にも、非常に強い関心を抱いていた。

例えば、大著『経済分析の歴史』の未定稿の中で、シュンペーターは、科学について、次の3つの論点を挙げている。

第1の論点は、科学の進歩についてである。

どの科学者も、独自の視点から理論を構築していくのではなく、専門の科学者たちの間ですでに確立された学説や方法を引き継ぎ、それを基礎として研究を進めるものである。

しかし、それゆえに、科学が既存の理論の枠組みから逸脱することは、極めて難しくなる。「既存の科学構造がもたらす抵抗のせいで、学説や方法における大きな変化は転換という形ではなく、最初は遅れ、そして後に革命という形で起きるのである。そして、その過程の中で、恒久的に価値があるかにみえた、あるいは未だすべての成果を収穫する時期に至っていない既存の科学構造の諸要素は失われることになる[3]」。

このようにシュンペーターは、クーンの「科学革命」説に先行する議論を展開するのである。

第2の論点は、「世代」の問題である。

科学は継続性のある構造を有しており、学説や方法は容易には変更されない。この継続性は、同じ時代に属する科学者たちはその姿勢も類似したものになるという「世代」という現象によって理解し得る[4]。ということは、科学の転換は、環境の変化だけではなく、世代の交代によってももたらされるであろうということだ。

第3の点は、経済学者という社会集団の問題である。

科学者たちは特殊な社会集団を形成するが、「経済学においては、この集団は成熟するまでに長くかかったが、成熟してみると、物理学におけるものよりもはるかに重要なものとなった[5]」。

この経済学者という社会集団について、シュンペーターは、主著『資本主義・社会主義・民主主義』においても、「知識人の社会学（the sociology of the intellectual)」として考察している。そこで彼が「知識人」と言っているのは、端的に「経済学者」と読み換えてよい。

知識人（経済学者）には、次の3つの特徴があるとシュンペーターは言う。第1に、「実際の事件に対して直接の責任をもたない」、第2に「実際の経験からのみ得られる生の知識をもたない」、そして第3に「批判的態度」を旨とする。[6]

経済学者たちは、政党のパンフレットや演説の原稿を書いたり、政治家の秘書や顧問として働いたりするなどして、より直接的に政治に入り込む。また、経済学者と官僚の関係も密接なものとなる。なぜなら「官僚は、同じような教育をうけ多くの共通点をもっている現代の知識人に従って主義を改めることにはやぶさかではない」[7]からだ。

こうして、経済学者たちは、政策に深く関与し、社会に多大な影響を及ぼすようになる。しかし、経済学者たちは「実際の事件に対して直接の責任をもたない」し、「実際の経験からのみ得られる生の知識をもたない」のである。そんな彼らが構築した理論は、所詮は机上の空論である。机上の空論なのだから、現実の社会で通用するはずもない。

だが、「批判的態度」を旨とする経済学者たちは、理論に合致しない現実の社会の方を批判する。そして、現実の社会を破壊しようと企てるというのである。

MMTによる経済学の「科学革命」

このシュンペーターによる「経済学者の社会学」は、主流派経済学者たちがMMTに対して異様なほど抵抗した理由をよく説明しているであろう。

２０１８年にノーベル経済学賞を受賞したポール・ローマーですらも、主流派経済学者たちが画一的な学界の中に閉じこもり、極めて強い仲間意識を持ち、自分たちの仲間以外の専門家たちの見解や研究にはまるで興味がないことをひどく嘆いている。また、主流派経済学者の理論の是非の判断基準は、事実ではなく、数学的理論の純粋さのみになっている、と強く批判している。(8)

ＭＭＴ批判の中には、「ＭＭＴには、数学的理論がない」などという低レベルのものが散見されたが、これなども、ローマーの批判を裏づけるものであろう。ＭＭＴが論じているのは、数学的な純粋さではなく、ビル・ミッチェルが強調するように、あくまでも「現実」なのだ。(9)

このように、近年、主流派経済学の在り方については、主流派の内部からも批判の声が上がっていた。そこへ来て、突然のＭＭＴのブームである。

これは、経済学における「科学革命」が起きる予兆なのであろうか。もちろん、断言はできない。

しかし、シュンペーターによれば、科学の在り方は「世代」の問題と深く関係しているという。

１９９０年代に成立したＭＭＴが、それから一世代後の今になって注目を浴びていること。

また、ＭＭＴが、停滞や格差の時代を経験した比較的若い世代によって支持されていること。

こうした現象は、ＭＭＴによる経済学の「科学革命」が世代交代に伴って起き始めたことを示しているのかもしれない。

もし、そうだとしたら、我々は、経済学の歴史的転換点に立ち会っているということになろう。

いずれにしても、筆者としては、主流派経済学ではなく、それに挑戦するＭＭＴを支持する側にいることを幸福に思っている。

そして、できるだけ多くの方が本書を読んで、経済学の科学革命に参画することを切に願っている。

【注】

1. N・グレゴリー・マンキュー『マンキューマクロ経済学I入門編【第3版】』110-112ページ、足立英之・地主敏樹・中谷武・柳川隆訳、東洋経済新報社、2011年。
2. Mcleay, Michael, Amar Radia, and Ryland Thomas. "Money in the Modern Economy: An Introduction," Quarterly Bulletin 2014 Q1, Bank of England.
   Claudio Borio（Head of the Monetary and Economic Department of the BIS）. "On Money, Debt, Trust and Central Banking," at the Cato Institute, 36th Annual Monetary Conference, Washington D.C., Nov. 15, 2018.
3. Schumpeter, Joseph A. 1954. *History of Economic Analysis*, 46, Oxford: Oxford University Press.（ヨーゼフ・A・シュンペーター『経済分析の歴史［上・中・下］』東畑精一・福岡正夫訳、岩波書店、2005-06年）
4. Schumpeter（1954）, 46.
5. Schumpeter（1954）, 47.
6. ヨーゼフ・A・シュムペーター『資本主義・社会主義・民主主義』229-230ページ、中山伊知郎・東畑精一訳、東洋経済新報社、1995年。
7. シュムペーター（1995）、243ページ。
8. Romer, Paul. "The Trouble with Macroeconomics," delivered Jan. 5, 2016 as the Commons Memorial Lecture of the Omicron Delta Epsilon Society.
9. http://bilbo.economicoutlook.net/blog/?p=35836

第２版序文

近年、「現代貨幣理論」(Modern Money Theory: MMT) と呼ばれるマクロ経済学のアプローチが発展を遂げてきた。その理論を構成する諸要素は目新しいものではない。この理論の新しさは、首尾一貫した分析を実現するためそれらの要素を統合したところにある。私は、１９９８年の著書 *Understanding Modern Money*（現代貨幣を理解する）においてこの統合を初めて試みた。同書では、貨幣の歴史のみならず、このアプローチの基礎となる思想の歴史をもたどった。また、理論を提示し、「現代貨幣」の視点から財政政策および金融政策を分析した。それ以来、ＭＭＴはこれらの政策運営の理解を深める理論として著しい進歩を遂げている。

本書は２０１２年に出版された *Modern Money Theory* の改訂版である。改訂の目的は、初版に対する批評やここ数年間の理論の発展を踏まえ、インフレ、租税、ユーロ危機、為替相場、貿易、途上国経済などにも分析を広げ、さらに、いくつかの章（序論、結論）では説明を改善することにある。

初版の刊行以来、ＭＭＴはマスメディアで、インターネットで、さらには大衆政治運動においても大いに注目されてきた。ウォーレン・モズラーは、アルトゥル・ショーペンハウアーの格言を引いて、

ＭＭＴは次の３つの段階を経るだろうと長い間予言していた。すなわち、最初は嘲笑される。次に激しく反対される。最後は自明のものとして受け入れられる。ＭＭＴを構成する諸理論の多くが、既に第３段階に達している――かつての批判者たちは今や、そんなことは初めから分かっていたとうそぶいている。

ＭＭＴの研究成果は多くの学術出版物で報告されている。さらに、ブログの普及と共に、考え方が世界中に広がった。「現代貨幣理論」は今や、従来の考え方に取って代わり得る首尾一貫した理論として広く認識されている。しかしながら、学術論文や文字数の限られたブログは、ＭＭＴアプローチの包括的な紹介をするのに適した場とはいえない。

この入門書は、学術誌の堅苦しい議論とお手軽なブログのギャップを埋めようとするものである。また、かなり高度な理解に達することも可能な基礎を読者に与えるものである。まずは簡単な概観――ＭＭＴとはどんなもので、なぜ重要なのか？――から始めよう。それから、ストック、フロー、バランスシートに特に注目しつつ、マクロ会計の基礎を紹介する。本文では考え方を明確かつ簡潔に示すことに徹し、より専門的な細部の議論はコラムに記した。そのあとで、主権国家において貨幣がどのように機能するのか、その理解の確立へと進む構成になっている。

ほとんどの読者にとって最も驚くべき結論は、こと貨幣に関しては、主権を有する政府は、家計や企業とはまるで別物だということであろう！　賢明な政府は予算を均衡させるものだ――家計や企業とまったく同じように――と我々は常々聞かされるが、このアナロジーは間違っている。政府は通貨の発行者であり、通貨の利用者ではない。もし政府が家計のように予算を均衡させようと振る舞えば、経済は悪化するであろう。読者はまったく新しい視点で金融政策および財政政策を見るようになるだろう。

多くの批評家から、MMTアプローチは米国のケースにばかりフォーカスしており、国際準備通貨を発行していない国にはほとんど当てはまらないと批判されてきた。間違いなく、この批判は誇張されたものである。MMT派は、このアプローチをオーストラリア、カナダ、メキシコ、ブラジル、中国を含む多くの国に適用してきたからだ。とはいえ、依然として、多くの文献は変動為替相場制を採用している先進国のケースを扱っている。また、MMT支持者の中には、「MMTは固定為替相場制には適用できない」と論じている者がいるのも事実である。本書はこのギャップを埋めている。途上国（固定為替相場制を採用していることが多い）の状況のみならず、それ以外の為替相場制度についても明確に議論する。その意味で、本書は現代貨幣理論を一般化するものである。

私が1998年に出した著書とは異なり、本書では貨幣の歴史や思想の歴史については詳述していない。いくつかの事例や若干のデータ、そして実際のオペレーションに関する多少の議論も提供するものの、説明や議論の大部分は理論的なものにとどめている。とはいえ、理論そのものは難しいものではなく、簡単なマクロ恒等式から基本的なマクロ経済学へと展開している。それは、経済学の知識が乏しくても理解できるように設計されている。さらに、本書では従来の経済学のアプローチに対する批判をほとんど展開していない。そうした批判は既に数多くなされており、本書ではむしろ前向きな貢献を志向している。おかげで説明は比較的すっきりしたものとなっている。適宜コラムを設けており、そこでは少し専門的な議論やケーススタディを取り上げたり、よくある質問に対する回答を行っている。時間のない読者はコラムを飛ばしてもらっても構わないし、各章の本文を読み終わってからコラムに戻ってくれてもよい。

本書では、現実の経済を分析する基礎となるマクロ経済理論を検討し、自らの通貨を発行する政府がどのように支出するのかを検討する。最初はすべての通貨制度に当てはまる一般的な分析を示し、そのあとは様々な為替相場制度に応じて——変動相場制から、管理相場制、固定相場制まで——国内政策にどのような制約がもたらされるかを議論する。そこでは、変動為替相場制が国内政策により多くの余地をもたらすことが論じられる。この議論は有名な開放経済の「トリレンマ」——国は、「為替レートの安定を保つ」「金利の安定を保つ」「自由な資本移動を認める」という3つの政策のうち2つしか選ぶことができない——と関係がある。同時に、為替レートの目標相場圏制度を選択する国は、力強い経済成長を伴う完全雇用の達成に注力する国内政策を、実行できないかもしれないことも論じられる。

そのあとに——ずっとあとに——、アバ・ラーナーの「機能的財政」アプローチがどのようにしてMMTから直接導かれるかを示している。これが、どんな政策をとることができるのかのみならず、どんな政策をとるべきかという、金融・財政政策の議論につながる。繰り返すが、本書の最も重要な目的は、政策形成の基礎としての役割を果たせる理論を提示することにある。従って、議論は一般的・全般的なものとなる。本書の目的は、特定の政策を押しつけることではない。**本書は、「大きな政府」支持者も「小さな政府」支持者も利用可能である。**私自身が進歩主義寄りなのはつとに有名だが、MMT自体は中立的である。

本書の重要な目的の1つは、最近の研究により明らかになった原理を、部門収支やMMTアプローチに応用することである。レヴィ経済研究所は、ワイン・ゴッドリーやハイマン・ミンスキーの業績を受け継ぎ、このような研究の最先端に位置してきたが、その研究の大部分は先進国の状況にフォーカスしたものであった。ヤン・クレーゲルは、UNCTAD（国連貿易開発会議）における自身の研究で、途上国経済の分析にこのアプローチを利用した。レヴィ経済研究所の他の研究者たちは、先進国および途上国において、雇用創出プログラムの実施を要求するためにこのアプローチを利用してきた。本書は、これらの分析の適用範囲を広げ、為替相場制度の選択に応じて政策の選択肢も異なることを明確に示すことになろう。

最後に、貨幣の本質を探究する。論理的に、貨幣が（金《きん》のような）商品ではあり得ず、債務証書でなければならないことが明らかになるだろう。金本位制を採用する国でさえ、実際には貨幣という名の債務証書――それが貴金属に交換可能な債務証書だとしても――で運営されている。また、なぜ貨幣経済の下では（労働力を含む）経済資源の一部が不稼働となり、生産能力が100パーセント発揮されない状態が一般的であるのかも示そう。信用力の本質、すなわち、貨幣的な負債の中でも、一部のものが他のものよりも受け入れられる理由も検討する。私の指導教官で、今は亡き偉大なハイマン・ミンスキーがよく語っていたように、「誰でも貨幣を創造できる。問題はそれを受け取らせることにある」。貨幣が何であるかを理解することは、2007年の世界金融危機につながった一連の出来事の何が間違っていたのかを分析する第一歩となる。また、ユーロ圏が（特に2010年以降）直面した問題を理解するのにも役立つ。

本書は、経済学の予備知識をさほど必要としないMMTの基本入門書である。不必要な数学や専門用語は使っていない。「第一原理」と呼んでもよいものから、貨幣が実際にどのように「機能する」かについての理論を組み立てている。とりわけ2007年に始まった世界的な金融の混乱を考えると、政策問題と最新の出来事を幅広く取り上げたい誘惑に駆られたが、本書の目的から外れないように心がけた。

幅広い潜在的読者にこの入門書を試し読みしてもらうために、私は同僚のステファニー・ケルトンが運営するブログ「ニュー・エコノミック・パースペクティブズ（経済に関する新しい見方）」にその一部を投稿し始めた。これは毎週月曜日、ブログの特設ページ「現代貨幣入門」に掲載された。そこに寄せられたコメントは水曜日の夜に集められ、その後、それらに対する私の回答が公表された。そのおかげで、私は本書の内容を修正することができた。私の回答の一部は本文に取り入れられ、一部はいくつかのコラムの素材となった。コメントを下さった方々全員に対し、その協力に感謝申し上げる。その批判的な分析は本書の解説を研ぎ澄ますのに役立った。この第2版では、2012年の初版刊行以来寄せられたコメントを取り上げ、コラムに質問・回答のみならず分析も付け加えた。

過去20年以上にわたって共に研究し、このアプローチを発展させてきたMMTグループの人々——Warren Mosler, Bill Mitchell, Jan Kregel, Stephanie Kelton, Pavlina Tcherneva, Mat Forstater, Ed Nell, Scott Fullwiler, Eric Tymoigne——、さらには現在およびかつての多くの教え子たち——特にJoelle LeClaire, Heather Starzinsky, Daniel Conceicao, Felipe Rezende, Flavia Dantas, Yan Liang, Fadhel Kaboub, Zdravka Todorova, Andy Felkerson, Nicola Matthews, Shakuntala Das, Corinne Pastoret, Mike Murray, Alla Semenova, Yeva Nersisyan——に感謝の意を表したい。Warren Moslerには、Maurice Samuels, Cliff Viner, Scott Ramseyと共に、ミズーリ大学カンザスシティ校における我々の講座を長年にわたって支援して下さったことにも感謝したい。また、最初のプロジェクトに資金援助して下さったアジア開発銀行——特にJesus Felipe——と、カザフスタンで開催された同行の2つのワークショップで、途上国研究を掘り下げるにあたって有益なコメントを下さった参加者の方々にも感謝したい。

Warren Mosler, Eric Tymoigne, Neil Wilsonからは本書の新版に対してコメントをいただき、Yeva NersisyanとMila Malyshavaにはデータのアップデートを手伝っていただいた。Dimitri PapadimitriouとJan Kregel、そして故人となったHyman MinskyとWynne Godleyには、お世話になったのみならず、レヴィ経済研究所を快適かつ刺激的な環境にして下さったことについて、とりわけ感謝申し上げたい。最後に、第2版の刊行を提案してくれただけではなく、思いのほか準備に時間がかかったにもかかわらず辛抱してくれた、パルグレイブ・マクミラン社の方々に感謝の意を表したい！

前置きはこのぐらいで十分だろう。まずは新しくなった序論で、MMTを概観してみよう。

定義

本書では、以下の定義および慣例を採用する。

「貨幣（money）」は、一般的、代表的な計算単位をいう。特定のモノ――硬貨や中央銀行券――を指す言葉としては使用しない。

いわゆるモノとしての貨幣は具体的に特定される。硬貨、銀行券、要求払預金などがこれに当たる。この中には手で触れるもの（紙幣）もあるし、バランスシートに電子的に記入されたもの（要求払預金、準備預金）もある。従って、「貨幣証券（money tokens）」とは「貨幣を単位とした債務証書」の略称に過ぎない。これは、計算貨幣を単位とした負債の記録――金属、紙、粘土板、木の棒に記録されてきたが、今日では大部分が電子的な入力という形で記録される――なので、「貨幣記録（money records）」と呼ぶこともできる。

［訳注：原著本文では、上記の定義にかかわらず、「計算単位としての貨幣」「モノとしての貨幣」の2つの意味で“money”が用いられている一方で、「計算単位としての貨幣」を意味する“money of account”という概念が別途導入されるなど、定義と本文が必ずしも一致していない。そこで本訳書で

は、「計算単位としての貨幣」を意味する語句については原則「計算貨幣」と訳出する一方で、上記“money tokens”や“money records”も含めた「モノとしての貨幣」を意味する語句については単に「貨幣」と訳出している。なお、「計算貨幣」は、ジョン・M・ケインズ『貨幣論Ⅰ』（ケインズ全集第5巻、東洋経済新報社）でも“money of account”の訳語として用いられている」

特定の国の貨幣は大文字で示す。US Dollar（米ドル）、Japanese Yen（日本円）、Chinese Yuan（中国人民元）、UK Pound（英ポンド）、EMU Euro（ユーロ）といった具合である。

「通貨（currency）」は、政府（財務省などの国庫や中央銀行）により発行される硬貨、紙幣、準備預金を示す。特定の国の国庫や国債は、大文字で示す。US Treasury（米国財務省）、US Treasuries（米国債）といった具合である。

「準備預金（bank reserves）」は、中央銀行に預け入れられた民間銀行の預金で、計算貨幣を単位として表示される。これは、銀行間決済、現金引出しへの対応、および顧客に代わって政府に支払いをするために使われる。

「純金融資産（net financial assets）」は、総金融資産から総金融負債を引いたものに等しい。実物資産は含まないため、純資産とは異なる。

「ＩＯＵ（I owe you＝私はあなたに借りがある）」は、計算貨幣を単位とした金融債務、負債、支払義務であり、それを保有する者にとっては金融資産である。ＩＯＵは物的証拠（例えば、紙に書かれたもの、硬貨に刻印されたもの）が存在する場合もあるし、（例えば、銀行のバランスシートに）電子的に記録されることもある。もちろん、ＩＯＵは発行者にとっては負債だが、保有者（債権者とも呼ばれる）にとっては資産となる。

［訳注："IOU" もまた、原著本文では「負債」「（負債を表示した）債務証書」の２つの意味で用いられている。そこで、前者の場合には「負債」「債務」、後者の場合には「債務証書」「借用書」などの訳語を文脈に応じて使い分けている］

「３部門収支（three sectors balance）」。経済は３つの部門に分けることができる。すなわち、国内政府部門、国内民間部門（あるいは非政府部門。これには家計、企業、非営利組織を含む）、海外部門である。周知のとおり、経済全体では、すべての部門の支出を合計するとその所得の合計に等しくなる。しかしながら、個々の部門では、所得より多く支出する（赤字を出す）ことも、少なく支出する（黒字を出す）ことも可能である。マクロ恒等式により、もしも１つの部門が黒字なら、少なくとも他の１つの部門は赤字になる。Ｅを支出、Ｙを所得とすれば、「（政府のＹ－Ｅ）＋（民間のＹ－Ｅ）＋（海外のＹ－Ｅ）＝０」あるいは、「政府収支＋民間収支＋海外収支＝０」という式が成り立つ。国内総生産（ＧＤＰ）――消費（Ｃ）、投資（Ｉ）、政府支出（Ｇ）、純輸出（Ｘ－Ｍ、すなわち、輸出（Ｘ）から輸入（Ｍ）を引いたもの）の合計――の項目で表せば、３部門収支の恒等式（の左辺）は同様に「政府収支（Ｔ－Ｇ）＋民間収支（Ｓ－Ｉ）＋海外収支（Ｍ－Ｘ）」（Ｓは貯蓄、Ｔは租税を示す）となり、いずれにしても収支の総計はゼロになる。

目次

第1章 マクロ会計の基礎

1つの部門の赤字は、別の部門の黒字に等しい

第3章 国内の貨幣制度

銀行と中央銀行

第4章 自国通貨を発行する国における財政オペレーション
政府赤字が非政府部門の貯蓄を創造する

第5章 主権国家の租税政策

「悪」に課税せよ、「善」ではなく

第6章　現代貨幣理論と為替相場制度の選択

失敗するように設計されたシステム「ユーロ」

第7章 主権通貨の金融政策と財政政策

政府は何をすべきか？

第8章 「完全雇用と物価安定」のための政策

「就業保証プログラム」という土台

第9章 インフレと主権通貨
「紙幣印刷」がハイパーインフレを引き起こすわけではない

本書記載のＵＲＬについては原書どおりに記載している。

序論

現代貨幣理論の基礎

この序論では、現代貨幣理論の基礎を短く要約している。理論や政策にはあまり踏み込まず、結論を概観する。MMTアプローチを理解するのがなぜ重要なのか説明することが目的である。多くの読者が、MMTを理解すると経済の見方が完全に変わったと語ってくれた。

私が担当する、ミズーリ大学カンザスシティ校の大学院マクロ経済学ゼミで、長い学期の終わりに、一人の学生が風変わりな方法で最後のプレゼンテーションを行った。彼は参加者一人ひとりにレンズがゆがんだ奇妙なメガネを配り、それをかけるように頼んだ。我々がゆがんだピントをしばらくの間調整しようとしていると、「学期が始まったころ、私にはマクロ経済学の世界がこんな風に見えていました。しかし、今はまったく違って見えます。ゆがんだメガネをはずし、物事をはっきりと見てください」と彼は言ったのである。

ＭＭＴは、ジョン・Ｍ・ケインズ、カール・マルクス、Ａ・ミッチェル・イネス、ゲオルグ・Ｆ・クナップ、アバ・ラーナー、ハイマン・ミンスキー、ワイン・ゴッドリーなど、数多くの碩学の見識の上に築かれた、比較的新しいアプローチである。ＭＭＴは、「言わば「巨人たちの肩を踏み台として成り立っている」のである。

ＭＭＴの研究は、思想史、経済史、貨幣理論、失業と貧困、金融と金融機関、部門収支、景気循環と危機、金融政策と財政政策を含む、経済学の様々な分野に及んでいる。ＭＭＴは、理論の様々な要素を大幅にアップデートし、統合してきたが、その大部分は異端であって、いわゆる主流派には属さない。

（ケインズが言ったように、「少なくとも」）過去４０００年間、我々の貨幣制度は「国家貨幣制度」であった。簡単に言えば、国家が計算貨幣を決め、それを単位として表示される義務（租税、地代、10分の1税、罰金、手数料）を課し、そうした義務を果たすための支払手段となる通貨を発行する制度である。

ＭＭＴ独自の最も重要な貢献は、おそらく国庫と中央銀行のオペレーションの協調に関する詳細な研究であろう。その手順は、政府がどのように「実際に支出する」のかを分かりにくくしてしまう可能性がある。

２００年前なら、国庫が通貨を発行するという形で支出し、支払手段としてその通貨を受け取るという形で徴税しているのは明白だったが、今や中央銀行が国庫に代わって通貨の支払いと受取りを行っているので、分かりにくくなってしまった。

しかし、非常に複雑にはなったものの、MMTが示してきたように本質は何も変わっていない。政府が支出して通貨を生み出し、納税者が国家への支払義務を果たすためにその通貨を使っていると言ってもまったく問題ない。

MMTが導き出す結論は、通俗観念に染まった多くの人々にとってショッキングなものである。最も重要なのは、MMTがオーソドックスな考え方に対して異議を唱えていることだ。その対象は、政府の財政（および財政赤字の危険性）、金融政策、いわゆるフィリップス曲線の（インフレと失業に関する）トレードオフ、固定為替相場制（および、EMUすなわち欧州通貨同盟への加盟！）の妥当性、経常収支の黒字を目指すことの愚かしさなど、多岐にわたっている。

MMTは、政府の財政は家計や企業のそれとはまったくの別物だと主張している。これは、ほとんどの人々にとって、身近で重要な信念に対する最大の異議申立である。我々は、「わが家の家計が連邦政府予算と同じような状態だったら、破産してしまう」「それゆえ、政府の赤字を抑制しなければならない」と常々聞かされているが、MMTはこのアナロジーは誤りであると主張する。主権を有する政府が、自らの通貨について支払不能となることはあり得ない。自らの通貨による支払期限が到来したら、政府は常にすべての支払いを行うことができるのである。

それどころか、政府が支出や貸出を行うことで通貨を創造するのであれば、政府が支出するために租税収入を必要としないのは明らかである。さらに言えば、納税者が通貨を使って租税を支払うのであれば、彼らが租税を支払えるようにするために、まず政府が支出をしなければならない。繰り返すが、このことは、200年前なら明白だった。国王が支出のために文字どおり硬貨を打ち抜き、その後、租税の支払いを自らの硬貨で受け取っていた。

今でも、税金を支払う時に「タックス・リターン」を提出したという言い方をする。いったい何を「リターン」したというのか？　主権を有する政府に対して政府自身の通貨を返したのだ（いくら支払うべきかを示す明細を添付して）。古くは、納税義務を果たすために、政府に対して政府の硬貨、割り符、紙幣、その他の形態の通貨を「リターン」していた。政府によって受領されると、これは「revenue（歳入）」と呼ばれる。この英単語の由来はフランス語の「revenu」であり、さらにその由来は、「返す」あるいは「戻ってくる」を意味するラテン語の「reditus」である。租税が支払われた時、何が政府に「戻ってくる」のか？　政府自身の通貨である。

現代の政府は、政府に代わって支払いと受取りを行う自らの銀行――中央銀行――を有している。そのため、このことは理解しにくくなっている。これらの支払いはほとんどが電子的なものである。従って、現代の政府は、通常は支払いに硬貨や紙幣を使わず、租税の徴収にもこれらを使わない。政府はその代わりに、政府に代わって銀行口座へ振り込むよう中央銀行に指示する。租税の支払いの場合には、中央銀行によって銀行口座からの引落としが行われる。

ほとんどの人がこういった会計の手順を知らないため、政府がどのように支出するのか本当には理解していない。そのため、家計予算のアナロジーにだまされてしまい、「政府が支出をする前には、家計が租税を支払うことでもたらされる『収入』が必要である」という議論が適切であるかのように思えてしまう。ところが、現実はまったく逆である。家計が租税を支払えるようになるには、その前に政府が支出をする必要があるのだから！

もう1つのショッキングな認識は、政府は支出をするために自らの通貨を「借りる」必要がないことである。そもそも、まだ支出していない通貨を借りることなどできはしない。このため、政府による国債の売却は借入れとはまったく異なるものであると、MMTは位置づけている。

政府が国債を売却する際、（民間）銀行は中央銀行に保有する準備預金を使って国債を購入する。中央銀行は、国債を購入する銀行の準備預金から代金を引き落とし、銀行に国債を振り替える。これは、国庫による借入れと理解するよりも、あなたがより多くの利息を得るために自分の預金を当座預金口座から貯蓄預金口座に移すのに似ている。国債とは実は、準備預金（銀行でいうところの「当座預金口座」）よりも多くの利息を支払ってくれる、中央銀行における貯蓄預金口座にほかならない。

MMTは、主権を有する政府による国債の売却を、金融政策オペレーションと機能上同等のものだと認識している。少し専門的になるが、このような国債売却の目的は、中央銀行が翌日物金利の誘導目標を達成するのを助けることにある。国債売却は、翌日物金利に下落圧力を及ぼす超過準備［訳注：準備預金のうち、銀行自身の負債である預金の残高等に応じて保持することが制度上義務づけられている「所要準備額」を超過した部分のこと］を取り除くために利用される。中央銀行による国債買入れは、銀行システムにおける準備預金を増やし、翌日物金利の上昇を防ぐ。

それゆえ、米国では、ＦＲＢ〔訳注：原著では“Fed”。これは、金融政策の決定主体のみならず、連邦準備制度全体や連邦準備銀行を指すためにも使われる用語である。日本ではＦＲＢが同様の使われ方をしていることから、ＦＲＢと訳出している。なお、本来ＦＲＢが意味する“Federal Reserve Board”および“Federal Reserve Banks”は、それぞれ「連邦準備制度理事会」「連邦準備銀行（連銀）」と表記する〕がフェデラルファンド金利を誘導目標に維持できるように、ＦＲＢと財務省が国債の売却・買入れで協力している。このオペレーションは、現在のＦＲＢが準備預金に利息を付している――すなわち、準備預金を持つことは国債の保有と機能上同等となっている――ことから、実はここ数年で非常に分かりやすいものになった。そのため、国債の売却・買入れは時代遅れとなっている。つまり、政府支出を「ファイナンスする」のにも、中央銀行の金利誘導目標の達成を助けるのにも、国債は必要なくなっている。

とにもかくにも、主要なポイントは、「政府は支出のために自らの通貨を借りる必要がない！」ということである。政府は、銀行、企業、家計、外国人が利息を得るための手段として、利息の付く国債を提供している。これは政策上の選択肢であって、必要不可欠なものではない。政府は支出する前に国債を売却する必要はない。それどころか、銀行が国債を購入するのに必要な現金通貨や準備預金をまず政府が供給していなければ、国債を売却することもできない。政府は、支出すること（財政政策）、もしくは貸すこと（金融政策）のいずれかによって、現金通貨と準備預金を供給しているのである。

だから、租税と支出の関係――徴税は支出の後に生じる――とまったく同じように、国債の売却は、政府が現金通貨や準備預金を支出し、または貸し出した後に生じるものだと考えるべきである。

「照合する（raise a tally）」という言い回しは、アメリカ人ならたいてい知っている。これは、ヨーロッパの国王たちの通貨として、金額を示す刻み目の入った「割り符（tally sticks）」が使われたことに由来する。割り符は（本券と半券に）分割されて別々に所持され、納税の日になると国庫で照合された。租税が支払われた時点で、国王の発行した割り符を国王に引き渡すという納税者の義務が果たされ、同時に、自らの割り符を受領するという国王の義務が「解消」された。国王が割り符で支出した後でなければ、納税者がそれを引き渡すことができなかったことは明らかである。

銀行も同じようなことを行っていると聞くと、ほとんどの人が驚く。１５０年前、銀行は、融資を実行する際に独自の銀行券を発行していた。借り手は、銀行券を銀行に渡すことで借入れを返済した。借り手が銀行券を使って返済できるようになるためには、先に銀行が銀行券を創造しなければならなかった。今日では、銀行は融資を実行する際に預金を創造し、融資はそうした銀行預金を使って返済される。

かつて米国では、異なる銀行によって発行された銀行券は必ずしも額面どおりに受領されなかった。例えば、シカゴ銀行で発行された銀行券を使ってセントルイス銀行からの借入れを返済しようとしても、額面1ドルにつき75セントの価値しか認められない可能性もあった。

連邦準備制度が創設されたのは、額面どおりの決済を保証するためでもあった。その創設と同時に、民間の銀行券は基本的に廃止に追い込まれた。銀行は預金を使うようになり、銀行間の勘定の決済は、準備預金と呼ばれるFRBの負債を使うようになった。重要なのは、今や銀行は融資によって預金を創造し、借り手は銀行預金で借入れを返済するということである。これは、借り手が借入れを返済できるようになるためには、まず最初に銀行が預金を創造する必要があるということを意味している。

MMTは、租税制度の主な目的は通貨を「動かす」ことであると主張する。人々が主権国家の通貨を受け取る理由の1つは、その通貨で租税を支払わなければならないからである。支払いに必要がなければ、はなから誰も通貨を受け取らないだろう。租税その他の義務は、その支払いに使われる通貨に対する需要を生み出す。この観点からすると、租税の本当の目的は、政府に支出の「財源」を供給することではない。政府自身の通貨に対する需要を生み出すことで、政府がそれを支出手段として（あるいは貸出手段として）使えるようにすることである。

銀行預金も同じように機能する。我々が銀行預金を受け取る理由の1つは、我々の多くが住宅ローン、クレジットカード債務、自動車ローンを抱えているからである。いずれも、通常は自分の取引銀行の小切手を切ることで返済される。我々は、他の銀行の預金口座をもとに振り出された小切手を受け取り、自分の口座に入金することができる。中央銀行が額面どおりの決済を保証しているので、自分の取引銀行がその小切手を受け取ってくれるからである。

政府の通貨発行と、民間銀行の銀行券や預金の発行との間には、類似点もあるが相違点もある。

政府が納税義務を課すのに対して、民間銀行は顧客の自発的な借入れの決定に依存している。我々は借り手となることを拒めるかもしれないが、よく言われるように、人生で唯一確かなことは「死と税金」である――これらはまず避けられない。主権は（ほとんどの場合）国家に帰属する。これによって、国家自身の債務――現金通貨と準備預金――が、その支配権の及ぶほぼ全域で受け取られるようになる。

実は、銀行なども通常、自身の債務を国家の債務に交換可能としている。これが、銀行の当座預金を「要求払預金」と呼ぶ理由である。銀行は、預金者の「要求があれば」自らの債務（預金）を国家の債務（現金通貨）に交換することを約束している。

以上から、MMTは、国家自身の通貨を頂点とする「貨幣ピラミッド」について議論する。国家の貨幣（準備預金と現金通貨）の下には「銀行貨幣」（銀行券と預金）が位置する。その下には、しばしば銀行預金で返済される、銀行以外の金融機関の債務を位置づけることができる。さらにその下には非金融機関の債務、そして最下部には家計の債務――これも通常は金融機関の債務で返済される――という序列になっている。

この「貨幣創造」ビジネスは、多くの人にとって非常に理解しがたいものであり、錬金術や詐欺のようにすら感じられる。銀行が融資をするだけで、預金は創造されるのか？　政府が支出する（貸す）だけで、現金通貨や中央銀行の準備預金は創造されるのか？　無から貨幣を創造するとでも言うのか？

答えは、もちろん「イエス」である。

ハイマン・ミンスキーは、「誰でも貨幣を創造できる。問題はそれを受け取らせることにある」と言った。あなただって、紙切れに「5ドルの債務」と書けばドル建ての「貨幣」を創造できる。問題はそれを誰に受け取らせるかだ。政府なら――何千万もの人々が政府に支払債務を負っていることもあって――受取り手は簡単に見つかる。

シティバンクも受取り手を見つけるのに苦労しない。何百万もの人々がシティバンクに支払債務を負っているからだ。しかも、我々は、銀行預金を現金に交換できること、銀行の後ろには額面どおりの決済を保証してくれるFRBがいることを知っている。しかしながら、あなたに債務を負っている人はほとんどいないし、あなたには、あなたのドル建て債務を額面どおり米国政府の債務に交換する能力があるかどうかも疑わしい。あなたは貨幣ピラミッドの下の方にいるのだ。

とはいえ、米国政府もシティバンクもその「貨幣創造」には制約がある。米国政府は、議会と大統領の予算権限に従わなければならない。時に、政府は議会から課されたクレイジーな（そう、クレイジーな！）「債務上限」に突き当たることがある。議会と大統領はこの債務上限を撤廃できるし、そうすべきである。とはいえ、予算編成の手続きは確かに必要なものだし、政府は承認された予算に確実に従うべきである。

しかし、失業が発生している時はいつでも、米国政府は支出を増やすべきである。

シティバンクは自己資本比率規制、および実行可能な融資の種類（と保有できる資産の種類）の制限を受けている。残念なことではあるが、我々は過去20年間でほとんどの規制と監督から銀行を自由にしてしまったのが現実である。「魔法の粥鍋」を持つ銀行は規制を受ける必要がある。銀行は過剰な（そして不良な）融資――それは市場にバブルを発生させ、銀行のみならずその顧客についても支払能力の問題をもたらす可能性がある――を行うことが可能であり、しばしば実際にそれを行う。慎重な貸出こそが、必要とされる美徳であり、少なくとも銀行家はそれを懸命に追い求めるべきである。

　問題は、銀行や政府による貨幣創造の「無」の部分ではなく、創造される貨幣の量と目的である。公共目的の政府支出は、少なくとも国全体の経済資源が完全雇用になるまでは有益である。銀行貸出も、その目的が公益的か私益的であるかにかかわらず、一般的には望ましいものである。

　しかし、貸出にはリスクが伴い、適正な審査（信用力の評価）が要求される。１９９０年代、不幸にも巨大銀行は審査手続きをほとんど放棄し、破滅的な結果を招いた。政策担当者が、過去５００年にわたり培われてきた健全な銀行業を蘇らせ、健全な銀行経営にまったく関心のない１ダースあまりの巨大グローバル銀行を閉鎖することを願うばかりである。

　銀行システムへの希望を失ってしまっている人もいる。私もその悲観的な見方には共感できる。リンカーン大統領の「グリーンバック紙幣」や、１９３０年代のシカゴ・プランの「ナローバンク」案にまで戻ろうと言う者もいる。

　民間の貨幣創造をやめようと言う者さえいる！　政府に「債務なし貨幣」を発行させようと言う者まで！　共感するところはある。しかし、たとえその目的は支持するとしても、ここまで極端な提案を私は支持しない。このような提案は、我々の貨幣制度に対する根本的な誤解に基づいている。

我々の制度は国家貨幣制度である。通貨は、納税その他の国家への支払義務の弁済手段となる政府の負債である。「債務なし貨幣」という言い方は論理の飛躍や誤解に基づいている。「誰でも貨幣を創造できる。問題はそれを受け取らせることにある」というミンスキーの言葉を思い出そう。貨幣はすべて債務証書であり、支出するか、貸し出すことで創造される。貨幣の発行者は、支払いを受ける際にそれを受け取らなければならない。貨幣は、その発行者に直接または間接的に支払いをしようとする人々によって受け入れられる。

先進国の経済は完全に貨幣経済化されている。我々の経済活動の多く（あるいは大部分）において貨幣が必要である。そのために、幅広く受け入れられる貨幣を発行できる専門機関が必要である。

政府は大きくなったが、我々が望む規模の経済活動に必要なだけの貨幣を供給するには不十分だ。さらに我々——少なくとも米国人——は、貨幣経済化された経済活動のすべてを大きな政府の手に委ねることに懐疑的である。民間金融機関は、我々が民間のイニシアチブに委ねることを好む経済活動の多くに必要な貨幣を創造しているが、それを抜きにして、現代の貨幣経済化された資本主義経済を運営することはまったく考えられない。ファイナンスの提供において、政府部門が果たす役割（政府系銀行、国家開発銀行、零細企業・学生・自宅購入者を支援する直接の政府融資を含む）も確かにあるが、民間金融機関が果たすべき役割もある。

我々が今直面する金融と経済の苦難に対する解決策は、主権通貨（sovereign currency）の発行者の手を根拠のない赤字や債務の上限で縛ることではない。実際のところ、過去20～30年の過剰債務の大部分は営利目的の民間金融部門で生み出された。民間の「貨幣創造」が暴走する金融市場に拍車をかけた一方で、公共目的の政府の「貨幣創造」はあまりに小さすぎた。

我々には根本的な改革——つまり、巨大銀行の規模縮小、監視の強化、透明性の強化、金融詐欺の訴追、「官民共同」の金融機関に「公的な役割」をより多く担わせること——が必要である。

経済における政府が果たすべき適切な役割について、確かな情報に基づいて議論することが必要である。政府予算の話になると「健全財政」の議論が必ず出てくるが、政策議論はそうした神話から自由でなければならない。

最も「不健全な」予算政策とは、「均衡予算」——一定期間（通常は1年間）における、租税収入と政府支出をぴったり一致させる予算——を盲目的に追求することである。

均衡予算が意味するのは、政府の支出によって供給された政府の通貨がすべて納税により「返却されて」しまい、その結果非政府部門には何も残らない——いわゆる「雨の日」のために取っておく余裕資金がない——ことである。このあとの2つの章で議論するように、均衡予算を実行すると、政府は国の金融資産に対して結局何の貢献もしないことになる。なぜこんなクレイジーな目標をみんなが支持するのか、理解に苦しむ。

MMTが示すように、政府の債務（現金通貨、準備預金、国債を含む）は非政府部門の金融資産である。政府赤字は非政府部門の黒字に等しく、その結果所得が生まれて貯蓄となる。貯蓄とは政府に対する債権であり、最も安全な資産である。主権を有する政府が自らの通貨で支払不能となり、期日における支払いが意図せず滞ることなどあり得ないからだ。

大統領が「米国政府にはもうお金がない」と主張できないとしたら、――政府が資金不足を理由に雇用創出や、より良いインフラの構築、有人火星探査機の発射を拒めないとしたら、あるいは、評論家たちが、攻撃的な「国債自警団員」の亡霊を蘇らせることができず、政府への貸出を拒むことができないとしたら！――、政策論議がどのように変わるか想像してみよう。何百万人もの失業者を放置し、国民に危険な橋や道路を使い続けさせ、宇宙飛行士が地球から離れられない何かしらの理由があるかもしれないが、それが資金不足ではないことは確かである。

ひとたびＭＭＴの基礎を理解したならば、あなたはこのような問題を新しい視点で見るようになるだろう。

第1章 マクロ会計の基礎

1つの部門の赤字は、別の部門の黒字に等しい

本章では、現代貨幣の理解に必要な基礎の構築に取りかかる。なぜこれが重要なのか、最初は分かりにくいかもしれないが、我慢してお付き合い願いたい。基本的なマクロ会計を理解していなければ、政府の財政に関する議論はおそらく理解できない（そして、最近多くの国を苦しめている赤字ヒステリーを論評することもできない）。さらにはユーロ圏が抱える問題も理解できないはずだ。それは貨幣システムの仕組みの問題であって、「怠け者のギリシャ人、スペイン人、イタリア人が浪費している」という俗説とは無関係だ。だから、辛抱して注意深く読んで欲しい。高度な数学や複雑な会計ルールの知識は必要ない。内容は単純で基本的なものだ。一種の論理学ではあるものの、極めて単純な論理である。

1.1 ストックとフローの会計の基礎

金融資産は、他の誰かの金融負債である

すべての金融資産には、同額の、その裏返しとなる金融負債が存在することは、会計の基本原則である。要求払預金や一覧払預金とも呼ばれる当座預金は家計の金融資産だが、裏を返せば銀行の負債である。つまり、預金は家計の資産であると同時に、銀行にとっては負債である。国債や社債は家計の資産であるが、その発行者（政府もしくは企業）の負債でもある。家計も学資ローン、住宅ローン、自動車ローンなどの負債を負うことがある。これらは、銀行や年金ファンド、ヘッジファンド、保険会社のような金融機関が債権者となって、資産として保有している。家計の純金融資産は、家計の金融資産の合計から家計の金融負債（家計が発行した、計算貨幣を単位とするすべての負債）の合計を引いたものに等しい。それがプラスであれば、家計はプラスの純金融資産を有していることになる。

内部資産 対 外部資産

経済をタイプの異なる部門に分類することは、しばしば有益である。最も基本的なのは、政府部門（あらゆるレベルの政府を含む）と民間部門（家計と企業を含む）の区分である。民間部門内の金融

資産と金融負債だけを考えるのであれば、金融資産の合計と金融負債の合計は等しくなければならない。つまり、民間部門の債務だけを考えるのであれば、（政府が民間の債務を保有していない限り）民間の純金融資産はゼロでなければならない。これは「内部資産」と呼ばれることがある。民間部門の「内部」でのことだからだ。民間部門が純金融資産を蓄積するためには、「外部資産」――すなわち、他の部門に対する金融債権――の形をとらざるを得ない。政府部門と民間部門という基本的な区分を前提とすれば、外部金融資産は政府の債務の形をとる。民間部門は、純金融資産（民間部門の純資産の一部）として、政府の通貨（硬貨や紙幣を含む）や国債（短期債や長期債）を保有する。

非金融資産（実物資産）に関するメモ

金融資産は、必ず他の誰かの金融負債の裏返しである。全体としては、純金融資産は必ずゼロになる。これに対して実物資産とは、他の誰かの負債によって相殺されない資産のことである。従って、全体としては、純資産は実物（非金融）資産の価値に等しい。例えば、あなたがローンを組んで自動車を買ったとしよう。あなたの金融負債（自動車ローン）は、自動車ローン会社が保有する金融資産の裏返しである（あなたの債務は、しばしば「ノート」――すなわち、支払約束――と呼ばれる）。それらは差し引きゼロになるので、残るのは実物資産――自動車――の価値である。このあとの議論の大半では金融資産と金融負債を扱っているが、個々のレベルでも全体のレベルでも、実物資産の価値が純資産をもたらすことを頭の隅にとどめておこう。総資産（実物資産および金融資産）から総金融負債を引くと、非金融（実物）資産、すなわち純資産が残る（このあとの第4節の議論を見よ）。

民間の純金融資産は政府債務に等しい

（所得や支出といった）フローが蓄積すればストックになる。1年間の支出が所得より少なければ、民間部門は純金融資産を蓄積することが可能になる。言い換えれば、民間部門は貯蓄をして、金融資産という形で資産のストックを蓄積できる。政府部門と民間部門だけから成る単純な経済では、この金融資産は政府の負債——政府通貨と国債——である（中央銀行の準備預金の議論は後にしよう。準備預金は、中央銀行の負債であると共に銀行の資産である。「ハイパワードマネー［訳注：中央銀行が発行する通貨、すなわち現金通貨と準備預金の合計。現代の日本では「マネタリーベース」と呼ぶのが一般的である］」の一部であり、多くの点で政府通貨、あるいはわずかな利息を伴う翌日物の政府短期証券に似ている）。

一方、政府が租税収入よりも多く支出する時、政府の負債が民間部門によって蓄積される。これが政府赤字と呼ばれるもので、貨幣を単位として一定期間（通常は1年）、政府支出のフローから政府の租税収入のフローを減じることによって算出される。この赤字が蓄積して政府債務のストックとなると共に、民間部門の金融資産が同じ額だけ蓄積される。

政府支出と課税のプロセスの完全な説明は後回しにする。ここで理解しなければならないのは、政府と民間という2つの部門から成る経済においては、民間部門によって保有される純金融資産は政府によって発行される純金融負債にぴったり一致するということだ。もし政府が支出と租税収入を常に一致させ、均衡財政を保つならば、民間部門の純金融資産はゼロになる。政府が継続的に財政黒字（支出が租税収入より少ない）ならば、民間部門の純金融資産はマイナスにならなければならない。つまり、民間部門は政府部門に債務を負っていることになる。

ここから、1つの「ジレンマ」が明らかになる。すなわち、2部門のモデルでは、政府部門と民間部門の両方が同時に黒字になることは不可能である。政府部門が黒字であれば、恒等式により民間部門はそれと同額の赤字にならなければならない。仮に政府部門がすべての債務残高を償還するために一定期間大きな黒字を続けるならば、恒等式によって民間部門は同額の赤字となり、民間部門の純金融資産はゼロになるまで減っていく。

海外の債務は国内の金融資産である

もう1つの有益な区分は、3つの部門に分けることである。3つとは、国内民間部門、国内政府部門、それに外国の政府、企業、家計から成る「海外部門」である。この区分の場合、たとえ国内政府部門が期中の支出を租税収入にぴったり一致させ、均衡財政を維持したとしても、国内民間部門は海外部門に対する純債権を蓄積することが可能である。この場合の国内民間部門の純金融資産の蓄積は、海外部門の純金融負債の発行額に等しくなる。

最後に、そしてより現実的なパターンとして、国内民間部門は国内政府部門の負債と海外部門の負債から成る純金融資産を蓄積する可能性がある。国内民間部門は、政府債務を蓄積する（その分民間の純金融資産が増える）一方で、海外部門に対しては負債を発行する（その分民間の純金融資産は減る）というパターンも考えられる。部門収支については、次節で詳しく論じる。

内部資産の重要性に関するメモ

一部の批評家たちは、ＭＭＴは純金融資産を強調するあまり内部資産を軽視していると主張してきた。こうした主張は誤っている。政府赤字に関する望ましい状態については非常に大きな議論の混乱があるため、ＭＭＴは民間部門の純金融資産の源泉――すなわち、外部資産――に注目しようとしてきた。閉鎖経済における純金融資産の唯一の源泉は政府であり、開放経済においては海外に対する債権がもう１つの源泉である。しかし、国内民間部門は（独力で）純金融資産を生み出すことができない。国内民間部門内で生み出され保有されるすべての金融資産は、同じ部門内の負債によって相殺されてしまうからである。

だからといって、国内民間部門の金融資産および負債の創造を軽視すべきだと言っているわけではない。もちろん、誰が債務を負い、誰が債権者なのかは重要である。一般に、産業部門は生産能力を拡張して利益を増やすために借入れを行う。家計部門は住宅や消費財を買うために借入れを行う。だが、例えば大学進学や老後のために純金融資産を蓄積する時、家計部門は純債権者になる。より細かく見てみると、大きな借入れをしている層もあれば、純債権者の層もあることが分かる。例えば、高齢者世帯の家計は純債権者である一方、若年者世帯の家計は純債務者である。金融資産は白人に圧倒的に集中し、黒人やヒスパニックにはほとんど蓄積されていないようである。そして、1パーセントの最富裕層にはますます金融資産が集中している。

これらの問題はすべて重要であり、過去30年間にわたって研究が大きく進んできた。米国とヨーロッパの多くの国々における家計負債の増加は、世界金融危機の一因となった。一握りの者への富の集中は、西欧民主主義諸国に大きな問題をもたらした。生産のための投資ではなく、投機のための企業借入れは、生産による収益力を高めることがないまま、企業を借金漬けにした。これらの問題はすべて、内部金融資産と外部金融資産の両方に関係している。MMTに属さない学者たちが民間部門内の金融資産の分配に焦点を当てがちであるのに対して、MMTは緊縮財政が民間部門の外部資産の源泉に対して与える影響に議論を広げようとしてきた。これらは相互補完的な取り組みであって、排他的なものではない。

部門会計の基礎、ストックとフローの関係

3部門経済――国内民間部門（家計と企業）、国内政府部門（地方政府、州・省の政府、中央政府を含む）、海外部門（家計、企業、政府を含む）からなる――を前提とした議論を続けよう。これらの各部門では、一定の会計期間（1年とする）に所得フローと支出フローが発生しているように見なすことができる。個々の部門では、毎年所得と支出を均衡させるべき理由はない。支出が所得よりも

少なければその年は「財政黒字」と呼ばれ、多ければその年は「財政赤字」と呼ばれる。「均衡財政」とは、その年の所得と支出が等しいことを示しているだけだ。

これまでの議論から、財政黒字は貯蓄のフローと同じものであり、純金融資産の蓄積をもたらすことは明らかであろう。同様に、財政赤字は純金融資産を減らす。赤字の部門は、前年までに（黒字であったならば）蓄積してきた金融資産を減らすか、あるいは赤字を埋めるために新たな債務を発行しなければならない。つまり、赤字の部門は、資産を支出可能な銀行預金に交換すること（「負の貯蓄」と呼ばれる）によって赤字支出を「賄う」か、あるいは支出可能な銀行預金を得るために債務を発行する（借入れを行う）。蓄積した資産が尽きてしまった場合には、財政赤字が発生するたびに債務を増加させるしかない。他方、財政黒字の部門は純金融資産を蓄積していく。この黒字は、少なくとも他の部門の1つに対する金融債権の形をとる。

実物資産に関する追加メモ

ここで1つ疑問が生じる。純金融資産を蓄積するためではなく、実物資産を購入するために貯蓄（財政黒字）を使ったらどうなるのか？　その場合、金融資産は単純に他者の手に渡る。例えば、あなたの支出が所得より少なければ、当座預金口座の残高を増やすことができる。貯蓄を当座預金の形で保有したくなければ、何かを購入するために――例えば、絵画、クラシックカー、切手のコレクション、不動産、機械、あるいは会社でも――小切手を切ることができる。金融資産を実物資産に交換するのだ。他方、売り手の取引はその反対で、今度は売り手が金融資産を保有することになる。重要なのは、民間部門が全体として黒字ならば誰かが純金融資産（他の部門に対する債権）を蓄積するが、民間部門内での活動は片方の「ポケット」からもう片方の「ポケット」へと純金融資産を移すことができるだけだ、ということである。

結論――1つの部門の赤字は、別の部門の黒字に等しい

以上の議論は、我々を重要な会計原則に導いてくれる。すなわち、1つ以上の部門の赤字の合計は、残りの部門の黒字に等しくなければならない。ワイン・ゴッドリーの先駆的な研究に倣い、我々はこの原則を簡単な恒等式で表すことができる。

国内民間収支＋国内政府収支＋海外収支＝0

例えば、海外部門が均衡財政（右記の恒等式では、海外収支が0）だと仮定しよう。さらに、国内民間部門の年間所得が1000億ドル、支出が900億ドル、よって黒字が100億ドルだとしよう。すると、恒等式により、国内政府部門の年間財政赤字は同じく100億ドルになる。先の議論から、国内民間部門は年間100億ドルの純金融資産を蓄積し、それは100億ドルの国内政府部門の負債で成り立っていることが分かる。

もう1つの例として、海外部門の支出が所得よりも少なく、200億ドルの財政黒字だとしよう。また、国内政府部門も支出が所得より少なく、100億ドルの財政黒字だとする。恒等式から、国内民間部門は300億ドルの財政赤字（200億ドル＋100億ドル）にならなければならないことが分かる。同時に、国内民間部門の純金融資産は、資産を手放すか負債を発行しているので300億ドル減少している。その一方、国内政府部門は（他の部門に対する債務残高を減らすか、債権を増やして）100億ドル純金融資産を増やし、海外部門は（同じく、他の部門に対する債務残高を減らすか、債権を増やして）純金融資産を200億ドル増やしている。

1つの部門が財政黒字になれば、少なくとも他の1つの部門は財政赤字にならなければならないのは明らかである。

ストック変数の点から言えば、1つの部門が純金融資産を蓄積するためには、他の2部門を合算した純金融負債が同額だけ増えなければならない。すべての部門が同時に財政黒字を計上して純金融資産を蓄積することは不可能である。

ここでもう1つの「ジレンマ」を示すことができる。すなわち、3つの部門のうち1つが黒字ならば、他の部門のうち少なくとも1つは赤字でなければならない。

どんなに必死にやってみたところで、すべての部門を同時に黒字にすることはできない。それは、誰もが平均を上回る能力を持っているという設定の、レイク・ウォビゴン（米国の週刊ラジオ番組、ギャリソン・ケイラーの「プレーリー・ホーム・コンパニオン」に登場する架空の町）の子供たちとよく似ている。平均より上の能力を持つ子供がいれば、必ず平均より下の子供がいなければならない。同様に、誰かが赤字であるならば、必ず別の誰かが黒字でなければならない。

1.2 MMT、部門収支、行動

前節ではマクロ会計の基礎を紹介した。本節ではこれをもう少し掘り下げ、フロー（赤字）とストック（債務）の関係を見ていく。間違いを避けるために、まずフローとストックの「整合性」を確認する。すべての支出と貯蓄はどこから来てどこへ行くのかを、また、1つの部門の黒字は他の部門の赤字の裏返しであることを確かめたい。これは、野球の試合で得点を記録するのとよく似ている。実は、現代の金融の「得点」は大部分が（電光掲示板の得点のように）電子的に入力されている。

因果関係についても少し考えてみたい。例えば、政府収支が黒字だったビル・クリントン政権のゴルディロックス時代に、なぜ米国の民間部門収支は赤字だったのか――どうしてそうなったのか？どのような過程を経たのか？――を理解できるようにしたい。マクロ会計の恒等式（これは間違いなく正しい）とは異なり、何が部門収支の数字を決定する要因なのか、確信を持って言うことはできない。1990年代後半のゴルディロックス時代に、なぜ米国の民間部門が赤字だったのかを説明することは困難である。

財政赤字が続くか否か、どのくらい続くのかを予測することはさらに難しい。正確に予測するのはとてつもなく困難である――もし簡単だとしたら、その予測結果に賭けて大儲けしていることだろう。言い換えれば、MMTと部門収支をよく理解したからといって、因果関係を説明できる専売特許が手に入るわけではない。自信過剰になってはいけない。今は亡き偉大なワイン・ゴッドリーにしても、自ら述べていたように、予見をしていたわけではなく、不確かな予測をしていたに過ぎないのだから。

例えば、レヴィ経済研究所（www.levy.org）は、ワイン・ゴッドリーの研究を引き継いで、そうした予測を行っている。その出発点となるのは通常、CBO（米国議会予算局）による数年先までの政府赤字と経済成長の予測である。CBOの予測は、主として現在の法令（支出と課税に関する法令、および赤字削減命令）に基づいて行われる。しかし、CBOの予測はストックとフローが常に整合しているわけではなく、3部門収支アプローチを適用していない。つまり、つじつまが合っていない。

しかし、政府収支とGDP成長の予測だけでなく、種々の経済パラメーター（例えば、消費性向や輸入性向）の過去の実績に基づく推定値があれば、「ストック・フロー一貫モデル」を構築することが可能であり、それは部門収支と債務の推移を必然的に伴ったものになる。レヴィ経済研究所は、CBOの経済成長率予測に（例えば）政府赤字予測を加えると、他の2部門（国内民間と海外）の収支と民間債務比率がどう考えてもあり得ない数値になってしまうという場面に、しばしば遭遇する。この種の分析は、会計の恒等式を満たせばよいというものではないが、少なくとも恒等式に矛盾しないようにはすべきである。

赤字から貯蓄へ、そして債務から資産へ

前節で、1つの部門の赤字は、他の部門の収支を合計した黒字に等しくならなければならないことを明らかにした。また、1つの部門の純金融負債は、他の2部門を合算した純金融資産に等しくなければならないことも明らかにした。そこまでは、どちらもマクロ会計の原則からして当然である。ところが、経済学者はそれ以上のことを言いたがる。というのは、すべての科学者と同じように、経済学者は因果関係に関心があるからである。経済学は社会科学だ。社会科学は非常に複雑な社会制度に関する科学であり、そこでの因果関係は決して単純ではない。なぜなら、経済現象は相互依存、履歴現象、累積的な因果関係、期待の影響を受ける「自由意思」、といった様々な因子に左右されるからだ。それでも、我々は既に論じたフローとストックの因果関係についてなら、多少のことは述べることができる。これから述べる因果関係は、ケインズ理論からきていることに気づく読者もおられるだろう。

個々の支出はたいてい所得によって決定される――まず考えなければならないのは、民間部門の支出に関する決定についてである。個々にとって、所得が支出を決定するという主張はもっともらしく聞こえる。なぜならば、所得のない者は財やサービスの購入を決定する際に間違いなく厳しい制約を受けるからである。しかし、よく考えてみると、個々のレベルでさえも、所得と支出の因果関係がゆるやかなのは明らかである。支出を所得よりも低く抑えて純金融資産を蓄積することもできるし、あるいは金融負債を発行つまり借金をすることで所得を上回る支出をすることもできる。それでもなお、

個々の家計や企業のレベルでは、両者のフローが完全に同じでないとしても、因果関係の方向は主として所得から支出へと向かっている。自らの支出が主に自らの所得を決定すると信じる理由はほとんどない。だから、因果関係の矢印はたいてい所得から支出に向かっていると我々は結論づける。

赤字が金融資産を生み出す――我々は、個々のレベルでの金融資産蓄積に関する因果関係の方向についても述べることができる。家計や企業は、所得を上回る支出をする（＝財政赤字を出す）となれば、購入資金を調達するために負債を発行しなければならない。この負債は他の家計、企業、もしくは政府により金融資産すなわち貯蓄として蓄積される。もちろん、こうした純金融資産の蓄積が実現するには、赤字支出をしようとする家計や企業のみならず、その赤字支出をする者の負債という形で資産を蓄積しようとする別の家計や企業、あるいは政府の存在も必要である。言ってみれば、「タンゴは2人いなければ踊れない」のだ。しかしながら、純金融資産創造の発生原因となるのは赤字支出の決定である。金融資産を蓄積したいといくら望んでも、誰かが赤字支出をしようとしなければ、それは不可能だ。

もっとも、蓄積した資産を売却できるか、負債を保有してくれる相手を見つけられなければ、家計や企業が赤字支出を実行できないのは事実である。とはいえ、個々の家計、企業、政府、あるいは外国人には、純金融資産を蓄積する性向（もしくは欲望）を持つ者が少なくともある程度は存在すると考えられる。そうであれば、すべての企業や家計が赤字支出のために債務を発行できるとは限らないものの、多くの企業や家計が自分の債務を保有しようとする相手を見つけられるのは間違いない。そして、主権を有する政府の場合には、特別な力——課税する能力——がある。この特別な力によって、家計や企業は政府の債務を蓄積したいと望むようになるはずである（この点は後ほど詳述する）。

　結論を言えば、因果関係は複雑だし、「タンゴは2人いなければ踊れない」ものの、因果関係は個々の赤字支出から金融資産の蓄積へ、そして債務から金融資産へと向かう傾向がある。金融資産のストックの蓄積が財政黒字、すなわち貯蓄のフローから生じることからすれば、「黒字主体が蓄積する金融資産を供給するのは赤字支出する主体なのだから、因果関係は赤字支出から貯蓄へと向かう傾向がある」と結論づけることもできる。

　総支出が総所得を生み出す——マクロレベルでは、そして経済全体としては、因果関係はより明確になる。社会は所得を増やすことを決定できないが、支出を増やすことは決定できる。さらに、すべての支出は、誰かにどこかで、所得として受け取られなければならない。

　最後に、前述のとおり、家計、企業、政府は所得より多く支出することができるので、支出は必ずしも所得に制約されない。それどころか、先に論じたとおり、少なくとも他の1部門が黒字であれば、主要3部門のどれもが赤字になれる。しかし、部門収支の合計はゼロでなければならないので、支出の総計と所得の総計が異なることはあり得ない。これらの理由から、全体で考えた場合、支出と所得の因果関係は逆にしなければならない。つまり、個々のレベルでは所得が支出をもたらすが、マクロレベルでは支出が所得をもたらす。

　1つの部門の赤字が他の部門の黒字を生み出す——前述のとおり、1つの部門の赤字は、恒等式により他の部門の収支を合計した黒字の額に一致する。経済を3つの部門（国内民間部門、国内政府部門、海外部門）に分けた場合、1つの部門が赤字なら少なくとも他の1つの部門は黒字でなければならない。個々の収支を分析した場合と同じように、他の部門がいずれも黒字でない場合には、1つの部門が赤字になることはない。やはり「タンゴは2人いなければ踊れない」のだ。同様に、もし他のどの部門も債務証書を蓄積しようとしないのであれば、1つの部門が債務を発行することはできない。

もちろん、ある部門内で発行された債務の多くは、同じ部門内の他の主体によって保有される。例えば、国内民間部門の財務状況を見れば、ほとんどの事業債務は国内企業や家計によって保有されている。前述の用語を使えば、これは赤字の企業や家計の「内部債務」であり、黒字の家計や企業によって「内部資産」として保有されている。しかし、国内民間部門が全体として所得より多く支出するなら、他の2つの部門（国内政府部門と海外部門）のうちの少なくとも1つにより「外部資産」として保有される「外部債務」を発行しなければならない。赤字の発生原因は「所得より多く支出したい」という願望であるから、因果関係はたいてい「赤字から黒字へ」、そして「債務から純金融資産へ」ということになる。他の部門が黒字になることを望まなければ、どの部門も赤字にはなれないが、通常これは問題にならない。純金融資産を貯める性向、つまりは金融資産――当然に誰かの負債である――を蓄積したいという願望が存在するからだ。

結論

先に進む前に1つ、強調しておかねばならない。この節で述べたことはすべて、あらゆる国のマクロ会計に当てはまることだ。例としてドルを使ったが、どの計算貨幣を使おうとすべての結果が当てはまる。基本的なマクロ収支の等式である

国内民間収支＋国内政府収支＋海外収支＝0

は、あらゆる計算貨幣の収支会計で必ず成立する。国内には外国の計算貨幣のフロー（蓄積してストックになる）も存在し得るし、当該計算貨幣建てのマクロ収支の等式も存在する。

なお、このモデルを拡張して、それぞれの計算貨幣を発行する多数の国々を含むモデルにしても何も変わらない。それぞれの国について、そしてそれぞれの計算貨幣について、マクロ収支の等式が成立する。個々の企業や家計は（さらに言えば、政府も）、複数の異なる計算貨幣で表示された純金融資産を蓄積できる。逆もまた然りで、個々の企業や家計（や政府）は複数の異なる計算貨幣で表示された純債務を発行できる。一個の主体が、ある計算貨幣建てでは赤字になりつつ別の計算貨幣建てでは黒字になる（ある通貨で債務を発行し、別の通貨で資産を蓄積する）といった具合に、もっと複雑になることさえあり得る。それでもやはり、あらゆる国、あらゆる計算貨幣に対してマクロ収支の等式が成立する。

コラム

よくある質問

（質問）「金融資産を蓄積したいといくら望んでも、誰かが赤字支出をしようとしなければ、それは不可能だ」とのことだが、望ましくない棚卸資産の蓄積はどうなのか？

（回答）ある企業が「何らかの製品」を生産しているとすれば、その目的はその製品を貨幣に「換金」することにある――すなわち、その企業は製品を売って、自社の銀行口座に代金が振り込まれることを望んでいる。もし売れなければ、製品は棚卸資産となり、投資としてGDP――正確には国民所得・生産勘定（NIPA）――に含まれることになる。投資は貯蓄によって相殺される。民間部門内では、投資の増加は貯蓄の増加に等しい（政府部門と海外部門の収支には変化を及ぼさない）。つまり、棚卸資産の増加は（家計と企業を含む）民間部門全体の収支には影響を与えない。しかし、外国人からその製品の注文を受けたとしよう。その場合、企業は製品を売る（銀行口座への振込によって代金を受け取る）ことができるが、国内投資は増加せず、代わりに輸出が増加する――それは経常収支のプラス要因となる。他の収入・支出を無視すれば、米国の国内民間部門収支は黒字（貯蓄）となり、海外部門は赤字となる。

これだけでは、後に続きそうな疑問のすべてに対する答えにはならないだろう。後ほど確認する

「循環アプローチ」によって、企業が製品の生産をどのようにファイナンスしたのか、および、貨幣に「換金」できなかった場合には企業にどんな影響があるのかを理解できるようになるだろう。製品の生産者による望ましくない棚卸資産の蓄積に対応して生じているのは、家計部門の「貯蓄」であると考えられる。製品の生産は家計の所得を生み出し、それが消費や貯蓄を可能にする。もちろん、企業は労働者が貯蓄することを望まない。家計が所得を貯蓄に回せば、企業は売上を失う可能性があるからだ。家計が貯蓄すれば、製品は（投資と見なされる）棚卸資産になってしまう。そうなれば、企業はコストが回収できずに苦境に陥る可能性がある。しかし、外国人や政府が登場して、売れ残り在庫として蓄積されるはずだった商品を買い取り、需給ギャップを埋める可能性もある。

（質問） 支出は本当に所得によって決まるのか？　支出するための借入れについてはどう考えたらよいのか？

（回答） 資産家ならば、たとえ所得がゼロでも、資産を売却したりそれを担保に借入れしたりできるので、支出するのにさほど苦労することはない。しかし、多くの家計では、所得が支出を決定づけるのはほぼ間違いない。大半の人にとっては、それが常識である。しかし、理論的により重要なのは、経済全体としての因果関係は逆に考えなければならないことである。私の家計の所得は、賃金・給与を支払おうという私の雇用主の決定によってほとんど決まる。確かに、家計の消費は自らの所得に大きく左右される（消費は「誘発された支出」――つまり、収入の増加に誘発された支出――と呼ばれる）。ところが、その所得は主に賃金、配当、利息といった企業や政府による支出からやって来る。そして、企業による支出は、売上（家計、海外、政府、他の企業による支出）を期待して行われる。また、支出の中でも政府によるもの、あるいは投資や輸出は、少なくともある程度は所得から「自律的」である（つまり、これらは現在の所得にさほど左右されない）。以上の点は、経済動向の説明と予測の両方にとって重要な論点である。そこには論理的な側面もある――すなわち、社会は支出を増やすことを決定できるが、（支出を増やさない限り）所得を増やすことはできない。このように、論理的には支出が先行する。

（質問） 政府の赤字支出を強いるのは貯蓄者であって、それ以外は考えられないのではないか？　家計が支出しようとしなければ、ＧＤＰが落ち込み、税収が減り、それが財政赤字を引き起こすのだから。

（回答） よい質問だ。もちろん、タンゴは2人いなければ踊れない。政府部門が赤字支出を行うためには、非政府部門が純貯蓄となる必要がある。そうでなければ、政府の財政を均衡させるくらいに税収が増えるまで、政府支出が非政府部門の支出を増加させるだろう。

1.3

ストック、フロー、バランスシート
——バスタブのアナロジー

企業、家計、政府のバランスシートの各科目は、資産や負債の残高を記録している。残高はストック、つまりある時点での価値の大きさである。ストックはフローの影響を受ける。何かが流入すればストックは増え、何かが流出すればストックは減る。

このことを考えるのによい方法は、バスタブのたとえかもしれない。上の図は半分まで水が入ったバスタブである。バスタブの中の水が、水のストックである。今は蛇口からバスタブに入ってくる水はなく、排水口には栓がしてあるのでバスタブから流れ出る水もない。従って水のストックは変わらない。この最初の水量が以下の説明の基準点となる。

安定したバスタブの水量は、当座預金に預金を持っていて（預金のストック）、預金を受け取ることもなく（流入がなく）、預金を使うこともない（流出がない）のと似ている。借金の残高があるが、追加の借入れも返済もしないのにも似ている。

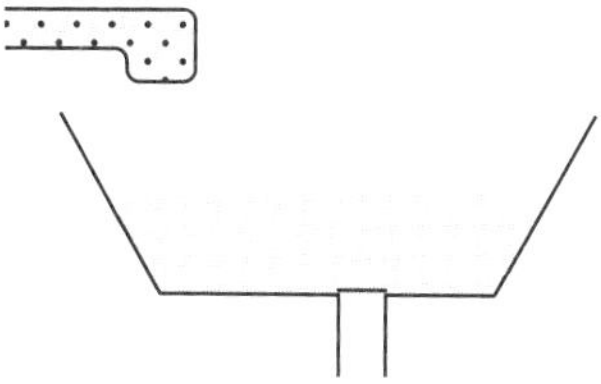

最初の水量

突然、蛇口をひねったらどうなるか？　水がバスタブに流れ込み、水のストックが増える。

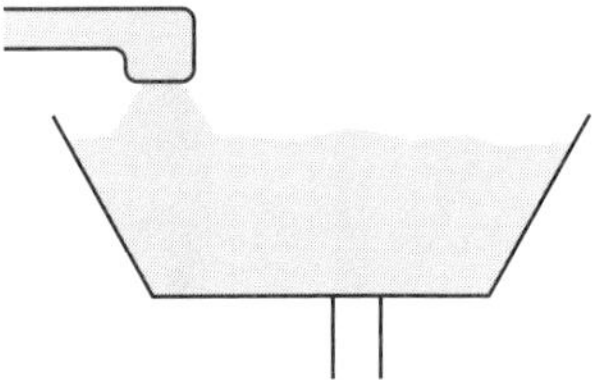

水量が増える

これは、所得を受け取り、それを貯めたことで、当座預金の残高が増えるのに似ている。新しい車を買って古い車もそのまま持っているのにも似ている。所有する車のストックが増える。もちろん、蛇口を閉めて排水口の栓を抜けば、バスタブの水は流れ出て、水のストックはバスタブが空になるまで減る。当座預金の場合、これに相当するのが、所得がないのに支出することである。これは「負の貯蓄」と呼ばれ、すべての預金がなくなるまで当座預金の残高は減り続ける。同じように、借金を返済して追加の借入れをしなければ、借金の残高は減る。

最後に、蛇口と排水口の両方を開けた場合、蛇口からの水の流入が排水口からの流出より多ければ水量は増える。当座預金であれば、所得という流入が支出という流出を上回っていれば、貯蓄を増やしていることになる。貯められた所得は当座預金の残高を増やす。所得より多く支出すれば、負の貯蓄により当座預金はなくなってしまう。バスタブなら、蛇口から入る水より排水口から流れ出る水が多ければ、空になる。

国民経済計算（資金循環勘定および国民所得・生産勘定）の主要な目的の1つは、民間部門・政府部門・海外部門の、すべての資産・負債に関するすべてのフロー・ストックを説明することにある。

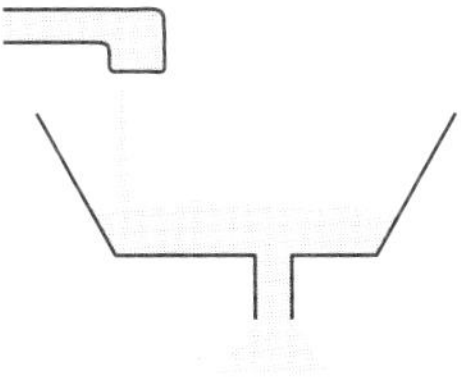

水の流入より流出が多い

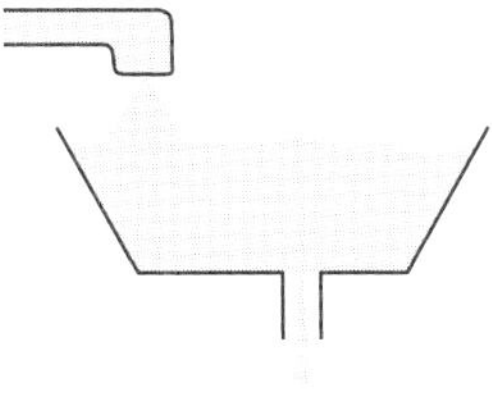

水の流出より流入が多い

ストックとフローを計るのに使われる一般的な物差しは、金銭的な計算単位（ドル、ユーロ等）である。ストックやフローの中にはその金銭的な価値が分かりにくいものがあるので、すべて金銭で計ることは必ずしも簡単ではない。その理由の1つは、直接購入されないものや、まったく購入されないものがあるからである（例えば、公共の照明の金銭的な価値は？公立公園は？　あなたが庭で育てた野菜の価値は？　など）。もう1つの理由は、記録がないため計測から漏れてしまう流入や流出があるからだ（水道管には水漏れがあるし、バスタブからは水が蒸発する）。現金をなくしてしまう人もいる。誰かの古い車が盗まれ、壊されても、その損害賠償請求権が記録されるとは限らない。もっと言えば、どこにも記録されない多くの地下経済活動がある。このように、計測の難しさやデータが利用できないことから、実際の国民経済計算には統計上の不一致が生じる。

もう1つの国民経済計算の目的は、経済部門が互いにどのように関係しているかを理解することである。例えば、財やサービスに対する政府の支出（G）は、民間部門への所得の流入をもたらす。他方、租税（T）は民間部門の排水口である。次ページの図では、GがTよりも大きいので、民間部門のバスタブの貯蓄が増加している。

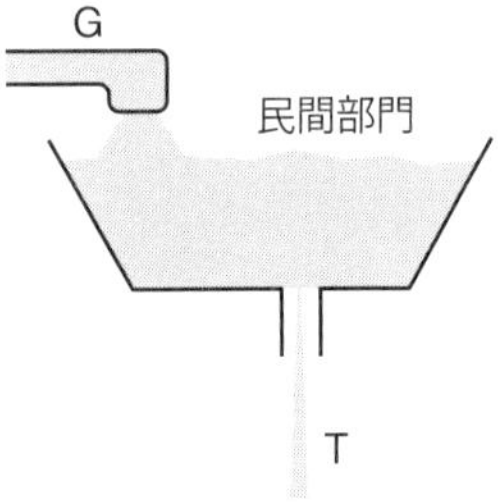

政府赤字と民間部門貯蓄

この単純なケースでは、政府は赤字支出を行い、民間部門は貯蓄をしている。だから、バスタブの水が増える。これが、有名な国民所得・生産勘定の恒等式の最初の部分である。

$$S \equiv (G - T)$$

民間部門の貯蓄（S）のフローは、定義により、財政赤字（G－T）の大きさに必ず等しくなる（それゆえ「常に等式が成り立つ」ことを示す3本線の等号が使われる）。厳密に言えば、これは政府部門と家計部門という2つの部門の経済の場合に成り立つ。家計部門に企業を加えたならば、それは企業による投資支出を意味する、別の蛇口を加えるようなものだ。そうすると、恒等式は、$S \equiv (G - T) + I$（Iは、民間国内投資を示す）になる。

海外部門を加えれば、もう1つの蛇口（輸出）と排水口（輸入）が必要になり、その場合の完全な恒等式は、$S \equiv (G - T) + I + NX$（NXは純輸出）となる。これが総貯蓄の恒等式である。

1.4

政府の財政赤字の大部分は非裁量的である——2007年の大不況のケース

これまでの節で、3部門収支の恒等式を分析し、3つの部門（国内民間、政府、海外）の赤字と黒字の合計は必ずゼロになることを明らかにした。また、恒等式を説明するだけでは不十分なので、因果関係についても考察を試みた。個々の家計のレベルでは所得が主に支出を決めるが、経済全体ではその因果関係を逆にするのが最善である、つまり支出が所得を決めることを論じた。

個々の家計は、貯蓄を増やすために、支出を減らそうとするかもしれない。しかし、すべての家計が支出を減らそうとすれば、総消費や国民所得は減ってしまう。企業は減産し、従業員を解雇し、賃金を引き下げ、それゆえ家計の所得が減ってしまう。これがジョン・M・ケインズの有名な「倹約のパラドクス」である。総消費を減らして貯蓄を増やそうとすると、貯蓄は増えず、所得が減ってしまう。これについては、このあとのコラムでもう少し詳しく述べている。

一方で、米国など多くの国ではびこっている赤字ヒステリーを考えると、すぐに我々の関心を引く問題がある。世界金融危機の余波で租税収入が激減する一方、政府による（失業補償をはじめとした）社会的支出が増加した。赤字が急速に膨らみ、やがて支払不能や破綻を招くのではないかという恐怖が広がり、赤字を減らすために（おそらくは増税がセットになった）支出削減が試みられた。例えば、米国、英国、ヨーロッパで支配的な議論は、政府の財政赤字は裁量的だということを前提にしている。政府が一生懸命になりさえすれば、赤字は一気に減らせると考えているのだ。

しかし、政府赤字の削減を提案する者は、他の部門（民間と海外）の収支への影響も予測しなければならない。恒等式により、民間部門の黒字もしくは海外部門の黒字（裏を返せば経常収支の赤字）が減らない限り、政府の赤字は削減できないからだ。本節では、世界金融危機発生以降の政府の財政赤字の増加を見ていくことにしよう。赤字が政府の裁量の下で起こったのか、そもそも裁量下にあるものなのかを考察してみよう。もしそうでないとしたら、赤字ヒステリーの連中による赤字削減の試みには疑問が生じる。

2008年の大不況のあと、多くの国で政府赤字が急激に膨らんだ（米国については、図1-1を参照）。評論家たちは、これを様々な財政刺激策（米国における自動車産業とウォールストリートの救済、アイルランドにおける銀行救済を含む）のせいにしたが、ほとんどの国で赤字が増加した最大の要因は財政の自動安定装置によるものであり、裁量的な支出によるものではなかった。

これは、米国の状況を示した図1-1のグラフを見れば一目瞭然である。このグラフは、租税収入（大部分は自動的に決まる）、政府消費支出（多少は裁量的）、移転支出（これも大部分は自動的）の、四半期ごとの増減率（前年同期比）を示している。

2005年の租税収入は好調で、増加率は年率15パーセントに達し（GDP成長をはるかに上回り、

図1-1　連邦政府の租税収入、消費支出、移転支出の増減率
（四半期ベース、対前年同期比）

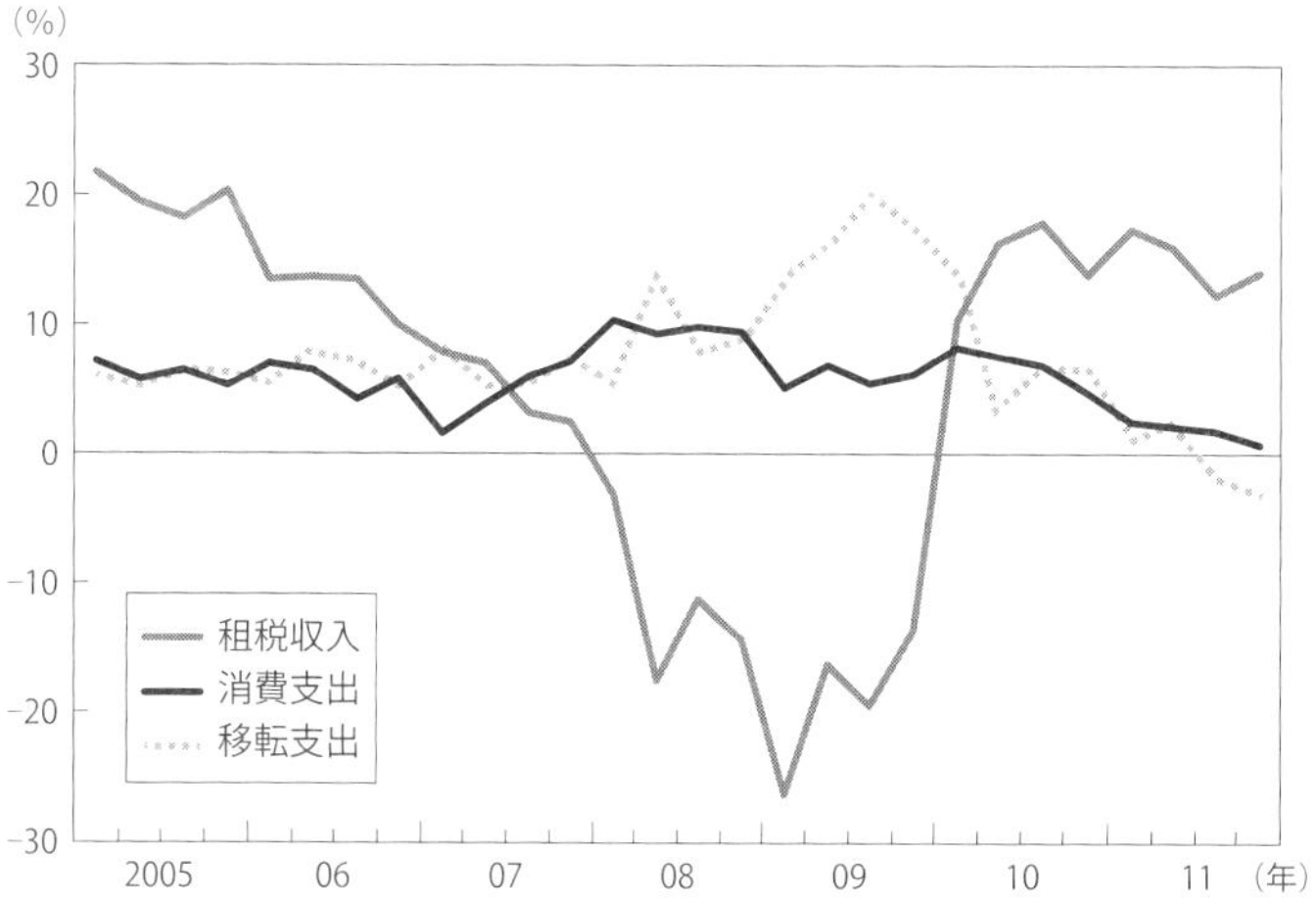

（出所）経済分析局（BEA）および著者による計算

結果として非政府部門の税引き後所得は減少した）、5パーセントをわずかに上回る政府消費支出よりも高かった。このような（「財政的歯止め」と呼ばれる）財政緊縮のあとには、しばしば景気後退が訪れる。世界金融危機に伴う景気後退も例外ではなかった。景気が後退すると財政赤字が増加するが、その大部分は自動的な増加である。政府の消費支出は、2007年から08年にかけて短期的に急増した後、景気後退の期間中は比較的安定していた。租税収入の増減率は、わずか3四半期（2007年第4四半期から2008年第3四半期）の間に5パーセントからマイナス10パーセントまで急落し、2009年の第1四半期にはそこからさらに15パーセントポイントも下落した。租税収入は、経済不況が深刻になると、いとも簡単に崖を転げ落ちたの

である。

不況の深刻化を主因として、移転支出は2007年以降10パーセントを超える率で増加した。消費支出は横ばいだったにもかかわらず、税収の減少と移転支出の増加が相まって、財政は自動的に大赤字に追い込まれた。経済が1930年代の大恐慌の時のようにどん底に陥らずに済んだ主因は、救済措置や景気刺激策ではなく、自動安定装置である。経済が減速するにつれ、財政は自動的に赤字となり、総需要を底支えしたのである。

景気循環に逆行する支出と景気循環に順行する租税が併存することで、政府の財政は強力な自動安定装置として機能し、景気後退時には赤字が急激に増加する。

グローバル恐慌の後、米国の家計部門は節約に走り（不況時にはいつもそうする）、貯蓄率が急激に上昇した。低成長が財政赤字急拡大の主な原因であり、その低成長は節約に励む家計部門の高い貯蓄性向が原因だった。図1-2のグラフを見て欲しい。

1980年代半ば以降、家計貯蓄率の減少傾向はかなり顕著になった。可処分所得の10パーセント付近から、2005年にはゼロ近くに落ち込んでいる。その原因の分析は本節の目的の範囲を超えているが、貯蓄減少の裏側には家計債務の増加があった。この傾向は世界金融危機の後に急反転し、家計貯蓄率は1992年の水準付近にまで戻った。大部分のアメリカ人が失業や所得の低迷に直面し、不確実性が貯蓄性向を押し上げたのだ（なお、可処分所得に対する割合を計算する際の貯蓄は、3部門収支の等式に含まれる家計収支とまったく同じものではない。前者の貯蓄はわずかなプラスの数字

図1−2　可処分所得に占める家計貯蓄の比率

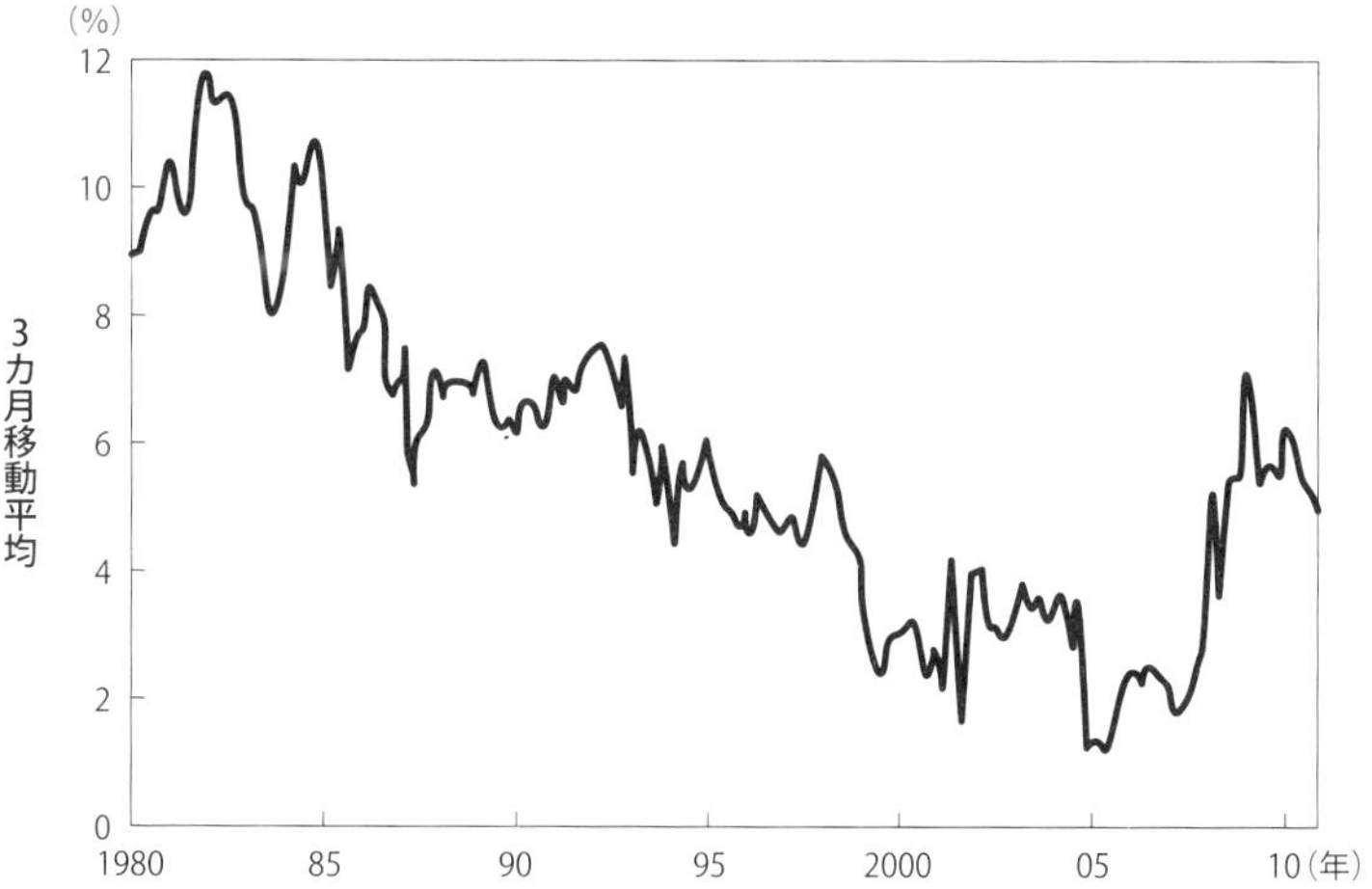

（出所）BEA

になるが、後者の部門収支の等式においては、実際の家計の支出は所得を上回るからである。本章の最後に細かい説明があるので見て欲しい）。

米国の政府部門の赤字を、危機後に達したGDPの9パーセント程度からゼロにまでもっていくには、民間部門の黒字と経常収支の赤字を合わせてGDPの9パーセント分減らす必要がある。9パーセントは非常に大きな数字だ。問題は、支出削減と増税によって財政を均衡させようとすると、経済成長を減速させてしまう可能性があることである。低成長になれば、ひょっとすると米国の経常収支赤字を減らせるかもしれない。ただし、それは、アメリカ人を輸入品が買えないくらい貧しくし、輸出競争力を高めるために賃金と価格を引き下げ、ドルの価値を下げることを意味する。これらはすべて、アメリカ人の痛みを伴う調整であることを忘れてはならない。しかも、うまくいかないかもしれない。世界経済に影響を与えることなく、米国経済を減速させなければならないからだ。世界の経済成長も減速してしまったら、米国の輸出も増えないかもしれない。

本節の主要な論点を整理しよう。最初に、3部門の収支の合計はゼロにならなければならない。これは、1つの部門の収支を変えるためには、少なくとも別の1部門の収支を変えなければならないことを意味する。2番目に、全体としては、(ほとんどの場合) 支出が所得を決める。1つの部門が所得を上回る支出をすることは可能だが、それは他の部門が支出を減らすことを意味する。政府の支出はおおよそ裁量的なものだと考えられるが、政府の税収 (政府の所得) は経済動向に大きく左右される。図1-1で示したように、税収は変動が大きく、景気循環に順行して動く (好況時には急増し、不況時には急減する)。

政府はいつでも、支出を増やすことも税率を引き上げることも決定できる (ただし、どちらも政治的な制約がある) が、税収をいくらにするかを決定することはできない。税収は、政府のコントロールの及ばない、所得、売上、資産のような変数に税率を適用して決まるからである。これは、財政収支が (黒字、均衡、赤字のいずれであれ) 実際には裁量的ではないことを意味する。

海外部門に目を向けると、輸出はほとんど自国のコントロールがきかない (「外生的」もしくは「国内所得に対し自律的」であるという)。輸出は、海外経済の成長、為替レート、貿易政策、相対的な価格水準や賃金水準など、多くの要因に左右される (さらに、輸出を伸ばそうとすれば、海外の国々もそれに対して反応を示すだろう)。輸出政策が及ぼす影響は不確かだが、国内経済の動向が輸出に影響を与える可能性があるのは間違いない（特に、米国のような巨大輸入国の低成長は、世界の成長を減速させ、自らの輸出を増やすことも困難にする可能性がある）。

他方で、輸入は国内所得（および為替レート、相対的な賃金・価格の水準、貿易政策）に大きく左右される（そして、輸出の場合と同じように、米国が輸入を減らそうとすれば、貿易主導の成長を追求する貿易相手国の反応をほぼ間違いなく引き出す）。輸入は景気循環との順行性も強い。経常収支の結果も（赤字、黒字、均衡のいずれであれ）大部分は非裁量的だと結論づけられる。

裁量的とはどういうことか？　国内（家計、企業、政府）の支出は非常に裁量的である。そして、支出が主に所得を決定する。

しかし、部門収支は、ほとんどが非裁量的だと見なされるべきである。なぜならば、部門収支は、裁量的な変数と非裁量的な変数、およびマクロ恒等式によって課された制約によって、非常に複雑な形で左右されるからである。部門収支の結果にこだわることなく、国内の資源をその能力いっぱいまで利用するような支出を促すことが、最も理にかなう。後に論じるように、最善の国内政策とは、完全雇用と物価安定を追求することである――結局は大部分が非裁量的な政府赤字や政府債務に対して、根拠なき上限を課すことではない。

コラム

「倹約のパラドクス」とその他の「合成の誤謬」

マクロ経済学の最も重要な概念の1つが、「合成の誤謬《ごびゅう》」である。これは、一人ひとりの個人にとっては正しいかもしれないことが、社会全体としては概して正しくないことを言う。

最も有名な例が「倹約のパラドクス」である。つまり、一個人は（消費に対する）支出を減らすことで貯蓄を増やせるが、社会は（例えば投資への）支出を増やすことによってしか貯蓄を増やすことができない。この例は、「合成の誤謬」の核心をついている。

マクロ経済学になじみのない学生などは、当然のことだが、自身の個人的な立場・状況をもとに社会全体や経済全体を推測する。これがしばしば「合成の誤謬」の問題を引き起こす。もちろん、これは経済学に限った話ではない。混雑した映画館の出口を数人がすばやく抜け出られるとしても、我々全員がそうすることは不可能である。

一人ひとりの個人であれば、誰もが消費財への支出を減らすことによって貯蓄を増やすことができる。貯蓄をするという決定が自らの所得に影響を与えない――そして、影響を与えると思われる理由がない――限り、消費を減らし貯蓄を増やす結果となる。私がいつも使うのは、毎日地元のファストフード・チェーンでハンバーガーを1個食べているメアリーの例である。彼女が貯蓄を増やすために、ハンバーガーを週に1個だけ減らすことに決めたとしよう。彼女がそれを実行している限り、もちろん彼女の貯蓄（そして金融資産）は毎週増えるだろう。

問題はここだ――もしみんながメアリーと同じことをしたら、どうなるだろうか？　ハンバーガーの消費の減少が、国民の貯蓄（そして金融資産）の総額を増やすだろうか？

答えはノーだ。なぜか？　そのファストフード・チェーンは、ハンバーガーの販売個数が減るから、従業員を解雇し、パン、肉、ケチャップ、ピクルスなどの仕入を減らし始めるだろう。

これによって職を失った労働者は、所得が減り、貯蓄を減らさざるを得ないだろう。乗数の概念を使えば、失業した人々が減らす貯蓄とハンバーガーの消費を削った人々が増やす貯蓄が等しくなった時にこのプロセスが止まることを示すことができる。全体としては、貯蓄（金融資産）は増えない。

もちろんこの例は単純だし、ばかげてさえいる。しかし、基本的には次のように言うことができる。つまり、一人ひとりの貯蓄の増加を考える場合には、そのマクロ的効果は途方もなく小さく、経済全体に対しては限りなく小さな影響しか及ぼさないから、無視できる。

しかし、すべての人が貯蓄を増やそうとしたら、経済全体に対する支出減少の影響を無視できない。それが重要なポイントである。

1.5 「実物 対 金融（名目）」の会計

本章ではこれまで、金融のフローとストックの会計に焦点を当ててきた。「現代貨幣」の入門書としては適切なことである。「世の中を動かしているのはお金である」とよく言われるように、資本主義経済における生産の多くは営利目的で、つまり金銭的コストを上回る金銭的売上を実現するために行われる。確かにそのとおりだし、それが現代の経済において大きなウェイトを占めているのは間違いない。

それでもやはり、生産される「実物」の存在を無視することはできない。消費されるべき財やサービスの生産が行われなければ、我々の生活そのものが成り立たないだろう。従って、経済学者は「供給プロセス」そのものにも関心を持たなければならない。供給プロセスの多くは市場の外で行われ、直接的には貨幣を伴わないことをここで指摘しておく必要がある。

「実物」は会計的にどのように説明できるのか？　これが本節の論点である。

国家の貨幣という単位は、債権、債務、そして「価値」と呼ばれるかなり難解なものを計るのに便利な道具である。債権と債務に関しては、既にだいたいお分かりであろう。私は政府に納税義務を負っており、これはドルで計られる。租税は、バランスシートに電子的に記録される私の債務であり、政府の資産である。私は銀行にドルの預金を保有しているが、それは銀行の債務であり、私の債権である（繰り返すが、これらはコンピューターの磁気テープ上の電子的な記録に過ぎない）。

ところが、「価値」はそれよりも分かりにくい。様々な種類のものを計るのに適した計測単位が必要である。色、重さ、長さ、密度などは使えない。その理由についてここでは触れないが、我々はふつう国家の計算貨幣を利用する。さもなければ、そのもの自体によってしか価値を計れない。例えば、砂糖そのものによって砂糖の価値を計るのはけっこう簡単だ。砂糖の重さが使えるし、結晶が均一であれば1粒ずつ数えればよい。しかし、たいていはその体積によって計る。少なくとも料理の時はそうだ。ただし、単に「1杯」と言うだけでは足りず、「砂糖1杯」と言ってその意味するところを砂糖によって定義しなければならない。

そこで、私はあなたから1杯の砂糖を借り、「砂糖1杯の借用書」を書くことができる。しかしながら、我々は計算単位として国家の貨幣という名目的な尺度――米国ならドル――を用いる、著しく貨幣経済化された社会に暮らしているため、ドル建ての借用書を書くことに同意してもよい。現在の砂糖の店頭価格が砂糖1杯1ドルだとしよう。そこで、私は「1ドルの借用書」を書く。私はあなたに、砂糖1杯、あるいは1ドルの価値があると認められる他のものを、1ドル（つまり、1ドルと表示された紙幣）で返済できる。

自分の資産をすべて集計する場合、私は銀行、政府、銀行以外の金融機関、友だちや家族などに対して保有しているドルの借用書をすべて資産に含める。これが私の総金融資産である（私に砂糖を借りている人々からドルを回収できるという合理的な期待が存在するなら、「実物の砂糖1杯の借用書」のようなものも含められる）。それに対して債務を集計する場合、私は銀行、政府、家族、友だちなどに対する自身の借用書をすべて足し上げる（この場合も、私がドルでの支払いを強制される可能性がある砂糖1杯の借用書を発行していれば、それを含めなければならない。私の砂糖1杯の債権または債務がドルに交換されることがないならば、私はこれらを実物資産または実物債務として扱うべきである。なお、砂糖の正味実物資産を算出するには、実物資産から実物債務を引けばよい。詳しくは、このあとの実物資産の説明を見よ）。総金融資産からこうした金融負債を差し引くと、「純」金融資産が残る。

もちろんこれで終わりではない。私は自宅と車を（おそらく台所の棚には砂糖も）所有している。私はそれらの購入資金を調達するためにローンを組んだ（銀行や自動車ローン会社に対して私自身の借用書を発行した）ので、負債もあると仮定しよう。これは、先の計算に含まれる私の金融負債の一部である。しかし、何年間か返済してきたので、現在の負債残高は車と自宅の価値よりもずっと小さい。私は実物資産（車と自宅）の金銭的価値を計算し、それを金融資産に加えて総資産を算出する。

住宅や車の正確な価値評価は難しいし、会計ルールに従わなければならない。しかしここでは、そのルールを理解することは重要ではない。総資産（金融資産＋実物資産）の価値を計り、そこから未払いの負債（たいてい金融負債だが、実物の砂糖の負債もあり得る）を引いて、純資産を算出する。純資産はもちろん、実物資産および純金融資産から成る。私には実物資産（車、自宅、砂糖）があるから、純資産は純金融資産より大きくなる。(私の純金融資産はマイナスになることもある――願わくば、それを相殺して余りある実物資産があって欲しいものだが。さもなければ、私は「債務超過」だ。世界金融危機の影響で、多くのアメリカ人が住宅ローンで「債務超過」、つまり、住宅ローンの残高が自宅の金銭的価値を上回っている。総資産で考えれば――他のすべての資産と負債の価値を計算する必要がある――、確実に債務超過だとは言いきれないものの、多くの人がそうであろう)

本書はほぼ一貫して、経済における貨幣の側面に焦点を当てている。そこにフォーカスするのは、基本的にそれが資本主義のすべてだからであり、我々は主として資本主義経済で「現代貨幣」がどのように機能するかに関心があるからだ。本書はやはり「現代貨幣」の入門書である(しかし、「租税が貨幣を動かす」という命題――2・3節を見よ――は、たとえ資本主義社会ではなくとも、貨幣を利用している限り古い社会にも当てはまる)。

それでも、資本主義においてさえ、すべての生産が最初から貨幣を伴うわけではなく、すべてが「より多くの貨幣」を手に入れること、すなわち利益を見込んで始められるものではないことは明らかだ。私は2時間かけて夕食の準備と後片付けをするつもりだ。報酬をもらうつもりはないし、まして利益を得るつもりなどない。だが、この「生産」のプロセスの少なくとも一部は貨幣で始まる。私は料理の材料の大部分を買い、食器を洗うために水と洗剤を買った。しかし、材料の一部(とりわけ私の労働)は購入されない。

このような非営利の生産は重要だろうか？　米国のような高度に発達した資本主義経済においてさえ、貨幣を伴う生産がどのように行われるのかを理解するために、「労働力の再生産」に含まれるすべての無償の労働を無視できないのは明らかだ（「労働力の再生産」はマルクスの言葉である。これは、「労働者を供給する家族を養う」と言い換えることができる）。家事、育児、気晴らしや息抜きなどはとても重要であり、そのほとんどは金銭的な取引を伴わない。それでも、我々はそれらに金銭的価値を与えることができるし、実際に与えることもある。毎日の皿洗いという行為には、（これまで議論してきたような）「フロー」の側面のみならず、「ストック」の側面もある。この場合の「ストック」とは、子供が将来必要とするであろう知識やスキルの蓄積を指すが、経済学者はこれをしばしば「人的資本」と呼ぶ。この（増えていく）ストックは、我々の「実物資産」に加えられるべきであり、ゆえに純資産の合計に加えられるべきである。これらをドルで計ることは非常に難しい。貨幣という形で実現することはさらにずっと困難である。あなたは、売ることのできない、人的「資本」と呼ぶにふさわしいスキルを間違いなく持っているのだ。

コラム

バランスシートによる会計

バランスシートは、1つの経済単位の「権利」と「義務」を記録する会計書類である。

バランスシートは左右それぞれの合計が一致していなければならない。つまり、以下の等式が成り立っていなければならない。

金融資産＋実物資産＝金融負債＋純資産

純資産は、等式を維持するための調整を行う残余変数と考えられる。すなわち、純資産は資産と負債の差である。

金融資産は他の経済単位に対する金融債権であり、実物資産は物的なもの（自動車、建物、機械、ペン、机、棚卸資産など）である。金融負債はその経済単位に対する他の経済単位の金融債権である。

バランスシートの左右が常に一致していなければならないとすれば、バランスシートの1つの構成要素が変化する場合には、少なくとも別の1つの構成要素において、それを相殺するような変化が必ず生じなければならない。

バランスシートの骨格

資産	負債および純資産
金融資産 実物資産	金融負債 純資産

家計のバランスシート（小切手を切った場合）

資産の変動		負債・純資産の変動	
金融資産（銀行預金）	－$100		
実物資産（自動車）	＋$100		

家計のバランスシート（自動車ローンを組んだ場合）

資産の変動		負債・純資産の変動	
金融資産（銀行預金）	－$70	金融負債（自動車ローン）	＋$30
実物資産（自動車）	＋$100		

家計が自動車を購入する場合

例えば、家計が自らの銀行口座の小切手を切って100ドルで自動車を買う場合、銀行口座の残高が100ドル減らされ（金融資産：マイナス100ドル）、家計は同額の価値がある自動車を手に入れる（実物資産：プラス100ドル）。

ご覧のとおり、資産の合計が変わらないので、負債（と純資産）側の合計も変わっていない。

また、家計は自動車ローンを組んで（金融負債を増やして）、自動車の代金の一部（例えば30ドル）を支払うかもしれない。

バランスシートの両側が30ドルずつ増え、よって等式は維持されている。

閉鎖経済における、他の国内民間部門への影響

ここまでは家計のバランスシートだけを見てきたが、家計が新車を買う時、自動車メーカー（非金融企業）は代金を受け取って自動車を引き渡す。家計がローンを借りれば、銀行が家計に対する30ドルの債権を手に入れる。家計は銀行預金70ドルと借り入れた30ドル

非金融企業のバランスシート

資産の変動		負債・純資産の変動
金融資産（銀行預金）	＋$70＋$30	
実物資産（自動車）	－$100	

銀行のバランスシート

資産の変動		負債・純資産の変動	
金融資産（自動車ローン）	＋$30	金融負債（銀行預金）	＋$30

を使って自動車ディーラーに自動車の代金を支払う。この場合、家計のバランスシート以外に非金融企業と銀行のバランスシートが存在する。

なお、このような会計上の記録はすべて、1つの経済単位のバランスシートと、少なくとも他の1つの経済単位のバランスシートに現れる。つまり、家計が30ドル借りれば銀行は30ドル貸したことになり、家計が100ドルで車を買えば自動車ディーラーは100ドルで車を売ったことになる。

家計、銀行、非金融企業の3者を合わせると、概ね民間部門に相当する。3者のバランスシートの変化を足し合わせて、自動車の購入が民間部門全体に与える影響を計算すれば、次ページのようになる。

すなわち、全体としての民間部門は、自分自身に60ドルの債務を負っていることになる。さらにこれを「連結消去」――私はあなたに負債があり、あなたは私に負債がある。だから、互いの負債を帳消しにしよう――すれば、民間部門内では何も変わっていないことになる。つまり、民間部門の「内部」金融資産は差し引きゼロにな

民間部門の連結バランスシート

資産の変動		負債・純資産の変動	
金融資産（銀行預金）	－$70＋$100	金融負債（銀行預金）	＋$30
実物資産（自動車）	＋$100－$100	金融負債（自動車ローン）	＋$30
金融資産（自動車ローン）	＋$30		

民間部門の連結バランスシート（ネット）

資産の変動		負債・純資産の変動	
金融資産（銀行預金）	＋$30	金融負債（銀行預金）	＋$30
金融資産（自動車ローン）	＋$30	金融負債（自動車ローン）	＋$30

る。実物資産、つまり自動車だけが残ることになる。

政府を加えた場合

家計ではなく、政府が自動車を買ったらどうなるだろうか？単純化して考えるために、政府が、自動車メーカーに対して「現金」を発行することによって購入代金を調達するとしよう。

民間部門内では、自動車メーカーが現金を受け取り（金融資産：プラス100ドル）、代わりに自動車を引き渡す（実物資産：マイナス100ドル）。

この場合、民間部門は政府に対する金融債権を蓄積した。つまり、この金融債権は民間部門内で相殺されることはない。国内経済全体を見るために政府部門と民間部門を連結すれば、バランスシートは次ページのようになる。

ここでもまた、全体としての国内経済は自分自身に債務を負っていることになり、金融収支は差し引きゼロになる。しかし、ここで重要なのは、民間部門の金融収支はプラスになり（現金を保有している）、政府部門の金融収支はマイナスになる

政府のバランスシート

資産の変動		負債・純資産の変動	
実物資産（自動車）	＋$100	金融負債（現金）	＋$100

非金融企業のバランスシート

資産の変動		負債・純資産の変動	
金融資産（現金）	＋$100		
実物資産（自動車）	－$100		

国内経済の連結バランスシート

資産の変動		負債・純資産の変動	
金融資産（現金）	＋$100	金融負債（現金）	＋$100
実物資産（自動車）	－$100＋$100		

（現金は政府の負債である）ということである。この民間部門のプラスの金融収支を「外部資産」と呼ぶ（それが民間部門の外の主体に対する債権だからである）。

同じように、ここに海外部門を加えたならば、国内民間部門は海外部門に対する純金融債権を保有することもあり得る――これもプラスの外部資産になる。そして、国内政府部門も海外部門に対する債権という形で「外部資産」を保有し得る。そうなれば、国内経済は純金融資産（海外部門に対する債権）を保有することになる。

1.6 最近の米国の部門収支――ゴルディロックスとグローバル恐慌

本節では、これまで学んできたことを現実世界の実例に当てはめてみよう。世界金融危機の種を見つけるべく、部門収支アプローチを使って、1990年代半ばの米国の「ゴルディロックス経済」を分析してみよう。米国が長期にわたる低成長から抜け出したのは、ビル・クリントン政権の時代だった。突如として、米国経済は力強く成長し始め、失業率が1960年代以来のレベルにまで下がった。しかも、驚いたことにインフレ率も低いままであった。これがゴルディロックス経済――熱すぎず冷たすぎず、ちょうどよいという意味――と名付けられた理由である。しかし、それは1990年代の終わりに終焉を迎えた。その後、ジョージ・W・ブッシュ政権期の2000年代に、ゴルディロックス経済と似たような状況になって経済が回復した（この時は「大いなる安定」と呼ばれた）。しかし、それも再び崩壊し、米国では「大不況」、海外では「世界金融危機」と呼ばれるものに突入した。部門収支アプローチが問題点の解明にどのように役立つのか、確認してみよう。

なお、これから行う分析では、恐慌の原因を説明するために部門収支の恒等式と現実のデータを使っている。例によって、我々の説明には異議が出る。一方、恒等式そのものとデータそのものに異議は出ない。しかし、その恒等式とデータをもってしても、何が恐慌を引き起こしたのか、決定的な

「証明」をすることは不可能である。

1998年の初頭、一部のMMT派が、ゴルディロックス経済は米国で持続不可能な部門収支を生み出してしまっていると警鐘を鳴らし始めた。我々は当時の経済が、（1996年から所得を上回る支出を続けていた）民間部門の持続不可能な赤字支出によってもたらされたバブル状態にあると認識していた。だが、今やご承知のとおり、我々の警告はそのタイミングが早すぎた。結局、民間部門は2006年まで赤字支出を続けた。経済はその後崩壊し、過剰債務による大惨事に見舞われた。1990年代後半に予見し難かったのは、金融部門がどこまで民間部門の負債を膨張させるかだけだった。金融部門は、ありとあらゆる貸し手詐欺を駆使して負債バブルを膨らませ続け、我々がこの問題を最初に警告してから10年後の2008年、それはついに崩壊した（ワイン・ゴッドリーとランダル・レイの"Can Goldilocks Survive?［ゴルディロックスは生き残れるか?］"を見よ。http://www.levyinstitute.org/pubs/pn99_4.pdf）。

では、世界金融危機の理解に役立つ「ゴルディロックス」から、どんな教訓を得られるのか見てみよう。1990年代の終わりに、ゴルディロックスは景気後退期に入り、クリントン政権の政府黒字は終わった。しかし、ブッシュ政権期に政府赤字がGDP比5パーセントにまで達し、景気回復を後押しした。景気が回復すると、民間部門はすぐさま巨大な赤字に戻り、不動産ブームと（ホームエクイティローンによりファイナンスされた）消費ブームに火をつけた。

（スコット・フルウィラーの手になる）図1-3のグラフを見て欲しい。なお、これは各部門収支を

図1−3　部門収支（対GDP比）、1952年第1四半期から2010年第4四半期

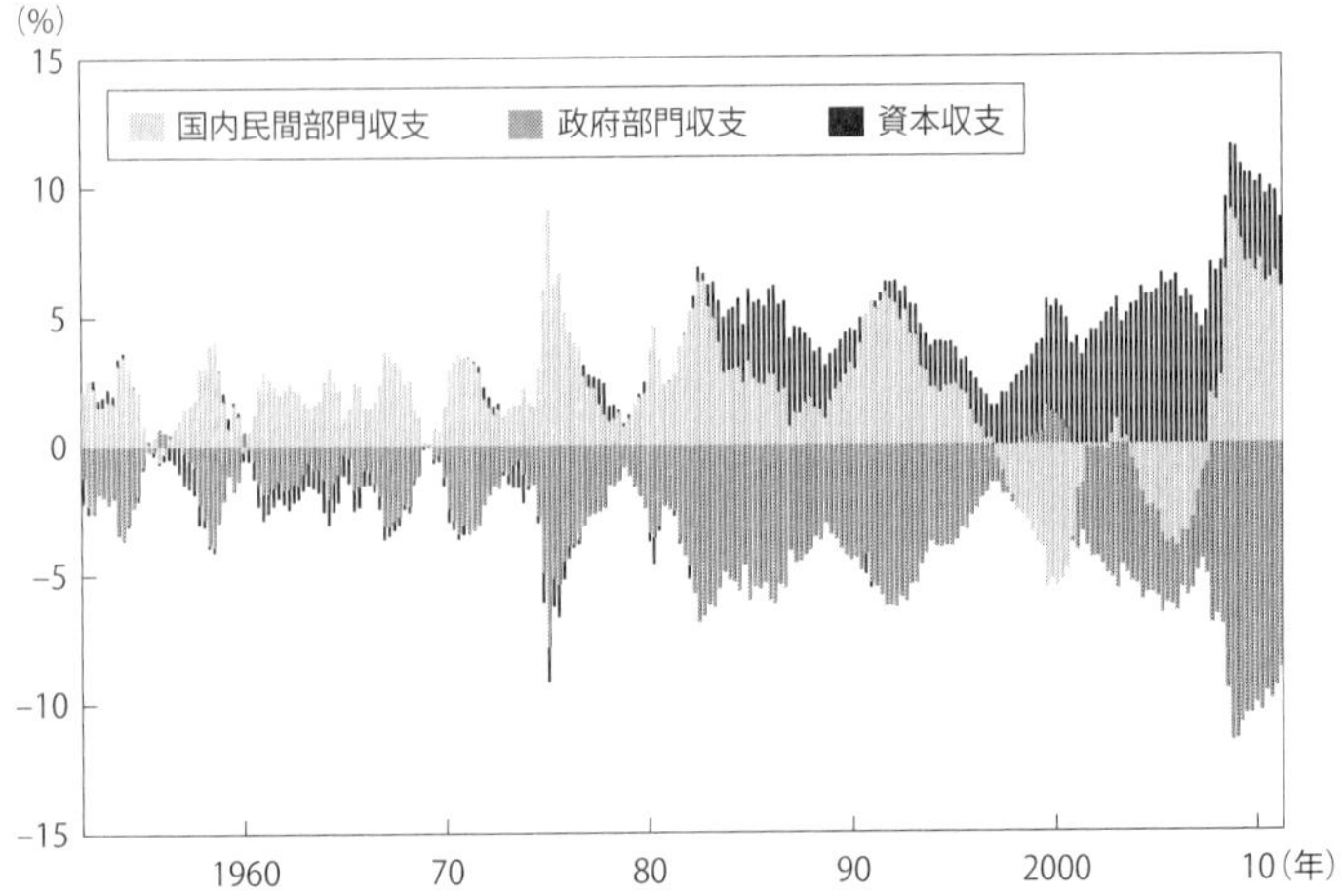

GDPで割ったものである（各部門収支を同じ数字、「GDP」で割っているので、互いの関係は変わらない）。対GDP比は便利な尺度であり、本書ではたびたび登場する。大部分のマクロ経済データは時間と共に増加するので、これを使うと表示が容易になる（何兆ドル——ゼロだらけ！——などという数字ではなく、我々は何でも対GDP比で表す）。

グラフは、「上下対称」になっている。1980年からゴルディロックスの時期まで、政府赤字は「国内民間部門の黒字＋経常収支の赤字」と上下対称である（経常収支の赤字とは資本収支の黒字であり、海外部門の米国に対する収支がプラスであることを示している。従って、グラフ上ではプラスの数字で示されている）。なお、このグラフはこれまでに学んできたことを確認するものでもある。3つの部門の赤字と黒字の合計はゼロに等しいので、ゼロのラインを境として上下対称になっている。クリン

トン政権時代に、政府財政は黒字に転換した（グラフではゼロのラインよりも上に突き出ている部分がそうだ）。実は、それは民間部門の赤字によるものだった（グラフで見ると、より正確には、民間部門赤字は「政府の財政黒字＋経常収支赤字」と上下対称になっている）。

この上下対称のグラフは、MMT派や、ワイン・ゴッドリーの部門収支アプローチを使ったレヴィ経済研究所の研究者を除いて、ほとんど理解されていない。そのため、民間赤字と政府黒字の関係を理解している人はほとんどいなかった。金融崩壊のあと、国内民間部門は急激に大幅な黒字となり（不況の時には、たいていそうなる）、経常収支の赤字が減った（米国の消費者が輸入品の購入を減らしたからである）。国内企業の売上と雇用の減少に伴って租税収入が急減したことが主な理由で、政府の財政赤字が膨らんだ。

ゴルディロックスの財政黒字に際し、政策担当者たちは誤った教訓を学んだ。つまり、実際には民間部門の赤字支出の裏返しに過ぎなかったにもかかわらず、連邦政府の黒字は望ましいものだと考えるようになってしまったのである。不幸なことに、今回も彼らは2008年に発生したグローバル恐慌から間違った教訓を学んでいる。彼らは、すべては政府部門の浪費が引き起こしたことだと、無理やり自分に言い聞かせようとした。そのために、多くの国々（特に、米国、英国、ヨーロッパ）で、財政赤字を減らすための歳出削減が（まれに増税も）要求されることになった――これは後に論じるトピックである。

しかし、現実は異なる。ウォールストリートの行き過ぎが民間部門の負債の極端な膨張を招き、経済を崩壊させ、政府の税収を減らしたのだ。これが連邦政府にとてつもない赤字拡大をもたらした（なお、主権通貨の発行者として、連邦政府は支払不能という制約に直面することはない——これは第2章のトピックである。従って、読者のみなさんには、ここではとりあえずそういうものだと理解して欲しい）。しかし、景気後退は州政府や地方政府の収入に打撃を与えた。そのため、これらの政府は支出を削減し、職員を解雇し、収入を探し求めるという反応を示した。

連邦政府、州政府、地方政府の赤字は景気回復と共に減り始め、租税収入が破壊された最悪の財政状態を脱した。景気回復の足どりは弱かった——最初の5年間、雇用はほとんど創出されなかった——が、徐々に政府赤字を減らすには十分なものであった。２０１４年には、雇用創出も軌道に乗った。景気が完全に回復したあと、図1-3のグラフがどのような形になるかを推測したければ、おそらく米国の長期的な平均付近に戻るのが妥当だろう。つまり、ＧＤＰの2パーセントの民間部門黒字、ＧＤＰの3パーセントの経常収支赤字、ＧＤＰの5パーセントの政府赤字だ。等式はこのようになるだろう。

民間収支（＋2）＋政府収支（−5）＋海外収支（＋3）＝0

こうして、我々はゼロの概念に戻ってくるのだ！

コラム

会計の恒等式に対する異論

会計の恒等式を初めて知った人の多くは、それに対して懐疑的な態度を示す。ここでは、会計の恒等式に対する3つの異論を取り扱う。

1. 会計の恒等式は簡単な算数、つまり2+3=5のようなものなのか？ 本当は、結果を都合良く操作しているのではないか？
2. 別の恒等式を使うことはできないのか？ なぜこの恒等式が重要なのか？
3. なぜ「不均衡《インバランス》」（すなわち、部門黒字や部門赤字）が「部門収支《セクトラル・バランス》」と呼ばれるのか？

最初の質問に関しては、確かにある意味で結果を「操作」している。まず、闇夜に裏庭へ現金袋を落とす黒いヘリコプターを除外している。また、若干の「どこにも行かない」支出――つまり、誰にも受け取られない支出――を除外している。最後に、ある意味で「支払われていない」支出を除外している。

経済全体が、あなたと私だけで構成されていると考えてみよう（私はロビンソン・クルーソーで、あなたはフライデーだ）。私が支出すれば、あなたは所得を受け取る。あなたが支出すれば、私が所得を得る。私は消費や貯蓄ができ、あなたも同様である。2人は支出・所得・貯蓄、あるいは黒字・赤字を「ドル」で表示し、2人の間の取引は池のそばの巨大な岩に引っかき傷をつけて記録する。我々は複式簿記を発見しており、それが取引を記録するのに便利な方法なので利用している（我々は互いを信用しているが、記憶力が悪い。私はあなたのドル建ての債務証書を受け取り、あなたは私の債務証書を受け取るが、2人とも取引を記録することを望んでいる）。これが我々の思考実験――ウサギと帽子の手品――の設定である。タネも仕掛けもない。

あなたはあなたの木からココナッツを取るために私を雇い、私は私の池から魚を捕るためにあなたを雇うとしよう。それぞれの資源に対する財産権に基づいて、あなたはココナッツを所有し、私は魚を所有している。我々には労働者として賃金を得る権利があるが、雇われて自分が採ったココナッツや魚に対する権利はない。我々はそれぞれ時給1ドルで1日に5時間働く。我々は巨大な岩のバランスシートにこれらを記録する。あなたのバランスシートでは、あなたの金融資産は私の債務であり、私の金融資産はあなたの債務である。1日目の終わりには、互いに5ドルの所得（資産として記録される）を得て、互いに5ドルの賃金を支払うという債務証書（負債として記録される）を発行した。

私のバランスシートでは、私の資産としてあなたの5ドルの債務を保有しており、私はあなたに5ドルの債務を発行している（これは負債サイドに記録される）。あなたのバランスシートはその逆だ。

双方のバランスシートはこのようになる。

私：資産＝あなたの債務5ドル、負債＝私の債務5ドル

あなた：資産＝私の債務5ドル、負債＝あなたの債務5ドル

今度は、私はあなたからココナッツを、あなたは私から魚を買うことにしよう。私はあなたの債務証書をあなたに渡すことでココナッツの代金を支払う。あなたは私の債務証書を私に渡すことで魚の代金を支払う。私は5ドル分のココナッツを買う（私はあなたの5ドル分の債務証書をすべてあなたに返す――巨大な岩に刻まれていた記録は棒線を引いて消す）。あなたは倹約家なので4ドル分の魚を買う（私に私の債務証書4ドル分を返し、1ドル分の債務証書は手元に残しておく）としよう。そうすると、このようになる。

私：資産＝ココナッツ5ドル、負債＝私の債務1ドル。資産が負債を4ドル上回っており、ココナッツを食べてしまうまでは、その4ドルが私の純資産である。

あなた：資産＝魚4ドル＋私の債務1ドル、負債＝ゼロ。よって、あなたの純資産は、魚を食べてしまうまでは5ドルだ。

我々がココナッツと魚を食べてしまったら、残るのはバランスシートの「金融の」部分だけだ。私の1ドルの債務は私の金融負債で、それはあなたの金融資産（私に対する1ドルの債権）に等しい。私の赤字支出は1ドルで、あなたの黒字（もしくは貯蓄）は1ドルだった。これらは等しく（何の不思議もない――帽子にはちゃんとウサギが入っていた）、確かにあなたの貯蓄は私に対する金銭債権（私の債務）の形をとっている。

すべての金銭債権を相殺消去すれば、食べてしまうまで、残るのは実物（ココナッツと魚）である。

確かに、この分析からは経済に関して興味深い多くのものが省かれている――銀行、政府、ドル紙幣などがない。ここで行ったのは、私の負債とあなたの負債のちょっとしたゲームに過ぎない。しかし、それによって単純な部門収支の結果を示すことができた。1つの部門（私）の金融赤字は、他の部門（あなた）の金融黒字に等しい。そして、金融の部分を相殺消去すれば、残るのは実物（魚とココナッツ）である。手品は使っていない。

我々は、実物（非金融）資産なら蓄積することができる。例えば、裏庭で農作物を栽培できるし、金融負債によって相殺されないトウモロコシを蓄積できる。我々人間はその歴史のほとんどにおいて貨幣を使わずに過ごしてきた。それでも、我々は衣食を得て、支え合い、共に戦ってきた。MMTの関心の大部分は「貨幣」つまり金融の会計にある。そこでは、すべての赤字がそれと等しい（誰かの）黒字によって相殺され、すべての債務は金融資産として誰かによって保有される――よって差し引きするとゼロとなる。レイク・ウォビゴンのアナロジーを使えば、我々は実物資産なら蓄積できる（我々はみんなゼロより上のIQを持っている）が、金融資産・負債は差し引きゼロになる（我々のIQを平均すれば、確かに平均になる）。

2番目の異論に話を移すと、確かに別の恒等式を好む者もいる。例えば、国内民間、政府、海外部門の区分を使わずに、別の部門に分けることもできる。髪の毛の色（金＋黒＋赤＋青＋茶＋銀……）によって部門を分けることも可能だろう。しかし、本書の目的に照らせば、我々の区分がより有益である。他国と異なる1つの通貨を（大部分において）利用している――実際には複数の通貨が使われ得るが、概ね「一国家、一通貨」だ——ことに基づいて、国内部門と海外部門に分けるのは異常なことではない（だからこそ我々は外国為替相場を利用する）。政府と民間を分けるのも異常なことではないし、それはとりわけ「主権通貨」の議論（何と言っても、それが本書の主な目的だ）に有益である。ただし、中央政府だけが主権通貨の発行者であるにもかかわらず、便宜上、我々はそこに州と地方の政府を加えている。家計と企業を（さらには非営利団体を）一括りにするのは、確かに一般的ではない。これはデータが限られているせいでもある——いくつかのデータはこのような形で集められている。しかし、我々は主として通貨の「利用者」（家計と企業）と「発行者」（国家の政府）を区別するために、このように区分している。

ほとんどの経済学の教科書で使われている、より一般的なアプローチに関して少し説明しておかなければならない。まずは、国内総生産（GDP）の恒等式（GDP＝消費＋投資＋政府購入＋純輸出。これは国民総所得に等しい）から説明しよう。専門的になりすぎないように言えば、GDPはNIPA（国民所得・生産勘定）から算出される。NIPAには、ストックとフローの一貫性（これはあとの節のトピックである）を重視する人々の間ではよく知られた欠点がいくつかある。NIPAは、実はいくつかの（金銭的支出を伴わない）価値をそこに帰属させており、つじつまが合っていない（恒等式が成り立つように、かなり大きくてひどい「統計上の不一致」を使ってごまかしている）。一例を挙げれば、ほとんどのアメリカ人は自分の家を所有しているが、それによって、確かに我々は「住宅サービス」と呼ばれるもの——大嵐の中で身を守るシェルターがあることから受ける純粋な便益

——を「消費」している。そこで、統計学者は、我々が支払うであろう価格を「帰属させ」て（その便益に対する一定の経済的価値を作り上げて）、それをGDPに加えている。それに関して我々が問題視しているのは、実際には、所有者自らが住んでいる家の「住宅サービス」消費の代金を支払う必要はないということである（例えば、あなたは5年前に住宅ローンを完済している。しかし、統計学者は、今年あなたが消費した便益に当たる1万2000ドルを、実際には払っていないのに記録する）。

貯蓄の扱いに関する別の問題もある。通常、貯蓄は2つの方法のうちのいずれかによって処理される。すなわち、貯蓄を単純に残余（所得から消費を減じたもの）とするのか、あるいは財産の増加分とするのかである。多くの計算において、不動産バブルが生じている時は住宅ストックの価値が上昇し、そのことは財産の増加を意味する。それは貯蓄の増加を意味するはずである。しかし、金融面から見れば、貯蓄を可能にする所得の源泉が存在しない。経済学的に言えば、これは「未実現キャピタルゲイン」である。これを実現するには、その住宅が実際に売却されなければならない。

本書の大きな目的は、すべての支出、所得、消費、そして貯蓄を説明することである。従って我々にとっては、このような対応する金融フローが存在しない帰属価値を含めずに、ストックとフローが整合した（あるいは、少なくとも、より整合に近い）資金循環勘定を使って研究する方が好ましい。ところが実際には、多くの国々では、資金循環勘定のデータよりもNIPAのデータの方が利用し易い。そのため、我々は時として、部門収支の等式ではなくGDPの等式を使わざるを得ない。蹄鉄投げゲームならおそらくこれで十分だろう（目標に近ければ、それで十分だ）し、大部分の経済学の問題についてもそうだろう。
改めて2つの等式を比較してみよう。

国内民間部門収支＋政府部門収支＋海外部門収支＝0

（貯蓄－投資）＋（租税－政府購入）＋（輸入－輸出）＝0

2つはかなり似通っていることが分かるだろう。大ざっぱに言えば、民間貯蓄が投資を上回れば民間部門は黒字となり、租税が政府購入よりも少なければ政府部門は赤字となり、輸入が輸出を上回れば海外部門は黒字となる。もっと細かく言えば、政府の移転支出（民間部門の所得を増やす失業補償給付のようなもの）や国際間の要素支払い（米国企業が海外から得る利潤のフロー――それは海外収支の不均衡を減らす）を加えることができる。しかし、ここでそれを行うつもりはない。我々は、通常、GDPの恒等式（NIPA）ではなく、部門収支（つまり、資金循環勘定）を使って研究を行う。しかし、読者のみなさんが両者の変換をしたいというのであれば、頭の体操をしてもらって構わない。

最後に、なぜ「不均衡《インバランス》」を「収支《バランス》」と呼ぶのか？　つまり、民間部門が赤字の時、なぜそれを民間部門の収支《バランス》と言うのか？　あなたの当座預金の残高《バランス》（つまり、収支《バランス》）はおそらくプラスだろう。その残高《バランス》を超える金額の小切手を切り、それが当座貸越によって自動的に決済されれば、あなたの口座の残高《バランス》はマイナスだ！　だから、たとえその状態が不均衡《インバランス》（バランスを失している状態、つまりゼロではない状態）であっても、当座預金残高《バランス》と呼ぶ。すべての部門の収支《バランス》（あるいは残高《バランス》）はプラス、ゼロ、マイナスのいずれにもなり得る。

専門的な注記：

個人貯蓄率と、家計の純貯蓄（対GDP比率）の主な違いは次のとおりである（スコット・フルウィラーによる）。

1．家計の純貯蓄はGDPに対する割合だが、個人貯蓄率は可処分所得に対する割合である。

2．家計の純貯蓄は消費と住宅投資を含むすべての家計支出を差し引くが、個人貯蓄は消費支出のみを差し引く。

これは本当に細かいが、小さな違いがもう少しある。

1．家計の純貯蓄は資本減耗引当（減価償却）を行うが、個人貯蓄は行わない。

2．家計の純貯蓄は政府部門から家計に対する年金保険積立金を帰属させるが、個人貯蓄は帰属させない。

3. 家計の純貯蓄は企業から家計に対する未払い賃金を含むが、個人貯蓄は含まない。

第2章 自国通貨の発行者による支出

租税が貨幣を動かす

ここまでは、主にワイン・ゴッドリーによって打ち立てられた、3部門収支アプローチを詳細に検討してきた。言わば、それは現代貨幣の本質を検討する準備段階であった。そこから先、MMTの特徴を際立たせる鍵は、「政府が実際にどのように支出するか」に関する説明にある。本章からは、主権通貨の理論を展開しよう。

ここからは、自国通貨を発行する政府による支出にフォーカスする。まず、すべての自国通貨の発行者に当てはまる一般的な原則を提示する。その原則は、先進国と途上国の両方に、そして為替相場制度にかかわらず当てはまるものである。その後、途上国に特有の論点の分析に移る。最後に第6章で、異なる為替相場制度の分析が示すところを議論する。

次節では、「主権通貨」の概念を検討する。

2.1 主権通貨とは何か?

自国通貨

まずは、計算貨幣の概念を導入しよう。豪ドル、米ドル、日本円、英ポンド、欧州ユーロはすべて計算貨幣の例だ。最初の4つは、各々1つの国と結びついた計算貨幣である。これに対して、ユーロは欧州通貨同盟（the European Monetary Union：EMU）に加盟した多数の国々により採用された計算貨幣である。歴史的には、たいていの場合「一国家、一通貨」であったが、現代のユーロを含めてこのルールには多くの例外があった。このあとの議論の大部分は、国が自らの計算貨幣を採用し、その政府がその計算単位で表示される通貨を発行する、より一般的なケースに焦点を当てる。欧州通貨同盟のような例外的なケースを扱う時は、通貨が国家から分離した際に生じる違いを注意深く確認する。

なお、途上国の大部分も自国通貨を採用している。その中には固定為替相場制を採用し、ゆえに、後に論じるように、一部の国内政策余地を放棄している国もある。それでも、自国通貨を発行しているので、ここでの主権通貨の分析はそれらの国にも当てはまる。

また、個々の家計や企業は（そして政府も）、国内経済においてさえ外国通貨（外貨）を使うことができる。例えば、カザフスタンでは（他の多くの途上国でも）、自国通貨テンゲで行われる取引がある一方で、米ドルで行える取引もある。個々の家計や企業は、ドル建てまたはテンゲ建ての純資産を蓄積することができる。けれども、主権通貨に当てはまる会計原則は、これらすべての通貨に（それぞれ別々に）やはり当てはまる。

一国家、一通貨（およびその例外）

国家が自らの独自の計算貨幣を採用することは、圧倒的に支配的な慣習である（米国の米ドル、オーストラリアの豪ドル、カザフスタンのテンゲがその例である）。中央政府は、その計算貨幣によって表示される通貨を発行する（その通貨は、たいていの場合、様々な額面金額の金属硬貨と紙幣からなる）。政府による支出と、国民が政府に対して負っている租税債務、手数料、罰金が同じ計算貨幣により表示される。裁判においては、民事訴訟の損害賠償額を査定するのに国家の計算貨幣が使われる。例えば、賃金は国家の計算貨幣で計算され、雇用主が賃金の支払いを怠った場合には、裁判所は労働契約を強制するが、雇用主から従業員に支払われるべき損害賠償額は国家の計算貨幣で査定される。

他方で、政府は自らの購入の一部のために外貨を使い、支払いを受ける際に外貨を受け取ることもあるかもしれない。さらに、外貨で借入れをする――債務証書を発行する――かもしれない。外貨での借入れは、通常、政府が輸入品を購入する際や（例えば、固定為替相場制を採用していて）外貨準備を蓄積しようとする際に行われる。このことは重要だが、それが自国通貨の会計を変えるわけではない。すなわち、カザフスタン政府は、テンゲ建ての租税収入を上回るテンゲを支出すれば、テンゲ建てで財政赤字になる。その赤字は、政府以外の部門が蓄積した、政府に対するテンゲ建て債権とぴったり等しい（海外部門の収支がゼロだとすれば、テンゲ建て債権を蓄積するのは国内民間部門になるだろう）。

政府の支出や課税が外貨で行われるよりも自国通貨で行われる方が、政府にはずっと大きな余裕（いわゆる「国内政策の余地」）があるというのが、我々の主張である。カザフスタン政府は、米ドル建てで財政赤字になるためには、米ドルの借入れによって追加の米ドルを手に入れなければならない。これは、テンゲの純貯蓄を欲する国内民間部門に対して、単純にテンゲを発行することで支出するよりも困難なことである。

多くの国で外国の計算貨幣建ての民間契約があることにも注意すべきである。例えば、ラテンアメリカには、他の一部の途上国と同様に、特定の契約が米ドル建てで行われるのが一般的な国がある。民間取引の支払いにおける米ドルの利用は、多くの国でありふれたことでもある。ある推計によれば、米国外で流通する米ドル通貨の総額は、米国内で流通する米ドル通貨の額を上回っている。このように、多くの国で、１種類以上の外国の計算貨幣および外国通貨が、国内の計算貨幣とそれにより表示される自国通貨と共に使われているかもしれない。

外貨の利用は、当局によって明確に認識され許可されることもあるが、外貨を使うことで発覚を免れようとする地下経済の一部となることもある。19世紀に入っても、米ドルと並んで、米国で外貨がかなり流通していたと聞いたら驚くかもしれない。それどころか、米国財務省は19世紀の半ばまで、租税の支払いを外貨で受け取ってすらいたのである。

しかしながら、自国通貨を発行する先進国では現在、このような慣習は非常に稀なものである（各加盟国から見れば事実上「外国」通貨であるユーロを使う、ユーロ諸国を除いて）。それでも、途上国では、自国通貨と並んで外貨が流通することは珍しくないし、政府が外貨を好んで受け取ることもある。売り手が自国通貨より外貨を好む場合さえある。

このことは、後に論じるように、政策に影響を与える。

主権と通貨

国の通貨は、しばしば「主権通貨」と呼ばれる。つまり、主権を有する政府により発行される通貨である。政府は、民間の個人や団体にはない様々な権限を有する。ただし、ここで論じたいのは、貨幣に関する権限だけである。

公式な計算尺度として認められる計算貨幣を決定する権限を有するのは、主権を有する政府だけである（既に述べたように、政府は一定の支払いについて外貨を受け取ることを選択するかもしれないが、それもまた主権者の特権である）。さらに、自らの計算貨幣で表示された通貨を発行する権限を付与されているのは、現代の主権を有する政府だけである（合衆国憲法は、連邦政府に唯一の通貨創出権限を付与している)。裁判において、金銭契約がどのように強制されるかを決める——義務の履行のために渡すことができる貨幣を定める——のも、最終的には政府である。

もし政府以外の主体が自国通貨を発行しようとすれば、(政府によって明確に許可されていない限り)その主体は通貨偽造者として訴追され、厳しい処罰を受けるであろう。

さらに、主権を有する政府はその計算貨幣で納税義務(および罰金と手数料)を課し、これらの債務の支払方法を決定する。つまり、政府は、納税者がその義務を履行する際に、自身が何を受け取るのかを決定する。

最後に、主権を有する政府は自らの支払いをどのように行うかも決定する。つまり、財・サービスを購入するために、あるいは自らの債務(年金受給者に対する支払いや、政府債務の保有者に対する利息支払いなど)を履行するために、何を渡すのかを決定する。現代の主権を有する政府の大部分は、自らの通貨で支払いを行い、それと同じ通貨で租税の支払いを要求する。

次節ではこの議論を続け、現代貨幣を「裏づけるものは何か」を検討する。

2.2 通貨を裏づけているものは何か? なぜ誰もが通貨を受け取るのか?

30年前、私が教鞭を取り始めたころ、ほとんどの学生が米ドルには金《きん》の裏づけがあると考えていた。

フォートノックス［訳注：米国ケンタッキー州にある軍保留地で、連邦政府の金銀塊保管所がある］は金《きん》で埋め尽くされており、隠しておいた現金を車でそこへ運んでいけば、車に金《きん》を積んで帰れるから、米ドルには価値があると考えていたのだ（学生は、自分たちが赤ん坊だったころから金《きん》の裏づけはなかったと知って驚いていた）。今や、こんなことを信じている学生はほとんどいない。学生は皆、我々の通貨が「法定」――何も裏づけがない、単なる債権――だと知っている。

通貨の裏側をのぞいてみよう。そこには何かあるのだろうか？

金属や外貨の準備が通貨を裏づけるのか？

主権通貨を巡っては、長い間議論の混乱があった。例えば、多くの政策担当者や経済学者が、政府が財・サービスを購入する際に、なぜ民間部門が政府によって発行された通貨を受け取るのか、理解できていなかった。

30年前の学生たちと同じように、支払いの際に確実に受け取ってもらうために、通貨には貴金属の「裏づけ」が必要だとする論者が多かった（大統領選の常連、ロン・ポールもその1人である）。歴史的に見れば、政府が自国通貨に対して金《きん》や銀（あるいは両方）の準備を維持していた時代もあった。これらは次のような考え方に基づくものであった。つまり、人々がいつでも政府に通貨を返却して貴金属を手に入れられるならば、通貨は「金《きん》と同じ価値がある」と見なされるがゆえに受け取ってもらえるだろう、というものである。金貨のように、通貨自体が貴金属を含有することもあった。米国では1960年代まで、財務省が発行済み通貨の価値の25パーセントに相当する量の金《きん》の準備を維持していた（興味深いことに、米国の市民は通貨を金《きん》に交換することを許されておらず、海外の米ドル保有者だけが交換できた）。

しかし、米国をはじめとして世界のほとんどの国がこの慣習を捨ててから、もうかなりの時間が経つ。金《きん》の裏づけがなくても、米ドルに対する需要は依然として世界中で旺盛である。従って、通貨は貴金属の裏づけを必要とするという考え方は誤りである。我々は「法定不換通貨（fiat currency）」と呼ばれるものに移行しているのだ。それは貴金属の準備によって裏づけられていない。一方で、自国の通貨を明確に外貨の準備で裏づけている国もある。例えば、要求があれば自国通貨を特定の為替レートで米ドルなどの外貨に交換する「カレンシー・ボード制」を採用している国がそうである。しかし、先進国の大部分は、外貨による裏づけのない通貨を発行している。

「法定不換通貨」は、よく言っても曖昧な言葉だ。もし「法定」という言葉が、通貨にはもともと受け取られる必然性がまったくないがゆえに、政府があえて「受け取らなければならない」と命じているという意味だと受け止められたら、誤解を招きかねない（「法定支払手段（legal tender）」を法律で定めている国もあるが、これについては次節で述べる）。いずれにしても、なぜ米ドル、英ポンド、日本円のような通貨がこのような「裏づけ」なしに流通し得るのか、説明しなければならない。

支払手段制定法

政府の「法定不換」通貨（金《きん》や外貨に交換することを明確に約束していない通貨）が受け入れられることの説明の1つとして持ち出されるのが、支払手段制定法（legal tender laws）である。多くの主権を有する政府が、国内の支払いにおいて政府の通貨を受け取るように要求する法律を制定している。実際、米国で発行される紙幣には「この紙幣は、公的および私的な、すべての債務に対する法定支払手段である」と明示され、カナダの紙幣には「この紙幣は法定支払手段である」、オーストラリアの紙幣には「このオーストラリア紙幣は、オーストラリアとその領土内において法定支払手段である」と書かれている。

それに対して、英国の紙幣には「要求あり次第、合計5ポンドを所持人に支払うことを約束する」と述べる女王の姿が描かれているだけである（5ポンド紙幣の場合）。女王は5ポンド紙幣と引き換えに、別の5ポンド紙幣を渡してくれると約束しているのだ！

さらに、歴史を遡れば、支払手段制定法を制定したにもかかわらず、その通貨に対する需要を生み出せなかった政府の事例も存在する。つまり、民間での支払いで受け取られず、時には政府に対する支払いにおいてさえ拒絶されたのだ（国王の硬貨の受取りを拒んだことへの罰には、拒絶した者の額《ひたい》を赤く熱した硬貨で焼くものまであった。このような特別な強制がなければ、人々は主権者の通貨の受取りを拒絶していたのだ）。

つまり、支払手段制定法などなくても容易に流通する通貨がある一方、支払手段制定法があっても忌避される通貨もある。さらに、米ドルはご承知のとおり、法定支払手段とはされないまま非常に多くの国々で流通している（米ドルの使用が当局によって制限され、ことによると禁止されている国でさえも流通している）。結論を言えば、支払手段制定法は、それだけでは通貨が受け取られる理由を説明できない。

「現代貨幣」の大部分は、金《きん》や外貨によって裏づけられておらず、さらに、その利用を命じる支払手段制定法がなくても人々に受け入れられる。そうだとすれば、貨幣はいったいなぜ受け入れられるのだろうか？　謎は深まるばかりだ。教科書に載っている典型的な答えは、「あなたが国家通貨を受け取るのは、他人がそれを受け取ることが分かっているからだ」というものである。要するに、受け取られるから受け取られるのだ。典型的な説明は、このように無限後退に陥っている。つまり、ジョンはメアリーが受け取ると思うから受け取り、メアリーはウォルマートが受け取るだろうと思うから受け取っている。

貨幣理論の根拠は、何と頼りないものなのだろうか！

少なくとも私自身は、貨幣を裏づける唯一のものが「間抜けをだまして渡せると思うから、私はドル紙幣を受け取っている」といった「間抜け比べ」もしくは「ババ抜き」貨幣理論であるなどとは、恥ずかしくて自分の教科書には書けないし、そんなもので疑り深い学生を説得することもはばかられる。

あとで誰かにそっと渡すことができるという期待だけを頼りにその通貨を受け取る――確かに偽造

通貨ならそのとおりだろうが、私は、本書の読者にこんなバカバカしい理論で納得してもらおうなどとは毛頭考えていない。次節でもっと説得力のある議論をする。あなたはその答えが予想できるだろうか？

あなたは、「金本位制」、「法定不換通貨」、「法定支払手段」、「間抜けをだます」、「ババ抜き」貨幣理論に満足するだろうか？　金《きん》が貨幣なのか？　金《きん》は貨幣たり得るのか？　金《きん》がもはや貨幣の裏づけではないならば、なぜＦＲＢは金《きん》を保有しているのか？　通貨を裏づけることができるのは、「信頼」——誰かがどこかでそれを受け取るという期待——だけなのか？

じっくり考えてみようではないか。

2.3 租税が貨幣を動かす

前節では、次のような問題を提起した。政府は、通貨を貴金属や他のより強い通貨に固定レートで交換する約束をしていない。人々が確実に通貨を受け取るようにするためには、支払手段制定法は必要でも十分でもない。政府の「支払約束」は、実は１枚の５ドル紙幣が別の５ドル紙幣に交換されることでしかない。にもかかわらず、誰もが政府の通貨を受け取るのはいったいなぜなのか？　本節では、ＭＭＴの答えを探る。

主権と租税

主権を有する政府によって行使される最も重要な権限の1つは、租税(および手数料や罰金などの政府に対する支払義務)を課し、徴収する権限である。納税義務は、米国、カナダ、オーストラリアではドル、日本では円、中国では人民元、メキシコではペソといった具合に、国家の計算貨幣を単位として課される。さらに、納税義務を果たすために渡すことができるものは何かも政府が定めている。ほとんどの先進国では、租税の支払いにおいて受け取られるのは政府自らの通貨である。

後ほど、政府に対する支払いが正確にはどのように行われるのか検討する。納税者は租税の支払いにたいてい民間銀行の小切手を使うようだが、政府は小切手を受け取ると民間銀行の準備預金からその金額を引き落とす。民間銀行は納税者と政府を実質的に仲介し、納税者に代わって通貨(厳密には、中央銀行の負債である準備預金)で支払いを行う。銀行がこの支払いを行うと、納税者は自らの義務を果たしたことになり、従って租税債務は消滅する。

今や、先の質問――なぜ誰もが政府の「法定不換通貨」を受け取るのか?――に答えることができる。それは、政府の通貨が、政府に対して負っている租税などの金銭債務の履行において、政府によって受け取られる主要な(たいていは唯一の)ものだからである。租税の不払いに対して課される罰(刑務所行きもある)を避けるために、納税者は政府の通貨を手に入れる必要があるのだ。

今日では、銀行が仲介するので、通貨を届けるのは銀行である。かつては、納税者は仲介者を使わず直接届けた――納税者は、租税、手数料、罰金を政府に支払うため、実際に国庫まで硬貨、割り符、あるいは紙幣を運んだ。今日では、納税者の銀行が、中央銀行（政府の銀行）に保有している口座を通じて国庫への支払いを行う。

もちろん、政府の通貨は他の用途でも使える。硬貨は自動販売機で使えるし、民間の債務は政府の紙幣で返済できるし、政府の貨幣は将来の支出に備えて貯金箱に貯めることもできる。しかし、これらの通貨の利用法はすべて二次的なものであり、租税の支払いにおいて自らの通貨を受け取るという政府の意思から派生したものである。

結局のところ、政府の通貨が需要され、それゆえ財・サービスの購入や民間の債務の返済にも使えるのは、納税義務を負う者なら誰もがその（租税）債務を消去するのに使えるからである。政府にとって、通貨を民間の支払いに使い、貯金箱に貯めるように強制することは簡単ではないが、自らが課す納税義務を果たすために通貨を使用することは強制できる。

従って、政府の通貨の受取りを確実にするためには、貴金属（あるいは外貨）の準備も支払手段制定法も必要ない。必要なのは、政府の通貨で支払われる租税債務を課すことだけである。カーテンの裏側にあるのは、租税債務（または、その他の義務的支払い）なのだ。

政府は何を約束しているのか？　政府の債務証書は何の義務を負っているのか？

英ポンド紙幣に印刷された「支払うことを約束する」は不適切な文言であり、非常に誤解を招きやすい。これは、本当は「私は、租税の支払いにおいて、この紙幣を受け取ることを約束する」と書かれるべきである。5ポンド紙幣を差し出しても、英国の財務省が実際には（別の紙幣以外に）何も支払わないことをみんな知っている。しかし、租税の支払いにおいては、英国財務省はその紙幣を受け取るし、受け取らなければならない。もし財務省が自らの債務証書の受取りを拒むならば、それは財務省の債務不履行（デフォルト）である。

ジョージ・W・ブッシュ大統領は何と言っただろうか？「テネシーにこんな古いことわざがある。テキサスだったかな？　いや、たぶんテネシーだ――オレをだましたな、恥を……恥を知れ。オレをだましたな……オマエはもうだまされない」。

ブッシュがロジャー・ダルトリー率いる「ザ・フー」を聴いたのは、おそらく大学生のころだっただろうから、歌詞を忘れてしまっていたとしても大目に見よう。彼が言いたかったのはこうだ――政府は1度ならオレをだませる。政府よ、恥を知れ。だが2度目はだまされない。

実は、イングランド銀行は大体こんな感じで創設されたのだ！　イングランド国王は自らの債務を履行しなかったため、信用力がないと見なされた。イングランド銀行は、信用できない国王とその臣民を仲介するために創設されたのだ――イングランド銀行は国王の債務証書を受け取り、国王の支出をファイナンスするために銀行自らの債務証書を発行する。しかし、この話はまた別の機会に譲ることにしよう。

このように、政府の通貨（という負債）の償還は、金《きん》によってではなく、政府に対する支払いを通じて［訳注：政府が支払手段として通貨を受け取ることによって］履行される。租税支払いの会計については、後ほど検討する。ここでは、政府に対する納税義務は、政府自身の債務証書を収税官に渡すことで果たされることを理解すれば十分である。

結論――租税が貨幣を動かす

我々は、「租税が貨幣を動かす」と結論づけることができる。政府は、まず計算貨幣を創造し（オーストラリアではドル、カザフスタンではテンゲ、フィリピンではペソ）、それからその計算貨幣で納税義務を課す。現代の国家においては、こうするだけで、多くの（いや、ほとんどの）債務、資産、価格も国家の計算貨幣で表示されるようになる。

（主権国家に見られる非対称について一言。主権国家があなたに債務を課すがゆえに、あなたは主権国家の債務証書を受け入れる。これは見事なトリックであり、あなたが小さな城の王ならば、同じようなことができる。あなたは、自分の子供に家族通貨「ジョンソン」で課税し、子供が税金を払うのに必要な通貨を稼げるように、家事の手伝いに対し報酬を支払うことができる。税金の不払いに対して罰を与えれば、子供は「ジョンソン」を手に入れるために一生懸命働くだろう！）

政府が自ら創造した計算貨幣で表示された通貨を発行するには、租税の支払いにおいてその通貨を受け取るようにすればよい。その通貨に貴金属の「裏づけ」は必要ないし、国の通貨の受取りを要求する支払手段制定法も必要ない。国内、場合によっては海外でも通貨が広く一般に受け入れられるようにするために主権を有する政府がなすべきなのは、例えば「この紙幣は、公的および私的な、すべての債務に対する法定支払手段である」という文言を印刷することではなく、「この紙幣は租税の支払いにおいて受け取られる」と約束することだけである。

2.4 人々が自国通貨の受取りを拒んだらどうなるのか?

貴金属の裏づけがなく、固有の価値をもたない「法定不換通貨」を、なぜ誰もが受け取るのだろうか? 我々はこのように問い、そして答えた。一般的に、政府は法定不換通貨の利用を強制できるものではないから(おそらく政府自身の支払いを除いて)、支払手段制定法だけでは不十分だと論じた。その一方で、法定不換通貨は、その使用がすべての「公的および私的な」支払いで要求されていない(つまり、支払手段制定法がない)場合でさえ、しばしば受け取られるということも分かっている。

我々は、「租税が貨幣を動かす」と結論づけた。国家が租税債務を課し、強制する権限を有していれば、その通貨に対する需要を確保できる。これは、自らに対する支払いであるがゆえに、政府が自らの法定不換通貨を使われるようにすることが容易にできる取引である。

他の種類の義務も有効だと結論づけられる。手数料、罰金、10分の1税を支払うために通貨が必要ならば、あなたは少なくともそれらを支払うのに必要な通貨を欲するだろう。そして最後に、必要な資源(土地、エネルギー)を独占する権力は「価格を決定できる」。つまり、資源を手に入れるために何を渡さなければならないかを決められる。従って、これもまた通貨を動かし得る――繰り返すが、権力は支払いの方法を選択できるからである。

通貨を動かすのに最も有効な支払いは、義務的な支払い――投獄を免れ、喉の渇きによる死を避けるために、せざるを得ない支払い――である。主権国家の通貨で履行しなければならない義務的な支払いは、その通貨に対する需要を保証する。主権国家に対して納税義務を負っていない者でさえ、他の者が租税債務を負っているがゆえに通貨を受け取ることが分かっていれば、自分もその通貨を受け取るかもしれない。しかし、どのくらいの量の通貨が受け取られるのだろうか？　国家は自らが課した租税の額を上回る通貨を発行できるのか？　そうだとしたら、どのくらい多く発行できるのか？

租税債務を課してその履行を強制すれば、少なくとも納税義務のある人々は、課された租税債務と少なくとも同額の自国通貨を欲しがるようになる。先進国では、人々は納税に必要な額を上回る自国通貨を進んで受け取る。一般的に、政府の通貨と引き換えに財・サービスを売ることを嫌う売り手はいない。通常（例えば、米国、英国、日本では）、国内で売られるものはすべて自国通貨建てで売られる。主権を有する政府は、通貨を発行しても購入できないということがない。

念のため言っておくと、米ドルの価格を付けて売られているものは、米ドル通貨を渡せば買える（ただし、より完全な説明は後に譲るとして、例外もある――時として、とりわけ郵送による支払いの場合、紙幣や硬貨が受け取ってもらえないこともある。とはいえ、支払いが現金ではなく小切手や電子的手段で行われる場合は、銀行の準備預金――主権通貨とよく似たもの――の移動が生じる。銀行の準備預金については後ほどしっかり確認する)。

しかし、民間取引(主権国家が関与しない支払い)において外貨が好まれるかもしれない途上国では、状況が大きく異なる可能性がある。確かに人々は租税債務を履行するのに必要な自国通貨を欲しがるが、租税債務そのものが節税や脱税によって限定されてしまう可能性がある。これによって、自らの通貨で生産物を購入する政府の能力が限定されてしまう。民間の支払いにおいて外貨が使われ、節税や脱税が広がると、人々は政府の通貨をあまり欲しがらないかもしれない。

国民が外貨を好む国の政府が受ける制限はどんなものか、おおよそ理解することは可能である。政府がGDPの3分の1に相当する租税債務を課すとしよう。しかし、インフォーマル・セクター[訳注:その経済活動が、国家の統計や記録に含まれていない経済部門のこと]が会計から漏れるので、計測されたGDPが本来のGDPの半分でしかないと仮定しよう(一般的に、インフォーマル・セクターの取引金額を捕捉してGDPに計上するのは困難なことである)。

さらに脱税のせいで、政府は課した租税の半分しか徴収できないとしよう。これは、徴収された租税が計測されたGDPの6分の1にしかならず、本来のGDPの12分の1にしかならないことを意味する(「ハロー、ギリシャ!」というのは冗談だが、ギリシャでは脱税や節税に加えてインフォーマル・セクターの取引のせいで税収が非常に少なく、そのため政府赤字が膨らんだとよく言われている)。

このような状況でも、自国通貨の支出によって、政府はGDPの最低12分の1を政府部門へ動かすことができる（納税義務を負う人々は、それを果たすために自国通貨を必要とするからだ）。おそらく実際には、政府は12分の1よりも多く動かすことができるであろう。なぜならば、自国通貨のみならず、国債のような政府に対する債権の蓄積を望む国内外の「民間」主体も存在するからである。政府赤字が政府の負債という形で純金融資産の蓄積をもたらすという、先の議論を思い出して欲しい。それゆえ、税収がGDPの12分の1であっても、政府はそれより若干多く購入でき、家計や企業（あるいは外国人）が、支出して残った通貨を純金融資産（政府赤字に等しい）として蓄積できる可能性が高い。

（ここでは、課税や支出が人々の行動に与える影響を無視しているため、これらの計算は必然的に概算になる。例えば、課税することによって、より多くの生産が「インフォーマル市場」に逃げ出してしまい、GDPの計測値および課税対象となる所得を減らしてしまう可能性がある。この「高い税率はGDPの計測値を押し下げ、それゆえ税収を減らす」という考え方は、「ラッファー曲線」の背景となっている）

GDPの捕捉率を上げるためには、政府は(a)脱税を減らし、(b)インフォーマル・セクターをできるだけフォーマル化する政策を実行する必要がある。この2つを実行すれば、租税が増え、政府の通貨に対する需要が高まるので、政府はより多くの生産を手に入れられるようになるだろう（政府は、租税の水準はそのまま変えずに、自らが支払う際の価格を引き下げることもできる。意外だが、価格を下げると、同じ租税債務の水準のままでも、政府はより多くの実物資源を政府部門に動かすことができる)。

租税がGDPの12分の1だけだとしたら、政府部門に動かす資源を増やそうとして政府が支出を増やしても、それだけでは効果がないかもしれない――すなわち、売り手が(納税義務を果たすのに必要な自国通貨を既に手に入れているので)今よりも高い価格と引き換えでしか自国通貨を受け取らず、単にインフレを引き起こすだけとなる可能性がある。そして、一定のラインを越えると、政府はそれ以上の通貨を求める売り手を見つけられないかもしれない。租税が政府の支出を「賄う」という主張は間違いだろうが(その理由は後ほど検討する)、租税債務を課し、強制することができなければ、政府が動かせる資源の量が限定されてしまうことは事実である。

実は、これが重要な論点を提起する。通貨発行者の側から見た貨幣制度の目的は政府部門に資源を動かすことであり、その達成のために利用される通貨に対する需要を創造することが租税の目的である。政府が租税を必要とするのは、歳入を生み出すためではない。通貨の利用者たる国民が、通貨を手に入れようと、労働力、資源、生産物を政府に売却するように仕向けるためなのだ。ほとんどの人が、租税の目的は歳入を増やして政府が支出できるようにするためだと考えている。微妙な違いだが、その意味するところは重要である。政府は、支出の「財源」が足りなくなることはない。しかし、通貨を手に入れるために、労働力、資源、生産物を政府にもっと売ろうという人々の意欲が足りなくなることは(少なくとも固定価格では)あり得る。政府は、さらに多くの資源を動かすために、自らが支払う価格を引き上げることができる(ただし、それはうまくいかず、インフレを引き起こしてしまうだけかもしれない)。あるいは増税することができる。とはいえ、税率を引き上げる目的は歳入ではなく、通貨に対する需要を増やすことなのだ!

問題は、政府の「支出能力」ではない。租税を課して徴収する能力が、望ましい結果を達成するには十分ではないために、政府が資源を動員する能力が限定されてしまうことが問題なのだ。政府には常に支出を増やす「能力」がある(つまり、通貨発行を増やすことができる)。しかし、租税を課して徴収することができなければ、政府に財・サービスを売却して国内通貨を受け取ろうという人々の意欲は、不十分なものにしかならないだろう。

要するに、政府によって強制可能な租税債務の履行に必要なだけの通貨の手当てを(加えて、いざという時のための通貨の蓄積も)既に終えていれば、人々はそれ以上の通貨は必要ないことに気がつく。その場合、増税を行えば、(税金を支払うために)通貨に対する需要が増え、通貨を求めて政府に財・サービスを売却しようとする売り手が増える。より多くの租税を課して徴収することができない限り、政府の実質支出は、自国通貨と交換に財・サービスを売ろうとする人々の意欲による制約を受ける。国内において、人々が租税支払い以外の目的で外貨を好んで使う場合も、同様の制約が生じる可能性がある。これは、先進国では大きな問題とはならないが、途上国においては重大な制約となる可能性がある。

本節では、政府が通貨(紙幣と硬貨)を使って支出し、課税することを前提にしてきた。実際には、政府は小切手に加え、ますます銀行口座への電子的な入力を使うようになっている。実のところ、政府は、支出や課税に関連する多くの（あるいは、ほとんどの）取引で民間銀行を利用している。このあとの節では、現金通貨ではなく銀行口座を使う、より「現実的な」課税と支出の会計を説明する。銀行口座を使っても会計の本質は何ら変わらない――ただし、後に議論する民間銀行業務、中央銀行業務、国庫業務を理解しなければならない。

2.5 計算貨幣による記録

この節では、ストックとフローの話に戻り、計算貨幣の動きを記録する巨大なスコアボードとも言うべき金融システムを考えてみよう。我々のスコアを記録するのは、ほとんどの場合、民間銀行である。銀行は顧客に代わって支払いを行う。一般的に、この支払いは他の銀行もしくは政府の銀行（中央銀行）に対してなされる。銀行は、その支払いを計算貨幣で表示される自らの負債（通常は要求払預金）で行う。これらの記録は、ますます、バランスシートの借方・貸方への電子的な記帳によって行われるようになってきている。

ストックとフローは、国家の計算貨幣で表示される

ストックとフローの定義および両者の関係については、既に検討してきた（一言でおさらいすれば、

「フローが蓄積してストックになる」)。金融ストックと金融フローは国家の計算貨幣で表示される。本節では、計算貨幣によるストックとフローの動きの記録を詳しく検討する。そこから、「貨幣」と「支出」の関係──どのようにして「代金を支払う」のか?──の議論に至る。

既に論じたように、ほとんどの場合、計算貨幣は自国の通貨単位──政府が定めた計算貨幣──である。しかし、その計算が外貨によってなされる場合もある。本節の目的に鑑み、こうした複雑な要素は無視しよう。つまり、これから議論するストックとフローの記録はすべて、国の計算貨幣単独でなされるものとする。まずは、賃金を稼ぐ従業員のケースから始めよう。

従業員は、就労時間中に計算貨幣で表示された賃金のフローを手に入れ、雇用主に対する金銭債権を蓄積する。雇用主は給料日に、自身の取引銀行の負債である給料支払小切手を従業員に渡すことで自らの債務を解消する。もちろん、この小切手も国家の計算貨幣で表示される。労働者は自分の取引銀行で小切手を現金化し、政府の通貨──これもやはり負債である。ただし、今度は政府の負債だ──を受け取ることができる。中央銀行は、雇用主の銀行の準備預金から、現金化された小切手と同額を引き落とす。

現金化せずに、小切手を労働者の取引銀行に預金する、つまり、計算貨幣で表示された、労働者に対する銀行の負債としておくこともできる。この場合、労働者の取引銀行は小切手を中央銀行に送り、準備預金にその分の振込みを受ける(中央銀行は政府の銀行なので、準備預金は政府の負債である)。その一方、雇用主の取引銀行はその分の準備預金を引き落とされる。

消費支出に使われない賃金所得は貯蓄のフローであり、資産のストックとして蓄積される。貯蓄は、銀行預金、すなわち金融資産（銀行の負債）として保有され得る。租税を支払う段になると、労働者は政府に対して小切手を切る。すると、政府は労働者の取引銀行の準備預金を引き落とす（そして、銀行は労働者の預金から引き落とす）。準備預金は、銀行が他の銀行や政府に対して支払いを行うために使用する、政府通貨の特別な形態である。すべての通貨と同様、準備預金は政府の負債である。租税が支払われると、納税者の政府に対する租税債務は消去される。同時に、銀行の準備預金という形の政府の負債も消去される。労働者の銀行預金から納税した金額が引き落とされるので、租税の支払いは労働者の金融資産を減らす。

労働者に課された租税のフローを考えてみよう。例えば、時給の10パーセントを政府に支払う義務があるとする。賃金が発生している間、政府に対する負債（労働者の資産に対する政府の債権）が蓄積する。労働者の金融資産を減らす（計算貨幣を単位とした預金から引き落とす）ことで租税が支払われ、さらには銀行の準備預金が政府によって引き落とされると、計算貨幣を単位とした租税債務が消去される。

同時に、租税が支払われると、政府の資産（労働者が負っていた租税債務）が消去され、政府の負債（民間銀行が保有していた準備預金）もまた消去される。

これらのフローを、ダムにストックとして蓄積される川の水にたとえるのが有益な場合もある（第1章のバスタブの例を思い出そう）。しかしながら、これらの貨幣のストックとフローは、概念上は計算貨幣を単位とした会計上の記録に過ぎないのを理解しておくことは重要である。川を流れる水やダム湖に貯まった水とは異なり、貨幣のフローやストックは、紙の上のインクやコンピューターのハードディスク・ドライブ上の電荷以上に物理的な実在である必要はない。

実際、現代の経済では、賃金は銀行口座に直接振り込むことができるし、租税は小切手を使わず口座から直接引き落とすことで支払える。硬貨や紙幣はもちろん小切手帳を使うのもやめ、あらゆる支払いをハードディスク・ドライブ上の電子的な記帳によって行うことも容易に想像できる。あらゆる金融資産も同様に、紙を使わずに記録できる。それどころか、ほとんどの支払いやほとんどの金融資産は、既に国家の計算貨幣で表示される電子的記録に過ぎない。支払いとは支払人口座からの電子的な引落としと受取人口座への振込みであり、すべてが電荷を使って記録される。

最後に、政府の職員として働くケースを考えてみよう。月末になると、国庫は給料支払小切手を切り、職員はそれを銀行に預け入れる。銀行は職員の預金に入金を記帳し、小切手を政府の銀行、すなわち中央銀行に送付する。中央銀行はその銀行の準備預金に入金する。現代の国庫は、自らの銀行――中央銀行――に預金口座を保有している。そこで中央銀行は、国庫の要求払預金から職員に支払われた賃金と同額を引き落とす。ここでも、これらはすべて電子的に行われる。

国庫と中央銀行が、政府の支払いと受領を行うためにどのように協働するかについては、後ほど議論する。

電子スコアボードとしての金融システム

現代の金融システムは緻密な記録作業であり、資本主義経済における人生ゲームの金融得点記録とも言うべきものである。

この金融得点記録は、アメリカンフットボールのスコアボードにたとえることができよう。一方がタッチダウンを奪えば公式記録係が得点を与え、LEDに電気信号が送られ、その結果スコアボードは「6」という数字を表示する。ゲームの進行に合わせて両チームの合計得点は更新される。

フットボールの得点は物理的な実在ではなく、ゲームのルールに従って両チームの実績を記録した結果に過ぎない。得点は物質的なものによって「裏づけられて」はいないが、得点を多くあげたチームが「勝者」とされる（おそらく名声と富も与えられる）ので価値がある。

さらに、ルール違反があってペナルティが課されるべきだと審判が判定すれば、得点が減らされてしまうこともある。減らされる得点は実際にどこかへ行ってしまうわけではなく、記録係が得点記録から減らすので、消えてしまうだけのことである。

人生ゲームでは同じように、稼いだ所得が金融機関が管理する「得点表」に加算される「得点」をもたらす。フットボールと異なり、人生ゲームでは、1人のプレイヤーに与えられる「得点」はすべて他のプレイヤーの「得点表」から引かれる――すなわち、支払った者の資産を減らすか、負債を増やす。人生ゲームの会計士は非常に注意深く、常に貨幣の収支が一致するように記録をつける。賃金の支払いは、銀行にある雇用主の「得点表」の減点をもたらし、従業員の「得点表」の加点をもたらす。

しかしながら、賃金の支払いは同時に、発生した賃金に対する雇用主の支払義務を消去し、賃金に対する従業員の法的請求権を消去する。

そんなわけで、人生ゲームはフットボールのゲームより少しばかり複雑だが、貨幣に関する記録は得点に関する記録によく似ているという考え方は、貨幣はモノではなく、すべての引落としと振込み（つまり「得点」の増減）を記録する計算単位であるということを思い出させてくれる。そして、この「得点表」はほとんど常に、主権国家の計算貨幣で記録される。

2.6 主権通貨と実物資産の貨幣化

実物資産はどのように「貨幣化」されるのか？

200〜300年前、多くの人々が荒野を切り開き、（『オズの魔法使い』のドロシーが怖がった）ライオン、虎、熊を絶滅させ、先住民を追い出し（近代国家を生んだ数多くの征服の歴史の中でも、とりわけ恥ずべきエピソードだ）、家を建てた。彼らは土を耕し、種をまいた。おそらく、彼らは自分の農場の農作物を少しばかり売り、いくばくかのものを買い、多少の租税を支払ったであろう。しかし、ほとんどの場合、彼らはさほど貨幣を使うことなく暮らしていた。金融債務も金融資産もほとんどなかったが、彼らには間違いなく実物資産があり、それらの資産は生産的であった（生産物はほとんど自ら消費していたとしても）。その気になれば、これらの実物資産すべてに金銭的な価値を付けることが可能だ。しかし、「開拓移民」（本当に浅はかな言い方だが、先住民、動物、ひいては環境全般に対して行ったことを無視して、一般的にはこう呼ばれている）からすれば、もちろんこのような値付けはほとんど意味のない行為であろう（少なくとも、農場を売り払い、フロリダのビーチで余生を送ることを決断するまでは）。

今日では、所有する不動産の価値を高める作業小屋を建てれば、それを純資産の合計に加えることができる（もちろん、材料を買うための借入れや貯蓄の減少分は差し引かなければならないが）。その不動産を売れば、貨幣の形で価値が実現され、そこにはあなたが建てた作業小屋の分の価値も含まれることになる。

ここで疑問が生じる。その貨幣はどこから来たのだろうか？　あなたの不動産の買い手は、住宅ローン会社に借用書を発行していたとしよう。買い手は、あなたが建てた作業小屋によって不動産価値が追加された分だけ、ほんの少しローンを多く組まなければならなかった。あなたは不動産の売却によって、自分が生み出した「実物資産」すなわち作業小屋の価値を貨幣の形で実現した。

今度は、買い手が借入れをせずにキャッシュで買った（もともとあった要求払預金で小切手を切った）としよう。そうすると、たちまち無限後退に陥るはめになる。そもそもどうやって買い手がその預金を手に入れたのか、調べなければならないからだ。あなたの家の買い手は太平洋岸（カリフォルニア）にある家を売ったばかりで、その家の買い手は住宅ローンを組んだかもしれない。だとしたら、あなたの家の買い手の要求払預金は、そのまた買い手の銀行融資にまで遡ることができる。なぜならば、銀行融資とは、銀行が借り手の借用書（銀行の資産）を受け取り、要求払預金（預金者が保有する銀行の負債）を創造することだからだ。従って、あなたの家の買い手が当座預金に保有していた「貨幣」を生み出したのは、やはり融資だったということが分かる。

貨幣が生み出されたシナリオは無限に想定することができるが、いずれも融資に遡っていくことが分かるだろう。不動産を売る際に受け取る要求払預金は銀行の負債であり、その預金は銀行が借用書を受け取った時に創造される。こう考えてみよう——すべての銀行預金は、銀行が借り手の借用書を受け取った時に銀行が行う「キーストローク［訳注：キーボードを叩いてコンピューターに入力すること］」が生み出す。従って、要求払預金による購入の背後には必ず融資が存在する。

要するに、実物資産は、誰かが借入れをした時に貨幣化されるのである。

一方、重要な例外がある。あなたの家の購入者はリタイアし、社会保障（年金）で暮らしているとしよう。あなたの家（そして作業小屋）を買うために何年も年金を貯めてきた。財務省は、毎月キーストロークによって年金の支払いを行ってきた。年金の支払いは受給者の要求払預金（銀行の負債）を増やすという形で行われ、同時に銀行はＦＲＢに開設している準備預金口座に振込みを受ける。

政府は支出を行うことによって、準備預金、国債、もしくは現金の形で非政府部門の「純金融資産」を創造する。政府が社会保障の支払いをする際には、以下の４つのキーストロークによる記帳が行われる。

年金受給者：＋要求払預金残高（資産）
銀行：＋準備預金残高（資産）、＋要求払預金残高（負債）
政府：＋準備預金残高（負債）

複式簿記では、すべての科目が2回——1回は「権利」として、もう1回は「義務」として——記帳されることに留意しよう。銀行のポジションは差し引きゼロとなる。つまり、銀行は、自身の債務である要求払預金とぴったり同額の準備預金を有することになる。政府の負債は増加するが、それは年金受給者の要求払預金への振込額と正確に一致する。この要求払預金の増加は、非政府部門の純金融資産の増加である。

（非常に細かい話になるが、上記4つの記帳の背後には、もう2つの記帳がある。社会保障プログラムが創設されて受給資格が定められると、給付金債務が政府部門のバランスシートの負債サイドに記帳され、給付金債権が非政府部門のバランスシートの資産サイドに記帳される。もちろん、これらは将来の債権債務である。政府部門が給付金を支払うと、政府部門の「受給資格者に対する給付金債務」は解消され、非政府部門の「政府に対する給付金債権」が解消される。連邦議会の一筆によって政府は給付金相当額の債務を負わされ、民間部門が将来受け取ることになる同額の資産が創造されたのだ。その後、キーストロークにより、給付を貨幣化する形で民間部門の資産が現実のものとなる

――すなわち、銀行の準備預金という政府の金融負債が創造され、受給者の要求払預金残高が増加する）

なお、政府が実物資産を購入する場合、政府は通貨を発行して直接購入する。その通貨は政府の負債である。従って、政府が貨幣化を行う場合には、民間部門の負債は一切必要ない。

つまるところ、民間部門は「貨幣」を手に入れるために「借入れを行う」必要はないが、それは、政府が貨幣を供給する限りにおいてである。従って、一国の（閉鎖）経済を全体として捉えるならば、純金融資産は合計するとやはりゼロになる――政府の負債は、年金受給者が手に入れた要求払預金と同額である。とはいえ非政府部門にとって、政府の負債は（中央銀行の準備預金、現金、国債のいずれであれ）純金融資産である。

政府が保有する実物資産については、どう考えたらよいだろうか？　政府は多くの実物資産を保有している。橋、道路、公園、公共建築物、爆弾、空母などである。これらは国全体の純資産の一部となる。

最後に、海外部門に対する実物および金融債権、ならびに国内に対する海外部門の実物および金融債権について確認しておく必要がある。純金融資産が（そして純資産も）プラスにもマイナスにもなり得るのは明らかである。これらの債権は複数の異なる通貨で表示されるので、その計算には為替レートを使う必要がある。

自給自足できるはずの農夫が、なぜ自らの食料や自分が必要とするものの大部分を作らず、市場でぜいたく品を手に入れるのに使う金《きん》の採掘調査に余った時間を費やすのか？　読者の中には、こう思う人もいるかもしれない。市場経済に参加して大量の金《きん》を蓄積しないと、本当に裕福にはなれないのだろうか？　金《きん》は金融資産ではないのだろうか？

これは、まさに作業小屋の例と同じである（金《きん》は、光り輝きはするものの、ほとんど役に立たないことを除いて）。森を切り開いて家と作業小屋を建てるかわりに、私は金《きん》を見つけようとして地面に穴を掘る。私は金《きん》を（作業小屋と同じように）市場価格で評価することができる。私は銀行口座の預金残高を増やしたいので、金《きん》を売りたいと思っている。買い手は私からどうやって金《きん》を買うのだろうか？　方法は先の住宅ローンの例とまったく同じだ。買い手は銀行に行き、借入れを申し込んで要求払預金の残高を増やしてもらった上で、小切手を切って金《きん》の売り手に預金を移す。

あるいは、買い手が既に要求払預金をたっぷり持っているとしよう。すると、またもや無限後退が待っている。その預金もやはり融資から生み出されているのだ。言い換えれば、銀行から借入れをする人がおらず、従って金《きん》が売却を通じて貨幣化されない場合には、金《きん》は金融資産にはなり得ない。

例外はまたもや政府である。私が政府に金《きん》を売却すれば、政府は私の要求払預金口座に代金を振り込み、私の銀行の準備預金口座にも同額を振り込む。政府による金《きん》の購入は、次の点を除いて社会保障の支払いとまったく同じである。何と政府は、金《きん》が自由に流通して金歯のような優れた用途で使われることがないように、わざわざ厳重に保管して強盗を近づけないようにしなければならないのだろうか？（これはまったくナンセンスではないだろうか？　我々はキャンペーンを開始しなければならない――

今すぐ金《きん》を解放せよ！）。

最後に、実物資産と金融資産は明確に区別されなければならない。今でも、あらゆる社会において、最も関心を引く活動の多くは貨幣の領域の外側で行われる。それは重要な活動であり、こういった貨幣を伴わない活動がなければ、貨幣の領域も長くは続かないだろう。私自身は、今以上に多くの活動を絶えず「貨幣化」することは非常に問題であり、それはおそらく人類のみならず地球上の多くの種の生存をも脅かすに違いないと考えている。まるで自分の子供を慈《いつく》しむような調子で、物事を一つひとつ金銭的に評価すること――経済学者たちがいつもやっていることだが――にも私は反対である。

とはいえ、やはり本書は現代貨幣の入門書であり、現代貨幣こそが我々がフォーカスすべきものである。人類学者、政治学者、心理学者、美術史家の研究対象である実に興味深い事柄の多くは、彼らに任せるとしよう。

2.7 持続可能性の条件

本節は、直感的に理解してもらうために単純な例を使おうとは思うものの、少し専門的になる。数学的な補遺を付け加えてはいるものの、そこまで理解できなくとも、重要なポイントを押さえることは可能である。ここでは、頭でっかちの専門家の手合いが心配する、「政府赤字比率には、持続可能な上限が存在するのか？」「経常収支赤字には、持続可能な上限が存在するのか？」といった問題について論じる。もちろん、一般の人々もこれらを心配している。いわゆる「ＰＩＩＧＳ（ポルトガル、アイルランド、イタリア、ギリシャ、スペイン）」の政府債務危機が発生して以来、多くの人々が「どの程度の政府赤字であれば、危機を起こさずに済むのか」という疑問を持つようになっている。米国の貿易赤字の持続可能性を心配する人も多い。そこで、本節では「持続可能性の条件」を取り上げることにする。順に見ていこう。

政府赤字の「持続可能性の条件」

頭でっかちの経済学者たちの間で、政府が永続できるか否かを判断するために、政府の財政スタンスについて考察することが流行っている。こういった単なる頭の体操に対しては、多くの異論が成り立つだろう。中でも分かりやすいのは、永久に続く政府など存在しないから、そんなことを考えるのは時間の無駄だというものだ。経済学者のハーブ・スタインは、「持続不可能なものは持続しないだろう」と皮肉っている。物事は何かしら変化するものだ。このような発想が、我々を問題に少しばかり近づけてくれる。結局のところ、一国の財政赤字を論じるのであれば、何が持続不可能で、何が持続可能なのかをまず最初に理解しなければならない。そのためには現実的に考えることが必要である。赤字ヒステリーの人々が提案している思考モデルは現実的でない。

まず、少し単純な「持続不可能なプロセス」を見てみよう。ある男（名前はモーガンとする）が、

『スーパーサイズ・ミー』(モーガン・スパーロックの2004年のドキュメンタリー映画)で行われた実験を再現することにしたとしよう。彼は1日に5000カロリーを摂取し、2000カロリーを燃焼する。余った3000カロリーは毎日1ポンドずつ彼を太らせる。彼が1月1日に200ポンドだったならば、年末には565ポンドになる。100年後には3万6700ポンドで、少しぽっちゃり体型だ。しかし、そこでやめることはできない。10万年後の体重は3650万200ポンド、数百万年後には地球の自転や公転に影響を与えるほどになる。しかし、頭でっかちの政策学者たちに言わせれば、これでもまだまだ足りない――モーガンが宇宙のように無限大となってしまうまで続けなければならず、彼が宇宙の膨張よりも早く成長していれば、ついには残りの宇宙全体がモーガンより限りなく小さくなってしまうだろう。だからほら、こんなことは持続不可能だ。どうかね、我々は賢くないかい？（と彼らは自画自賛することだろう）。

だが、実際のプロセスはこんな具合に進むのだろうか？　答えはもちろんノーだ。まず、モーガンは永遠に生き続けるわけではない。2番目に、彼は（文字どおり）破裂してしまうか、ダイエットをするだろう。3番目に（これが最も重要だが）、彼の体は自ら調整をするだろう。体が大きくなるにつれ、1日に2000カロリー以上燃焼するようになり（おそらく、1日の燃焼カロリーはいずれ5000カロリーに達するだろう）、結果として食物の利用効率は低下するだろう。よって、宇宙のブラックホールになってしまうずっと前に、彼の体重増加は止まるだろう。ハーブ・スタインが正しかったのだ。

このちょっとした頭の体操には、根本的な誤りがあった。カロリー摂取量（吸収フロー）とカロリー燃焼量（消費フロー）を一定にして、２つのフローの差がストック（体重の増加、つまり、ぜい肉の形をした「貯蓄」）として一定のスピードで蓄積されることを前提としていたのだ。そこでは、行動や代謝の調整が想定されていない。不合理な前提を置いて極限まで計算を行えば、究極の不合理にたどり着く。論理的に不合理な結論に至るものは、それ自体が（前提として）持続不可能である。お分かりのとおり、これが、米国の財政赤字が持続不可能だと「証明」するために、赤字ファイターたちが使ういかさまゲームの手口である。

赤字ファイターたちが使うトリックはモーガンのたとえと似ているが、フローにおける入りと出が逆である。すなわち、カロリー摂取の代わりに支払利息を、カロリー燃焼の代わりにＧＤＰ成長を用いる。一方、ストックについては、体重増加の代わりに（蓄積すると政府債務残高となる）財政赤字を用いる。この簡単なモデルを財政赤字が持続不可能になるように操作するには、金利を経済成長率よりも高く設定するだけでよい――モーガンの摂取カロリーを５０００カロリー、燃焼カロリーをそれより少ない２０００カロリーとしたのと同様に。そうすれば間違いなく、（ＧＤＰに対する）債務比率は持続不可能なほどに上昇するだろう（モーガンの腹回りが際限なく大きくなったように）。これがどのように実現するか見てみよう。

単純な例から始めよう。政府と民間という2つの部門を前提とする。政府は黒字（所得すなわち税収よりも支出が少ない）とすれば、民間部門は恒等式により赤字（所得よりも支出が多い）である。

これは、民間部門が債務を増やし、それが政府によって資産として保有されることを意味する（政府の黒字は民間部門の負債として蓄積された形で実現する）。民間部門は負債を返済するにあたって利息を支払わなければならないが、利息は所得から支払わなければならない追加の支出だから、これはもちろん民間部門の赤字を増加させる。「スーパーサイズ・ミー」のモーガンになぞらえれば、民間部門の赤字の「持続可能性の条件」は、支払う利息の金利、所得（あるいはＧＤＰ）の成長率、民間部門の赤字により決定される。

ジェームズ・ガルブレイスは、赤字支出の持続可能性を評価するための代表的なモデルを構築した。カギとなる公式は、こうだ。

$$\Delta d = -s + d*[(r-g)/(1+g)]$$

ここで、dは当初の債務額対ＧＤＰ比率、sは「プライマリー黒字」（すなわち、純支払利息を控除した後の財政黒字）の対ＧＤＰ比、rは実質金利、＊は掛け算の記号、gはＧＤＰの実質成長率を示す（ガルブレイスの論文は、こちらを参照せよ。http://www.levyinstitute.org/publications/?docid=1379）。

この公式は小難しいようだが、重要なのは、「（あるプライマリー黒字と当初債務額――いずれもＧＤＰ比――の下では、）金利（r）がＧＤＰ成長率（g）を上回っている場合に限って、債務比率は上昇する」というモデルがもたらす知見である。なお、ガルブレイスは、これらの重要な項目について実質値（インフレ調整後の値）を使っているが、このこと自体はあまり重要ではない。インフレ率による調整（デフレート）は、すべての値をインフレ率分低下させるだけだから、すべて名目値で考えても同じことである。また、当初債務比率（d）にもプライマリー黒字（利息の支払いを除いた、民間部門の財政収支）と同様に一定の役割がある（とはいえ、ガルブレイスは、当初債務比率はさほど重要ではないということも証明している。モーガンはどうせ無限に大きくなるだろうから、彼の最初の体重は重要ではないというのと同じことだ）。

「債務比率が上昇するのは、金利がGDP成長率を上回る場合である」ということさえ理解すれば、数学にあまりこだわる必要はない。もし永遠にこの状態が続けば、債務比率は本当に大きくなる。確かにこれはいかにも悪そうな話だし、実際に悪い。支払利息の増加ペースに所得の増加が追いつかずに民間部門が過剰債務を抱えたことこそが、世界金融危機が起こった理由の大半であったことを思い出して欲しい。世界金融危機は、無限大まで成長するのを防いだモーガンの破裂と同じようなものである（民間部門が債務を削減していれば非常に好ましいことであっただろうが、FRB議長のグリーンスパンとバーナンキはウォールストリートの金貸し詐欺に「介入」することには反対で、バブルが弾けるまで米国金融システムの「スーパーサイズ化（巨大化）」を許した）。

さて、こうした状況をがらりと変えよう。「政府が財政赤字ということは、民間部門は黒字なのだ」と言おう。我々はみな同じ等式を使えるのだ。繰り返しになるが、継続的な赤字が常に債務比率の上昇を意味するわけではない。それはr（金利）とg（GDP成長率）の関係次第である。ガルブレイスは、金利が十分に低ければ債務比率の上昇はやがて止まるだろうから、継続的かつ大幅なプライマリー赤字でさえ持続可能なことを示している（このあとのコラムでは、いくつかのケースを検討している）。もちろん、金利、GDP成長率、プライマリー赤字に関するある仮定の下では、「政府の債務比率が爆発的に上昇する」という頭でっかちの経済学者たちの主張は正しい。無限の未来まで想定すれば、やはりそれは持続不可能なのだろうか？

だが、ちょっと待って欲しい。こんな頭の体操は現実的だろうか？　我々は、巨大化するモーガンが自ら調整する（ダイエットし、破裂し、代謝を高め、あるいはカロリーの吸収効率を低下させる）であろうということを、既に確認した。破裂しなくとも、いずれカロリー摂取量とカロリー燃焼量が等しい「均衡状態」にたどり着くため、彼のウエストの成長は止まるであろう。

巨大化する政府の場合はどうだろうか？　支払金利の増加と債務比率の上昇をもたらすような、継続的な赤字拡大が及ぼす影響について、いくつかの可能性を示してみよう。

1．インフレーション――これは税収を増加させる傾向があるため、政府支出よりも税収の伸びが大きくなり、赤字を減らす（ガルブレイスを含めた多くの論者が、インフレが「マイナスの実質金利」を生じさせる傾向を指摘している）。つまり、（名目）成長率が金利より高くなり、力学が逆転するので、赤字比率は下がり、債務比率の上昇は止まる（カロリー燃焼量が増えて、モーガンの成長が止まるのと同じことだ）。

2．緊縮財政――政府は財政スタンスを調整することができる（赤字を減らすために、増税や歳出削減を行うことができる）。これはモーガンのダイエットと同じだ。もちろん、「タンゴは2人いなければ踊れない」――税率を上げると成長率が下がり、ゆえに債務比率の増加率が上がってしまう可能性があることから、政府の収支も変わらないかもしれない。非政府部門が黒字を減らす（つまり、支出を増やして成長を維持する）場合にのみ、税率引上げは政府の赤字を減らすだろう。

3．民間部門は、政府の財政スタンスに反応して支出と貯蓄のフローを調整する。政府の継続的な支出超過は民間部門の純資産を増やし、政府の利息支払いは民間部門の所得を増やす。政府の債務比率が（つまり、民間部門の純資産比率が）無限に大きくなっても民間部門の支出を誘発しない、とは信じ難い。これは、通常「資産効果」と呼ばれる。つまり、政府債務は民間資産であり、民間資産が止めどなく増加すれば、やがて民間部門は所得よりも支出を増やし、その結果税収が増えるので政府赤字は減る。加えて、民間部門の所得には政府の支払利息が含まれるので、政府の支払利息の増加は消費を誘発し得る。結局のところ、民間部門は、所得のフローに満たない消費をしても（資産が増えても）満足ではないので、貯蓄行動を調整する。民間部門が黒字を減らそうとすれば、政府部門の赤字を減らす以外にない。やはり、タンゴは2人いなければ踊れない。結局、税収と消費が増えて、政府赤字と民間部門黒字が減る可能性が高い。

4．政府の赤字支出と利息支払いは、成長率を押し上げることができる。成長率を金利よりも高くできるのだ。これが力学を変え、債務比率の上昇を止めることができる。

金利は政策変数である（後に議論する）。これまでの力学の議論はともかくとして、債務比率の爆発的な上昇を避けるために政府がなすべきことは、自身が支払う金利を経済成長率より低くすることだけである。要はそれだけで、持続可能性は達成される。

最後に、最も議論を呼ぶ点について一言述べておこう。今述べた力学が作用せず、よって政府債務比率が上昇していくと仮定しよう。債務比率がどこまでも高くなったとして、政府は利息が支払えなくなることがあるだろうか？　答えは、紛れもなく「ノー」だ。その理由をきちんと説明するには、MMTのさらなる解説が必要だろう。だが、ここでは代わりに、FRBのバーナンキ議長が実際に使った簡単な言葉によって説明しよう（これは、ウォールストリート救済のための支出を、FRBがどのように行うのか説明する際に使った言葉である）――『政府はキーストローク、つまりバランスシートへの電子的な記帳を行うことで支出する。そうするための能力に、技術的なあるいはオペレーション上の限界はない。キーボードのキーがある限り、政府がそれを叩きさえすれば、利払い資金が生み出されてバランスシートに書き込まれる』。

ようやく我々は、民間部門の継続的な赤字と政府部門の継続的な赤字の違いにたどり着くことができた。民間部門は実際に持続不可能だが、政府部門は持続不可能ではないのである。

さて、ここで1つ明確にしておこう。政府の債務比率を高め、ゆえに民間の資産比率を高める政府の継続的な財政赤字は、やがて行動の変化をもたらすと論じてきた。政府の継続的な財政赤字はインフレをもたらす可能性があり、政策の変化をもたらす可能性がある。そのため、財政赤字が「永久に」続く可能性は低い。従って、政府の財政赤字は「持続可能だ」と言う場合、それは単に、「主権を有する政府は支払いがどれだけ増えても、期限どおりにすべての支払い（利息の支払いを含む）を続けられる」という意味に過ぎない。政府は、あえて支払わないという選択をする可能性もある。政府の支払行為自体が、おそらく成長率、財政赤字、債務比率の増減に変化をもたらすことだろう。

経常収支比率の「持続可能性」

経常収支赤字の持続可能性についてはどうだろうか？　これは、米国にとって重要な問題のように思える。米国は恒常的に経常収支赤字だからだ。経常収支赤字は、プラスの資本収支によって相殺される。つまり、経常収支赤字のために海外へ出ていくドルのフローが、資本収支黒字のために米国へ戻ってくるドルのフローと一致する。紛らわしいことに、経常収支赤字は貿易赤字を賄うために米国が抱えているドルの「借金」だというのが、よく言われるところである。これは、こう言い換えた方がいいだろう——米国は輸出よりも輸入の方が多いが、それは諸外国がドル建て資産の貯蓄を望んでいるからである（なお、この点は後のテーマとなるので、ここでは深入りしない）。

だが、ここで疑問が生じる。継続的な経常収支赤字は可能なのだろうか？　答えは単純で、「2人がタンゴを踊りたい」限りイエスだ。諸外国がドル資産を欲しがり、米国人が（米国に輸入される）それらの国々の輸出品を欲しがるならば、経常収支赤字は続くだろう。

心配性の人なら「ちょっと待ってくれ」と言うだろう。米国に対するドル債権を蓄積した国は、米国から利息も受け取ることになるからだ。この利息は、米国の経常収支赤字を増やす「要素支払い」である。先に述べた「政府赤字と利息支払い」の場合と同じようなことが、ここでも言える。世界は、2回にわたって――1回は米国の過剰輸入性向によって、1回は債務に対する米国の利息支払いによって――ドルであふれるだろう。

ここで面白いのは、米国が「地球上で最大の債務者」であるにもかかわらず、要素支払い（利息と利潤）は米国に有利な形で流れるということだ（少なくとも、これまではそうなっている）。米国が外国に支払う金利と利潤率は非常に低く、米国が保有する海外投資と債務から受け取る金利と利潤率はずっと高い。それはなぜだろうか？　米国が地球上で最も安全な投資先だからである。世界のどこかで金融危機が起きたら、国際投資家はいつもどこへ向かうだろうか？　米ドルへと向かうのである。

皮肉なことに、危機が米国で始まった時でさえそうなのだ！　なぜか？　米国には主権通貨を有する政府がある。米国の金利はFRBによって設定され、米国のGDP成長率より常に低く設定できる（実際、ガルブレイスが指摘するように、米国のインフレ調整後の金利はしばしば「実質」成長率より低い）。赤字ヒステリーの連中が国内外で騒ぎ立てているにもかかわらず、米国債にデフォルトのリスクがあると本気で信じている投資家はいない。だから、世界的な恐怖が発生すると投資家たちはドルに殺到するのだ。これはいずれ変わるかもしれないが、あなたが生きている間にそうなることはないだろう。

他の通貨が、国際準備通貨としての米ドルに取って代わる時が訪れる可能性はある。そうなれば、ドルに対する海外の需要が減り、諸外国はドルの保有を減らそうとするかもしれない。それらの国々は、米国に対する純輸出を減らすことによって、徐々にドル保有を減らすことが可能である。これは通常、大きな恐怖を引き起こさない。それは、一方で、輸入の減少分を米国内で生産できることを意味するからだ（これは同時に、米国の雇用が増えることを意味するから、ほとんどの経済学者は称賛するだろう）。とはいえ、海外の国々があわててドルを手放そう（他の通貨に交換しよう）として、移行が突然に起きることを恐れている人々もいる。しかし、その可能性は非常に低い。日本や中国のような巨大なドル保有国は、ドルの投げ売りがドル安を引き起こし、それが自分たちの保有資産のキャピタルロスに他ならないことを分かっている。新しい国際準備通貨への移行が数十年単位で起きる可能性は非常に高いものの、数週間や数カ月はもちろん、数年単位で起きるとも考えづらい。

要するに、我々は、米国の経常収支赤字がどれだけ続くか予測はしないものの、誰が想像するよりも長く続くと確信している。経常収支赤字は持続可能である。諸外国がもうドルを蓄積しないと決め、アメリカ人が外国産の安価な製品や環境を破壊する石油を本当に欲しがらないと決めるまで、持続可能なのである。いつそうなるか、それは分からない。だが、心配で眠れないということはない。「持続可能性の条件」を計算することは、確かに可能である。だが、それは頭の体操に過ぎないだろう。それなら既に散々やってきた。それは、刺激的ではあるが、まったく満足のいくものではない。

コラム

専門的な補遺――債務対ＧＤＰ比率の力学

［訳注：本コラムは、原文の数式にいくつか誤りがあったため、著者に確認の上、関連する記述も含めて修正して訳出している］

政府債務残高の水準（D）は、時間の経過と共に次のように変化する。

$$D_t = D_{t-1} + Def_t$$

すなわち、毎年、債務残高は赤字（Def）の額だけ増加する。財政赤字は、政府支出（G）と租税収入（T）の差に、債務残高に対する支払利息（iD）を加えたものである（iは金利を示す）。

$$Def_t = G_t - T_t + iD_{t-1}$$

債務比率をより一層上昇させるような、いくつかの異なる赤字の設定の下で、債務対GDP比率がどう変化するか確認してみよう。

ケース1――プライマリーバランスが均衡している（政府の財・サービスに対する支出額が租税収入に等しい）

プライマリーバランスがゼロ（G=T）だと仮定すると、

$$D_t = D_{t-1} + iD_{t-1}$$

または、

$$D_t = D_{t-1}(1+i)$$

国内総生産（Y）が成長率gで成長すると仮定すると、国内総生産は次のように変化する。

$$Y_t = Y_{t-1}(1+g)$$

ゆえに、債務対GDP比率は、

$$\frac{D_t}{Y_t} = \frac{D_{t-1}(1+i)}{Y_{t-1}(1+g)}$$

再帰的に解き、債務対GDP比率をdとすると、次の結果を得る。

$$d_n = d_0\left(\frac{1+i}{1+g}\right)^n$$

nが無限大に向かう時、債務対GDP比率は、$i>g$ならば無限大に、$i<g$ならばゼロに向かう傾向がある（収束する）のは極めて明らかである。$g=i$ならば、すべてのnに対して$d_n=d_0$（債務対GDP比率は一定）となる。

ケース2a——恒久的なプライマリー赤字（政府が、租税収入を上回る財・サービスへの支出を行う）

プライマリー赤字（$G-T>0$）をS（>0）とすると、

$$D_t=D_{t-1}+iD_{t-1}+S_t$$

ゆえに、

$$\frac{D_t}{Y_t}=\frac{D_{t-1}(1+i)+S_t}{Y_{t-1}(1+g)}$$

これを再び再帰的に解き、比率S_0/Y_0をs_0とすると、次の結果を得る。

$$d_n=\left(d_0+\frac{s_0}{i}\right)\left(\frac{1+i}{1+g}\right)^n-\frac{s_0}{i}\frac{1}{(1+g)^n}$$

これはケース1と同じ結果である。$i<g$ならばd_nはゼロに向かう傾向があり、$i>g$なら債務対GDP

比率は無限大に向かう傾向がある。$i=g$ならば、$d_n = d_0 + s_0/i$となる。従って、政府は租税収入を上回る財・サービスへの支出を行うかもしれないが、ここでも債務返済コスト（金利）が経済成長率以下であれば、政府債務対GDP比率は低下するかもしくは一定になるであろう。

ケース2b――プライマリー赤字対GDP比率が一定

ケース2aでは、プライマリー赤字の水準は一定だが、その対GDP比率は低下した。今度は、プライマリー赤字の水準がGDP成長率と同じ割合で増加する（プライマリー赤字とGDPの比率が一定であることを意味する）ものと仮定しよう。再度、以下の数式から開始する。

$$D_t = D_{t-1}(1+i) + S_t$$

次にY_tで割って、sが全期間を通じて一定（$\bar{s}$）であると仮定すると、

$$d_t = \frac{d_{t-1}(1+i)}{1+g} + \bar{s}$$

前と同じように再帰的方法によって解くと、次の結果を得る。

$$d_n = d_0\left(\frac{1+i}{1+g}\right)^n + \frac{\bar{s}(1+g)}{g-i}\left(1-\left(\frac{1+i}{1+g}\right)^n\right)$$

やはり、$g>i$ならば債務対ＧＤＰ比率は$\frac{\bar{s}(1+g)}{g-i}$に収束するが、$i \geq g$ならば債務対ＧＤＰ比率は継続的に上昇する。

ケース3――赤字対ＧＤＰ比率が一定

最後に、赤字対ＧＤＰ比率が永遠に一定（x）だと仮定する。この場合、

$$\frac{Def}{Y} = \frac{G-T+iD}{Y} = x$$

ゆえに、

$$d_t = d_{t-1}/(1+g) + x$$

再帰計算によって、次の結果を得る。

$$d_n = \frac{d_0}{(1+g)^n} + \frac{x(1+g)}{g}\left(1 - \frac{1}{(1+g)^n}\right)$$

すなわち、$g>0$ならば、債務対GDP比率は$\frac{x(1+g)}{g}$に収束する。

第3章

国内の貨幣制度

銀行と中央銀行

「現代貨幣」制度（そこには、ケインズが言うところの「少なくとも過去4000年間の」貨幣制度も含まれる）はすべて、主権者が計算貨幣を決め、それを単位として租税債務を課す国家貨幣制度である。それによって、主権者は租税支払いに使われる通貨を発行することができる。本章では、今日の貨幣制度のオペレーション分析に立ち返り、国家の計算貨幣の下での負債の種類について検討する。

3.1 国家の計算貨幣によって表示される負債

政府

資産と負債は計算貨幣で表示されること、計算貨幣は中央政府によって決定され、課税の仕組みによって強制力が与えられることは既に述べた。変動為替相場制の場合、政府自身の負債である通貨は、政府がそれを貴金属や外貨などに交換する約束をしていないという意味で不換（nonconvertible）である。政府は、自身への支払い（大部分は租税の支払いだが、手数料や罰金の支払いも該当する）において、自らの負債（通貨）を受け取ると約束しているだけである。これは必要かつ基本的な約束であり、負債の発行者は支払いを受ける際にその負債を受け取らなければならない。政府が租税支払いにおいて受け取ることに同意する限り、政府の負債には需要が存在することだろう（少なくとも租税支払いのために需要され、そしておそらく他の用途にも需要される）。

他方、要求があれば外貨や貴金属に交換すると政府が約束している場合、政府の負債（通貨）の保有者はその交換を要求する権利を有する。これは、場合によっては、政府の通貨の一般受容性を高めるかもしれない。だが同時に、要求に応じた交換義務が生じる結果として、（既に述べたように）政府は外貨や貴金属の準備を蓄積しておかなければならなくなる。皮肉なことに、兌換（convertible）

であれば通貨はより広く受け入れられるようになるかもしれないが、（受け入れに応じて）通貨の発行量を増やすと交換の要求を満たすことができなくなる可能性が高まる。

従って、政府は兌換通貨の発行を制限すべきである。万一、通貨の保有者が政府の交換能力を疑い始めれば、政府が外貨や貴金属の準備へのアクセス（自ら貯蔵しておくか、もしくは貸出を受けるか）を十分に確保していない限り、ゲームオーバーである。もし確保していなければ、交換の約束に関して債務不履行（デフォルト）を余儀なくされる可能性がある。デフォルトが目前に迫っている気配が少しでもあれば、間違いなく通貨の取付け（交換の要求）が起きるだろう。そうなれば、政府のデフォルト回避を可能にするのは、100パーセントの準備の裏づけ（あるいは、準備を保有し、または生み出せる貸し手へのアクセス）だけであろう。

繰り返すが、自国通貨に対する需要を確保するのに兌換性は必要ない。既に述べたように、政府は租税を課して徴収できる限り、不換通貨に対して少なくとも一定の需要を確保できる。必要なのは、租税を政府自身の通貨で支払うように要求することだけだ。この「租税の支払いの際に受け取るという約束」は、通貨に対する需要を生み出すのに十分なものである――租税が貨幣を動かすのだ。

民間の負債

政府の場合と同様に、民間の負債の発行者もまた、自らの負債を受け取ることを約束している。例えば、家計が銀行からローンを借りていれば、家計はその銀行の預金口座の小切手を切ることでその元利金を返済できる。この場合、銀行は銀行自身の負債（預金）を返済手段として受け取っている。

実際のところ、現代の銀行制度は、いずれの銀行も国内のすべての銀行の小切手を受け取るように、小切手交換所を運営している。これにより、国内のどの銀行に借入れがあっても、その返済には国内のあらゆる銀行の小切手を提示することができる。すなわち、小切手交換所が銀行間の勘定を決済する機能を果たしているのだ（詳しくは次節で説明する）。重要なポイントは、銀行からの借入れ（銀行が実行した融資）の返済において、銀行は銀行自身の負債（預金をもとに振り出された小切手）を受け取るということである。それは、政府に対する債務（租税債務）の支払いにおいて、政府が政府自身の負債（通貨）を受け取るのと同じである。

レバレッジ

しかしながら、政府と銀行では1つ大きな違いがある。銀行は通常、自らの負債（預金）をある「もの」に交換することを約束している。あなたは、自分の取引銀行に小切手を提示して現金を受け取ったり（「小切手の現金化」という）、自分の銀行口座の1つから、ＡＴＭで簡単に現金を引き出すことができる。どちらの場合も、銀行の負債が政府の負債に交換される。銀行は通常、これらの交換を「要求あり次第」もしくは「一定期間経過後に」行う約束をしている。なお、前者のタイプの預金を「要求払預金」と呼び、通常の当座預金がこれに当たる。後者のタイプの預金は「定期性預金」と呼ばれるが、これには貯蓄預金、譲渡性預金（いわゆるＣＤ）などがあり、満期前の引出しにはしばしばペナルティーが課される。

銀行がこうした交換を行うために金庫に保有している現金（現金準備）は、さほど多くはない。必要ならば、中央銀行に現金輸送車を送るように依頼するのだ。銀行は手元に大量の現金を保有することを嫌うし、平常時はその必要もない。大量の現金は銀行強盗のリスクを高めるということもあるが、保有量を最小限に抑える主な理由は、現金の保有にはコストがかかるからである。最も分かりやすいコストは金庫と警備だが、銀行にとってもっと重要なのは、現金準備の保有が利益を生まないことである。銀行にとっては資産として、借り手が利息を支払ってくれるローンを保有する方がよい。そこで、銀行は現金準備にレバレッジをかける。つまり、自らの預金債務に対してごくわずかな量しか現金準備を保有していない（銀行のバランスシートの分析については本章第4節を見よ）。

1日にわずかな預金者しか預金を現金に交換しようとしないのであれば、これで問題ない。しかし、大勢の預金者が一斉に交換に押し寄せる銀行取付けが起きたら、銀行は中央銀行から現金を入手しなければならないだろう。

こうなると、取付けに直面している銀行に準備を貸し出す、中央銀行の最後の貸し手機能が発動される可能性もある。中央銀行はこのような介入の際、銀行の（担保付き）負債と引き換えに、銀行に対して自らの負債を貸し出す――つまり、借り手である銀行は中央銀行から準備預金（銀行にとっては資産）の振込みを受け、中央銀行はその銀行の負債（借入金）を資産として保有する。現金が銀行から引き出されると、中央銀行にある銀行の準備預金がその分引き落とされると共に、銀行は預金者の口座から同額を引き落とす。預金者が引き出した現金は中央銀行の負債であり、それは中央銀行に対する銀行の負債によって相殺される形となる。

次節ではまず、銀行が中央銀行の準備預金を利用して銀行間の勘定決済をどのように行うのか分析する。これが「ピラミッド構造」の議論にもつながってくる。負債にレバレッジをかける現代の経済では、自分の負債を、「負債ピラミッド」におけるより上位の負債に交換できるようにするのが一般的である。結局、すべての道は中央銀行——主権国家自身の銀行——に戻ってくるのだ。

コラム

よくある質問

（質問）ＦＲＢは、法定準備率の引上げによって貨幣量やインフレをコントロールできないのか？法定準備率を１００パーセントにしたらどうなるのか？

（回答）後にもう少し詳しく説明するように、法定準備率は民間銀行の貸出をコントロールしない。中央銀行は、金利誘導目標を達成するために、準備預金の需要に応えてそれを供給しなければならない。そのことは、準備率が１パーセント（金融危機が発生して量的緩和が実施される以前の、米国における全預金に対する平均的な準備率にほぼ相当する）であろうと、10パーセント（計算を簡単にするために教科書でよく使われる数字）であろうと変わらない（注意：カナダの法定準備率は何とゼロだ！ それは、最も進化した制度運営方法である）。法定準備率が銀行の貸出をコントロールすることはないのだから、法定準備率の引上げがインフレ率に影響を与えると信じる理由はほとんどない。また、翌日物金利が政策変数である以上、法定準備率の引上げが翌日物金利（米国ではフェデラルファンド金利）に影響を与えることもない。

準備率の引上げは、民間銀行に対して租税のように作用する。銀行は収益性の非常に低い資産を保有しなければならなくなるからである。準備率が1パーセントであれば、銀行は資産全体の1パーセント（若干の誤差はあるが、ここでの分析においては特に問題ではない）を、ごくわずかな金利（準備預金に対して中央銀行が支払うサポート金利）しか付かない資産で保有することになる。銀行は、残り99パーセントの資産でそれを上回る収益を上げることによって、コストをカバーし、なおかつ利益を確保しなければならない。準備率が10パーセントに上がれば、高いリターンをもたらす可能性のある資産を全体の90パーセントしか保有できないことになる。準備率の引上げはこんな具合に作用する。それは、（借り手に課す）貸出金利と（預金者に支払う）預金金利に影響を与えるだろうか？ 銀行は両金利の金利差で収益を上げており、それによってコストをカバーして利益を確保している。確かに準備率を引き上げると、銀行はローン金利を引き上げ、預金金利を引き下げる――銀行の借り手や預金者にとって好ましいことではない――ことになるかもしれない。

最後に、100パーセントの準備率についてはどうだろうか？　準備率を100パーセントにすべきだと主張するアーヴィング・フィッシャー、ヘンリー・サイモンズ、ミルトン・フリードマンの提案に関して、ロニー・フィリップスによる優れた著作（Phillips [1995]）がある。彼らの提案はたいてい、銀行の安全性を確保する方法として紹介されている。つまり、「安全な資産を保有していれば、預金は常に安全である」との考え方に基づいて、銀行は要求払預金の額に相当する準備預金あるいは国債を保有していなければならない（従って、預金保険――米国では連邦預金保険公社――が必要なくなる）、というわけだ。それだけ聞くと、素晴らしいことのようだ。しかし、銀行は貸出を実行できないので、他の誰かが貸出を行わなければならない。従って、それは「ナローバンク」［訳注：貸出業務を行わず、資金運用対象を国債などの安全資産に限定して決済業務に特化した銀行のこと］を貸出リスクから隔離するが、結局他の誰かが貸出を実行し、100パーセントの準備預金に裏づけられていない負債を創造することになるだろう。こうした提案が、計算貨幣で表示される負債として定義される「貨幣」の創造を多少なりとも減らすか否かは明らかではないが、それが「貨幣」の創造を行わないナローバンクという業態を生み出すことは間違いないだろう。

中央銀行のバランスシート

中央銀行のバランスシートは、どこの国でも概ねこのようなものである。

中央銀行のバランスシート

資産	負債および純資産
A_1：金融商品（有価証券）	L_1：銀行の手元現金、および流通現金（銀行、および市中で保有されている中央銀行券）
A_2：国内銀行に対する貸出（国内銀行に対する準備預金の貸付）	L_2：準備預金（民間銀行名義の当座預金）
A_3：金《きん》、外貨、SDR（特別引出権）証券	L_3：財務省名義の当座預金、および財務省が保有する中央銀行券
A_4：財務省通貨（中央銀行が保有する硬貨）	L_4：外国人等名義の当座預金、および外国人等が保有する中央銀行券
A_5：その他資産（建物、備品等）	L_5：その他負債（純資産を含む）

中央銀行券（米国では連邦準備券と呼ばれる）と中央銀行に開設された当座預金は、中央銀行の負債であり、中央銀行以外の者にとっては資産である。なお、バランスシートの資産側には国内の貨幣は存在しない（ただし、米国のように財務省が硬貨の鋳造を担っている場合には、若干の硬貨が存在する）。

L_1とL_2の合計は、「マネタリーベース」にほぼ等しい（マネタリーベースを正確に算出するには、これに流通硬貨を加えなければならない）。この合計は、市中で、または銀行によって保有されている中央銀行の貨幣を示している（前者の場合は中央銀行券の形で、後者の場合は中央銀行券と準備預金――中央銀行に保有している当座預金――の形で保有されている。なお、銀行が保有している中央銀行券と準備預金の合計が、いわゆる銀行準備である）。

「マネタリーベース」または「ハイパワードマネー」の等式として知られるものは、中央銀行のバランスシートの項目を使って表すのが一般的である。これは少し細かいので、頭が痛くなりそうな読者は飛ばしてもらって構わない。バランスシートによれば、このようになる。

$$L_1+L_2=A_1+A_2+A_3+A_4+A_5-L_3-L_4-L_5$$

従って、この式の各項目の変化はマネタリーベースを増減させる。例えば、次のようになる。

マネタリーベース増加の源泉――負債を発行して資産を購入した結果としての、中央銀行の保有資産増加

・A_1の増加：有価証券（短期国債、長期国債など）の購入（公開市場操作）
・A_2の増加：準備預金の貸付（割引窓口操作）
・A_3の増加：金《きん》の購入
・A_5の増加：建物やサービスの購入

マネタリーベース減少の源泉――増加の逆（中央銀行の資産減少）

・有価証券の売却
・銀行などによる準備預金貸付の返済

マネタリーベースがどのように変化するか見てみよう。例えば、中央銀行が銀行から100ドルの短期国債を購入するとしよう。

資産の変動	負債・純資産の変動
A_1＝＋$100（短期国債）	L_2＝＋$100（準備預金）

ご覧のとおり、中央銀行が銀行の準備預金口座に振込みをすることで、マネタリーベースが生み出された（中央銀行は、準備預金の振込みの代わりに中央銀行券を印刷することもできた。その場合は、L_1＝＋$100になる）。

FRBはどこでその資金を手に入れたのだろうか？「無」からである。準備預金は中央銀行の負債だから、中央銀行は準備預金を制限なく創造することができる。中央銀行が自らの負債を発行するのに、金《きん》も必要でなければ、租税収入なども一切必要ない。2009年3月12日、バーナンキ議長はCBSテレビのインタビューで次のようにコメントした。

CBS　FRBが支出しているのは、税金で集めたお金ですか？

バーナンキ　税金で集めたお金ではありません。あなたが商業銀行に口座を持っているように、銀行はFRBに口座を持っています。だから、銀行に貸出をするために、私たちはコンピューターを使って、銀行がFRBに持っている口座の残高を書き換えているだけです。

資産の変動	負債・純資産の変動
	L_2＝－\$1000 L_3＝＋\$1000

彼の言っていることは正しい。今見たとおり、ＦＲＢはキーボードを叩いて自らのバランスシートに記帳しただけである。これは瞬時に実行される。租税とは無関係である。

では、租税の支払いはどのような結果をもたらすだろうか？　例えば、Ｘ氏が１０００ドルの税金を支払わなければならないとしよう。支払いの結果生じるのは、Ａ銀行にあるＸ氏の口座からの１０００ドルの引落としである。同時にＡ銀行の準備預金が１０００ドル減り（L_2＝－\$1000）、中央銀行にある財務省の預金が１０００ドル増える（L_3＝＋\$1000）。

ご覧のとおり、マネタリーベースが減少した（中央銀行にある財務省の預金は、マネタリーベースに含まれないからである）。租税の支払いは、マネタリーベース（L_1＋L_2）――市中および銀行が保有する中央銀行貨幣の量――を減少させるのである。

3.2 決済と負債ピラミッド

銀行は準備を元手に貸出を行う、すなわち銀行は融資を実行する前に準備を必要とするという考え方は否定したが、銀行が銀行相互間の決済に準備を利用していることは事実である。なお、準備は、銀行が中央銀行に保有している準備預金と、手元に保有している現金から成る。銀行が保有する準備の量は、銀行が創造した（様々な種類の）預金の量と比べてずっと小さい。銀行はその預金の一部について、要求があり次第、現金もしくは準備預金に交換することを約束している（なお、現金と準備預金を合計したものを、「ハイパワードマネー」と呼ぶ）。これは「レバレッジ」の一種と見なすことができる。つまり銀行は、国家の計算単位で表示される自らの負債を現金や準備預金に交換することを約束しているが、その負債に比べてわずかな金額の政府通貨しか準備として保有していない。このため、民間の負債に対する取付けの可能性が生じる。銀行が保有する準備はすべての交換要求を満たすにはとうてい足りないので、中央銀行は「最後の貸し手」として介入しなければならない。取付けを収束させるため、銀行が交換に応じられるように中央銀行は自らの負債を銀行に貸し付ける。このような介入については後ほど詳しく述べる。本節では銀行間の決済、および政府自身の負債を頂点とする「負債ピラミッド」の概念を検討する。

勘定の決済は負債を消滅させる

銀行は政府の負債を使って勘定を決済する。そのため、銀行は現金を金庫に保管し、あるいは（こちらの方が重要だが）中央銀行に準備預金を保持している。また、必要に応じて追加の準備を入手する方法が2つある。1つは他の銀行からの借入れで、銀行間翌日物市場（インターバンク・オーバーナイト・マーケット）と呼ばれており、米国の場合はフェデラルファンド市場がこれに当たる。もう1つは中央銀行からの借入れである。

現代のすべての金融システムは、銀行間や銀行─預金者間の勘定を決済するのに必要な現金や準備預金を、銀行が確実に入手できるようにする手続きを発達させてきた。X銀行がY銀行の小切手を受け取ったら、X銀行は中央銀行に対して、Y銀行の準備預金を自行の準備預金に振り替えるように依頼する。これは、現在では電子的に処理されている。なお、Y銀行の資産は（振り替えられた準備預金の金額だけ）減るものの、Y銀行の負債（当座預金）も同じ金額だけ減る。同様に、預金者がATMで現金を引き出せば、銀行の資産（現金の準備）が減り、預金者に対する銀行の負債（預金）が同じ金額だけ減る。

銀行以外の企業は、自らの勘定を決済するために銀行の負債を利用する。例えば小売業者は、一般的には一定期間経過後（たいてい30日後）に代金を支払う約束の下で卸売業者から商品を受け取る。卸売業者は支払期日まで小売業者の負債を保有し、期日になると小売業者は自分の取引銀行の小切手で代金を支払う（最近は小切手に代わり、自らの口座から卸売業者の口座への電信送金で支払うことがますます多くなっている)。その時点で、卸売業者が保有していた小売業者の負債は消滅する。

あるいは、卸売業者は支払期日まで待ち切れないかもしれない。この場合、卸売業者は小売業者の負債をディスカウントして(小売業者が期日に支払うと約束した金額よりも安く)売ることができる。ディスカウント分は実質的に、約束の期日よりも早く資金を手にするために支払う利息である。

ディスカウントして負債を買うのはたいてい金融機関であり、これは負債の「割引」と呼ばれている(中央銀行の「割引窓口」という用語は、この「割引」から来ている。FRBは、コマーシャルペーパー――企業の負債――を銀行からディスカウントして購入する)。この場合、小売業者は支払期日における負債の保有者(おそらく金融機関)に対して最終的に支払いを行い、保有者は実質的に利息(負債を買った時のディスカウントされた金額と、負債を消滅させるために小売業者が支払った金額の差)を手にする。ここでもまた、小売業者の負債は銀行の負債を引き渡すことによって消滅する(小売業者の負債の保有者は、自らの銀行口座に入金を受ける)。

通貨のピラミッド構造

民間の金融負債は政府の計算貨幣で表示されるだけではなく、最終的には政府の通貨に交換され得る。

前述のとおり、銀行は自らの負債を政府の通貨に交換することを明確に約束している(要求払預金の場合は直ちに、定期性預金の場合は少し後で)。銀行以外の民間企業はほとんどの場合、自身の勘定を決済するために銀行の負債を利用する。本質的にこれは、企業が決められた日に（もしくは、契約で定められた別の条件に従い）「小切手で支払う」、すなわち「自らの負債を銀行の負債に交換する」という約束をしていることを意味する。そのため、企業は支払いができるように、銀行に預金を保有するか、預金へのアクセスを確保しておかなければならない。

（銀行以外にも）支払業務を行える多様な金融機関が（さらには、金融サービスを提供する非金融機関さえ）存在するため、実際はこれよりずっと複雑である。これらは、銀行の負債を利用して行われる「ノンバンク」（「シャドーバンク」とも呼ばれる）間の決済により、他の企業に代わって支払いを行うことができる。その後、銀行が政府の負債を使って勘定の最終的な決済を行う。

勘定決済に関わる債権者と債務者の間にはこのように、「六次の隔たり」にも似た金融レバレッジの多くの階層が存在し得るが、いずれも最後は中央銀行の帳簿上で決済される。

我々は、中央銀行からの距離によって区分された異なる階層から成る、負債のピラミッドを考えることができる。次ページの図を見て欲しい。おそらく最下層は家計の負債であり、それは他の家計、生産に携わる企業、銀行、銀行以外の金融機関によって保有される。重要なのは、家計は通常、負債ピラミッドの上層の者（たいていは金融機関）が発行した負債を使って勘定を決済するということである。

下から2番目の層は生産に携わる企業の負債であり、その大部分が負債ピラミッドの上層にある金融機関によって保有される（一部は、家計や他の企業によって直接保有される）。これらの企業はほと

負債のピラミッド

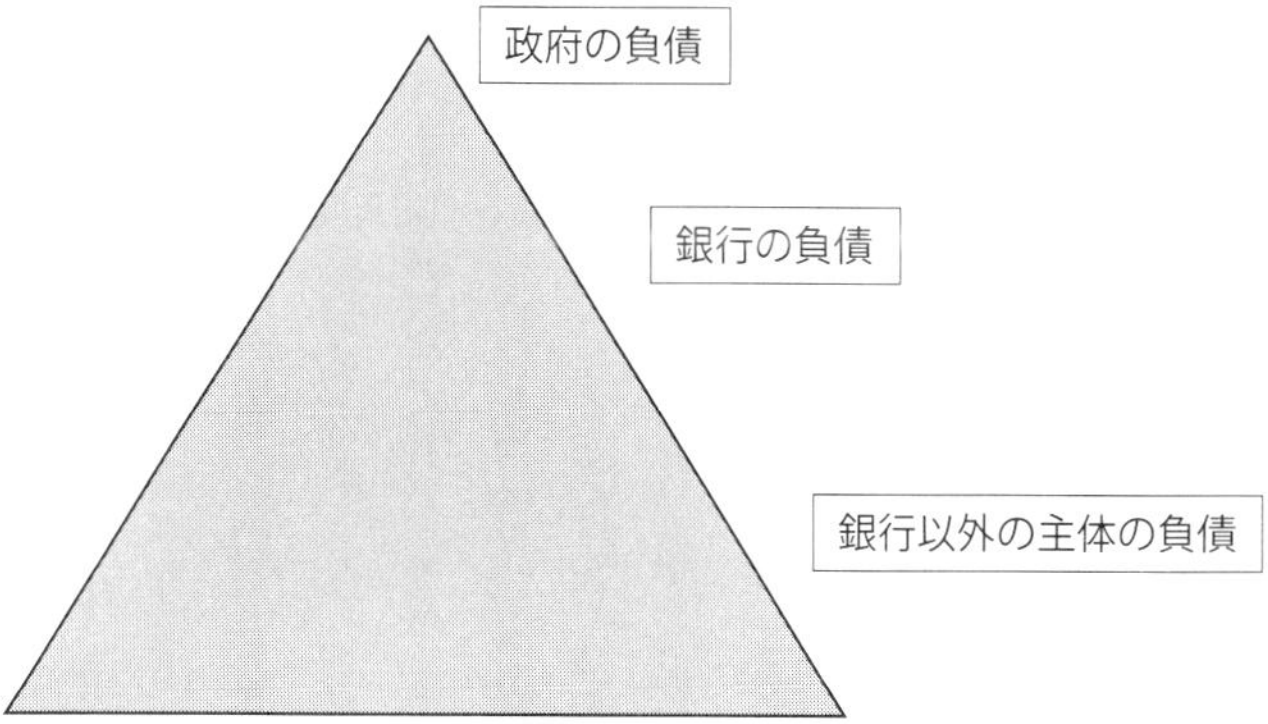

んどの場合、金融機関によって発行された負債を使って勘定を決済する。

次の層はノンバンクであり、これらは上層にある銀行の負債を使って勘定を決済する。ピラミッドの頂点のすぐ下にいる銀行は、決済に政府の負債を使う。

最後に、政府がピラミッドの頂点に位置する。つまり、政府の不換の負債よりも上位の負債は存在しない。

ピラミッドの概念は２つのことを教えてくれる。１つ目は、ピラミッドの階層が上の者ほど、発行する負債がより広く受け入れられるという序列の存在である。これは、信用力の高さの序列と言い換えてもよい（政府の不換の負債は信用リスクとは無縁である。銀行の負債、非金融企業の負債、そして最後に家計の負債へとピラミッドを下りていくにつれ、リスクは高くなる傾向にある——絶対不変のルールではないけれど）。

２つ目は、各層の負債は通常「レバレッジ」をかけながら、より上層にある負債を利用しているということである。

この意味で、ピラミッド全体は（相対的に少額である）政府の債務にレバレッジをかけることで成り立っている。通常、ピラミッドの上の方より下の方にずっと多くの負債が存在する（少なくとも、金融の発達した経済ではそうなっている）。

とはいえ、兌換通貨の場合、政府の通貨はピラミッドの頂点ではない。政府は、要求があり次第、固定交換レートで通貨を他の何か（金《きん》や外貨）に交換する約束をしているから、頂点に立つのはその「他の何か」だ。その結果は既に述べたとおりである。政府は交換の対象となるものを保有し、あるいは少なくともそれに対するアクセスを確保しておかなければならない。そうなると政府は、完全雇用や力強い経済成長のような目標を達成するための政策実施能力が制限される可能性がある。これは第6章の論点である。

もちろん上記のピラミッドは非常に単純なものである。銀行をもっと細かく分類することも可能だし、銀行以外の民間の主体を企業と家計に分ければ、ほとんどの目的にとって有益である。さらに言えば、銀行の負債と「銀行以外の」金融機関の負債の線引きはかなりあいまいである。おそらく最も有益なのは、中央銀行に直接アクセスできるタイプの金融機関とそうでない金融機関を区別することであろう。

このピラミッドは、次のような問題も提起する。ピラミッドの下の方で（例えば、中央銀行に直接アクセスできないシャドーバンクのところで）、何か問題が起きたらどうなるだろうか？　これは世界金融危機で実際に起きたことだ。一般的に、ピラミッドの下層の者は一定の条件の下で銀行の負債に交換可能な負債を発行するが、同様に銀行の負債は政府の負債（中央銀行の準備預金）に交換可能である。問題が起きると、ノンバンクやシャドーバンクはファイナンス（自分の負債と引き換えの融資）を受けるために銀行へ向かい、銀行は中央銀行へ向かう。だが期待が外れ、銀行が融資を実行しなければ、ノンバンクは約束を守れない。これが２００７年の後半に始まった流動性危機を引き起こしたのだ。たまりかねたＦＲＢは、事実上誰にでも貸出を行うことを決めた。貸出先には投資銀行をはじめとしたありとあらゆるシャドーバンク、さらにハーレーダビッドソンのような非金融企業や外国の中央銀行まで含まれていた。

さらにこのピラミッドは、自分の負債を返済するのに誰の負債が使えるか考えるのに役立つ。あなたは、あなたの負債をあなたの負債で返済することはできない（それでは債務を負ったままだ）。それができるのは主権を有する政府だけである（前述のとおり、あなたが女王に５ポンド紙幣を差し出しても、女王はあなたに他の５ポンド紙幣を与えるだけである。女王は債務を負ったままである。だからと言って、裁判所に訴え出たところで、女王からは他に何も得られない！）。あなたは、自分の負債を返済するために他の誰かの負債を使う。それは言わば、第二者（あなたの債権者）あるいは第三者（あなたと関係のない者）の負債である（第一者、つまりあなたの負債を使うことはできない）。通常、ピラミッドの下層にいる者は銀行の負債を決済に使い、次に銀行は政府の負債（中央銀行の準備預金）を銀行自身の負債の決済に使う。

コラム

よくある質問

（質問）ユーロダラーの決済はどうなるのか？

（回答）「ユーロダラー（Eurodollars）」とは、米国外の銀行によって発行されたドル建て預金をいう（ユーロダラーの歴史については触れないが、それが生まれた理由の1つに、銀行に対する米国の規制や監督を回避する目的があった）。実のところ、ユーロダラーの決済の方法は、米国内の銀行による決済と同じである。ユーロダラーは米ドルに「レバレッジ」をかけて利用しているので、最終的な決済はＦＲＢで行われる（注意：ここでは話を簡略化しているが、実際には民間の決済サービスもある。互いに債権を相殺しようとする銀行は、民間の決済システムを利用することもできるが、準備預金を創造できるのは中央銀行だけなので、決済するためには中央銀行に行くだけでよい）。

（質問）ビットコインは貨幣か？

（回答）貨幣ではない。こちらを参照せよ（http://www.wsj.com/articles/do-cryptocurrencies-such-as-bitcoin-have-a-future-1425269375）。エリック・ティモワーニュが、次のように説明している。

ビットコインは奇妙な商品（commodity）だ。金融商品（financial instrument）ではない。ビットコインの価値は、ビットコインの支払システムとしての全般的な有用性に関する見通しの変化とそのような見通しを巡る投機熱に合わせて大きく変動する。ビットコインの額面価格（face value）には、裏づけとなる金融理論が存在していない……［ビットコインは］あらゆる金融の法則に反している。ビットコインの所持人に対して額面価格での支払いを保証する中心的な発行者が存在しない。それどころか、基礎となる額面価格が存在せず、満期における償還価格も存在しない。そのため、債務の返済には一切利用できない。将来キャッシュフローの割引現在価値に基づいて計算したビットコインの適正価格は、ゼロである。

ビットコインは巨大な流動性リスクをもたらす。ビットコインの保有者は、租税を支払ったり、借金を返済したり、他の取引を行ったりするために、結局それを国家の計算単位――例えばドルやユーロ――に交換しなければならない。ビットコインは極端に変動性（ボラティリティ）が高い。従って、2〜3年以内に自宅を購入する計画がある、大学進学に備えて貯蓄をしている、あるいは住宅ローンや自動車ローンなどの定期的な返済がある場合には、ビットコインは分の悪い賭けとなる。もしビットコインが資産ポートフォリオの中で大きなウェイトを占めていれば、その投資家の支払能力は危険にさらされている。

要するに、ビットコインは間抜けをだますための道具である。P・T・バーナムが言ったように、

1分ごとに1人の間抜けが生まれる。だから、ビットコイン（Bitcoin）は「少し（bit）」長続きするかもしれない（私が子供のころ、散髪代はだいたい「4ビット」だった。ただし、こちらは50セントという現実のお金だった。12セント半のことを「ビット」と言うのは、額面金額の小さい硬貨を作るために、スペインのターレル銀貨［訳注：米ドルの前身］を8個の小片（eight bits）に切り分けた古い習慣に由来している）。

3.3 危機における中央銀行のオペレーション——最後の貸し手

危機の際に中央銀行が果たす重要な役割は「最後の貸し手」として機能すること、つまり、金融機関に対し、その求めに応じて準備預金を供給することである。もともとこの機能は、「銀行取付け」——預金者が一斉に預金を引き出し、現金に換えようとすること——を食い止めるためのものであった。預金保険のおかげで、今やこのタイプの取付けが起きることはまれである。ほとんどの取付けは、預金保険が適用されない債権者が、銀行の短期債務の「借り換え」を拒絶する形をとる。世界金融危機が発生した時、銀行の債権者は期日どおりに債務を返済することを要求したので、銀行は保有資産のポジションをリファイナンスできなかった（つまり、融資先の借り換え要請に応えられなかった）。FRBはリファイナンスを供給するために介入しなければならなかった。[1] 本節では、FRBのオペレーション――「平時の」貸出と危機の際の「最後の貸し手」としての貸出の両方――について説明する。他の国の中央銀行も同じようなことを行っている（例外はECBすなわち欧州中央銀行で、欧州通貨同盟では加盟国が各々自国の銀行に対して責任を持つことになっている。とはいえ、あとに見るように、ユーロ圏の危機に際してはECBも介入を余儀なくされた）。

第1に、典型的な一日におけるFRBの最も一般的な貸出は日中当座貸越によるもので、この場合には、銀行は当日中に借入れを返済しなければならない。これは、あなたの当座預金口座に付帯する「当座貸越」契約と非常によく似ている。リーマン・ショック（これが世界金融危機の引き金になった）以前は、FRBによるこの貸出は平均で毎分約500億ドル、決済のピーク時には毎分1500億ドル程度であった。このように、FRBは大量の貸出を行っている（しかし、危機後は、銀行が大量の超過準備を抱えたため、このタイプの貸出は大幅に減少した）。なお、銀行は当日中に当座貸越を完済しなければならず、そのため必要に応じて「翌日物（オーバーナイト）」で準備預金を借り入れる。準備預金が不足する場合、銀行は民間の「フェデラルファンド市場」で借り入れる。もしそこで調達できなければ、FRBが規定に則って、適格資産の「ディスカウンティング」により準備預金を短期的に貸し出す（ここで「ディスカウンティング」とは、資産が担保として提供されることを意味する。なお、「ディスカウント」は前述のとおり、翌日物の資金に対して支払われる利息である）。

第2に、ＦＲＢは、自らが行う翌日物や割引窓口での貸出に（「これは、市場で準備を調達できないほど健全性に劣る銀行が、やむを得ず利用するものである」との）烙印を常に押してきた。そうする目的は、銀行同士の貸借によって当日中に当座貸越を完済させることにあるというのが、公式見解として常に言われてきたことである。こういった貸出に烙印を押すことなく、独自の方法で貸出を行っている中央銀行もあるので、大部分の準備預金を公開市場での国債購入によって市場に供給しているＦＲＢのやり方はかなり独特である。これをさらに複雑にしているのは、外国の大部分の銀行間システムとは異なり、米国のシステムが非常に分散化されていることである。これは、（ａ）ＦＲＢのバランスシートに生じた変動をすべて相殺し、（ｂ）必要とするすべての銀行に行き渡るだけの十分な準備預金量を確保する上で、ＦＲＢの公開市場での活動がしばしば不十分なものとなってしまうことを意味する。この2つ――ＦＲＢの貸出に対する烙印と米国のシステムの複雑さ――が組み合わさると、金利がＦＲＢの翌日物誘導目標をはるかに超えて上昇し、ＦＲＢの貸出に代わって銀行が自らの超過準備を貸し出すことができなくなってしまう可能性が非常に高くなる。

危機の際には、こういった特徴が事態を悪化させる。銀行は互いに警戒し合うので、翌日物金利は誘導目標を大きく上回って急上昇する可能性がある。だが、このことが、ＦＲＢが「最後の貸し手」の役割を果たしているという事実を変えてしまうわけではない。最後の貸し手としてのＦＲＢの活動は平時にも危機の際にも行われるものだが、その金利は望ましい水準（すなわち、誘導目標）よりもしばしば高くなる。危機の間、ＦＲＢはさらなる対応が必要なことを認識し、最後の貸し手として大規模な行動をとるため、いくつかの新しい「スタンディング・ファシリティ」（準備預金の貸付制度）を提供した。伝統的な割引窓口の貸出とは異なり、こうした非伝統的なスタンディング・ファシリティに烙印が押されることはほとんどなかった。詳細は省くが、ＦＲＢは割引窓口の貸出によって準備預金を供給するのではなく、準備預金を入札にかけた。例えば、新しい特別なファシリティ――基本的には適格資産を担保とする貸出――によって、１０００億ドルの準備預金を供給するとＦＲＢは発表した。これには、「売戻し条件付き買いオペ」と呼ばれるものも含まれていた。それは、ＦＲＢが一時的に銀行から資産を買い取り、売り手の銀行は売り値よりもわずかに高い価格で将来その資産を買い戻す約束をするものである。売り値と買い値の差は利息に相当する。

3.4　銀行のバランスシート、銀行による貨幣創造、銀行間の決済

典型的な銀行のバランスシートは、図３-１のようなものである。貨幣はどこにあるのだろうか？　バランスシート上では、当座預金と貯蓄預金がそれに当たる。ポイントは、いずれも銀行の負債だということである。銀行は、当座預金口座（および大部分の貯蓄預金口座）にある預金を、要求があり次第、現金に交換することを約束している。

図3-1　典型的な銀行のバランスシート

資産	負債および純資産
貸付金（融資）	当座預金
有価証券	貯蓄預金
準備預金	その他負債
その他資産	純資産

A銀行が、図3－2①のような非常に単純なバランスシートで開業するとしよう。

図3-2　開業～X氏への融資実行まで
（A銀行のバランスシート）

①開業時

資産		負債および純資産	
建物	$200	純資産	$200

②X氏への融資を実行

資産		負債および純資産	
X氏への貸付金	$200	X氏の当座預金	$200
建物	$200	純資産	$200

A銀行は、まだ銀行業務を行っていない。株主からの払込資本金で建物を購入しただけだ。ここで、X氏から、車を買うので200ドル借りたいと申込みがあったとしよう。銀行はX氏の信用力をチェックする（所得税申告書、資産証明、信用履歴等の提出を要求する）。X氏の審査が通れば、銀行のバランスシートは図3－2②のようになる。

銀行の総資産と総負債が、各々400ドルになっていることに注目しよう。銀行は200ドルの貸幣をまさに創造したのだ（つまり、X氏の負債すなわち「２００ドルを返済する約束」と引き換えに、X氏の当座預金口座に預金を創造した）。X氏の預金の支出については後ほど確認するが、まずはこのバランスシートを注意深く見てみよう。

創造された貨幣を、銀行はどこで手に入れたのだろうか？

●銀行はそれをどこかから手に入れたのではない。コンピューターに「２００」という数字を入力することで、当座預金は無から創造されたのだ。かつては銀行も自らの銀行券を発行できたが、現在それができるのは一般に中央銀行だけである。

●銀行は前もって預金をまったく必要とせず、金庫の中の現金もまったく必要ではなかった。実際に、銀行は金庫に現金をまったく保有していなかったし、中央銀行の口座にも預金をまったく保有していなかった。

●銀行は、銀行が既に持っているものを貸すのではない。銀行は、借り手の負債を購入するのに使うという意思に従って、貨幣として機能する負債の記録——銀行預金——を創造するだけである。

●こうした貨幣は銀行の負債である。

●こうした銀行の負債を創造することによって、銀行は次のことを約束している。

・要求があり次第、預金を現金に交換する。

・銀行に対する債務の支払手段として、銀行の負債（預金）を受け取る。

当座預金口座とは、要求があり次第現金に交換すること、そして銀行自身の負債の形で支払いを受け取ることの法的な約束に過ぎない。要求払預金は銀行の負債であり、預金者によって保有される。銀行は、融資を実行する際に現金を保有している必要がない。

郵便で送られてきたピザの無料クーポン券を考えてみよう。クーポン券はピザが作られる前に生み出され、さらに、ピザ会社はクーポン券を印刷してあなたに送る前にもピザを準備する必要はなかった。ピザは、あなたがピザ屋でクーポン券を提示してはじめて作られる。このアナロジーでは、ピザは現金で、クーポン券は当座預金である。クーポン券（当座預金）はピザ（現金）にいつでも交換できる。ほとんどの人は当座預金口座に預金を保有しているだけで満足し、現金を要求することはめったにない。後に示すように、人々が現金を望めば、銀行はいとも簡単に現金を手に入れることができる。問題は、現金の入手はコストが高いかもしれないということだ（小麦粉がたまたま値上がりしていれば、ピザを作るコストが高くなるかもしれないのと同じように）。

銀行経営（負債を受け取ることによって貸出を行い、要求払預金を創造すること）の成否は、以下のことに左右される。

- X氏の返済能力（信用力）
    - X氏が債務を約定どおりに返済できなければ、これは銀行の資産の価値と収入のフローに影響を及ぼし、最終的には銀行の純資産、自己資本比率、株主資本利益率に影響を及ぼす。

●以下の場合に、低コストで準備を入手する銀行の能力
・X氏が現金を引き出そうとする場合。
・他の銀行に債務を返済する必要がある場合（銀行間決済）。
・銀行が、政府に対するX氏の租税支払いを決済する必要がある場合。

X氏が返済できなかったり、銀行が必要な準備にアクセスできない場合、銀行は問題を抱えることになる。つまり、債務超過や流動性不足に陥る可能性がある。前者は銀行の純資産がマイナスになることを意味し、後者は現金の引出しや決済に応じられないことを意味する。そのため、預金を無限に創造できるにもかかわらず、銀行にはそれを実行するインセンティブがない。そんなことをしたら、損失を出すかもしれないし、債務超過と流動性不足のリスクにさらされる可能性もあるからである。

では、X氏がB銀行に口座を持つ自動車ディーラーに200ドルを支払ったらどうなるだろうか？それぞれの銀行のバランスシートは図3-3のようになる。

A銀行はB銀行に対して200ドルの準備預金の支払義務を負っているものの、準備預金をまったく保有していない。A銀行はどうやって準備預金を手に入れるのだろうか？

A銀行は最もコストが安い方法で準備預金を手に入れるだろう。A銀行は資産を売却してもよい（この例ではA銀行の資産は建物だけであり、それを売って準備を手に入れるのはコスト面で不利だろう。しかし、もし債券を持っているなら、それを売却するだろう）。あるいは他の銀行、（国内外

図3-3　X氏が自動車ディーラーに代金を支払い

A銀行のバランスシート

資産の変動	負債および純資産の変動
	X氏の当座預金　－$200 B銀行に対する準備預金の支払義務　＋$200

B銀行のバランスシート

資産の変動	負債および純資産の変動
A銀行に対する準備預金の請求権　＋$200	自動車ディーラーの当座預金　＋$200

図3-4　A銀行がFRBから準備預金を借入れ

A銀行のバランスシート

資産の変動	負債および純資産の変動
準備預金　＋$200	FRBからの借入れ　＋$200

FRBのバランスシート

資産の変動	負債および純資産の変動
A銀行に対する準備預金の貸付　＋$200	準備預金　＋$200

図3-5　A銀行のB銀行に対する債務を決済

A銀行のバランスシート

資産の変動	負債および純資産の変動
準備預金　－$200	B銀行に対する準備預金の支払義務　－$200

B銀行のバランスシート

資産の変動	負債および純資産の変動
A銀行に対する準備預金の請求権　－$200 準備預金　＋$200	

図3-6　最終的なバランスシート

A銀行のバランスシート

資産		負債および純資産	
X氏への貸付金	$200	FRBからの借入れ	$200
建物	$200	純資産	$200

B銀行のバランスシート

資産		負債および純資産	
準備預金	$200	自動車ディーラーの当座預金	$200

FRBのバランスシート

資産		負債および純資産	
A銀行に対する準備預金の貸付	$200	準備預金	$200

の）他の経済主体、中央銀行から借りてもよい。準備預金を手に入れる一般的な方法は、準備預金の独占的な供給者である中央銀行からの借入れである。その場合、バランスシートは図3‐4のようになる。

A銀行は準備預金を手に入れたので、B銀行に対する債務を決済しなければならない（図3‐5）。

以上！　銀行間の債権債務は決済された。A銀行、B銀行、中央銀行のバランスシートは最終的に図3‐6のようになる（A銀行は、X氏への貸付から受け取る利息がFRBに対して支払う利息よりも高ければ利益が出る）。

なお、以上のオペレーションには現金の物理的な移動はまったく伴わない――すべてが、キーストロークによるコンピューター上の記帳処理である。また、この事例に直接関係ある資産と負債しか示していないことにも注意して欲しい。もちろん、民間銀行と中央銀行には他にも多くの資産と負債があるし、バランスシート上の純資産もある。

実のところ、中央銀行は通常、無担保では銀行に直接準備預金を貸し付けない。中央銀行は担保（たいていは国債である）を要求し、担保物の価値を下回る金額を貸し付ける。従って、A銀行が300ドルの国債を持っていれば、準備預金と交換にそれをFRBに差し入れる。FRBは通常、例えばディスカウントが5パーセントならば、285ドル（の準備預金）を銀行に渡す。

3.5 外生的な金利と量的緩和

経済学では、「外生的」と「内生的」の区別は3つの異なる意味――制御、理論上、統計上――で使われる。このうち、統計上の意味（これは誤差項からの変数の独立性と関係している）に関心を示すのは計量経済学者だけなので、ここでは触れない。制御の意味における「外生性」とは、政府が変数（例えばマネーサプライ、金利、物価水準など）を「制御できる」ことを意味する。

MMTは「中央銀行はマネーサプライや準備預金を制御できない」という考え方を、「内生的貨幣」アプローチあるいは「ホリゾンタリスト」アプローチと共有している。制御できるどころか、中央銀行は超過需要に応えて準備預金を供給しなければならない（しかし、後に述べるように、量的緩和すなわちQE〔Quantitative Easing〕によって状況が変わった。なお、「ホリゾンタリズム」の詳細については、Moore［1988］を見よ)。他方で、中央銀行の誘導目標金利は、制御の意味において明らかに外生的である。中央銀行は、誘導目標を25ベーシスポイント［訳注：1ベーシスポイントは、0・01パーセント］に設定することも、あるいはそれを150ベーシスポイントまで引き上げることもできる。

最後に、制御の意味と理論上の意味には関係があるが、まったく同じではない。ある国が固定為替相場制を採用し、為替レートを固定させるために金利政策を用いているとしよう。その場合、金利は外生的に制御される(中央銀行によって設定される)と言うことができる。しかし、最も優先すべき政策は為替レートを固定することだから、金利は理論的には外生的ではない。理論的な意味では、中央銀行は為替レートの目標を達成することに関心を持っているがゆえに、金利の制御を放棄している(中央銀行は金利を、為替レート目標を達成するための道具として利用している)。あるいは、中央銀行が完全雇用を目標とし、それを達成するために金利を使うとしよう。その場合も、やはり金利は制御の意味で外生的である。とはいえ、完全雇用を達成するために使われているので、理論的な意味では外生的でない。

今述べたように、通常、翌日物金利は制御の意味で外生的だと考えられるが、準備預金は内生的だと考えられる。なぜならば、中央銀行は、誘導目標レートを達成するために準備預金の需要に応えるからである。これが1980年ごろから広まった「内生的貨幣／ホリゾンタル・リザーブ」アプローチである。しかしながら、この理論は、米国で準備預金が無利息だった一方で、FRBの翌日物誘導目標レートがゼロをかなり上回っていた時代に確立された。この状況では、超過準備が市場金利（フェデラルファンド金利）を誘導目標より引き下げてしまうため、ＦＲＢは公開市場操作で国債を売却し、準備を取り除かなければならなかった。しかし、世界金融危機の余波の中で、ＦＲＢは金利誘導目標を（日本のように）ほぼゼロにまで下げたため、銀行システムに超過準備を滞留させ、準備預金に25ベーシスポイントの利息を支払うことができた。すると、銀行がどれだけ多くの超過準備を保有しようと、市場金利は25ベーシスポイント付近を維持することになる。それは、すべての銀行が超過準備に対してＦＲＢから25ベーシスポイントの利息を得られるので、フェデラルファンド市場でそれよりも低いレートで超過準備を貸す意味がないからである（実際には、一部の準備預金保有者は超過準備に対する利息を得られないため、フェデラルファンド金利はＦＲＢの誘導目標よりも下がっている。とはいえ、これは無視できる程度の細かい技術的な問題である）。

量的緩和（ＱＥ）によって、ＦＲＢは、銀行が必要とする量をはるかに超えて準備預金を「外生的に」増加させている。だが、そこには非対称性が存在する。ＦＲＢは、銀行の超過準備状態を維持することはできても、準備不足状態（それは、市場金利を目標よりも引き上げる）を維持することはできないからだ。準備預金の不足はＦＲＢによる公開市場での国債購入を促すことになり、準備預金を増やしてフェデラルファンド金利を誘導目標水準に戻す。

結論として、平時における準備預金は、中央銀行が準備預金の需要に応じるので「内生的」である。一方で金利は、中央銀行が翌日物金利の誘導目標を設定するので「外生的」である。しかしながら、

QEを行っている中央銀行は、銀行が必要とする量を下回って準備預金を減らすことについては翌日物金利の制御を放棄しない限り不可能であるものの、銀行が必要とする量を超えて準備預金を増やすことは常に可能である。QEを行っている中央銀行は、例えば準備預金に対して25ベーシスポイント（0・25パーセント）の利息を支払い、当座貸越（準備預金の貸出）に対して50ベーシスポイント（0・50パーセント）の金利を課す。たとえ銀行が大量の超過準備を保有していたとしても、銀行間翌日物市場の金利はこの間に収まるであろう。

3.6 中央銀行と国庫の協調の詳細——FRBのケース②

これまでに、政府支出、課税、国債売却の一般的なケースを議論した。要約すれば、政府が支出すると、誰かの銀行預金と銀行の準備預金に同時に振込みがなされる。課税の場合はその反対で、銀行預金と準備預金から同時に引落としがなされる。国債の売却は、銀行の準備預金からの引落として決済される。

これらの操作を最も簡単に説明するには、国庫と中央銀行の勘定を「政府勘定」に統合するのがよい。もちろん、現実の世界はもっと複雑で、中央銀行と国庫があり、決まったオペレーション手順がある。さらに、そのオペレーションには制約もある。中でも一般的かつ重要な制約は、(a)国庫は中央銀行に預金口座を保有し、支出を行う際にはそれを利用しなければならない、(b)中央銀行は、国庫から直接国債を購入すること、および国庫に貸出を行うこと（これらは中央銀行にある国庫の預金を直接増やすことになる）を禁じられている、の2つである。

米国は、この両方の制約がある国の一例である。この節では、FRBと米国財務省が行っている複雑なオペレーション手順を確認する。スコット・フルウィラーはおそらくこの分野に最も精通した経済学者であり、ここでの議論は後に挙げる彼の論文に拠るところが非常に大きい。もっと詳しく知りたければ、彼の論文に当たるべきである。そこでは、結果を明確に示すために、「ストック・フロー一貫アプローチ」が使われている。

とはいえ、まずは単純なケースである統合政府（中央銀行と国庫）から始め、その支出の結果を確認してみよう。その後、現実世界の例として現在の米国のケースを検討する。その際、簡単な「T勘定」を用いる。T勘定を使った分析は、一部の読者に少しばかり忍耐を強いるかもしれないが、先のバランスシートを使った事例を理解するのに役立つだろう（注意：T勘定は部分的なバランスシートである。取引状況を示すために、最小限の記入を行っている）。

ケース1a

まずは政府が租税債務を課して、ジェット機を購入するとしよう。

政府はジェット機を手に入れ、民間の売り手は要求払預金を手に入れる。租税債務は売り手の純資

図3-7　ケース1a①：政府が租税債務を課して、民間銀行の口座に代金を振り込んでジェット機を購入する

政府

資産	負債
＋ジェット機	＋準備預金
＋租税債権	＋純資産

民間銀行

資産	負債
＋準備預金	＋要求払預金

民間の銀行以外の主体

資産	負債
＋要求払預金	＋租税債務
－ジェット機	－純資産

図3-8　ケース1a②：租税が支払われる

政府

資産	負債
－租税債権	－準備預金

民間銀行

資産	負債
－準備預金	－要求払預金

民間の銀行以外の主体

資産	負債
－要求払預金	－租税債務

図3-9　ケース1a③：最終的なポジション

政府

資産	負債
＋ジェット機	＋純資産

民間の銀行以外の主体

資産	負債
－ジェット機	－純資産

図3–10　ケース1b①：政府が赤字支出を行い、それが民間の純金融資産を生み出す

政府

資産	負債
＋ジェット機	＋準備預金

民間銀行

資産	負債
＋準備預金	＋要求払預金

民間の銀行以外の主体

資産	負債
−ジェット機 ＋要求払預金	

産を減らし、政府の純資産を増やす（やはり、これ――資源を政府に動かすこと――が租税の目的である）。民間銀行は政府から準備預金を手に入れる（図3–7）。

次に、租税が納税者の預金と銀行の準備預金の引落としにより支払われる（図3–8）。

政府による「均衡財政」（支出と課税）の結果は、ジェット機の政府部門への移動と民間部門の純資産の減少である（図3–9）。政府は「公共目的」（ジェット機のような資源を獲得すること）を達成するために、貨幣制度を利用する。

ケース1b

今度は、政府が赤字支出をするとどうなるか見てみよう（勘違いしないで欲しい――租税は必要ないと主張しているのではない。「租税が貨幣を動かす」ことを思い出して欲しい。だからこそ租税制度が存在するのだ。とはいえ政府は、追加の租税を課すことなく、今週にでもジェット機購入を決定するかもしれない）。

図3-11　ケース1b②：政府が国債を売却する

政府

資産	負債
	−準備預金 ＋国債

民間銀行

資産	負債
−準備預金 ＋国債	

図3-12　ケース1b③：最終的なポジション

政府

資産	負債
＋ジェット機	＋国債

民間銀行

資産	負債
＋国債	＋要求払預金

民間の銀行以外の主体

資産	負債
−ジェット機 ＋要求払預金	

　ジェット機は政府に移る。しかしその一方で、赤字支出が民間部門に純金融資産（準備預金）を生み出し、売り手は政府の金融負債（生み出された準備預金）と等しい額の要求払預金を手に入れる。しかしながら、銀行は必要以上の準備預金を保有することになる（図3-10）。銀行はより多くの利息を手に入れたいから、政府は国債の売却でそれに応える（図3-11。国債は金融政策の一環として、政府が翌日物金利の誘導目標を達成できるように売却される）。

　民間部門にはやはり純金融資産が残るが、準備預金ではなく国債に形が変わっている。ケース1aと比べると、民間部門はずっと満足だ！（要求払預金を連結消去したとすれば）民間部門の総資産

図3–13　ケース2①：政府は赤字支出をする前に、国債を売却しなければならない

政府		民間銀行	
資産	負債	資産	負債
＋要求払預金	＋国債	＋国債	＋要求払預金（対政府）

は変わらないが、資産は実物資産（ジェット機）から金融資産（政府に対する債権）に交換された（図3–12）。

ケース2

それにしても、ケース1bはなんと簡単だったことか。今度は、政府が赤字支出する前に国債を売却することを自らに課し、自分の両手を後ろ手に縛ってしまうことにしてみよう。図3–13は、銀行が国債を買い、政府の預金口座に振り込む、最初のバランスシートである。

銀行は政府の預金を引き落とし、売り手の口座に振り替える（図3–14）。最終的なポジションは図3–15のようになる。

これはケース1bとまったく同じ結果である。赤字支出をする前に国債を売却することにしても、民間銀行が国債を買うことができ、政府が自らの預金口座の小切手を切ることができる限り、結果に何の影響も与えない。

ケース3

ケース2もまた極めて簡単だった。次は政府の両足を縛ってしまおう。

図3−14　ケース2②：政府が民間銀行の小切手を切って、ジェット機を購入する

政府

資産	負債
−要求払預金	
＋ジェット機	

民間銀行

資産	負債
	−要求払預金（対政府）
	＋要求払預金（対民間）

民間の銀行以外の主体

資産	負債
−ジェット機	
＋要求払預金	

図3−15　ケース2③：最終的なポジション

政府

資産	負債
＋ジェット機	＋国債

民間銀行

資産	負債
＋国債	＋要求払預金

民間の銀行以外の主体

資産	負債
−ジェット機	
＋要求払預金	

図3−16　ケース3①：国庫は中央銀行にある自らの口座でのみ小切手を切ることができる（まず国庫が民間銀行に国債を売却する）

国庫

資産	負債
＋民間銀行の要求払預金	＋国債

民間銀行

資産	負債
＋国債	＋要求払預金（対国庫）

図3−17　ケース3②：国庫は中央銀行の口座に預金を動かす

国庫

資産	負債
−民間銀行の要求払預金 ＋中央銀行の要求払預金	

中央銀行

資産	負債
＋準備預金の貸付	＋要求払預金（対国庫）

民間銀行

資産	負債
	−要求払預金（対国庫） ＋準備預金の借入れ

つまり、（国庫と中央銀行の勘定を分離して）国庫は中央銀行にある自らの口座の小切手しか切れないことにする。そこで、国庫はまず民間銀行に預金を得るため国債を売却する（図3−16）。

次に国庫は、ジェット機を買う前に中央銀行に預金を移さなければならない（図3−17）。

ここでは民間銀行が、国庫が預金を動かす際に引き落とされるべき余分の準備預金を持っていないと仮定していた。従って、中央銀行は民間銀行に準備預金を貸さなければならなかった（このあと見るように、一時的にだが）。今や国庫は中央銀行に預金を有しており、ジェット機を購入するために、その預金をもとに小切手を切ることができる（図3−18）。

国庫が支出を行うと、民間銀行は準備預金の振込みを受け、中央銀行からの短期借入れを返済できる（民間銀行のバランスシートをより細かく見るのであれば、資産サイドに準備預金の振込みに加え、借りていた準備預金の引落としを記述することも可能だが、バランスシートを単純なものに保つため、

図3–18　ケース3③：国庫がジェット機を購入する

国庫

資産	負債
－中央銀行の要求払預金 ＋ジェット機	

中央銀行

資産	負債
－準備預金の貸付	－要求払預金（対国庫）

民間銀行

資産	負債
	＋要求払預金（対民間） －準備預金の借入れ

民間の銀行以外の主体

資産	負債
－ジェット機 ＋民間銀行の要求払預金	

図3–19　ケース3④：最終的なポジション

国庫（政府）

資産	負債
＋ジェット機	＋国債

民間銀行

資産	負債
＋国債	＋要求払預金

民間の銀行以外の主体

資産	負債
－ジェット機 ＋要求払預金	

ここではその中間段階を省略した)。民間銀行はジェット機の売り手の口座に代金を振り込む。最終的なポジションは図3‐19のようになる。

なんと、これはケース2(図3‐15)やケース1b(図3‐12)とまったく同じである! 政府が自分の両手を後ろ手に縛り、さらに両足を縛り付けても何も変わらない。

もちろん、これらは極めて単純な思考実験に過ぎない。米国では、実際にどのように行われるのか見てみよう――実のところ、財務省は民間銀行とFRBの両方に口座を保有しているが、小切手を切ることができるのはFRBの口座だけである。さらに、FRBは財務省から直接国債を買うことを禁じられている(そして、財務省の口座に当座貸越は認められないことになっている)。財務省の民間銀行に保有している預金は(ほとんどが)租税収入から生じるが、財務省はその預金をもとに小切手を切ることができない。従って、財務省は、支出する前にそれらの預金を民間銀行からFRBの口座に移さなければならない。また、租税収入が足りなければ、預金を手に入れるために国債を売却しなければならない。さあ、実際の手順を次節で見てみよう(注意:これはかなりややこしい)。

コラム

よくある質問

（質問）あなた方MMT派はいつも、FRBと財務省を統合して説明しようとするが、FRBは民間機関であって政府の一部ではない。従って、現実にはFRBが認めなければ財務省は支出ができず、そうなれば財務省は支出する前に租税収入を得なければならない。従って政府支出は、実際には家計や企業のようにその収入による制約を受けているのではないか？

（回答）MMTは――MMTアプローチの創設当初から――、FRBと財務省を統合してもしなくてもよいが、結局最終的なバランスシートはどちらもまったく同じものになることを示してきた。どちらにしてもMMTの論理は変わらない――政府は計算貨幣を創造し、それを単位として課税し、それを単位とする通貨を支出し、自らの通貨で支払われる租税を徴収する。

FRBは民間機関ではなく、連邦議会の創造物である。また、財務省、国防総省、運輸省、あるいは内国歳入庁といった政府機関以上に政府から独立しているわけではない。FRBは通常、日々の政治動向に縛られることなく、翌日物金利の誘導目標を設定することを認められている。とはいえ、他のすべての政府機関もまた、政党政治からある程度の独立性を維持している。

両者を統合しようとしまいと、T勘定を使って最後まで分析すれば、まったく同じ結果になる。財務省がFRBに保有する預金口座は政府の内部会計記録なのだから、これは驚くに値しない。FRBは銀行であり、その負債を貸出によって生み出す。財務省は政府の一部門であり、連邦議会が法律で定めた租税の賦課と徴収がその責務である。それらの租税が財務省の通貨を動かす。財務省はFRBの負債（準備預金と連邦準備券）に価値を与えるが、それは、財務省が租税の支払いにおいてそれらを進んで受け取るからである。もし財務省が受取りを拒絶したならば、FRBの負債はせいぜい片田舎の銀行の負債と同程度の価値となってしまうだろう。FRBの背後に財務省がいなければ、銀行券が額面どおりに決済されなかった19世紀に逆戻りしてしまうだろう。

統合否定論者は、全権を握っているのはFRBであり、哀れな財務省は（ひいては米国政府も）、選挙で選ばれたわけでもない「民間の」FRBの気まぐれに従わなければならないと信じるのが大好きだ。法律上、FRBは連邦議会の創造物である。戦争や危機の際には、FRBは明確に財務省に従属することになる。それ以外の時は、ほとんど監督されることがないにもかかわらず、FRBは連邦議会と財務省の意思に従ってその職責を果たしている。個人的には、そのようなやり方は間違いだと思うが、財務省はFRBを独立させていないし、支配的な地位も与えていない。

3.7 国債のオペレーション

現在の連邦準備法は、ＦＲＢは国債を「公開市場」においてのみ購入することができると規定している（これまでずっとそうだったわけではない）。そのため、財務省はＦＲＢにある自らの口座（財務省口座）の残高をプラスにしておく必要がある（連邦準備法に定められているとおり、ＦＲＢは財務省の財務代理人であり、同時に自らのバランスシート上の負債として財務省口座の残高を保持している）。それゆえ、財務省は支出する前に、租税等の収入もしくは「公開市場」での国債発行によって得られた預金で、ＦＲＢにある財務省口座の残高を補充しておかなければならない。

財務省口座がＦＲＢにとって負債だとすれば、この口座への流出入は準備預金の残高に影響を与える。例えば、財務省の支出は銀行の準備預金残高を増加させ、租税の受領は残高を減らす。通常、銀行システムの準備預金の増減は翌日物金利に影響を与える。そのため、財務省のオペレーションは、誘導目標レートの設定・維持に関するＦＲＢの金融政策オペレーションと切り離すことができない。財務省口座への流出入は、ＦＲＢがその日の誘導目標レートを達成するのに必要な準備預金量と整合しなければ、ＦＲＢのバランスシートの他の変動によって相殺されなければならない。そこで、この目的のため、財務省は民間銀行に保有する数千もの預金口座（通常、タックス＆ローン口座と呼ばれ、要求払預金と定期預金の両方から成る）の資金移動を利用する。

２００８年の秋まで、財務省はほぼ毎日、ＦＲＢにある財務省口座の当日最終残高を50億ドルに維持しようとしていた。財務省はこれを、（財務省口座が50億ドルを下回っていれば）タックス＆ローン口座から財務省口座への回収《コール》、もしくは（50億ドルを上回っていれば）財務省口座からタックス＆ローン口座への付け替え《アド》によって達成していた（世界金融危機とそれに対するＦＲＢの反応、とりわけ「量的緩和」は異常な状況をもたらしたが、ここではその大部分を脇に置く）。

換言すれば、財務省の国債発行に関する各オペレーションが適切なタイミングで行われるためには、財務省自身の支出と収入のやり繰りだけではなく、ＦＲＢの誘導目標レートの管理に関するやり繰りとも齟齬が生じてはならない。そのため平常時（世界金融危機前）においては、財務省が赤字支出を行うには６つの金融取引が必要だった（世界金融危機前は、ＦＲＢの誘導目標レートが、銀行の準備預金に対して支払う金利よりも高く設定されていた――２００８年10月以前は準備預金の金利はゼロだったが、現在はＦＲＢが利息を支払っている）。

ＦＲＢにある財務省口座の残高が十分ではない場合、財務省は自らの支出を円滑に進めるために以下の６つのオペレーションを行う。十分な預金を確保するため、財務省は国債新規発行の「入札」を開始しなければならない。

Ａ．ＦＲＢは、財務省の国債入札の決済（銀行の準備預金が財務省口座に振り替えられる）に備えて、十分な準備預金が流通し、かつFRBの誘導目標レートが達成できるように、プライマリーディーラーを相手とする売戻し条件付き買いオペに着手する（売戻し条件付き買いオペは、決められた日に売り戻す約束をして、FRBが国債をプライマリーディーラーから購入するものである）。（国債入札の決済日が、普段よりも大量の準備預金の流通が必要となる「ハイ・ペイメント・フロー・デイズ」であることはよく知られており、FRBはその準備預金の需要に応じる）。

B. 国債が準備預金と交換されると、入札は決済される。つまり、銀行の準備預金が財務省口座に振り替えられ、銀行にあるディーラーの口座から国債の代金が引き落とされる。

C. 財務省は、入札の決済によって財務省口座へ振り込まれた資金を、タックス＆ローン口座に付け替える。これは、そのタックス＆ローン口座がある銀行の準備預金口座への振込みも伴う。

D. （取引DとEは入れ替え可能である。すなわち、実際には、取引Eが取引Dより先に行われるかもしれない）。売戻し条件付き買いオペが第2段階に進むと、最初の取引とは逆に、プライマリーディーラーがFRBから国債を買い戻す。つまり、取引Aと反対の取引が行われる。

E. 支出をする前に、財務省は銀行にあるタックス＆ローン口座から資金を回収する。これは取引Cと反対の取引である。

F. 財務省は、FRBにある財務省口座からの引落としによって赤字支出を行う。その結果、支出の受取り手の銀行口座とその銀行の準備預金口座に振込みがなされる。

支出の増加ではなく、減税による赤字の場合も分析結果はほぼ同じである。つまり、減税によって、積極的な赤字支出の場合と同じように財務省の支出が収入より大きくなる。

なお、6つの取引（前記A～F）を行った場合の最終的な結果は、前述の統合政府（中央銀行と国庫）の事例を使った場合とまったく同じである。政府の赤字支出は誰かの銀行口座への振込みと共に、銀行への準備預金の振込みをもたらす（この準備預金は、後に超過準備を消すために国債と交換される）。実際には、取引はもっと複雑であり、手順も異なるが、最後のバランスシートのポジションは同じになる。政府はジェット機を手に入れ、民間部門は国債を手に入れる。

前述の「自主制約」を理解するために、これが意味するところは非常に重要である。間違いなく、フェドワイヤー［訳注：FRBが運営する資金決済システム］を介して国債の入札を決済できるのは準備預金だけである。ところが、長期的には（つまり、自律的な変化から生じるFRBのバランスシートへの様々な短期的影響を別にすれば）、準備預金の唯一の源泉はFRBの貸出や金融資産購入（買切りオペ、もしくは売戻し条件付き買いオペ）である。さらに、FRBが通常購入するのは国債であり、売戻し条件付き買いオペの担保として通常要求するのも国債である（グローバル危機の直後には、FRBは様々な資産を極めて例外的に購入し、様々な種類の資産を担保にとって貸出を実行した）。ここで、現在流通している国債は、政府による過去の財政赤字の結果として発行されたものなので、国債購入に必要な準備預金残高は間違いなく、過去の政府赤字やFRBの非政府部門に対する貸出の結果である。財務省が支出する前に自らの口座残高をプラスにしておかなければならないとしても、そしてFRBが財務省口座に当座貸越を認めることを法律で禁じられているとしても、この事実は変わらない。

最後に、以下の点に注意が必要である。

1．（危機の後、FRBが数次にわたって「量的緩和」を実施した際のように）準備預金に対してFRBの誘導目標レートで利息が支払われ、かつ、かなりの超過準備が流通したままだとしても、以上の分析は変わらない。FRBは、誘導目標レートを達成し維持する目的で、国債入札に特に関連するオペレーションを積極的に行う必要はない。しかし、既に流通している準備預金は、FRBの民間部門への貸出（または民間部門からの有価証券の購入）、もしくは過去の政府赤字により創造されたものである。

2．FRBのオペレーションが（誘導目標レート達成のために）適切なタイミングで実行される必要があるところに、「財務省は国債を公開市場で売却しなければならない」というルールが加わると、財務省の負債オペレーションとして行われる上記6つの取引が必要となる。しかし、結果として財務省のオペレーションに加わる複雑さは、次の2つの事実を変えるわけではないので、本来は必要ない――(1)国債の入札を決済するためには、政府の赤字や民間部門に対するFRBの貸出によって事前に準備預金が供給されていなければならない、(2)国債の新規発行を伴う赤字は、国債発行を伴わない場合と比べて、流通する準備預金の量を減らしてしまうことがない――。さらに、このルール自体とそれによって加わった複雑さが、マクロ経済的に困難な場面で利用し得る政策の選択肢に関して政策担当者の決定に影響を与えるとすれば、逆効果になってしまう可能性がある。

要約：自主制約を加え、FRBと財務省のオペレーションを詳細に検討してみても、非常に単純化されたモデルから得られた我々の基本的な主張は変わらず妥当であることが分かる。政府の赤字支出は、その受取り手の銀行預金を増やす。最初に銀行の準備預金が生み出されるが、超過準備は（通常）国債と交換される。民間部門によって保有される純金融資産は赤字の額だけ増加する（預金者が保有する銀行預金は銀行の負債でもあるから、民間部門の純金融資産は、銀行が保有する国債に上積みされた準備預金や手元現金を加えたものに等しい）。（債務上限論争――もう1つの自主制約――の議論については、7・5節も参照せよ）。

3.8 中央銀行と国庫の役割についての結論

前述のとおりMMTの批判者たちは、我々が説明を始める際によく使う、中央銀行と国庫を統合して単純化する仮定に噛みついてくる。ならばその仮定を使うのをやめて、それぞれが果たす役割を説明しよう。そうすると話は複雑になるが、「政府は租税が支払われる前に支出しなければならない」という論理が変わるわけではない。

政府が支出をする方法と銀行が貸出を行う方法の間には対称性がある。政府は、納税者が租税を支払うために通貨を使う前に、通貨を支出し、あるいは貸し出さなければならない。銀行は、銀行の債務者が預金を使って借入れを返済する前に、預金を貸し出さなければならない。かつては、政府の国庫が単独で財政政策に関連するオペレーションを行っていた。国庫がまさしく通貨を支出し、その後に租税で通貨を回収していた。現代の政府は、国庫と政府の銀行、すなわち中央銀行の間で責任を分担している。政府の銀行は、政府に代わって支払いかつ受領する。財務省は今でも一部の通貨を発行しているが、大部分の通貨は中央銀行によるもの（連邦準備券）である。

財務省による支払いの大部分は、小切手や銀行口座への振込みによって行われる――企業や家計が小切手（や口座引落とし）によってほとんどの支払いをするのと同様に。

中央銀行はもう1つの機能を有している（ほとんどの評論家は、こちらしか頭にない）。すなわち、中央銀行は銀行の銀行である――支払システムを運営し、額面どおりの決済を維持している。

これらの2つの機能は、中央銀行のバランスシート上でつながっている。財政政策のオペレーションを切り離し、財務省にそのすべてを任せることもできる。そうすると、民間銀行が国庫に口座を開く必要が生じ、その分複雑になってしまうが、国庫はそれらの口座に直接支払うことができるし、租税が支払われる際には同じ口座から直接引き落とすことができるようになる。それでも依然として、銀行は銀行間決済のために中央銀行に口座を必要とする。

従って、もし本当にFRBと財務省の「統合を解除する」のであれば、銀行は両方に口座を開かねばならない。それは「機能する」だろうが、なぜわざわざそんな面倒なことをするのだろうか？FRBは財務省の銀行、そして銀行の銀行のままでよいではないか？　それにしても分かりにくい！FRBは2つの機能を持っていると言うのか？　銀行の銀行で、さらに政府の銀行なのか？　これを理解できれば、経済学者はFRBと財務省の間の内部会計記録を心配するのをやめるだろう。

FRBと財務省は、自分たちが何をしているのか分かっている。我々はどうすれば分かるだろうか？　小切手は不渡りになっていないし、FRBは誘導目標レートを達成している。我々は、もし財務省小切手が不渡りになり始めたら、連邦議会が介入し、FRBの議長を叱責すべき時であることが分かるだろう。そんなことでも起きない限り、統合否定論者には黙っていてもらおう。

国債の競争入札への参加を義務付けられている、約40のプライマリーディーラーが存在することも忘れてはならない。このことが、可能な限り金利を低く保つのに貢献している。ディーラーが入札に参加するのは、主にその顧客がプライマリーディーラーを通じてしか取引できないからである。このことは、財務省は支出するためにいつでも国債を売却し、いつでもFRBで預金を入手できることを意味する。自主「制約」は、制約ではない。米国政府への貸出を拒み、米国政府の支出を妨げる「国債自警団員」は存在しない。

第4章 自国通貨を発行する国における財政オペレーション

政府赤字が非政府部門の貯蓄を創造する

本章では、次のトピックである政府支出、課税、金利設定、国債発行――つまり、自国通貨を発行する政府の財政政策――の検討に取りかかろう。なお、財政政策と金融政策を完全に切り離すことはできず、とりわけ国債発行の領域では不可能である。それゆえ、本章では中央銀行による金利誘導オペレーションを含めて論じることにする。

まず、為替相場制度の選択が、国内政策のオペレーションに影響を及ぼすことを頭に入れておこう。また、オペレーションの手順と制約について、通貨を発行するすべての政府に当てはまるものと、変動相場制を採用する政府にのみ当てはまるものを区別しよう。これらの多くはこれまでの議論でも触れてきたものではあるが、いよいよMMTの核心に迫るべく、「本題」に入ろう。これまでどおり、

「入門書」の目的——自国通貨を発行するすべての国に当てはまる、かなり一般的な分析——から外れないように努めるつもりだ。特定の為替相場制度にのみ当てはまる部分についても留意する。第6章では、為替相場制度の違いがもたらす影響についてより詳細に検討する。

4.1 基本的な原則

主権通貨の発行者には当てはまらない命題

実際には間違っている、よくある考え方から見ていこう。つまり、以下の命題は主権通貨を発行する政府には当てはまらない。

・政府には（家計や企業のように）予算制約があり、課税や借入れによって資金を集めなければならない。
・政府赤字は有害であり、（深刻な不況のような）特別な環境下を除けば、経済の重荷である。
・政府赤字は金利の上昇を招き、民間部門を締め出し（「クラウディング・アウト」）、インフレを引き起こす。
・政府赤字は、投資に使える貯蓄を減らしてしまう。

・政府赤字は将来世代につけを残す。政府はこの重荷を減らすために、歳出削減や増税を今行う必要がある。
・今日の政府赤字の増加は、（赤字がもたらす債務の元利金を支払うための）明日の増税を意味する。

これらの命題は、確かに社会通念には合致している。中には、自らの通貨を発行しない政府のケースに当てはめるならば概ね正しいものもあるが、通貨の発行者にはいずれも当てはまらない。

主権通貨の発行者に当てはまる原則

右記の誤った命題を、通貨を発行するすべての政府（固定為替相場制を採用する政府も含む）に当てはまる命題に置き換えてみよう。

・政府は計算単位を決定し、それを単位として租税を課す。そして、租税の支払いに使うことができる、その計算単位で表示された通貨を発行する。
・政府は、銀行の準備預金に振り込むことで支出し、準備預金から引き落とすことで課税する。
・この方法においては、銀行は政府部門と非政府部門の仲介者の役割を果たす。つまり、銀行は、政府が支出する時は預金者の口座に振り込み、租税が支払われる際には預金者の口座から引き落とす。

・政府赤字は、銀行システム内の準備預金の純増、および銀行預金の純増を意味する。
・翌日物誘導目標金利は「外生的」で、中央銀行によって設定される。一方、準備の量は「内生的」で、民間銀行の必要と要求によって決定される（ただし、先に指摘したとおり、QEの時代の中央銀行は、超過準備で銀行を満たしたままでも、準備預金にサポート金利を支払うことで誘導目標金利を達成できる）。
・「預金乗数」は、銀行預金に対する準備預金の事後的な比率に過ぎない――銀行預金は、準備預金に「レバレッジ」をかけるように内生的に増加したものだと考えるのが最もよい。とはいえ、レバレッジの倍率はあらかじめ決まっていない。
・財務省は、自らの小切手が不渡りとならないように、そして自らの財政オペレーションによって翌日物金利が誘導目標から外れてしまうことのないように、中央銀行とオペレーションを調整する。
・従って、国債の売却は、主権を有する政府によって利用される（一般的な意味での）借入オペレーションではない。国債の売却は、中央銀行の誘導目標金利達成を手助けする手段である。
・財務省は、自国通貨建てで売られているものなら何でも、常に「購入する能力がある」。とはいえ、政府は常に自らの支出に制約を課す。

これらの命題の多くは既に取り上げたものだが、現時点では分かりにくいと感じるものもあるかもしれない。それらは、このあとの節でより明確になるだろう。ここでは、一般的な原則を示した。これらの原則については、政府の予算を家計の予算になぞらえる「社会通念」と対比させるため、後ほど議論する。

上記の原則は、政府は無制限に支出すべきだという意味ではないことに注意しよう。同様に、政府は自国通貨建てで売られているものなら何でも「購入する能力がある」という言説は、自国通貨建てで売られているものなら何でも購入すべきだという意味ではない。モノが外貨建てでしか売られていないとしたら、政府は自国通貨を使って直接それを買うことはできないから、「支出能力」はそのようなケースで問題になる。

また、上記の原則は、政府による過大な支出がインフレを誘発する可能性を否定するものでもない。さらに、為替レートに影響を与える可能性もある。政府の支出が過大であり、あるいは設定した金利目標が低すぎれば、それは通貨の下落圧力になるかもしれない。従って、政府の財政政策および金利政策は、為替レートおよび／またはインフレ率に与える影響を考慮したものになる。言い換えれば、金利設定と財政政策は、為替レートやインフレ率に影響を与えたいという政府の欲求に「制約」される。

それゆえ、我々は為替相場制度について考えなければならない。上記の原則は為替レートを固定している政府にも当てはまるが、その場合、政府は固定レートを維持するという観点から財政政策および金融政策を運営しなければならない。そのため、こうした政府は、支出を増やす「能力」があるにもかかわらず、為替レートを防衛するために支出削減を選択するかもしれない。そして、政府は金利誘導目標を「外生的に」下げることができるが、これは為替レート目標と対立する可能性がある。そのため、為替レートを固定している政府は、金利目標を高く保つことを選択するかもしれない。

次節では、政府が通貨の発行者である場合の政府の財政について、より詳しい検討を始めよう。

4.2 政府の財政赤字が貯蓄、準備預金、金利に与える影響

それでは、政府の財政とそれが非政府部門に与える影響について、詳細な検討を始めよう。本節では、財政赤字と貯蓄の関係、さらには財政赤字が準備預金と金利に与える影響を確認する。以下の議論は、一般的な性質に関するものである。特別な制約とその他の論点については、さらにそのあとで検討する。

財政赤字と貯蓄

他の部門の黒字(すなわち貯蓄)を生み出すのは1つの部門の赤字支出であるという、先の議論を思い出して欲しい。これは、赤字部門の主体が所得を上回る支出を決定できる一方で、黒字の主体は、所得が実際に生み出される場合に限り、所得を下回る支出が可能になるからである。ケインズの言葉

を借りれば、これは、「支出が所得を生み出す」、「投資が貯蓄を生み出す」という双子の命題の別バージョンに過ぎない。しかしここでは、「政府部門の赤字支出が非政府部門の黒字（すなわち貯蓄）を生み出す」という命題になる。

これは、明らかにオーソドックスな（社会通念上の）因果関係を逆転させる。なぜならば、政府の赤字が非政府部門の貯蓄を「ファイナンスする」、つまり、政府の赤字支出が非政府部門の（黒字を可能にする）所得を供給するからだ。ストックに注目すれば、非政府部門の政府に対する金融債権の蓄積を可能にするのは、政府による債務証書の発行である。

これは奇妙なようだが、金融的なプロセス自体は分かりやすい。政府は、受取り手の銀行口座への振込みによって支出を行う（同時に、受取り手の銀行が中央銀行に保有する準備預金にも振り込まれる）。政府の支出とは、財・サービスの購入、あるいは社会保障や福祉のような「移転支出」である。政府は、納税者の口座からの引落としによって課税する（同時に、中央銀行は納税者の銀行の準備預金を引き落とす）。ある期間（例えば1年）の赤字は、銀行口座からの引落としよりも振込みの方が多いことを意味する。非政府部門の黒字はまず、このような銀行預金の残高純増の形で実現する。だから、これはとても分かりやすい。政府の赤字が非政府部門の黒字を生み出している。

政府が黒字の場合はすべてが逆になる。政府の黒字は非政府部門が赤字、つまり銀行預金（と準備預金）が引落とし超過になることを意味する。非政府部門の純金融資産の破壊（引落とし超過）は、もちろん政府の財政黒字に等しい。

財政赤字が準備預金と金利に与える影響

財政赤字はまず、銀行の準備預金をそれと同じ金額だけ増加させる。これは財務省の支出が、受取り手の銀行預金口座と、中央銀行にあるその銀行の準備預金口座への振込みを同時にもたらすからである。

まず、最近まで（FRBが量的緩和に踏み切る前まで）米国にも存在していた、中央銀行が準備預金に利息を付けない制度を検討しよう。銀行の準備預金を生み出す赤字支出は（やがて）超過準備をもたらす。つまり、銀行は必要以上の準備預金を保有することになる。すると、銀行はすぐに翌日物銀行間貸出市場（米国ではフェデラルファンド市場）で準備預金の貸出をオファーする。

銀行システムが全体として超過準備状態になっていると、その時点の翌日物銀行間貸出金利（しばしばバンクレートと呼ばれるが、米国ではフェデラルファンド金利と呼ばれている）では、貸出オファー額は（借入需要額と）マッチしない。従って、超過準備状態の銀行は、もっと低い金利で準備預金の貸出をオファーすることになる。これが、「市場」金利を中央銀行の誘導目標よりも低いものにしてしまう。

準備預金への需要は金利に対して非常に非弾力的なので、市場で貸出をオファーする際の金利を下げても、準備預金の需要を増やすことはない。つまり、翌日物金利を下げることで、システム全体の超過準備状態を解消することは不可能である。中央銀行の許容限度を超えて金利が下落した場合、中央銀行は超過準備を取り除くために介入する。

中央銀行が介入する方法とは、保有する国債の売却である。これは「公開市場売却」と呼ばれ、超過準備を国債と交換する。この結果、国債を購入した銀行の準備預金、すなわち中央銀行の負債は減少する。同時に、銀行の国債保有額が購入した分だけ増加し、その分中央銀行の国債保有額が減少する。

銀行の準備預金は、銀行の国債保有額の増加と見合う形で減少するので、これは銀行にとって事実上資産の入れ替えに過ぎない。つまり、銀行は中央銀行に対する債権（準備預金）の代わりに、財務省に対する債権（国債）を保有することになる。中央銀行は、保有する資産（国債）が減少する一方で、負債（準備預金）も減少する。銀行は、国債の利息を受け取れるようになるので満足だ。

今や米国でも行われ、カナダではずっと行われてきたように、中央銀行が準備預金に利息を支払う場合でも、同じように資産の入れ替えが生じるのは明らかである。銀行は、ひとたび必要とする準備預金を蓄積したならば、それをより高金利の国債に入れ替えようとするだろう。銀行が、翌日物金利を中央銀行の「サポート金利」（準備預金に付す金利）より低く押し下げることはない。というのは、中央銀行から受け取れるよりも低い金利で他の銀行に貸し出す銀行はないからだ。そうする代わりに、不要な準備預金を抱えた銀行は、より高いリターンを求めてすぐに国債市場に参加する。

準備預金に金利を付す場合、中央銀行は通常、自らが準備預金を貸し出す際の金利よりもわずかに低い金利を付す。例えば今日の米国やカナダでは、中央銀行は「割引窓口」で、「公定歩合」（バンクレートあるいは翌日物金利とも呼ばれる）で貸出を行う。中央銀行の貸出金利は、準備預金に付す金利よりも25ベーシスポイント（0・25パーセント）高いものとする。例えば、貸出金利が2パーセントで、準備預金の金利が1・75パーセントだとする。すると、銀行間貸出の「市場」金利（米国ではフェデラル・ファンド金利）は、おおよそこの範囲内に収まる。準備預金を必要とする銀行は2パーセントで中央銀行から借入れを行う選択肢がある一方で、超過準備を抱えた銀行は単に準備預金を保有しているだけで1・75パーセントの利息を得られるからである。

複雑さと民間の選好

政府支出は受取り手の銀行口座と銀行の準備預金に同時に振り込むことで行われるという主張に対して、しばしば2つの異論が出される。それは、(a)実際はもっと複雑なはずだ、(b)民間部門の支出とポートフォリオ選好が政府予算の結果とマッチしなかったらどうするのか、の2つである。

異論の1つ目については、ケルトン（旧姓ベル）、レイ、フルウィラー、レゼンデによる一連の論文やワーキングペーパーで丁寧に論じられている（これらは米国、カナダ、ブラジルの実際のオペレーション手順を確認している。詳細は3・6節および3・7節、参考文献やリンクを参照せよ）。実際には、銀行は財務省に口座を持っていない。従って一般的には、財務省は支出を行う際に銀行口座に直接振り込むことはできない。

それどころか、財務省が支出や課税を行う際には、財務省、中央銀行、民間銀行が関与する一連の複雑な手順が毎回要求される。中央銀行と財務省がこのような手順を発展させたのは、政府が支出することができ、財務省に対する納税者の支払小切手が不渡りとならず、そして――これが最も重要だが――銀行システムの準備預金に悪影響が生じないようにするためである。最終的な結果は先に述べたとおりだが（財務省の支出は銀行への振込みを、課税は引落としをもたらし、財政赤字は銀行の要求払預金と準備預金の純増を意味する）、実際はもっと複雑である（詳細が知りたい読者は3・6節を参照せよ）。

ここで、関連する別の疑問が生じる。中央銀行が財務省と協力することを拒んだらどうなるのか？中央銀行は翌日物の誘導目標金利を達成できなくなるだろう（そして、小切手が不渡りになり始めるため、最終的には支払システムを危険にさらすことになるだろう）、というのがその答えである。読者には既に、両者の協調に関する十分な文献と3・6節（および同節の最後にあるQ&Aコラム）を紹介した。専門家でない限り、上記の簡単な説明で十分なはずだ。他方で、綿密な分析の結論はこうだ――政府赤字は準備預金の純増をもたらし、その結果望ましくない超過準備が生み出されれば、中央銀行の誘導目標金利を維持するために、国債の売却によって取り除かれる。中央銀行が自らの誘導目標金利を達成し、財務省小切手が不渡りにならないことが、中央銀行と財務省がこのようにして協調している証拠である。

国債売却オペレーションの効果は、準備預金と国債の入れ替えである。それは、銀行に当座預金（準備預金）の代わりに貯蓄預金（国債）を提供するようなものである。これは、翌日物金利に対する下げ圧力を取り除くために行われる。

2つ目の異論に関してだが、もし政府の財政スタンスが非政府部門の望む貯蓄に一致しなければ、政府財政の結果と非政府部門の収支が一致するまで支出と所得が調整する。例えば、非政府部門が望む黒字より大きな赤字を政府が出そうとするとどうなるか。その場合、非政府部門の支出の増加（非政府部門の貯蓄減少と政府財政赤字の減少）、租税収入の増加（政府財政赤字の減少と非政府部門の貯蓄減少）、非政府部門の所得の増加（政府財政赤字の増加に等しい、望ましい貯蓄の増加）の組み合わせが発生する。

税収（および政府支出の一部）は経済動向によって内生的に決まるので、財政スタンスは少なくとも部分的には内生的に決まる。同じように、非政府部門の実際の収支は、所得と貯蓄性向によって内生的に決まる。会計の恒等式（3部門収支については既に説明した）により、非政府部門の収支が政府の収支と食い違うことはあり得ない（正負の記号は逆になる。片方が赤字で、もう片方は黒字だ）。このことはまた、非政府部門の総貯蓄が政府の財政赤字よりも少なく（あるいは多く）なることはあり得ないことも意味している。収支《バランス》は均衡《バランス》するのだ！

次節では、2つ目の異論に対する答えを完成させるために、民間貯蓄の決定について詳しく検討しよう。

4.3 政府の財政赤字と「2段階の」貯蓄プロセス

先に示したとおり、政府の財政赤字は、銀行が中央銀行に保有する準備預金と共に、政府支出の受取り手の銀行預金の残高が純増するという形をとる。通常、これは超過準備をもたらすが、その超過準備は、中央銀行または財務省による国債売却によって取り除かれることになる。従って、財政赤字は通常、非政府部門が保有する国債の純増をもたらす。たとえそうならないとしても、非政府部門は政府に対する債権（現金と準備預金）の形で純貯蓄を蓄積する。

要するに、政府の赤字支出は国内通貨（現金、準備預金、国債）の形で非政府部門の貯蓄を生み出す。これは、政府赤字が常に、租税による引落としよりも政府支出による振込みの方が多かったことを意味するからである。

なお、ここでの議論は、自国通貨での純貯蓄に関するものだということを明確にしておく必要がある。国内非政府部門は外貨建て資産での純貯蓄も可能である。また、国内非政府部門の中には、同部門内の他者に対する債権の形で貯蓄ができる者もいるが、それはすべて差し引きゼロになる（前述のとおり、それは「内部資産」である）。

前節で取り上げた我々の主張——政府支出は受取り手の銀行口座と銀行の準備預金に同時に振り込

むことで行われる――に対する2つの異論に戻ろう。つまり、(a)実際はもっと複雑なはずだ、(b)民間部門の支出とポートフォリオ選好が政府予算の結果とマッチしなかったらどうするのか、の2つである。前節と3・6節では、1つ目の異論を取り扱った。今度は2つ目に答えよう。

前述のとおり、非政府部門の自国通貨での貯蓄は、政府の財政赤字より先には存在し得ない。従って、「赤字支出を行う政府は、まず貯蓄を借りるために非政府部門にアプローチする必要がある」と考えるべきではない。それどころか、概念上は政府支出が先に来るべきものであり、それは銀行口座への振込みによって達成されると認識すべきである。さらに、結果として生じた政府の財政赤字と、純金融資産（財政黒字）である非政府部門の貯蓄とは、この意味で残余であり、両者は等しいことが分かる。

非政府部門の純貯蓄は、所得と貯蓄を創造する政府の赤字支出の結果だと考えるのが最もよい。政府による振込みが貯蓄を創造するのだから、貯蓄が赤字より先に存在することはあり得ない。従って、本当は貯蓄が赤字を「ファイナンス」するのではなく、むしろ赤字がそれと同額の貯蓄を創造するのである。それでもやはり、これまで強調してきたように、タンゴは2人いなければ踊ることができず、その調整プロセスは複雑である。非政府部門の、純貯蓄に対する欲求がなくてはならず、その欲求は政府の赤字によって満たされる。

より一般的には、ケインズが論じたように、貯蓄とは実際には2段階のプロセス――「所得があれば、そのうちどれだけが貯蓄されるのか」および「貯蓄されるならば、それはどのような形で保有されるのか」――である。それゆえ、2番目の異論――非政府部門のポートフォリオ選好が政府の支出プランと合わない可能性がある――を唱える論者の多くは、非政府部門のポートフォリオ選好（つまり、2つ目の貯蓄プロセス）を念頭に置いている。非政府部門の最終的な貯蓄ポジションは貯蓄の欲求に合致するものだとしても、政府に対する債権の蓄積を生み出す財政赤字が非政府部門のポートフォリオ選好とマッチしていると、どうして断言できるのだろうか？「非政府部門が現在の資産状況で貯蓄を保有することに満足するように、金利（すなわち資産価格）が調整しているからだ」というのがその答えである。

これを理解するためには、政府の利付き債務（短期および長期国債）が果たす役割に目を向けなければならない。

そこで、政府に財やサービスを売った者はみな自発的にそうした（「強制されて」売却したわけではない）と仮定しよう。（社会保障のような）政府の「移転支出」の受取り手はみな預金を受け取って満足だったと仮定することもできる。政府支出の受取り手には、受け取ったものを(1)銀行預金のまま保持する、(2)現金として引き出す、(3)財・サービスや資産を購入するために使う、という3つの選択肢がある。

(1)のケースでは、貯蓄者によるさらなるポートフォリオの変化は起こらない。(2)のケースでは、銀行の準備預金と預金債務が、引き出した現金と同じ金額だけ減少する（これが銀行システム全体の準備預金を、望ましい、あるいは必要とされる水準よりも減らしてしまう場合には、さらなる動きを引き起こす可能性がある。しかし、銀行が保有する準備預金の量を調整しようとすると金利が誘導目標から乖離してしまう限り、銀行の欲求は常に中央銀行によって満たされる）。(3) のケースでは、預金が（財・サービスや資産の）売り手に移る。結局、銀行預金の量を減らすことができるのは、現金の引出しと借入れの返済だけだ。それ以外は、預金の保有者が変わるだけである。

それでも、これらのプロセスは価格——財・サービスの価格、および最も重要な、資産の価格——に影響を与える可能性がある。政府の財政赤字により創造される預金と準備預金が全体として望ましい水準を上回っていれば、「資金の移動」が財・サービスや資産の価格をつり上げ、金利を引き下げる。余分な預金のある人はローンを返済することもできる——これは、銀行のバランスシートからローンと預金の両方を消し去る。ひとたび財・サービスおよび資産の価格が十分に調整され、追加された預金がすべて積極的に保有された状態になれば、銀行預金を手放そうという非政府部門の動きは止まるだろう。

現代の中央銀行は翌日物の誘導目標金利を行動原理としているので、翌日物金利が誘導目標から外れると反応する。例えば、超過準備のゆえに銀行が翌日物金利を誘導目標よりも引き下げてしまうと、これが国債の公開市場売却を誘発して、超過準備を取り除く。

準備預金は銀行のバランスシートの資産側にあるのに対して、預金は負債側にあることを思い出して欲しい。政府が支払いを行うと、両側が増加する——銀行の準備預金、および受取り手の要求払預金に振込みがなされる。こうして追加される準備預金の大部分は超過準備である（所要準備額は事後的に計算されるので、この話は複雑である。しかし、ここでは触れない)。銀行はポートフォリオを決定する――より金利の高いものを買おうとする。まず、銀行は翌日物市場で準備を貸し出すことができるが、それは金利を押し下げてしまう。次に、銀行はそれに近い代わりのもの、すなわち国債を買うことができ、さらに他の資産にも対象を広げることができる(注意:銀行が財務省や中央銀行から国債を買わなければ、準備預金は銀行間で移動するだけで、その総額は減らない)。中央銀行は、金利を誘導目標とするので、金利が目標よりも下がるとそれに反応する。つまり、国債の売却を始める。国債の売却は超過準備と金利低下圧力を打ち消す(前述のとおり、誘導目標金利がゼロになり、あるいは、中央銀行が準備預金にサポート金利を支払うならば――超過準備があっても、市場金利がサポート金利よりも下がることはないので――、この説明は修正される)。

従って、ポートフォリオ選好の不一致に関する2つ目の異論への回答は、いたって単純なものだ。つまり、非政府部門のポートフォリオ選好が政府支出から生じる準備預金と預金の量に合致するように、資産価格/金利が調整する。そして、中央銀行は、短期金利が誘導目標から外れて欲しくなければ、公開市場で介入する(注意:資産価格と金利は反対方向に動く。国債の価格が上昇すれば、そのイールド――利回り――は低下する。銀行は超過準備を抱えると、準備預金に付される金利よりも高いリターンを得ようとするので、国債の価格をつり上げ、それが国債の実効利回りを引き下げる。中央銀行による国債の公開市場売却は、国債価格の上昇と金利の下落を抑える)。

最後に、ファイナンスの供給が足りないと分かったら、政府は「紙幣を印刷する」のではないかという懸念は、根拠がないことが暴露される。すべての政府支出は民間銀行の口座への振込みをもたらし、それはマネーサプライの増加につながる（まず、預金と準備預金が政府支出と同額だけ増える）。しかし、創造された準備預金がどれだけ国債に転換されるかを決めるのは非政府部門のポートフォリオ選好であり、創造された準備預金と預金がどれだけ破壊されるかを決めるのは租税収入の増加分である。

国債の売却は、「利付きの、準備預金の代替物」を供給する

短期国債は、「利付きの、準備預金の代替物」であると言うことができる（前述のとおり、準備預金には利息が付かないことが多い。利息が付くならば、国債は「より高利回りの代替物」になる）。国債は、中央銀行によって売却されても（公開市場操作）、財務省によって売却されても（新規発行取引）、効果は同じであり、準備預金が国債に交換される。これによって、中央銀行は翌日物の誘導目標レートを達成できる。従って国債売却は、どちらの場合も金融政策オペレーションと考えるべきである。

準備預金の量は、政府の立場から見れば非裁量的である（学説上、これは「アコモデーショニスト」もしくは「ホリゾンタリスト」と呼ばれる立場である）。銀行システムが超過準備状態になると、翌日物銀行間貸出金利は誘導目標よりも低下して、（その金利が、準備預金に支払われるサポート金利よりも高い限り）国債売却を誘発する。銀行システムが準備不足状態になれば、市場金利は誘導目標よ

りも上昇して、国債購入を誘発する。ここで明らかなのは、この点に関しては、中央銀行も財務省も区別はないということである。つまり、国債の売却／購入（あるいは償還）の効果は、どちらが行っても同じである。

しかし、そこには驚くべき結論が待っている。政府の財政赤字は銀行預金と準備預金の純増をもたらすので、財政赤字は銀行を超過準備の状態にする可能性が高い。何もしなければ、銀行は翌日物金利を競って低下させるだろう。つまり、財政赤字の最初の効果は、金利を（上げることではなく）下げることである。そのあと、「利付きの、超過準備の代替物」を提供するために、中央銀行と財務省が国債を売却する。これによって、金利が誘導目標より低下することを防ぐ。中央銀行が準備預金にサポート金利を付すならば、財政赤字は（銀行が、準備預金を金利がより高い国債に置き換えようとするため）準備預金を増やした銀行に国債価格をつり上げさせる——つまり、国債金利を低下させる——傾向がある。これは多くの論者が信じていることとまったく反対である。財政赤字は金利を（引き上げるのではなく）引き下げて、それ以外は何も変えない。

中央銀行は準備預金の需要に応える

中央銀行は、準備預金の供給を行い、あるいは拒むことによって、銀行貸出を促すことも妨げることもできないというのが、こうした観点からの帰結である。もっと正確に言えば、中央銀行は、望まれる量の準備預金を供給して、銀行システムをサポートする。誘導目標レートだけが裁量的であり、準備預金の量は裁量的ではない。

中央銀行が銀行システムに超過準備を「投入し」、それを放置すれば、翌日物金利はゼロに向かって（準備預金にサポート金利が付されるのであれば、それに向かって）低下するだろう。これは、日本でその金融危機後10年以上にわたって起きたことであり、２００７年に始まった金融危機の余波の中でＦＲＢが「量的緩和」を採用した際に米国で起きたことである（２０１５年には、欧州中央銀行が独自のＱＥの下で同様の措置をとることを決定した）。米国では、超過準備があっても、ＦＲＢが準備預金に対してわずかなサポート金利（例えば、25ベーシスポイント）を付している限り、「市場」（フェデラルファンド金利）はサポート金利近辺にとどまる。

今日、中央銀行は明確な誘導目標レートを行動原理としている――多くの中央銀行は、翌日物金利が一定の範囲内であれば目標から逸脱することを許容するが、市場金利が中央銀行の許容限度を超えて逸脱した時には介入する。つまり、現代の中央銀行は価格（誘導目標レート）を基準に運営されているのであって、（準備預金やマネーサプライの）量を基準に運営されているのではない。

金融危機に際して、超過準備に対する銀行の需要はかなり膨らみ、ＦＲＢはその需要に応えるようになった。その時、「流動性の投入」（量的緩和による大量の超過準備の創造）にもかかわらず、銀行の貸出が促進されないことに困惑する評論家もいた。しかし、銀行の貸出の決定が、保有する準備預金の量に制約されない（あるいは、密接に関連さえしていない）ことは常に事実である。

銀行は信用力のある借り手に対して貸出を行い、預金を創造し、借り手の債務を保有する。銀行は、準備預金を必要とする（あるいは、欲する）のであれば、それを手に入れるために翌日物銀行間市場もしくは中央銀行の割引窓口に向かう。システム全体として準備預金が不足すれば、翌日物金利の上昇圧力が、中央銀行に対して、公開市場での国債購入によって準備預金を供給する必要があるとの合図を送る。

政府赤字と世界の貯蓄

多くのアナリストが、政府の赤字をファイナンスするには世界の貯蓄の継続的なフローが必要だと言って（米国の場合、継続的な政府赤字をファイナンスするために、特に中国の貯蓄が必要だと言って）心配する。貯蓄のフローが足りないと分かれば、おそらく次のように信じることになる。つまり、政府は赤字をファイナンスするために「紙幣を印刷」しなければならないが、これはインフレを引き起こすに違いない。悪くすると、やがて政府は債務を返済できなくなり、デフォルトに追い込まれる。

ひとまず、国内の貯蓄と海外の貯蓄の問題を切り離して考えよう。問題は、中央政府の赤字が、自国通貨建ての非政府部門の貯蓄（国内および海外の貯蓄）を上回る可能性があるかどうかだ。これまでの分析から、あり得ないことが分かる。まず、政府の赤字は、会計の恒等式によって非政府部門の黒字（貯蓄）に等しい。次に、自国通貨建ての政府の支出は、それと同額の銀行口座への振込みをもたらす。そして、租税は銀行口座からの引落としをもたらす。従って、政府赤字は銀行口座残高の純増に等しい。前述のとおり、ポートフォリオ・バランスの選好が、政府（中央銀行もしくは財務省）

が準備預金を取り除くために国債を売却するか否かを決定する。これらの純増（現金、準備預金、国債の増加）は、自国通貨建て金融資産の純増に等しく、非政府部門によって保有される。

米国政府は倹約家の中国からドルを借りなければならないと主張する人々は、基本的な会計を理解していない。中国はドルを発行しない——発行するのは米国である。中国が米国に「貸す」ドルは、すべて米国から来ているのだ。実のところ、中国は、（大部分）米国への輸出からドル（FRBに記録された準備預金残高）を受け取り、そのあと高金利のドル資産（ほとんどは国債）を買ってポートフォリオを調整している。米国政府は、自らの財政赤字を「ファイナンス」するために中国からドルを借りているのではない。実際には、米国の経常収支赤字が中国にドル債権を供給しているのだ。そして、米国が財政赤字だからこそ、中国の保有しているドル債権が（現金、準備預金、国債を含む広義の）「通貨」の形をとっているのである。

結論：政府赤字がそれと同額の非政府部門の貯蓄を創造するのだから、政府が貯蓄の供給不足に直面することはあり得ない。

次節では、海外の国債保有について詳しく見てみよう。

コラム

よくある質問

（質問）日本の高い貯蓄率は、巨額の政府赤字、および（経常収支黒字のおかげで）貯蓄がほとんど海外へ流出しないことの結果だと確認できるか？　そうであれば、日本の貯蓄率は政府赤字がほぼ決定づけていると推測できるか？　つまり、政府赤字が貯蓄をもたらすのであって、貯蓄が赤字を可能にするわけではないのか？

（回答）そのとおりだ！　日本の政府赤字＋経常収支黒字＝巨大な国内貯蓄。これは、恒等式によりぴったり一致する。実のところ、因果関係は、標準的なケインズ経済学が示すとおり、支出から所得さらには貯蓄へと、あるいは注入から流出へと向かっている。日本の「失われた20年」――低成長――は、非常に大きな財政赤字を生み出した。財政赤字と貿易黒字が国内の純貯蓄の要求を満たすので、この巨額財政赤字は経済の完全な崩壊を食い止めるのに十分なものである。確かに、タンゴは2人いなければ踊れない。現代の政府財政には構造的な調節機能があり、景気後退時には税収が減り支出が増える。その景気後退は、支出意欲を妨げる総需要不足の結果だと考えられる。さらにそれは、（とりわけ流動性の高い形での）貯蓄選好から生じている。つまり、民間部門は政府の負債での純貯蓄を望み、それゆえ支出を嫌い、貯蓄の欲求を満たすために財政赤字が生み出される。確かに因果関係は常に複雑だが、これが今できるおおよその説明である。日本は20年間の低成長に加えて、セーフティーネットが十分でない。それが貯蓄を完全に合理的なものにし、ひいては低成長、そして財政赤字を生み出している。しかしながら、貯蓄は財政赤字（と貿易黒字）がなければ生まれないので、財政赤字が望まれる貯蓄を実現していると言ってよい。

4.4 外国人が国債を保有したらどうなるのか？

これまでに、政府赤字はそれと同額の非政府部門の貯蓄をもたらすことを示した。生み出された非政府部門の貯蓄は、政府に対する債権として保有される。非政府部門は通常、その貯蓄の一部を、現金のような利息が付かない負債よりも利息を約束する政府の負債で保有することを好む。さらに、財政赤字はそれと同額の準備預金を生み出すことも示した。銀行は、ほとんど利息の付かない準備預金（最近まで、米国の準備預金の利息はゼロだった）よりも高金利の資産を保有することを好む。つまり、貯蓄者も銀行も国債を保有したがる。従って、平時には、政府はその赤字とほぼ同額の、利付きの国債を提供する（両者の差額は、銀行の準備預金の蓄積額と民間部門の現金通貨の蓄積額で構成される）。

ところが、政府が赤字支出を行うと、政府に対する債権の一部が外国人の手に渡る。このことは問題だろうか？　多くの論者がイエスだと言う。一方では、多くの評論家が、将来も米国政府は赤字かもしれないが、米国政府に「貸したい」という中国人の欲求が米国債発行を吸収するには足りなくなってしまうのではないかと心配している。他方で、日本では政府債務の対GDP比率が200パーセントに達しているが、これはひとえにそうした債務の90パーセント超が国内で保有されているから可能なのだと主張する論者がいる。米国は、ストライキを決行するかもしれない外国人からの「借入れ」が非常に多いので、それほど債務を増やせないと言われている。他の論者は、例えば外国人へ利息を支払う米国政府の能力について心配する。外国人がもっと利息を要求したらどうなるのか？　為替レートの影響はどうなのか？　今度は、このような問題を見ていこう。

政府債務の海外保有

政府の赤字支出は、それと同額の非政府部門の貯蓄（ドルならドル、円なら円の貯蓄）を生み出す。ところが、生み出された貯蓄の一部は外国人によって蓄積される。外国人も、政府の自国通貨建て債務を蓄積できるからである。

外国人は、現金や準備預金などの通貨に加えて、国債を保有することもできる。国債は通常、それを発行する政府の中央銀行の帳簿に電子的に記帳されるだけである。国債には利息が支払われるが、これもまた、（それ自体が電子的に記帳された存在である）国債の額面価格に付加される、「キースト

図4-1　米国債の保有者と純輸出（1975-2013年）

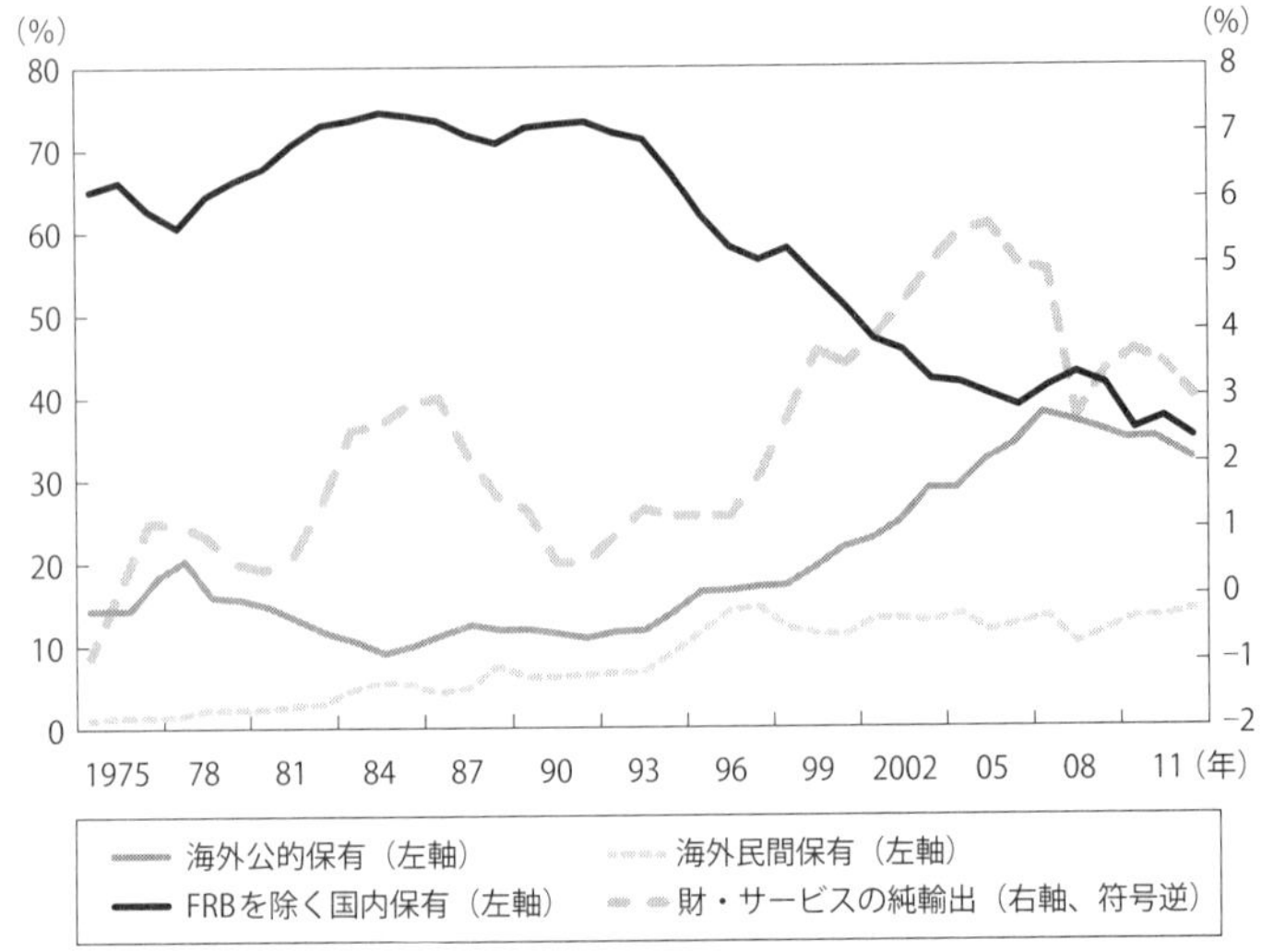

（出所）U.S. Flow of funds（米国債の保有者）、BEA（純輸出）

ローク」による電子的な記帳に過ぎない（保有者が外国人であろうと国内居住者であろうと、その仕組みは同じである）。ただし、国債を保有するか準備預金を保有するかを決定するのは、外国人のポートフォリオ選好だ。既に述べたとおり、準備預金から国債への転換も電子的に行われるが、それは「当座預金」（準備預金）から「貯蓄預金」（国債）に預金を移し替えるのによく似ている。

図4－1は、米国の経常収支赤字［訳注：グラフでは代わりに、正負の符号を逆にした財・サービスの純輸出（GDP比）が用いられている］と米国債の海外保有の関係を示している。

グラフが示すように、経常収支赤字（GDP比）は、1970年代のほぼゼロから世界金融危機直前の6パーセントにまで上

図4-2　米国債の海外保有（2000-2013年、保有国ごとの割合）

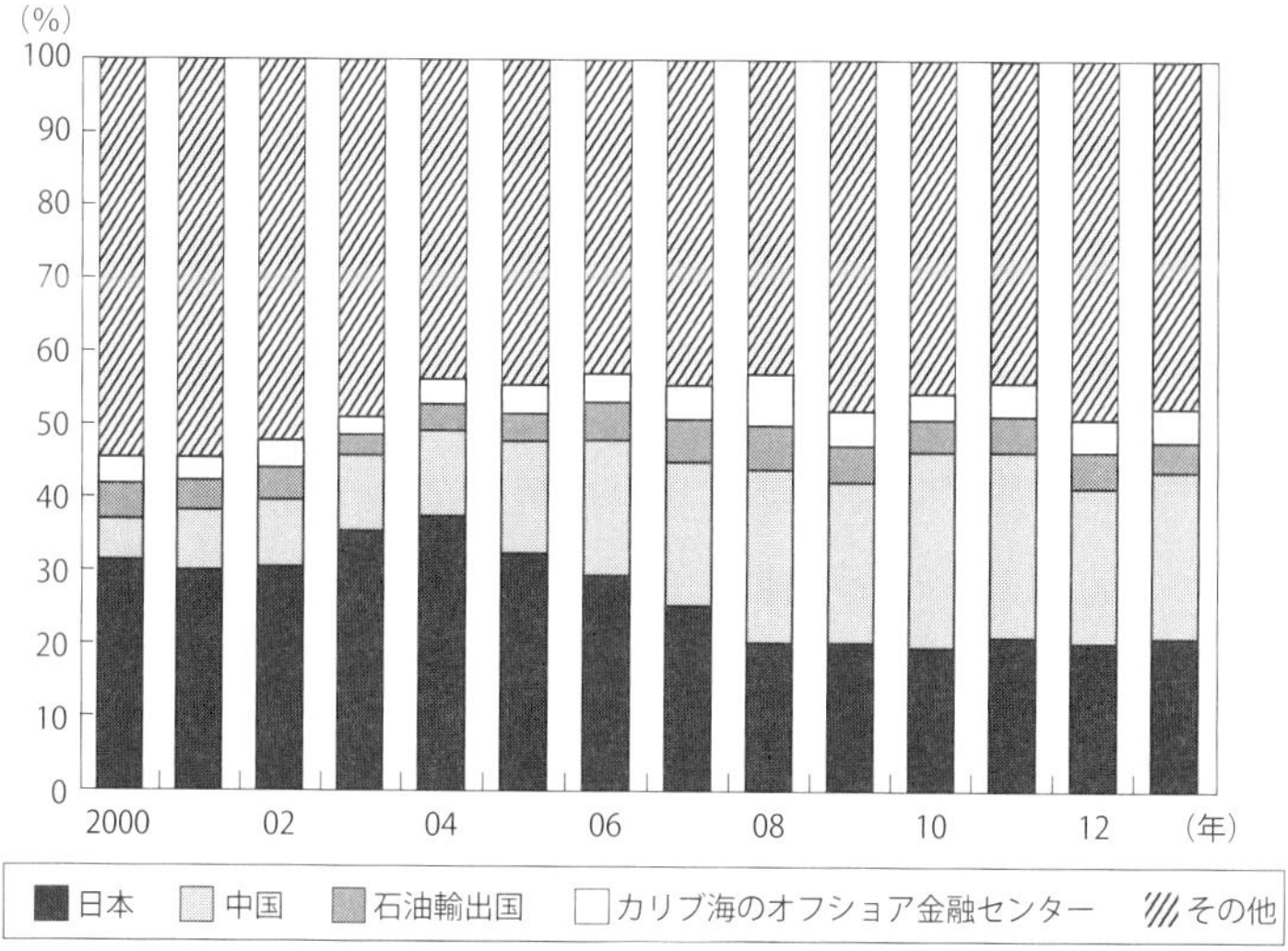

（出所）U.S. Department of the Treasury、毎年11月時点のデータ

昇した。それにつれて、発行済み米国債のうち海外保有（大部分は外国政府による「海外公的保有」である）が占める割合は徐々に上昇し、今では半分を超えている。図4-2は国ごとの保有状況を示している。

米国債は、対米経常収支黒字が大きな国によって保有される傾向にあるが、これまでの議論からすれば驚くべきことではない。2000年代の前半、最大の保有国は日本であった。その後、中国の対米輸出が増えるにつれ、中国が最大の保有国となった。

国債という、中央銀行の帳簿上の電子的な記録が、国内居住者によって保有されるか外国人によって保有されるかには大きな違いがあると広く信じられている。その論拠は、国内居住者なら滅多にそれを他通貨建ての資産に移し替えそうもないからというものである。

また、居住者に対する利息支払いは国内の所得、ひいては政府の税収を増やし、債務返済を容易にするだろうというものである。

海外の国債保有者が、何らかの理由でその国債を他通貨建ての負債にシフトすることを決定したとしよう。その場合、保有者は国債の満期償還を受ける（別の国債への乗り換えを拒絶する）か、もしくは売却する。心配なのは、これが金利と為替レートに影響を与えるかもしれないことである。国債の償還期日が到来したら、政府は従来よりも高い金利で新しい国債を発行しなければならないかもしれず、売却圧力が為替レートの下落をもたらすかもしれない。これら2つの可能性を各々見てみよう。

1．金利圧力

かなりの量の国債が、海外で外国人によって保有されているとしよう。外国人が国債よりも準備預金を保有することを決定したと仮定する——たぶん国債の金利が低くて満足できないからだ。外国人は、国債の金利を引き上げさせるために政府に対して圧力をかけられるだろうか？

こうした国債離れを伴う外国人のポートフォリオ選好の変化は、外国人の国債購入を減らす。外国人の需要を取り戻すには、政府が高金利を約束する以外ないように思われるかもしれない。

しかしながら、国債は「利付きの、準備預金の代替物」を提供するために売却されるという先の議論を思い出して欲しい。外国人も国内居住者も、国債が（ほとんどもしくはまったく金利が付かない）準備預金より魅力的だと感じた場合に国債を購入する。満期を迎える国債の乗り換えを拒むことは、グローバルな銀行が準備預金（それを発行した政府の中央銀行に記録された準備預金の残高）の保有を増やして国債の保有を減らすことを意味するにすぎない。満期到来前の国債の売却は、単に準備預金を国債の買い手から売り手に移すだけである。

これらの行為は、国債を発行する政府に何も強制しない。国債の買い手を見つけるために、高い金利を提示するように圧力をかけることもない。政府の立場からすれば、国債の発行が少ない間は、銀行になるべく多くの準備預金を保有させておくことがまったくもって賢明である。それは、政府が（高い金利ではなく）より低い金利を支払うことを意味する。

政府は、国債の売却を増やすために、（そうする必要がないとしても）より高い金利を提示することもできる。しかし、これは、国債保有者に振り込む利息を増やすためにキーストロークが使われることを意味する。政府は常にキーストロークを増やす「能力がある」が、市場はそれを政府に強制できない。政府は単に国債の売却をやめて、国債の代わりに準備預金を市場に蓄積させることができるからだ。

2．為替レート圧力

さらに重要な問題は、外国人が特定の通貨建ての準備預金または国債を保有しないと決定するケースだ。

海外の国債保有者は、その売却を決定したら、買い手を見つけなければならない。その際に通貨を変えたいのであれば、他の通貨建ての準備預金を保有し、なおかつその準備預金を国債と交換しようとする者を見つけなければならない。さらに、潜在的な買い手は、より安い為替レート（これは、売り手が欲する通貨に対する、売却される国債の通貨の相対的な価値として計られる）でしか国債を購入しない可能性がある。

このことから、外国人による国債の売却は為替レートに影響を与える可能性がある。しかし、政府が変動為替相場を採用している限り、通貨の下落を防ぐために反応する必要はない。

結論としては、海外の保有者のポートフォリオ選好の変化は、確かに通貨安をもたらす可能性がある。だが、変動為替相場制を採用している限り、政府は通貨安になっても特に対策を講じる必要がない。

経常収支と海外による債権の蓄積

外国人は、ある政府の現地通貨建ての準備預金や国債を、どうやって手に入れるのだろうか？既に示したように、マクロ経済の部門収支では、国内民間部門収支がゼロならば、政府の財政赤字が経常収支赤字と等しい。その場合の経常収支赤字は、政府の負債という形で、海外部門の純金融資産の蓄積をもたらす。典型的な例でいえば、米国政府が赤字になって、中国やその他の国に蓄積される政府債務を発行するからである。

もちろん米国の場合、長年にわたって（ビル・クリントンおよびジョージ・W・ブッシュ政権期において）国内民間部門収支も赤字であった。従って外国人は、米国の家計と企業に対する純債権も蓄積した（その債権は、主に証券化された貸出債権である）。会計の恒等式により、米国の経常収支赤字は間違いなく、外国人によるドル債権の蓄積をもたらす。

危機の後、米国の国内民間部門収支は均衡し、やがて黒字になり始めた。しかし、経常収支赤字は残った。米国政府の財政赤字は膨らみ、恒等式によって、経常収支赤字プラス民間部門黒字に等しくなった。米国政府は新たなドル建て金融資産の唯一の供給源となり（米国の民間部門は黒字だったから）、外国人は米国の政府債務を金融資産として蓄積した。

前述のとおり、中国が突然、米国の政府債務の蓄積をやめてしまうかもしれないと心配する人がいる。2014年の終わりごろに、中国の保有外貨は4兆ドル近くに達しているが、その多くは米ドルである。約1・2兆ドルは米国債で保有されており、これは米国外で保有される米国債の4分の1を超えている。そのため、中国が「もう要らない！」と言い出す危険に米国はさらされているように見えるかもしれない。しかしながら、会計の恒等式の一項を簡単に変えることはできず、恒等式から導き出されるストック・フローの一貫性を無視することはできない。

米国以外の国々がドル建て資産の蓄積をやめるには、米国に対する経常収支黒字もやめなければならない。従って、ドルの蓄積をやめるという中国の決定は、一方で対米純輸出をやめることを意味する。そうなる可能性はあるが、それはずっと先のことである。

さらに、ドル建て資産の蓄積を回避しながら対米経常収支を黒字にしようとすれば、中国は対米輸出によって稼いだドルを売り払い、他の通貨に交換しなければならない。それにはもちろん、ドルを喜んで受け取る買い手を見つける必要がある。これは、多くの評論家が心配するように、ドルの価値の下落をもたらし得る。ところがそうなれば、今度は中国が、自らが保有する米ドルの価値が切り下がる可能性にさらされる。これは、中国人民銀行にとって利益になりそうもない。

また、ドル安は、中国の輸出品のドル建て価格を引き上げてしまい、中国が対米輸出を続ける能力を危うくする。従って、突然中国がドルから逃げ出すことはまったくありそうにない。他の通貨にゆっくりと移行することはあり得るし、中国が別の輸出市場を見つけられるのであれば、その可能性は増す。

海外の「国債自警団員」が米国債から逃げ出してしまうという懸念は、大したリスクをもたらさないというのが結論である。

次に、米国は「特別」だ——米国は政府赤字と貿易赤字を続けられるかもしれないが、他の国は続けられない——という、よくある主張について論じよう。

4.5 通貨の支払能力と、特別な立場にある米ドル

ここまで、主権を有する政府による国債の発行について述べてきた。国債発行は、実は「借入」オペレーションではなく、準備預金の——（それより高い）金利が付く——代替物を提供するものであ

る。国債が国内で保有されていても外国人に保有されていても、実際にはほとんど違いがない。これが前節までの議論であった。

しかし、変動為替相場制においては、準備預金や国債を保有する外国人はそれらを売却することができ、それが為替レートに影響を与える可能性もあるのも事実である。さらに、例えば米国に対する純輸出を望む国々は、ドルの債権を蓄積することに関心がある――それはしばしば、自国の需要が小さすぎて潜在生産力を吸収し切れないから、あるいは、ドルに自国の通貨を固定させたいからである。従って、ドルの取付けは起こりそうにない。

このことが、米国は間違いなく特別なケースだという異論をもたらす。確かに米国は、海外の国々がドルを欲しがるからこそ、政府あるいは国家の支払不能を心配することなく、経常収支赤字に拍車をかける財政赤字を維持できる。しかし、これは他の国には本当に当てはまらないのだろうか？　今日、米ドルは国際準備通貨であり、それゆえ米国は特別なのだ――以下ではこういった議論について検討してみよう。

米国は特別ではないのか？

答えはイエスでもあり、ノーでもある。「会計の恒等式」は恒等式であり、どこの国でも成立する。ある国の経常収支が赤字ならば、恒等式により、その国の（実物または金融）資産に対する誰かの需要が存在しなければならない（外国人は、不動産や工場設備の購入を含む「海外直接投資」を行うためにその国の通貨を需要することも、あるいはその国の通貨建ての金融資産を需要することも可能である）。資産に対する海外の需要が減少すれば、経常収支赤字も減少しなければならない。

米ドル建ての資産が世界中で非常に好まれていることは、ほとんど疑いの余地がない。米ドルには及ばないが、英ポンド、日本円、欧州ユーロ、カナダドル、豪ドル建ての金融資産も非常に好まれている。これらの通貨建ての資産は、保険や年金基金の分散ポートフォリオの中でしばしば保有される。そのため、これらの国は、自国通貨建ての負債を発行することによって経常収支赤字を容易に維持できる。それゆえこれらの国は、程度の差こそあれ「特別」である。

多くの途上国では、自国通貨建ての負債に対する海外の需要は存在しない。それどころか非常に制約が多いがゆえに、輸入をするために、上記のような好まれる通貨建てで負債を発行しなければならない国もある。これによって、多くの問題や制約を抱えることになる可能性がある――例えば、このような国が外貨建ての債務を発行した場合、その債務の返済のために外貨を稼ぎ、あるいは借りなければならない。これは重大な問題であり、容易には解決できない。

途上国の通貨で発行される国内の負債（政府の通貨や国債、そして民間の金融資産）に対する海外の需要がない場合、海外との貿易は物々交換に近いものになる。つまり、そのような国は、海外への売却による収入の範囲内でしか海外の生産物を入手できない。途上国が売却できるものと言えば、国内の実物資産（実物資本や不動産）、あるいはもっとありそうなものとしては財やサービス（例えば第一次産品）が考えられる。そのような国がとり得る手段としては、経常収支を均衡させるか（その場合、輸出収入を輸入のファイナンスに利用できる）、あるいは経常収支赤字を海外からの直接投資に一致させることが挙げられる。

それ以外に、経常収支赤字をファイナンスするために外貨建て債務を発行することも可能である。この場合の問題は、債務返済のためにその外貨建てで収入を生み出さなければならないことである。これは、今日の輸入によって、将来それを上回る輸出ができるくらいまでその国の生産能力を高められるなら実現可能である。そうなれば、純輸出で稼いだ外貨で債務を返済できる。しかし、このような国が輸出の能力を高めることなく経常収支赤字を続ければ、債務返済の問題にぶつかる可能性が高い（もう1つの選択肢は、外国人の施しに頼ることである）。

米国は、ご承知のとおり貿易赤字を続けている。これは純利潤と純利息のプラスのフロー（これは、米国による海外投資からの稼ぎが、外国人による米国への海外投資からの稼ぎよりも大きいことから生じている）によって多少は相殺される。しかしながら、米国が経常収支赤字を続けられる主な理由は次の2つ——(a)海外部門が保有するほぼすべての負債がドル建てである、(b)(既に論じた様々な理由により）ドル建ての資産に対する海外の需要が高い——である。

(a)は、債務の返済がドルで行われることを意味する。もちろん、ドルは債務を負っている米国の家計、企業、政府にとって最も手に入れやすい通貨である。(b)は、外国人がドル建て資産を手に入れるため米国へ積極的に輸出しようとすること、そして、海外部門がドル資産を欲する限り米国の貿易赤字が持続可能であることを意味する。

ほとんどの国は、準備通貨を発行する「特別な」国（米国、英国、日本、欧州通貨同盟、カナダ、オーストラリア）と、自国の通貨を国外では誰も欲しがらない途上国という両極端の間のどこかに位置している。その「中間の」国々にも、自国通貨建ての資産に対する海外の需要が多少はあり、それが（資本収支黒字によって相殺される）経常収支赤字を可能にする。これらの「中間の」国の政府は、自国通貨建てで売られているすべてのもの（つまり国内生産品）に加え、外貨建てで売られているものを（外貨両替をした上で）買うために、自国の通貨を発行できる――繰り返すが、これは自国通貨建ての資産に対する海外の需要に左右される。それらの国々は、準備通貨を発行する「特別な」国々より多くの制約を受けるのだろうか？　そのとおりである。

ところが、世界中の国際空港に行けば、聞いたこともないような多くの通貨の交換レートを見つけられるだろう（空港に行くまでもない。例えば、このサイトを見ればよい。ドル対ジブチ・フランの交換レートを調べてみよ。https://www.xe.com/currencyconverter/)。これらの通貨すべてについて（そしてその他の通貨についても）、それぞれ為替市場が存在する。問題は、これらの「特別でない」国が、輸入品購入のために自国の通貨を交換できるか否かではなく、どんなレートで交換できるかである。

外貨で借入れを行う政府はどうなのか？

外貨建ての資産を発行する国については、どう考えたらよいのか？　外貨建ての債務を発行する国に話を戻すと、やはり気になるのは「債務を返済するのに必要な外貨を手に入れられなかったら、どうなるのか？」である。

これまで、一般的には誰が外貨建ての負債を発行しているのか、という問題は脇に置いてきた。それが企業や家計なら、債務返済に必要な外貨を入手できなければ、デフォルトや破産につながる恐れがある。これは裁判所で取り扱われるが（一般的に、債務が発行されると、それを巡る紛争は特定の裁判所の管轄下に入る）、それ自体が解決不可能な問題をもたらすわけではない。債務が過大であれば、破産となり債務は減免されることになる。

しかし、国内の債務者を保護するために、時には政府が債務を肩代わりする形で介入することがある（世界金融危機の余波の中でのアイルランドがよい例である）。あるいはまた、政府が外貨建て債務を直接発行することもある。どちらの場合でも、外貨建て債務における政府のデフォルトは通常、大きな困難を伴う――主権を有する政府の破産は法律的に解決が難しい問題であり、かつ主権国家のデフォルトは政治色の濃い問題だからである。

実際には、主権国家のデフォルト（特に、外貨建て債務のデフォルト）は珍しいものではなく、債務の返済を続けるよりは痛みの少ないものとしてしばしば選択される。一般的には、デフォルトするタイミングは主権を有する政府が決定する。ほとんどの場合、政府はしばらくの間なら債務弁済を続けられたであろう（例えば、輸出を増やすために緊縮政策をとり、あるいは国際的な貸し手に頼ることで）。どうやら、政府はデフォルトのメリットがその代償を上回ると判断するようである。しかし、このことは政治的な影響をもたらす可能性がある。それでも歴史を遡れば、政府の外貨建て債務のデフォルトはあちこちに散らばっている。

金利が（例えば米ドルなら）自国通貨建てよりも低いから、外貨建て債務の発行は借入コストを低減させると考えてこれを行う政府もある。しかし、外貨建て債務にはデフォルトリスクが伴う。それでもやはり、金利差をうまく利用しようとして、政府が相対的に金利の低い外貨建て債務を発行することは珍しくない。残念ながら、これは幻想に過ぎないかもしれない。外貨建てのデフォルトリスクは高く、金利メリットを打ち消してしまうことを市場は認識している。

さらに、前述のとおり、政府にとって国内金利は（少なくとも、国内の計算貨幣建ての短期金利は）政策変数である。政府は、国内において自国通貨で支出を行っている限り、銀行システムに準備預金を放出したままにすることも、国債を提供することもできる。つまり、それをあえて望まない限り、政府は高い国内金利を支払う必要がない。なぜならば、政府は、高い金利を支払う代わりに、金利の低い（あるいは、付かない）準備預金を銀行に保有させられるからである。このオプションは――政府の支出が自国通貨でなされる限り――通貨を発行するすべての政府が利用可能なものである。

既に述べたとおり、租税を課して徴収する能力が制約を受けると、政府は自国通貨での購入を限定されてしまい、その通貨に対する国内の需要も同様に限定されてしまう。だから、我々は、自国通貨を発行する主権国家は政府支出に関して一切制約を受けないと言いたいわけではない。政府は、自国通貨で売られるものを買えるというだけだ。

しかしながら、中央政府が外貨建ての債務を発行すれば、その金利は「市場原理」に委ねられる。

市場は、その外貨の基準金利に、外貨建て債務のデフォルトリスクを考慮したプレミアムを乗せて金利を決定する。外貨建ての借入コストは、政府の債務を引き受けてくれる海外（および国内）の債権者を相手とした自国通貨建ての借入れに比べて、高くつくことになりそうである。

自国通貨建ての政府債務に対する金利は政策変数である――通常、中央銀行が設定する。にもかかわらず、政策担当者は、財政赤字が増えたら国内金利を引き上げなければならないと思い込んでいるため、こうした外貨建て債務のデメリットをよく分かっていない。国内金利の引上げは、（政策担当者が、財政赤字に続いて生じると信じている）インフレ圧力や為替レートの下落圧力と闘うために行われる。実際、既に述べたように、為替レートを固定しようとしている場合、財政赤字は為替レートに圧力を加える可能性がある。よって、財政赤字を金融引き締め政策（為替レートの下落を防ぐために国内金利を引き上げること）で中和しようとすることにはそれなりの根拠がある。

しかし、重要なのは、短期国債の金利をほぼ決定づける国内翌日物金利を設定するのは、その国の政府だということである。従って、政府は、自国通貨建て債務の金利を下げたければ、そのためにいつでも国内金融政策を利用することができる。不幸なことに、これもよく理解されていないため、政府は外貨建て債務を発行してしまう。すると、債務返済のために外貨を手に入れなければならなくなるため、デフォルトリスクを負うことになる。このように、政府が外貨建ての債券を発行することは、ほとんど常に誤りである。

米国の例外性についての結論

確かに米国は「特別」であり、他の先進国も程度の差こそあれ「特別」である。しかし、「特別ではない」国々もまったく望みがないわけではない。国民が租税などの義務を政府の通貨で支払わなければならない限り、政府は自らの通貨を支出し流通させることができる。国内通貨建ての資産に対する海外の需要が限られている場合でも、非政府部門の外貨借入れが、輸出能力を高める経済発展を促進する可能性がある。

外貨で国際的な援助を受けられる可能性もある。また、多くの途上国は送金によって外貨を受け取る（海外で働く者が自国に外貨を送金する）。そして最後に、海外からの直接投資は外貨の追加的な源泉となる。

次は、開放経済における政府の政策の影響、すなわち貿易赤字と為替レートへの影響について論じよう。

4.6 主権通貨と開放経済における政府の政策

政府の政策と開放経済

政府赤字が総需要を増やし、輸入を増やすならば、それは経常収支赤字の一因となり得る。また、海外の生産物の購入によって、政府が経常収支赤字に直接貢献することもあり得る。経常収支赤字は、海外部門が国内民間部門および／または政府部門に対する債権を蓄積することを意味する。これは「資本流入」として記録される。

継続的な経常収支赤字からは、為替レートに対する圧力が生じるかもしれない。経常収支赤字は、多かれ少なかれ直接に通貨の下落をもたらすというのが一般的な想定であるが、こうした効果を示すはっきりとした証拠はない。しかし、これは一般に懸念されていることなので、このような圧力が生じるものとしよう。

これが及ぼす影響は、通貨制度に左右される。有名なトリレンマに従えば、政府は次の3つのうち2つしか選ぶことができない。すなわち、国内政策の独立（通常は、金利の安定と表現される）、固定為替相場制、資本移動の自由の3つである。変動為替相場制を採用する国は、国内政策の独立と資本移動の自由を享受できる。固定為替相場制を採用する国は、資本移動を規制することを選ぶか、国内政策の独立を放棄しなければならない。完全雇用を達成するために国内政策を実行できることを望んでおり（例えば、金利政策や財政赤字によって）、そしてこういった政策の実行が経常収支赤字をもたらすのであれば、国家は資本移動を制御するか、為替レートの固定をあきらめなければならない。

このように、為替レートを変動させることは、国内政策により大きな余地を与える。資本の制御は、国内政策の独立を追求しつつ為替レートを保つという別の方法を提供する。

もちろん、これらの政策は政治的なプロセスに委ねられなければならないが、政策担当者は会計の恒等式とトリレンマをきちんと認識すべきである。ほとんどの国は、国内の完全雇用、固定為替相場、自由な資本移動を同時に追求することはできない。例外は、一部のアジアの国のように、持続的な経常収支黒字を保っている国だけである。それらの国々には外貨準備の安定的な流入があるので、国内政策の独立と（望むのであれば）自由な資本移動を追求しながらも、為替レートの固定を維持することができる。

実際のところ、貿易黒字国の多くは資本市場を自由化していない。それらの国は、固定為替相場を守るために、資本市場を制御し貿易黒字にすることによって、国際準備の巨大な「クッション」を蓄積することができる。これは、「アジアの虎たち」が苦しんだ通貨危機に対する反応でもあった。危機が起こった時、それらの国は十分な外貨準備を保有していなかったため、為替レートの固定を維持できるという自信を失った。そこでの教訓は、投機家たちの攻撃をかわすには大量の外貨準備が必要であるということであった。

変動為替相場は「不均衡」を解消するのか？

グローバル経済においては、すべての国の経常収支黒字は、どこかの国の経常収支赤字で相殺されなければならない。外貨準備の蓄積の反対側には、経常収支赤字国による債務の蓄積がある。これが、グローバル経済に、いわゆるデフレバイアスをもたらす可能性がある。貿易黒字の維持を望む国は、国際市場において自国製品の競争力を弱めてしまう可能性がある賃金や物価の上昇を防ごうとして、国内需要を抑制するだろう。

同時に、貿易赤字の国は、輸入を減らし輸出を増やすために賃金と物価を押し下げようとして、国内需要を削るかもしれない。輸入国と輸出国の両方が需要を低水準に保とうとすれば、世界全体の需要は、（労働力および設備の）完全雇用を維持するには不十分なものになってしまう。さらに悪いことに、このような競争圧力は貿易戦争――各国が自国の輸出を促進し、輸入品を締め出そうとすること――を引き起こしかねない。これは国際貿易にとってマイナスであり、各国が為替レートを固定しようとするならば、その分事態はさらに悪化する。

１９６０年代には、変動為替相場が貿易不均衡をなくす――各国の為替レートは、経常収支が均衡に向かうように調整される――と主張する経済学者がいた（有名なのは、ミルトン・フリードマンである）。１９７０年代初頭、固定為替相場制のブレトン・ウッズ体制が崩壊し、先進国の多くが変動相場制に移行した。しかし、経常収支は均衡には向かわなかった（それどころか実際には、米国と日本のような貿易相手国との間に「不均衡」が拡大した）。

そうなってしまった理由は、「為替レートは、経常収支の黒字や赤字を解消するように調整される」と信じていたそれらの経済学者が、経常収支の「不均衡《インバランス》」とは必ずしも均衡が失われた状態ではないことを、考慮に入れていなかったからである。先に述べたとおり、ある国は、海外部門がその国の債務証書の蓄積を欲する限り、経常収支赤字を維持できる。実のところは、その国の資本収支黒字が、その国の経常収支赤字と「均衡《バランス》」しているのである。

従って、経常収支赤字を「不均衡《インバランス》」と呼ぶことは誤解を招きやすい。定義上、経常収支赤字は資本収支のフローと「均衡《バランス》」している。ここでも、「タンゴは2人いないと踊れない」のだ。誰かがその国の債務証書を保有したがらなければ、その国は経常収支赤字を維持することはできない。経常収支赤字は、その国に対する債権の形で純貯蓄を蓄積したいという海外部門の欲望から生じると考えることもできる。米ドルの場合、間違いなくそれが妥当な考え方であろう。海外部門はドル資産の蓄積を望み、だからこそ米国へ輸出をする。たとえ米国が、貿易赤字を減らすために自国の経済を減速させようとしても、海外部門は米国に対する純輸出を維持しようと調整するため、うまくいかないだろう。

MMTの批判者たちの中には、MMTは変動為替相場制が経常収支を「均衡させる」から変動為替相場制を支持していると誤って主張する者がいる。これはMMTの主張ではない。MMTは、変動為替相場制が「不均衡」を解消するからではなく、国内の政策余地を広げるから支持しているのである。既に見たように、経常収支赤字は「均衡を失っている」わけではない――資本収支黒字と均衡しているのだ。MMTは、変動為替相場制が経常収支赤字を消すと主張しているのではない。それどころか、経常収支赤字を消すことが望ましいとさえ主張していないのだ。経常収支赤字は、資産に対する海外部門の欲望（それが資本収支黒字を生む）と「均衡」しているのだから、経常収支赤字を解消する自動的な市場の力など存在しない。

「主権通貨」対「非主権通貨」

「完全な主権に基づく不換通貨」と「不完全な主権（非主権）に基づく兌換通貨」の違いを認識することは重要である。非主権通貨で運営される――外国通貨、または固定交換レートで外国通貨や貴金属に兌換される自国通貨を使用する――政府は、支払不能リスクを背負うことになる。しかし、自国の変動相場制の不換通貨を使って支出する政府がデフォルトを強いられることはあり得ない。これは、（少なくともある程度は）市場や信用格付機関によってさえ認識されていることである。また、これこそ日本のような国が、極端に低い国債金利を享受しながら、「高債務」のユーロ諸国（「PIIGS」すなわちポルトガル、アイルランド、イタリア、ギリシャ、スペイン）の2倍を超える政府債務対GDP比率を維持できる理由である。

それに対して、米国の各州、1990年代後半のアルゼンチンのようにカレンシー・ボード制を採用する国、ユーロ諸国（本質的に各国にとって外貨であるユーロを採用している）は、赤字比率が日本や米国よりもずっと低いにもかかわらず、格下げと金利上昇に直面している。自らの通貨を採用する国はいつでも銀行口座への振込みによって支出することができ、それには利息の支払いも含まれる。それゆえ非自発的なデフォルトのリスクはない。しかし、固定相場制やカレンシー・ボード制を採用する国は、――1933年に米国政府が金兌換の停止を余儀なくされたように――デフォルトを強制される可能性がある。

ユーロについては第6章で詳しく検討するが、簡単に言えば、問題は各加盟国がユーロのために自らの主権通貨を放棄したことにある。それぞれの加盟国にとってユーロは外貨のようなものである。それでもなお、各国の中央政府は売り手の銀行口座への振込みで支出を行い、これが各国の中央銀行にある準備預金への振込みを発生させている――この点は、自らの主権通貨を発行する政府の場合と変わらない。問題は、各国の中央銀行が、決済のためにＥＣＢにユーロの準備預金を保有しなければならないことである。そのＥＣＢは、各国の政府債務を直接購入することを禁じられている。各国の中央銀行は、ＥＣＢが貸し出す範囲内、もしくは、ＥＣＢが各国の政府債務を流通市場で購入して生み出す範囲内でしか準備預金を入手できない。

これが意味するのは、各国の中央銀行は、政府が支出できるように「貨幣化」を促すことはできるが、決済が制約を加えるということである。これは、米国における州の立場にやや似ている。州は支出するために課税や借入れを行う必要がある。ユーロの仕組みは米国の州とは異なるが（州は自らの中央銀行を持たない）、結果は似ている。ユーロ各国の政府も米国の州も借入れを行う必要があり、ゆえに市場金利の影響を受ける。

それに対して、米国、日本、英国のような通貨主権を有する国は、自国通貨を借りる必要がない。銀行口座に振り込むことで支出をする。主権通貨を採用する国は、自らの支出を「ファイナンス」するために国債を発行する必要がない。国債の発行は政府の自由意思に基づくオペレーションであり、国債は政府が運営する中央銀行に設けられた代替の預金口座でしかないことを理解すれば、国債の買い手がいるか否か、国債を保有するのが自国民か外国人かは、支払能力と金利に無関係であることは明らかである。

（もちろん、先に述べたとおり、政府は自らの行動にルールを課すことができる。例えば、政府は、小切手を切る前に国債を売却し、中央銀行の政府口座に預金残高を確保しなければならないとするルールである。ひとたびこのようなルールを採用したならば、「選択の余地はない」。これは、ドアを開ける前に行うべきルーティンを自らに課している、映画『恋愛小説家』でジャック・ニコルソンが扮する潔癖症の登場人物のようなものである。これはおそらく、経済学者よりも行動心理学者が説明した方がよい問題であろう）

4.7 外国通貨を採用する国はどうなるのか？

国家は、国内政策のために外国通貨の利用を選択することもある。米国政府でさえ、19世紀中ごろまで外国通貨を受け取っていたし、少なくとも一部の目的で外国通貨を使うことは、多くの国でふつうに行われている。しかしここでは、通貨をまったく発行しない国について検討していく。つまり本節では、国家が外貨を採用し、自らの通貨を放棄するケースを検討する。

ある国の中央政府が公式通貨として米ドルを採用し、ドルが政府の収納機関で受け取られ、租税と価格がドルで表示されるとしよう（エクアドルがその一例である）。銀行はドルで貸出を実行し預金を創造する。政府はドルで支出を行う。その国は米ドルを創造することはできないが、その国の家計、企業、政府がドル建ての負債を創造できることは明らかである（エクアドルの場合、実際には、国内で流通して米ドルに交換できる独自のドル硬貨を発行している）。これらの負債は負債ピラミッドの一部であり、本物の米ドルにレバレッジをかけている。（銀行預金のような）一部の負債は、米ドルに直接交換可能である。流通している通貨は米ドル（米国の硬貨および紙幣）だが、ほとんどの支払いは電子的に行われる。小切手の決済は、自国の中央銀行でドル建ての準備預金を振り替える——一方の銀行の準備預金を引き落とし、もう一方の銀行の準備預金に振り込む——ことで行われる（ここで述べたのは、基本的に現在のエクアドルの状況である）。

しかし、銀行では本物の米ドル現金を引き出すことができる。さらに、国際的な支払いはドルでなされる（経常収支赤字は、自国から外国へのドルの譲渡を必要とする）。それはどのように行われるのだろうか？　その国の中央銀行は、FRBにドルの口座を保有している。外国人に支払う際は、その口座から引き落とされ、外国の中央銀行の口座に振り込まれる（もちろん、支払いがFRBに口座を持つ民間銀行に対してなされるのであれば話は別だが）。

この国はドルを発行しないが、ドルを利用している。従って、国際的な支払いを実行できるようにするため、そしてドル通貨が国内で流通すべく現金引出しに対応できるようにするために、ドルを手に入れなければならない。ドルを入手する方法は、他の国が外貨を入手する方法と同じである。なぜならば、現金や準備預金を手に入れる能力の観点で、そのドルはまさしく外国通貨だからだ。従って、その国がドルを手に入れる方法は、輸出、借入れ、資産売却（海外直接投資を含む）、送金である。外国通貨を採用することが、非常に厳格な固定為替相場制度――通貨を切り下げる方法がないので、まったく身動きが取れない――を運営するのに等しいことは明らかである。これは、あらゆる為替相場制度の中で最も政策余地が小さいものであるが、それが必ずしも悪い政策であることを意味するわけではない。しかし、その国の国内政策が、「外国通貨」であるドルを獲得する能力に制約されることを意味する。いざという時には、対外援助（ドルの譲渡や貸出）を与えようという米国の意思に頼ることができるかもしれない。あるいは、ドルへのアクセスを有する海外の銀行からドルを調達できるかもしれない。しかしそれは、その国に対する貸出リスクを「市場」がどう判断しているかに左右されることになるだろう。

非主権通貨における、支払能力の問題とポンジー・ファイナンス

最後に、もう1点だけ議論しておこう。民間の主体が借入れを行う時、その負債は別の主体の資産である。この2つは相殺され、純金融資産を生み出さない。主権を有する政府が債務を発行する時、政府は民間部門にとっての資産を生み出すが、これを相殺する民間部門の負債は存在しない。ゆえに、政府による債務の発行は、民間部門のために純金融資産を創造する。民間の債務は債務だが、政府の債務は民間部門にとって金融資産である。

民間部門は、債務が大きく積み上がると返済不能に陥るおそれがあるため、不安が生じるはずであ

る。しかし、政府は、自国通貨の独占的な発行者として、銀行口座に振り込むことによっていつでも自らの債務を返済することができる――その債務は非政府部門の資産であり、利息の支払いは非政府部門の所得である。民間の債務者は所得のフローから債務を返済できなければ、さらに借入れを重ねなければならない。つまり、利息を支払うために借入れを行うことになる。これはポンジー・ファイナンスと呼ばれ、債務残高が膨らむので、通常は危険なものである（これは経済学者のハイマン・ミンスキーが普及させた用語であり、「ネズミ講」を主宰した詐欺師、チャールズ・ポンジーにちなんで名付けられたものである。もっと最近では、バーニー・マドフによるネズミ講があった。ミンスキーの言に従えば、ポンジー・ファイナンスは「債務者が、ただ利息を支払うだけのために借入れをしなければならない」ことを意味し、一般的には持続不可能な形で債務が膨張することを言う）。主権通貨を有する政府にとって借入れは必要不可欠なものではないし、政府はキーストロークを使って常に債務を返済できるので、決してポンジー状態ではない。

政府は通貨の独占的発行者であるから、自らの通貨において財政上の制約に直面することはない（予算編成、債務上限、オペレーション手順に関して政府が自身に課す制約を除く）。政府は、銀行口座へ振り込むことによって、債務の元利金支払いを含めた期限の到来するすべての支払いを実行する。つまり、政府は、その支出の規模に関してオペレーション上の制約を受けない。国債の発行は自由意思に基づくものなので、主権を有する政府は国債の金利を市場に決めさせる必要もない。政府が、自らの通貨を借りることなどあり得ない。

他方、通貨主権を放棄しているギリシャのように主権を有しない政府は、財政上の制約に縛られ、自らの赤字をファイナンスするために資本市場から市場金利で借入れすることを強制される。ギリシャの債務危機が示すように、ユーロの通貨協定は、市場や格付機関（あるいは他の加盟国や国際的な貸し手――ギリシャの場合はトロイカ［訳注：欧州委員会、ECB（欧州中央銀行）、IMF（国際通貨基金）の3者を指す］）が、政治的には主権を有する国に対して、その国の国内政策を指図することを許してしまう。主権を有しない政府はポンジーになってしまう可能性がある。つまり、租税収入で債務を返済できず、利息支払いのために市場に借りに行かなければならなくなってしまう可能性がある。

このような債務の力学が、主権を有しない政府に対して厳しい制約を加えることは、誰の目にも明らかである。政府の借入れが増えるにつれ、支払不能リスク増大の代償として、市場はより高い金利を要求する。政府は高い金利を支払うために、さらに借入額を増やさなければならないので、簡単に悪循環に陥り得る。市場は、おそらく本物のポンジー状態に達する前であっても貸出を打ち切るであろう。事実、カリフォルニア州のオレンジ郡（米国で最も豊かな郡の1つ）は、市場に貸出を拒絶される事態に陥った。ギリシャのようなユーロ加盟諸国は（2015年春の時点で）そこまでは至っていないが、ECB（および一連の準救済措置の提供を手助けした他の機関）による介入が必要になっている。

外国通貨を採用する国は、著しく主権を譲り渡すことになる。なお、為替相場制度に関する議論は

第6章で行うものとし、ヨーロッパの状況もそこで確認する。

第5章

主権国家の租税政策

「悪」に課税せよ、「善」ではなく

租税が貨幣を動かす。つまり、主権を有する政府が租税を必要とするのは、歳入のためではなく、貨幣に対する需要を創造するためである。我々はこう論じてきた。このことを念頭に置きつつ、改めて租税政策を考えてみよう。貨幣を最もうまく動かす方法とは、どんなものか？　どんな種類の租税が最も良いのか？　貨幣を動かす以外に、租税は何に利用できるのか？　本章ではこのような問題を検討する。

5.1 租税はなぜ必要なのか？ MMTの考え方

租税に対するMMTの考え方について、まずはごく簡単に概観しよう。

「政府はキーストロークで支出する」というMMTの言説に初めて接した人の多くは、MMTは「政府は租税を必要としない」と主張しているという結論に飛躍する。ならば、税金を払いたい人はいないのだから、なぜ租税を廃止してしまわないのだろうか？

税金がなくなったら、その分であなたは何を手に入れるか？　なるほど、ビットコインか。

政府の貨幣に関するMMTの説明は、いつものように始まるか？——租税が貨幣を動か゛す。何度でも強調しよう。租税の義務がなければ、政府の貨幣の受領は「バカと大バカ」、すなわち間抜け比べ理論になってしまうだろう。私は、ビフィー・ボブとビリー・スーが受け取ると思うから貨幣を受け取る、というわけだ。

確かに、租税は貨幣を動かす唯一の義務ではない。何度も繰り返し指摘してきたように、歴史を遡れば遡るほど、他の種類の義務——10分の1税、地代、手数料、罰金——が貨幣を動かしたことがよく分かるだろう。歴史は我々の味方だ。背後にこのような義務のない貨幣の例は皆無に等しい。

そうだ、ビットコインがある。これは貨幣なのか？　それはまた後で議論しよう。

他人がそれを受け取るほどバカだという「間抜けだまし期待」以外に貨幣を受け取るよい理由がないとすれば、そもそもなぜ誰もが（ただし、ビフィー・ボブとビリー・スーは除く）「法定不換」貨幣を受け取るのだろうか？

ウォーレン・モズラーがとっくに気づいていたように、もし自分の子供たちに名刺税を課すことができれば、税金の支払手段である名刺を獲得するために、子供たちに洗車をさせることができる。彼が子供たちに名刺を支払う時、子供たちは名刺を受け取る間抜けを見つけられるだろうかなどとは思わない。しかし、子供たちは、税金を払わなかったら罰を受けることを分かっている。おそらく刑務所行きではないのだが、夕食が済んだらテレビ抜きでベッドに直行だろう。

租税は名刺を動かす。そして貨幣を動かす。

モズラーは、子供たちに洗車代を支払うために、税収として自分の名刺を受け取らなければならなかったのか？　もちろん、違う。まず彼が支出し、それから税収を得たのだ。

なんだって？　君は、政府が支出をするのに租税収入は必要ないって言うのかい？　そのとおりだよ、ワトソン君。これは非常識な発言だろうか？　生来米国で暮らす者にとって、これは明らかなことのはずだ。７回の短い期間を除けば、我々の政府はいつも租税収入を上回る支出を行ってきたのだから。

それは何を意味するのだろうか？　もちろん、支出のために歳入は必要がないということだ。さて、政府は歳入がなくても支出できることがはっきりしたところで、歳入を超えて支出することの危険性とは何か考えてみよう。

まず頭に浮かぶのは、——経済が生産能力を超えて拡大するとすれば——インフレの可能性である。確かに、生産を拡大する余力がほとんどない部門に政府支出が向けられれば、完全雇用に達する前であってもインフレが加速する可能性がある。従って、このような危険に対する反応の1つとして増税が考えられる。もう1つの反応は歳出削減だ。ここでは深入りしないが、他の反応もある——賃金・物価の統制、割当、輸入、過剰な生産能力を抱えている部門への重点的な支出、そして生産増加の奨励がインフレ圧力を弱めるのに役立つだろう。MMTの具体的な提案については、第7章と第8章で取り上げる。

結論：政府が租税収入なしに支出できるならば、なぜ政府は租税を完全にやめてしまわないのか？ 初歩的なことだよ、ワトソン君。租税が貨幣を動かすからだ。つまり、租税が貨幣を償還する（redeem）からである。すべての債務証書発行者は、いつでも債務を償還できるようにしておかなければならない。「redemption」（償還／贖罪）は、貨幣に関しても宗教に関しても重要なことである。

あなたへの支払いに際してあなたの債務証書が提示されたら、あなたは自分の債務証書を取り戻さなければならない——実のところ、これは信用の基本的な決まりである。銀行もそのようにする。信じようと信じまいと、銀行に対する債務が「銀行貨幣」の受領の原動力となる。銀行に対する債務は、「民間貨幣」における租税のようなものである。銀行が債務証書を喜んで買う（貸出を行う）にもかかわらず、債務者がローンを返済しようという段になって、銀行が自身の債務証書（要求払預金、あるいは当座預金）の受取りを拒絶したらどうなるか、想像してみよう。発行した銀行が支払われても受け取ろうとしない銀行の債務証書を、あなたは進んで受け取るだろうか？

あるいは、「租税が貨幣を動かす」問題にもっと関連付けるならば、銀行が要求払預金を発行してあなたの債務証書を買った際に「この要求払預金はこの先ずっと返さなくていいですよ」とあなたに言ったとしたらどうだろうか。言い換えれば、あなたは、銀行への返済によって「償還する」（そしてあなた自身は「解放される」）ことをまったく求められない債務証書を売却することで、銀行が発行する要求払預金を手に入れることなどできるのだろうか？　そんな銀行の要求払預金にはどれだけの価値があるのだろうか？　あなたや他の誰もが自分の債務を売るために銀行に駆けつけられる。しかも、あなた方は自分の借入れの返済のために銀行の債務証書をまったく必要としない。そうなったら、いったいどのくらいの間、あなた方は支払いの際に間抜けをだまして銀行の債務証書を受け取らせることができるだろうか？

さほど長くはできないだろう。租税も同じことである。米国の租税を廃止して、租税支払いのためにドルを必要としない人々が、どのくらいの間ドルを手に入れるためにモノを売り続けるか見てみよう。ああ、しばらくは続くかもしれない。もしP・T・バーナムが正しければ、毎分1人のカモが生まれる。1時間で60人。どんどん増える。ビットコインを見れば分かる。これ以上言う必要はないだろう。

ビットコインは、いかなる義務的な支払いをするためにも必要とされない。ビットコインの発行者はビットコインを取り戻す必要がない――つまり、ビットコインは償還不可能なのだ。(麻薬取引のような)違法行為に関与したり、所得や資産を隠そうとしたりしていないのならば、あなたがビットコインを受け取る説得力ある理由は1つだけだ。あなたは、実は間抜け比べ理論を信じている。あなたは次のことを祈りながら、間抜けをだましてそのビットコインの値上がりに便乗するつもりなのだ。(a)自分はビットコインのウォレットを失わない、(b)自分のビットコイン取引所は破綻しない、(c)すべてが崩壊する前にビットコインを売り抜けられる。

要約:MMTは、貨幣が租税などの強制的な義務を履行するのに必要とされる限り、そうした義務が貨幣に対する需要を創造すると主張する。つまり、納税者が貨幣を必要とするので、政府は貨幣を発行してモノを買うことができる。他人が貨幣を受け取るのは、ビリー・スーをだませると思うからではなく、世の中には租税債務を負っている大勢のビフィー・ボブがいるからである。政府の支出を「賄う」ために租税は必要か? 必要ではない。租税は貨幣に対する需要を創造するために必要なのだ。

5.2 租税の目的は何か? MMTのアプローチ

前節では、政府の貨幣で支払うことができる租税を課すことが、その貨幣に対する需要を生み出すこと、つまり「租税が貨幣を動かす」ことを論じた。主権を有する政府は、支出をするために自国通貨での歳入を必要としない。

我々は「租税が政府支出を賄う」と考えることに慣れきっているため、これは衝撃的なものに感じられる。そのような通俗的な考え方は、通貨を発行しない地方政府、省・州になら当てはまる。外貨を採用し、あるいは自国の通貨を金《きん》や外貨に固定している国にも遠からず当てはまる。固定相場制を採用している国は、要求に応じて自国の通貨と交換する約束をしている金《きん》、もしくは外貨を実際に必要とする。課税には、通貨の流通量を削減し、人々が金《きん》や外貨に兌換するのを難しくする効果がある。ゆえに、支出を租税収入の範囲内に抑えることが、賢明な行動となる。

しかし、金《きん》や外貨に固定レートで交換する約束のない（すなわち、変動相場制を採用している）自らの主権通貨を発行する政府の場合、租税の役割はまったく別のものだと考えなければならない。租税は、政府支出を「賄う」ために必要なのではない。それどころか、論理が逆である。政府は、納税者が通貨で租税を支払う前に、通貨を支出して（あるいは貸し出して）、経済に供給しなければならない。支出が先で、租税は後――これが論理的な順序である。

MMTは、租税のもう1つの存在理由を、総需要を減らすことだと認識している。現在、米国の連邦政府支出がGDPの20パーセントをやや上回る一方で、租税収入はそれよりやや少なく、およそ17パーセントである。従って、連邦政府からの正味の注入はGDPの約3パーセントとなる。(他の条件はそのままで）租税がなければ、正味の注入はGDPの20パーセントまで増えるかもしれない。これは総需要にとって非常に大きな増加であり、インフレを引き起こす可能性がある。理想を言えば、租税収入は順景気循環的に動く——景気拡大時に増加し、景気後退時に減少する——のが最もよい。そうすれば、経済に対する政府の貢献を反景気循環的なものにし、総需要の安定に役立つようになる。従って、租税は「通貨を動かす」ことに加え、総需要を安定させるためにも必要なものである。これは、数ある租税の機能のうちの1つに過ぎない（最も重要なものの1つではあるが）。どんな種類の租税が望ましく、そして誰が課税されるべきかについての議論がまだ残っているが、それはこのあと検討する。

政府が租税収入から「支出する」というバランスシート上の動きは存在しない。金持ちたちが硬貨で一杯の手押し車を財務省の石段のところに付ける一方で、貧困層に配るための現金を積んだ現金輸送車が次々と出て行く——そんな光景を想像している人もいるようだ。

租税はそのようなものではない。租税の支払いは、納税者の口座からの引落としで行われる。野球観戦に行ったことがある人ならお分かりだろうが、得点記録係がレッドソックスに1点を与える時、彼はヤンキースから1点を取り上げているわけではない。正確に言うと、得点記録係はキーボードを叩いてレッドソックスに得点を与える。ビデオ判定で誤審が分かれば、レッドソックスの「口座から引き落とす」。引かれた得点はどこに行ってしまうのか？ 引落としの記帳がなされて消えるだけである。

租税の支払いはどこへ行くのか？ どこへも行かない——銀行の口座に引落としの記帳がなされるだけだ。租税は支出を「賄う」わけではないし、そんなことはそもそもできない。

このことはすべて、1940年代にニューヨーク連銀の議長を務めたニューディーラー、ビアズリー・ラムルによって認識されていた。彼は「所得税源泉徴収の父」として知られるだけでなく、租税の役割に関する2つの重要な論文を書いた（"Taxes for Revenue are Obsolete〔歳入のための租税は時代遅れである〕" ［1946a］および "Tax Policies for Prosperity〔繁栄のための租税政策〕" ［1946b］）。まずは、主権を有する政府は歳入のために租税を必要としないという彼の説得力ある主張を、次いで租税の役割に関する彼の考え方を検討しよう。

「繁栄のための租税政策」の中で、ラムルは次のように強調した。「我々は認識しなければならない。国家の財政政策の目的は、何よりも健全な通貨と効率的な金融機関を維持することである。けれども、財政政策は、基本的な目的と整合させつつも、高いレベルの生産的雇用と繁栄の獲得に大いに貢献をすべきであり、実際そうすることが可能である」（Ruml［1946b］pp. 266–267）。この考え方は、総需要とインフレを調整するという租税の役割を強調するMMTの考え方と似ている。

ラムルは続けて、第二次世界大戦後、米国政府は2つの出来事によってこれらの目的を追求する能力を手に入れたと論じている。1つ目は「現代の中央銀行」の創設であり、2つ目は「金《きん》などの商品と交換されない」主権通貨の発行であった。この2つの条件によって、「連邦政府は、自らの財政的要求を満たすに当たり、金融市場からの決定的な自由を手に入れることになる……。国民国家は、自らの出費を賄うのに必要な資金を得るために、もはや租税を必要としない」（Ruml［1946b］pp. 267–268）。

では、なぜ国民国家の政府は租税を必要とするのだろうか？　彼は4つの理由を挙げている。

(1)ドルの購買力安定を促進する財政政策の手段として、(2)累進的な所得税や遺産税のような、富と所得の分配に関する公共政策を示すため、(3)様々な産業や経済集団を支援し、あるいは罰する公共政策を示すため、(4)高速道路や社会保障のような、ある種の国益にかかるコストを分離し、直接賦課するため（Ruml［1946b］p. 268）。

4つのうち最初のものは、既に述べたインフレの問題に関連している。2番目の目的は、租税を使って所得と富の分配を変えることである。例えば、累進課税制度は最富裕層の所得と資産を減らす一方で、貧困層に対しては最低限の租税しか課さない。なお、これは、富裕層に対する増税を求める今日の進歩主義的要求と関係があるように見えるが、ラムルはこれを貧困層への支援とは結びつけていない。

3番目の目的は、空気や水の汚染、喫煙や飲酒、輸入品の購入といった、悪い行動を抑止することである。関税によって輸入品をより高額なものにするのもこれに当たる（基本的に関税は、輸入品のコストを引き上げ、それゆえ国産品の購入を促す税である）。これらの行動に対する税は、しばしば「悪行税（sin taxes）」と呼ばれる――その目的は、喫煙、賭博、ぜいたく品の購入等の「悪行（sins）」のコストを引き上げることである。

4番目は、特定の公的プログラムのコストをその受益者に割り当てることである。例えば、国の高速道路の利用者が利用の対価を負担することになるように、ガソリンに課税することは珍しくない（通行料はそれを行う別の方法である）。なお、このような租税を、政府支出を「賄う」ための手段と見なしている人は多いが、ラムルはもう１つの論文のタイトル――「歳入のための租税は時代遅れである」――でその考え方を強烈に否定している。ガソリン税は、高速道路のコストを「賄う」ために必要なのではない。ガソリン税は、高速道路を利用するであろう人々が、その建設を支持するかどうか慎重に考えるように設計されている。政府は、タバコ税からの歳入を必要としているのではなく、むしろ喫煙という「悪行」を犯す人々のコストを引き上げたいのである。

喫煙が社会に押し付けているコスト（例えば、肺がんでの入院に関するコスト）は喫煙者が負担するのが唯一公平であると、多くの論者は言うであろう。ラムルの考え方からすれば、これはまったく的外れである。最も望ましいのは、タバコの高いコストによって、非喫煙者が増えることであり、それにより社会的なコストが減ることである。

重要なのは生み出される歳入ではない――政府は病院建設費を賄うために、常に「貨幣を入手」できる。むしろ重要なのは、喫煙者の面倒を見るために割かなければならない、現実の資源の「浪費」を減らすことである。理想的なタバコ税は、喫煙をなくすものであって、政府の歳入を最大化するものではない。ラムルは、「［その税によって］果たされる公共目的を、歳入を集めるという仮面を被った税制の中で曖昧にしてはならない」（Ruml［1946b］p. 268）と論じた。

どんな租税が理にかなうのか評価するのに、この公共目的という考え方が役に立つ。ラムルは、特に悪い税の例として法人所得税を挙げた。彼の言ったことは正しい。ハイマン・ミンスキーは常にこの税の廃止を主張していた。ミンスキーがラムルからその考え方を得ていたとしても、私は驚かない。

残念ながら、進歩主義者が大好きなのはどんな税か？　法人所得税である。進歩主義者は、貧困層支援のための支出を「賄う」ために法人所得税を引き上げたがる。つまり、進歩主義者は混乱を重ねている――租税の目的を誤解しているだけではなく、ラムルが最悪のものの1つと見なしていたものを信奉しているのだ！（ラムルの主張については、このあとの節で再び論じる）。

ラムルは、租税が何のためにあるのかをひとたび理解すれば、租税収入が全体として適正なレベルになるようにすることができると論じて、2つの論文を締めくくっている。「つまり、我々の租税政策の背後にある考え方はこうでなければならない。すなわち、租税は通貨の安定を守るのに十分な水準でなければならないが、それ以上に高くすべきではない。……この原則から、申し分ないと考えられる雇用水準で連邦予算が均衡するところまで税率は引下げ可能だし、引き下げられるべきだということになる」（Ruml［1946b］p. 269）。

この原則はMMTでも採用されているものだが、1点注意が必要である。それは、ラムルが海外部門収支を考えなくてもよい状況を前提にしていることである（戦後間もない時期なので、不合理とは言えない）。今日では、巨大な経常収支黒字の国もあれば大きな経常収支赤字の国もあり、この原則は修正されなければならない。

我々は、この原則をこう言い換える――税率は、政府の財政の結果（赤字、均衡、黒字のいずれであれ）が完全雇用と調和するように、設定されるべきである。米国のような（完全雇用状態で経常収支赤字となる）国は、おそらく完全雇用であっても財政赤字（経常収支赤字と国内民間部門黒字の合計に等しい）となる。日本のような（完全雇用状態で経常収支黒字となる）国は、完全雇用であれば比較的小さな財政赤字（国内民間部門黒字から経常収支黒字を引いたものに等しい）となる。

5.3 再分配のための租税

多くの論者――とりわけ進歩主義者――は、政府が貧困層に対して支出できるように、富裕層に対する課税が必要だと主張する。これは富裕層に租税を課し、その所得を貧困層に移転する、言わば「ロビン・フッド式」税制だ。しかし実際には、これらは機能上まったく別の2つの行為である。政府は富裕層あるいは他の誰にも課税することなく、貧困層支援のために支出することができる。

我々は皆ロビン・フッドが大好きだ。ケビン・コスナーが愛馬に跨がってウォールストリートを走り抜け、国中の援助を受けるべき貧しい人々に再分配するために、富める上位1パーセントから数兆ドルの不正蓄財を盗んだら――何とも痛快ではないか？

富める者から取り上げ、貧しき者に分け与える。我々はそんな話が大好きだ。しかしそれは、貧困層を支援するためには富裕層により支払われる租税が必要だ、という誤解に基づいている。しかもそれでは、富裕層に対する増税が貧困層に対する支援の条件ということになってしまう。それは非常に実現が難しい政策提案である（とりわけ米国では）。MMT派の中には、必要なのは「事前分配」であって「再分配」ではないと主張する人々もいる。その考え方はこうだ。不平等はもちろん減らす必要があり、富裕層に対する課税はそれに役立つかもしれない。しかし、その発生源から不平等を減らす方が――つまり、頂点の人々の高い所得を減らし、底辺の人々の所得を増やす方が――効果的である（リック・ウルフはこれと同じ主張をしていた。トマ・ピケティが格差論で世間の注目を浴びるずっと前から、彼は不平等に対する警鐘を鳴らし続けてきた。この節の終わりのコラムを見よ）。

最も富める1パーセントに課税し、それを徴収することは非常に困難である。偉大なるフィラデルフィア・インクワイアー紙の記者、ドナルド・バーレットとジェームズ・スティールが明らかにしたように、本当の金持ちは、議会から課税免除を手に入れるので租税を支払わない（Barlett and Steele. 1988. "A Rich Texas Widow Could Save $4 Million," the Philadelphia Inquirer, p. A15 を見よ）。女性相続人のレオナ・ヘルムズリーが、悪名高くも言ったように、租税は少数者のためのものである。今日の米国では、金持ちの個人や法人が課税を逃れるために「海外移転」を行っていることが、多くの議論を引き起こしている（デビッド・ケイ・ジョンストンは、この税逃れの問題を自著で詳細に述べている。*Free Lunch: How the Wealthiest Americans Enrich Themselves at Government Expense*〔*and Stick You with the Bill*〕, 2007）。

MMTは、不平等を減らすために、高所得や多大な資産に対する課税を利用することに反対ではない。しかし、「事前分配」政策を利用することもまた有意義な方法である。低所得の人々に対しては、雇用を創出し賃金を引き上げる政策が必要である。分配の最上位層では、法外な報酬を生み出す慣行をなくすような政策が実行されなければならない。

このような政策の例として考えられるのは、国債（これは、不労所得生活者に利子所得を与える）を廃止すること、中央政府の支援を受けている年金ファンド（米国では年金給付保障公社。連邦預金保険公社の年金版のようなものである）による株式と商品先物の保有を禁止すること、許可事業である銀行業の活動を抑制し限定するための規制を強化することである。これらはすべて、問題となっている最上位所得の大部分を、その発生源において標的にするだろう。さらに、企業の役員報酬パッケージに制限を加えることも可能である。２０１２年、米国のＣＥＯたちは平均で１２２０万ドルを稼いだが、これは労働者の平均３万４６４５ドルの３５４倍である。他の富裕国におけるこの比率は、オーストリア36倍、日本67倍、英国84倍、ドイツ１４７倍、カナダ２０６倍である。明らかに、これらの比率の差は――市場原理ではなく――文化的および制度的な要因によるものだと思われる（http://www.aflcio.org/Corporate-Watch/Paywatch-Archive/CEO-Pay-and-You/CEO-to-Worker-Pay-Gap-in-the-United-States/Pay-Gaps-in-the-World を見よ）。

コラム

再分配ではなく、事前分配を――リック・ウルフ

ウルフの論稿"Better than Redistributing Income（所得再分配よりもよい）"から、彼の主張を紹介する（http://www.truth-out.org/opinion/opinion/item/23725-better-than-redistributing-income）。

ピケティはその著書で、再分配に対して少なからず支持を表明している。しかし、歴史的に見れば、再分配にはメリットばかりではなく、少なくとも3つのネガティブな面があることが分かる。第1に、再分配の仕組みは滅多に持続しない。累進税率、社会保障、セーフティーネット、最低賃金、福祉国家などのあらゆる再分配の仕組みは、一旦確立された後に徐々に弱体化する可能性があり、たいていは実際に弱体化する。過去40年の現実、とりわけ2008年の世界的な危機の結果は、再分配の崩壊をはっきりと示している。

第2に、再分配は社会的な軋轢を生み、それはしばしば非常に激しいものになる。租税が、提供される政府サービスの対価を支払うのみならず、所得再分配の役割を果たすとしたら、たいてい反対の声が大きくなる。自分は他人よりも租税を多く支払っているのに、他人よりも公共サービスを受けていないのではないかと疑う納税者も出てくる。経済環境が悪化し、租税の支払能力が低下すれば、再分配への抵抗が強まる。それがしばしば、所得の再分配には原則反対という流

れを生み出す。低所得者は福祉に頼る怠け者だと決めつけられてしまう。人種差別主義者や移民反対派などがそこに紛れ込むこともある。一方、再分配の支持者は倫理に訴え、さらに／または、所得再分配がなければ所得の不平等が拡大し、それが資本主義と社会体制維持を危うくすると脅迫する。

第3に、再分配にはコストがかかる。課税、支出、管理には、租税収入により賄われる大きな政府の官僚組織が必要である。租税への反対は、簡単にIRS（内国歳入庁）のような官僚組織に対する反対へと拡大する。それらの官僚組織は、たいてい個人のプライバシーを侵害し、あっという間に利益誘導、賄賂、職権乱用のターゲットとなる。これらの腐敗が露呈すると、再分配への反対に一層拍車がかかる。

もちろん、MMTは「租税が政府サービスを賄う」というウルフの考え方には同意しない（州税や地方税の場合は除く）。しかし、租税を提供されるサービスに対する対価だと見なし始めると、人々は自身の支払いが「公平」なのか計算しようとする——この点に関しては、彼は正しい。実は、1970年ごろから州政府や地方政府の財政に起こったことはまさにそれだった。経済学の用語では、それは「地方分権」と呼ばれる。これは、大部分の政府サービスの提供を州政府・地方政府レベルに移し、それらの政府にそのサービスを租税によって賄わせることを言う。

地方分権の結果、裕福な白人はどんどん郊外へ脱出し、都市の中心部が荒廃する「ドーナツ化現象」

が促進された。新しいインフラが整備され、富裕層の集まる郊外では、比較的低い税率で良質な行政サービスを提供できた。取り残された都市は、基本的なサービスを提供するためにさえ、縮みゆく税収基盤に対して税率を引き上げなければならなかった。この「出資者《ステークホルダー》」、「租税とは、自分が受けるサービスの対価である」という考え方は、既に米国の多くの州政府・地方政府の財政力を弱めており、治安維持やまともな学校のような極めて重要な行政サービスさえも、提供できなくなってしまっている。

5.4 租税と公共目的

これまで、租税は「租税を支払うために必要なもの」（通貨）に対する需要を創造すると主張してきた。そうしたメカニズムの結果、政府は通貨を支出することで、公共目的を追求するために資源を購入できるようになる。

ウォーレン・モズラーは、そのことをしばしばこう表現する――「租税の目的は、失業を創造することである」。この表現は少しばかり奇異に感じられるかもしれない。しかし、求職者が貨幣賃金のために働くことを望む状況を失業と定義すれば、政府は自らの通貨を提供することで彼らを雇うことができる。つまり、政府が公共の用途で資源を利用できるように、租税が資源を他の用途から解放するのだ。

思い切って単純化して言えば、計算貨幣とは元来、手数料、罰金、租税を評価するために統治者が作り出した計測単位である。臣民や市民に債務を負わせることが、現実の資源を公共目的に奉仕するように動かすことを可能にする。租税が貨幣を動かすのだ。つまり、貨幣は、社会的に生み出された資源に対する支配権を政府に与えるために作り出された。租税はまず、現実の財・サービスの売り手を生み出すために機能する。さらには、(政治的に決定される)公共目的の追求など、それ以外の機能も果たす(公共目的については、後ほどもう少し議論する)。

これが、貨幣が主権——資源を支配する権力——と結びつく理由である。この権力が絶対的なものであることはめったになく、他の主権との争いがある。しかし、しばしばより重要となるのは、国内の債権者との争いである。民間の債権者に対する債務が大きすぎると、主権は弱まる——統治に必要な権力のバランスが崩れる。

あなたは自身の租税債務を、主権国家の債務証書を渡すことによって弁済できる。主権国家に対する債務の浸透が、主権国家自身の債務証書の受領を国民に浸透させる。これによって多くの人々が主権国家のために働き、あるいは主権国家が購入したいと望むものを生産するために働くことになる。租税債務を負っていない人でさえ、他人が主権国家の債務証書を必要としていることを知って、それを求めて働く。

これが、今日の主権を有する政府が資源を政府部門に動かす最も一般的な方法である。ここ数世紀で、政府はますます租税に頼るようになってきている（時間を遡れば、罰金、手数料、10分の1税、地代のような債務がより重要であった）。もちろん、資源を政府部門に動かすには他の方法もある。その一方の極には徴兵や土地収用があり、対極にはボランティア活動――平和部隊やＶＩＳＴＡ（米国貧困地区奉仕活動）――がある。

しかし、（ここでは詳しく触れる必要はないが）様々な理由から、多くの目的にとって「貨幣経済化」がより効果的であることが分かっている。貨幣経済化は2段階で進む。まず計算貨幣を単位とする租税を課し、次に政府が欲する資源に計算貨幣を単位とした価格をつける。

前述のとおり、「貧困層に与える」政策を「富裕層に課税する」政策と結びつけることは正しくないし、政治的に賢明なものでもない。租税の目的は、公共目的――反貧困プログラムを含む――を追求するために、資源を解き放つことである。しかし、我々の租税制度は既に不稼働の資源を生み出している。我々は、貧困層（および、他のあらゆる公共政策）に対して支出することができるし、それにより不稼働の資源を動員することができる。不稼働の資源をさらに増やしてしまう増税は、今は必要ない。

仮に（増税せずに）支出を増やしたら、いずれ（そう早くはないだろうが）資源の制約に突き当たる可能性がある。その時は、支出の削減および／または増税が必要もしれない。１００パーセント雇用というれしい問題にどう対応するかについては後ほど検討するが、第二次世界大戦以来、100パーセント雇用は、米国はもちろんほとんどの国で見たことがないし、目下のところ達成しそうな気配もない。

前述のとおり、租税は他の目的にも使える。租税は、「悪行」を思いとどまらせるために利用できる――その場合、租税の目的は「悪行」をなくすことなので、最適な水準の租税は悪行をなくし、ゆえに歳入をまったく生まないであろう。法外な金持ちを、課税によって取り除いてしまいたい「悪行」の一種と見なすことさえ可能である。戦後間もないころの高所得に対する高税率は、企業の経営幹部に対する高額報酬支払いを抑止することで「機能した」と論じた者もいる。そのとおりだ！　これこそが悪行税の機能である。租税の目的は、歳入を増やすことではなく、悪行を減らすことである。租税の目的が政府部門に資源を動かすことだとすれば、幅広く課税することが道理にかなう。そうすれば、当然に大勢の人々が網にかかり、ゆえに大勢の人々が通貨を追い求めるようになるからである。しかし、我々は公平さとインセンティブの問題についても考慮しなければならない。

5.5 「悪」に課税せよ、「善」ではなく

本節は、マシュー・フォーステイターの講演の一節を引用するところから始めよう。その講演は、

バード大学のレヴィ経済研究所で開催された「ハイマン・P・ミンスキー・サマーセミナー2014」で行われたものである。彼はまず、「現代貨幣」に対するMMTの考え方を論じた――主権国家により計算貨幣が決められ、それが債務金額、価格といった名目的な価値を表示するために使われる。米国なら計算貨幣はドルである。それはインチ、ポンド、メートル、キログラム、エーカー、ヘクタールのようなもの、つまり計測単位である。

フォーステイターは続けた――「エーカー」や「インチ」や「ポンド」を使い果たすことがないように、主権国家が「計算貨幣」を使い果たすことはあり得ない。土地が足りなくなることはあるが、エーカーが足りなくなることはあり得ない。木が不足することはあるが、木を測るのに使うリニアフィートが不足することはあり得ない。計測単位が足りなくなることはあり得ないのだ！ ドルは貨幣に関する記録に用いる計測単位である。枯渇することはあり得ない。次に、フォーステイターはこう述べた――何に課税するかを決めるための基本理念は、「悪に課税せよ、善ではなく」であるべきだ（これが、まさに本節のテーマである）。

租税は貨幣を動かす。貨幣を創造する主権国家から見れば、貨幣制度の目的は政府部門に資源を動かすことである。これらは、本書で既に明らかにしてきたことである。しかし、我々はすべての資源を政府部門に動かすことを望んでいるわけではない。「民間の目的」のためにもある程度は資源を残しておきたい。また、このプロセスはある程度「効率的」であって欲しい。つまり、政府部門にある程度の資源を動かしたいが、有益な民間部門の活動を妨げることがないようにしたい。資源を公共目的のために動かすこの課税プロセスが、公共目的と民間目的の両方を追求するのに有益な活動を促進すればするほど、よりよい状態といえるだろう。

そこで、望ましい民間のイニシアチブを損なうことなく、通貨を「動かす」ことができるのはどんな租税なのか考える必要がある。例えば、通貨を動かそうとして、賃金労働に15パーセントの税を課したらどうなるだろうか？　米国には、いわゆる連邦保険拠出法（ＦＩＣＡ）に基づく「社会保障税」があり、支払賃金の約15パーセントを雇用主と従業員が折半して支払うことになっている。

貨幣化されていない経済（例えば、部族社会や封建社会）から考えてみよう。そこでは、生産は市場向けではなく直接利用するためになされ、人々は賃金を得るためではなく消費を満たすために働いている。主権国家が新たに建設され、政府に資源を動かす目的で15パーセントの賃金税を課し、労働者を雇うためにドルで表示される自国通貨を支出するとしよう。我々の貨幣制度は、最初から通貨を「動かす」ことができるわけではない。誰も賃金のために働かないからだ。部族社会や封建社会では、人々は農耕や狩猟を営み、その成果物は慣習に従って分け合うことになる。

誰も貨幣賃金のために働く必要がないので、通貨を対価とする労働を拒絶できる。賃金労働を拒むことによって賃金税は回避することができる。この場合の最適な戦略は、貨幣経済化を避けることである。新国家は自らの通貨を提供するが、受け取る者がいない。新国家は、公共目的で資源を手に入れるためには露骨な強権に訴える――徴用する――しかない。経済が貨幣化されていなければ、貨幣所得に対する税は通貨を動かさないのだ。これはまさに、ヨーロッパの宗主国がアフリカを貨幣経済化しようとした時に経験したことである（Wray［1998］）。通貨を動かすには、回避することが困難な、かなり広範な課税が必要である。人々が貨幣所得なしでも生活できるならば、貨幣所得に対する租税の回避は簡単なことである。

そこで、植民地開拓者が行ったことは、人頭税もしくは小屋税を課すことであった。頭と小屋なら誰にでもある。この種の税は、通貨を動かすために最初からうまく機能する（決してアフリカやその他の地域の植民地化を擁護しているわけではない。これは説明上歴史的な事例を用いているだけである）。ひとたび経済が貨幣化される——つまり、その大部分が貨幣を使って購入しないと入手できない生活必需品を買うために、大部分の人々が貨幣所得のために働かなければならなくなる——と、他の種類の税への移行が可能になる。高度な貨幣経済において、賃金税、売上税、利潤税、所得税、財産税を利用するのは極めて一般的なことである。これらは、貨幣化されていない経済では「機能しない」が、一旦経済が貨幣化すると「機能する」。

だが、これらは通貨を動かすのに最善の方法なのだろうか？　レーガノミクスの時代に、ジョージ・ギルダーやアーサー・ラッファーのようなサプライサイダーが、この種の税は労働意欲（と販売努力）を阻害するくさびを打ち込むと主張したが、これは核心を突いていた。（米国の社会保障税のように）賃金所得に15パーセントの租税を課すと、「限界的には」賃金のための労働が余暇よりも報われないものになってしまう（ロボットが課税を免れる一方で人間の労働だけが課税されるので、賃金税は特に有害である。賃金税は人間の労働よりもロボットの労働に有利に働く）。サプライサイダーはおそらくこの影響を強調し過ぎている。しかし、賃金に対する課税は行き過ぎると「労働意欲」を減退させてしまう、という主張は妥当だと思われる。社会的な観点から見て、「労働意欲」は通常「悪」ではない。我々は、労働を通して公的な利益と民間の利益の両方に貢献することができる（確かに、人々は働き過ぎる可能性があるし、時にそうする。しかしこれは、他の方法でより適切に対応し得る問題である。例えば、雇用主に1・5倍または2倍の賃金支払いを義務づけることは、過剰な——非自発的な——時間外労働を抑制する良い方法である。一日または週当たりの法定労働時間を短くすることは、過剰労働時間を減らす別の方法である）。労働に対する課税は、「悪」ではなく「善」に対する課税であり、公的な利益や民間の利益になる行動を減らしてしまうかもしれない。

だから「悪」に課税せよ、「善」ではなく

我々は、長い間様々な悪行に租税を課してきた。悪行税の目的を取り違えている者もいるが、「悪」に課税する目的は「歳入を増やす」ことではなく、「悪行を減らす」ことなのは明らかなはずである。我々は、喫煙という悪行を減らすことを望んでいる。環境汚染、高速取引もそうだ。多くの経済学者と一部の政治家は、自分たちが支持するあらゆる政府プログラムの支出を「賄う」ための租税収入の大きな潜在的源泉として、金融売上税——「トービン税（金融取引税）」と呼ばれる——を強く求めてきた。しかし、これまでの議論から、トービン税の目的が金融取引を減らすことなのは明らかなはずであり、その税がまったく歳入を生まなかったならば、高速取引という悪行の排除に完全に成功し

たと言えよう。タバコ税然り、炭素税然りである。確かに、100パーセント達成するのは非常に困難である――いまだに喫煙者は存在するし、非常に長い間二酸化炭素の排出者は存在したままである。それでもやはり、悪行税の目的は悪行を減らすことであり、歳入を増やすことではない。

では、通貨を動かすこともできる、悪に対する租税というものは考えられるだろうか？

タバコ税がほぼ成功し、喫煙が一握りの中毒患者だけに減っているならば、タバコ税が通貨のあまりよい「原動力」ではないことは明らかだろう。租税を支払うために通貨が必要なのはニコチン中毒者だけであり、大部分の人々は通貨を必要としないだろう（納税の手段を得ようとする中毒者を、自分のために働かせられることを知っていて、通貨を手に入れたがる非喫煙者も少しはいるだろうが）。

しかし、「小屋税」はどうだろうか？　我々は、誰もが住む家を必要としている。これは非常に課税範囲の広い税であり、通貨を動かすだろう。家に住むことのどこに「悪行」があるのか？　それは環境への「爪跡」――切り開かれた土地、建設資材、家具、そして（最も問題となる）家の冷暖房に使われるエネルギー――である。そのため、住宅に対する「住空間平方フィート」税は、小屋暮らしの「悪行」のかなり適切な代用物に対する「悪行税」となる。この税は課税範囲が広く、通貨を動かすだろう。

なお、既に固定資産税が存在するが、これは一般的に資産の名目的な価値を基礎としている。資産の名目的価値は環境への「悪行」の代用物としては、必ずしも適切ではないかもしれない。マンハッタンの小さなアパートには、モンタナの1万平方フィートの荒野よりも大きな名目的資産価値があるだろう——しかし、そのアパートの環境への悪行がそれだけ大きいかは明白でない。もちろん、名目的な資産価値に対する税は「支払能力」の代用物にもなる——高所得者ほど高額な家に住むから、それは多少なりとも累進的な税である。従って、固定資産税は、法外な金持ちという悪行への課税にもなる。

他方で、金持ちほど大きな家を所有する傾向があるので、住宅に対する「住空間平方フィート税」は、莫大な富と高所得という悪行に対する課税にもなるだろう。この税は、おそらく富という悪行への課税という点では、固定資産税と同じくらい有効であろう。もっと累進的な税を作ることもできる。それには、「住空間立方フィート税」を採用すればよい。これは、環境への影響という悪行にも課税することになるだろう（冷暖房が必要な容積が増えるからだ）。立方フィート税は非常に累進的なものとなるだろう——天井が高ければ、1万平方フィートの家は15万立方フィートになる。これは、大豪邸を建てる気を失わせるのに大きな効果がある。

租税には様々な工夫の余地があり、それが公益にかなうならば、もっと屋外での生活——例えば、課税を免除された、ロッキングチェア付き屋外ポーチ——を促すことも可能である。あるいは、エアコンの付いていない機密性に優れた空間に税優遇を与えることもできる。省エネに報いるために、太陽光、風力、地熱といった電源の設置に対しても、税の優遇があって然るべきである。地域ごとに異なる税率も考える必要があるだろう。人々に（例えば）デトロイトに住んで欲しければ、サンディエゴなどの温暖な地域よりもデトロイトの税率を低くするかもしれない。あるいは、冬に暖房、夏に冷房が必要な空間の削減を促すために、シカゴの税率を高くすることもできる。

小屋に対する悪行税は、大容積の家に住むという悪行を減らすだろうが、タバコ税や金融売上税とは異なり、やがて起きる税収の消滅に苦しむことはない。我々は住居を小さくすることはできるが、人間がバーチャルな存在ではない以上、どこかに住まなければならない。従って、これは通貨を動かし続ける税である。租税の種類を1つだけに絞るべき理由はない。我々は様々な悪行に課税することができる。また、累進的な所得税や相続税を課すこともできる。公益にかなうと思われる活動を促すために、税制上の優遇を与え続けることもできる。ひとたび租税の「目的」が何かを理解すれば、どんな種類の租税が理にかなうのか考え始めることができる。

既に述べたとおり、ひとたび経済が高度に貨幣化されると、ほとんどの人々が、生活必需品を買うための貨幣を稼ぐために働かなければならなくなる――従って、所得税は通貨を動かす。これは、所得がなくなると消費ができなくなるからである。我々は所得税を、他の社会的な目的（不平等、および法外な所得と富という悪行をなくすことを含む）を追求するように設計することも可能である。低所得者と子供のための控除がある、累進的な所得税が望ましいかもしれない。

ビアズリー・ラムルが論じたように、我々は、租税を追加的な目的（通貨の価値を安定させ、特定の活動を支援あるいは罰するのを手助けするような目的）で利用したいと考えるかもしれない。累進所得税は、その税収が景気拡大時には（所得が増えるので）急増し、景気後退時には落ち込むから、通貨の価値を安定させるのに役立つ。これは、税引き後所得の景気循環に対する順行性をやや弱めるという形で総支出に影響を与え、景気拡大時にはインフレ圧力を抑え、景気下降時にはデフレ圧力を弱める。租税の優遇措置（あるいは懲罰的措置）は、公益にかなう（あるいは反する）と考えられる活動に対して、報いる（あるいは罰する）ことができる。次節では、ラムルが最悪の税と考えていたものを簡単に確認する。

5.6 悪い税

本節では、本章で展開した考え方からすると望ましくないかもしれない3種類の税——社会保障税、消費税、法人税——について検討する。社会保障税が人間の労働者よりロボットに有利になることは、先に少し触れた。労働者の給与が社会保障税の分だけ減ってしまうので、労働者を雇うためには、雇用主はその分給与を増やさなければならない。また、限界的には、労働者は余暇を選択するかもしれず、雇用主は労働者をロボットに置き換えるかもしれない。その上、社会保障税は世界共通のものではないので、社会保障税を利用する国は、財・サービスの貿易において競争上不利である。海外との競争が激しい場合、国内企業は競争力を維持しようとするので、社会保障税の雇用主負担分のほとんどを労働者が（低賃金という形で）負担することになりそうである。海外との競争がほとんどない場合、雇用主負担分は（おそらく従業員負担分も）高価格という形で消費者に転嫁される。

米国の社会保障税は、社会保障給付に支出されるよりも多くの歳入を生み出すように設計されているために、デフレ促進的でもあるとラムルは指摘した――つまり、この税は将来の年金受給者に支払うことになる信託基金を構築しようとする。最後に、社会保障税は、配当、家賃、譲渡、利子のような非賃金所得の源泉に有利に働くと共に、フォーマル・セクターでの労働よりも（課税を回避できる）インフォーマル・セクターでの労働に有利に働く。社会保障税は、このような賃金以外の所得を生み出すのに有利な労働を抑制するという公益に、おそらくかなわない。ここ数十年間、賃金財と比較してこれらの非賃金所得の源泉が増大したことも、不平等拡大の一因であった。

ラムルは、望ましくない消費に課されるもの（有害なものやぜいたく品に対する悪行税と、輸入品に対する関税）を除いて、消費税の廃止も支持した。彼は、国家の主要な目的が国民の生活水準を引き上げることだとすれば、国民生活水準の向上を実現する購買力を、課税によって取り上げるのはおかしいと主張した。さらに、消費税は逆進的な傾向があり、低所得者により厳しい（ただし、ぜいたく品に対する課税と食料品に対する免税は、その逆進性を緩和する）。

最後に、ラムルは、とりわけ有害なものとして、法人税の廃止を主張した。法人税は実質的に、株主、従業員、消費者によって支払われる。株主は、所有株式からの収益が、法人税がなかった場合に比べて減るという形で、税の一部を負担する。どれだけの税が株主に転嫁されるのか、正確には分からない。しかし、株主は、株式の所有がもたらす配当収入（インカム・ゲイン）と株式譲渡益（キャピタル・ゲイン）に対する税も支払っている。多くの論者がこの「二重課税」を指摘してきた。企業にもたらされる所得に課税することが望ましいとしたら、その最もよい方法は、企業の利益をすべて株主に帰属させた上で、それを累進所得税における所得として株主に課税することであろう。

しかし、法人税のかなりの部分は、(より低い賃金と給与、そして手当という形で)従業員に遡って転嫁され、より高い価格という形で消費者に転嫁される。どれくらいの部分が従業員と消費者に転嫁されるのか、これも正確には分からないが、おそらく市場の競争がどのくらい激しいかに左右されるだろう。完全競争市場においては、投資に対する税引き後利益率はすべて等しくなるはずである。ラムルが言うように、

> 企業経営者は、利益という動機によって動かされ、投下資本に対して利益がどれだけ残るか監視し続ける。企業は、純利益を計上する前に連邦所得税を支払わなければならないから、その税を高価格や低コストによってカバーされるべき経費——他のあらゆる制御不可能な費用と同じもの——だと考える。同業の競争相手は皆同じように考えているので、価格とコストは、その産業が合理的なコストで新たな資本にアクセスできるような、税引き後利益を生み出す水準で安定する傾向にある(Ruml[1946b]p. 270)。

そのため、我々は、法人税の大部分が低賃金によって労働者に転嫁され、高価格によって消費者に転嫁されると想定するべきである。

ラムルは、法人税は意思決定を歪めてしまうと論じた――つまり、企業は、（法人税がなければ）事業運営上最も合理的であったはずの行動よりも、むしろ税を最小化するための行動を取るようになる。このような行動のうち現在特に問題となっているのは、借入れを行うこと、および低法人税率を利用するために税法上の本拠地を海外に移転することの2つである。借入利息は損金処理できるので、企業が投資を行う際、利益や増資よりも借入れでファイナンスする方にインセンティブが働く。これは、過度にリスクの高い債務の累積につながる可能性がある。企業の海外移転は、雇用も海外に移ってしまうので、国益に反する恐れがある。高い法人税率は海外移転を促進し、国家間の「底辺への競争」に報いることになる――企業を誘致しようとして、各国が賃金と租税を大幅に引き下げるからである。

ミンスキーはラムルに同意していた――法人税は借入れのみならず、広告宣伝、マーケティング、経営幹部の特権に対する支出を促進するが、それは、これらによって税額を減らすことができるからである（Minsky［1986］pp. 305–306）。これは企業の意思決定を歪め、企業の効率性を悪化させる。しかし、ミンスキーが懸念したのは、ラムルと同じく、租税回避目的に法人化を利用することである。法人の所得を株主に帰属させ、それに累進所得税を課せば、法人化によって節税しようとするインセンティブを弱めるのに役立つ。これもまた、政府の歳入の必要性とは関係がなく、むしろ税負担の公平性に関係する。

私は、会議で「租税回避目的で海外移転する企業に関して、何をすべきか」と尋ねられると、必ず

「法人所得税を廃止すべきです」と答える。「しかし、貧困層支援プログラムの資金はどうやって確保するのですか？」と尋ねられれば、私はニューヨーク連銀の議長だったラムルのように答える――「歳入のための租税は時代遅れである」（Ruml［1946a］）と。

国民国家は、自らの支出を賄う資金を得るために租税を必要としない。だとすれば、すべての租税が社会および経済の特性に影響を与える以上、政府は租税政策の立案にあたってはこれらの影響に目を向けるべきである。すべての連邦税は、公共政策と実際的な効果の基準を満たさなければならない。果たされる公共目的を、歳入を集めるという仮面を被った税制の中で曖昧にしてはならない（Ruml［1946b］p. 268）。

コラム

租税、Eマネー、ビットコイン

Ⅰ．ペイパル創業者いわく「租税が貨幣を動かす」

ペイパル（PayPal）の創業者ピーター・ティールは、自分のビジネスモデルを理解している。彼は通貨にレバレッジをかけている。ペイパル・マネーは、米国政府の計算貨幣（および、24の国の計算貨幣）で表示されている。米国でのペイパル・マネーに対する需要は、最終的には米国政府の租税によって動かされる。彼は、ビットコインがライバルでないことを分かっている。ビットコインは米国の計算貨幣で表示されておらず、その背後に租税がない。ただし、それはビットコインに価値がないことを意味するわけではない。チューリップの球根が、かつて途方もない価値を持っていたことを思い出そう！

以下は、ウォール・ストリート・ジャーナルの「マネービート（Money Beat）」に掲載された、ジョン・カーニーの寄稿である（https://blogs.wsj.com/moneybeat/2014/11/21/peter-thiel-explains-why-bitcoin-isnt-money/?mod=WSJBlog）。

ウェブサイト「ヴォックス（Vox）」の最近のインタビューで、ティール氏は貨幣の価値を、租税が政府の貨幣で支払われなければならないことと関連づけた。「あなたは租税をビットコインで支払うことはできない。租税はドルで支払わなければならない。ドルで支払わなければ、銃を持った人々が現れ、ドルで支払わせようとするだろう」とティール氏は語った。租税が貨幣の価値を動かすという考え方――表券主義（chartalism）として知られる――は、少なくともドイツの経済学者ゲオルグ・F・クナップの1905年の著書『貨幣国定学説（*The State Theory of Money*）』にまでさかのぼる。表券主義者は、自らの考え方が、「貨幣の価値が商品とのつながり、もしくは交換手段としての受容性から生じている」という考え方とは、まるで異なるものであると主張している。

もちろん、ペイパルは主権通貨を使っていない――それはEマネーであり、すべて電子的なものである。しかし、ペイパルは基本的に銀行と資金の受取り手の媒介として機能し、ペイパルのアカウントには銀行口座からの引落とし、またはクレジットカードによる前払いによって資金が集められる。米国政府はペイパルを保護していないが、預金口座やクレジットカードを提供している銀行の背後に存在している。そして、米国政府の租税が、「租税を支払うことができるもの」に対する需要の存在を保証している。

2．ファンド・マネージャーいわく「租税が貨幣を動かす。それゆえ、ビットコインは貨幣ではない」

2014年4月3日のジョン・シェインの記事"The Good You Do for the Dollar when You Pay Your Taxes（あなたが租税を支払う時、ドルに与える効用）"(http://www.pbs.org/newshour/making-sense/the-good-you-do-for-the-dollar-when-you-pay-your-taxes/)から少し引用する。

米国の紙幣の表面には、各大統領の顔の横に「この紙幣は、公的および私的な、すべての債務に対する法定支払手段である」と書かれている。債権者は、自らの債権に対する返済を受ける際にドルを受け取らなければならない。租税は現金によって履行できる義務の1つに過ぎないが、ある意味で、それは究極のものである。なぜならば、租税は政府自身に対するものだからだ……。ドルの価値を理解するには、米ドルと「ビットコイン」がどう違うのかを考えることが有益である。我々は、刑務所行きを免れるためにビットコインを必要としないし、この先米国の法律がそれを法定支払手段だと認める可能性はほとんどない。確かにビットコインは優雅であり、怪しくも美しい。しかし、美しいものなら他にもたくさんある。ビットコインは唯一の暗号通貨でさえない……。ドルを「刑務所行き免除カード」と見なす考え方が、なぜこんなにも浸透しないのか、私には分からない。しかし、私自身はファンド・マネージャーとして、その考え方が有益だと分かっていた。そのおかげで、投資対象を探している間、しばしばポートフォリオ中に現金を保有しなければならなくなっても、びくびくせずに済む。政府が……紙幣を印刷しすぎて、その購買力が急速に低下する可能性はもちろんある。それでも、ベンジャミン・フランクリンが言ったように、税金が死と同様不可避なものである以上、ドルはビットコインより優れている。政府が弱ければ心配するかもしれないが、我々の政府はとても強力だ。

第6章
現代貨幣理論と為替相場制度の選択

失敗するように設計されたシステム「ユーロ」

　これまでの議論は極めて一般的なものであり、自国通貨を利用するすべての国に当てはまる。通貨が外国通貨や貴金属に固定されているか否か、あるいは自由に変動するか否かは問題ではない――原則は同じである。本章では、我々の分析にとって為替相場制度がどのような意味を持っているのかを検討する。

　まずは、通貨を要求に応じて貴金属などに交換する約束をしていない政府のケースを取り上げよう。5ドル紙幣を米国の財務省に渡せば租税支払いに使えるし、1ドル紙幣5枚（あるいは、合計5ドルになる紙幣と硬貨の組み合わせ）に交換できる――しかし、米国政府は5ドル紙幣をそれ以外のものには交換しない。

また、米国政府は米ドルの為替レートを特定の水準に維持することを約束していない。つまり、米ドルは不換の主権通貨の一例であり、米国は変動相場制を採用していると言うことができる。このような通貨の例としては、米ドル、豪ドル、カナダドル、英ポンド、日本円、トルコリラ、メキシコペソ、アルゼンチンペソなどがある。

このあとの節で、このような変動相場制を採用する不換の主権通貨と固定相場制を採用する兌換の通貨を区別する。

6.1 金本位制と固定相場

1世紀前、多くの国が金本位制を採用しており、通貨を金《きん》に交換するのみならず、その交換を固定レートで行うことを約束していた。35米ドルを金《きん》1オンスに交換する約束が、固定レートの一例である。実は、長い間これが米国の公式交換レートであった。他の国々も固定レートを採用し、自国通貨の価値を金《きん》に、あるいは、第二次世界大戦後は米ドルに固定していた。例えば、英ポンドの公式交換レートは2・80米ドルであった。つまり、英国政府は1ポンドを2・80米ドルと交換していた。国際的な固定為替相場制度によって、各通貨はその制度内のすべての他の通貨との比較において価値が固定されることになる。

通貨を固定レートで交換する約束を守るために、英国は外貨準備（および／または、金《きん》準備）を維持しなければならなかった。大量のポンドが交換のために提示されれば、英国の外貨準備は一気に底を突いてしまう可能性があった。外貨準備の枯渇を回避するために英国政府が取り得る対策には多くの選択肢があったが、そのどれもがあまり好ましいものではなかった。その選択肢は、ほぼ3つのタイプに集約することができた。つまり、(a)ポンドを切り下げる、(b)外貨準備を借りる、(c)経済を収縮させる、の3つであった。

最初のケースでは、英国政府は交換レートを例えば1ポンド当たり1・40米ドルに変更する。こうすれば、英国政府はポンドに対して外貨（や金《きん》）をそれまでの半分渡すだけでよいから、外貨準備が事実上2倍に増える。残念ながら、英国政府によるこのような措置は、英国政府とその通貨に対する信用を傷つけ、実際にはポンドを交換しようという需要をかえって増やしてしまう可能性がある。

2番目のケースでは、政府は交換の需要を満たすために外貨を借りる。これには貸す意思のある貸し手が必要であるし、英国は利息支払いの必要な債務を負うことになる。英国は例えば米ドルを借りることができるが、その場合、ドル――英国は発行できない通貨――での利息支払いを約束することになる。

最後に、政府は経済を収縮、あるいは減速させようとすることができる。経済を減速させるために利用可能な政策は数多くある――まとめて「緊縮政策」と呼ばれる――ものの、それらの背景にある考え方は、英国の経済成長の減速が、輸出との比較において財・サービスの輸入を減らすというものである。これが英国の国際収支黒字をもたらし、外貨準備の蓄積を可能にする。その利点は、英国が借入れをせずに外貨を獲得できることである。欠点は、国内の経済成長が減速し、たいていは雇用を減らし失業を増やしてしまうことである。

なお、経済の収縮は、通貨の切り下げと連係して輸出超過をもたらすように作用し得る。これは、通貨の切り下げが国産品を外国人にとって安くし（外国人は英ポンドに対して渡す自国通貨が少なくて済む）、一方で海外製品は英国民にとって高くなる（外貨建てのものを買うには、より多くのポンドが必要になる）からである。

従って、英国はこれら3つの政策を組み合わせて利用し、ドルなどの外貨の保有を増やしながら交換の需要を満たすことになるだろう。

6.2 変動為替相場

1970年代の初め、米国は（ほとんどの先進国と同様に）政府がドルの交換を約束しない変動為替相場制に移行した。もちろん、ドルなどの主要な通貨なら、民間銀行や国際空港の両替所で簡単に交換できる。両替は、国際市場で設定されたその時点の為替レートで行われる（ただし、取引手数料が差し引かれる）。為替レートは毎日、あるいは分刻みに変化し、（ドルを手に入れようとする人々の）需要と（ドルを提供して他の通貨を手に入れようとする人々からの）供給がマッチするように変動する。

変動相場制における為替レートの決定は極めて複雑である。ドルの国際的な価値は、米国資産に対する需要、米国の貿易収支、米国と海外との金利差、米国のインフレ率、米国と海外との経済成長率の差のような要因に影響を受けるかもしれない。非常に多くの要因が関係しているため、為替レートの動きを確実に予測できるモデルは未だに開発されていない。

しかし、我々の分析にとって重要なのは、変動為替相場では、政府が自国通貨を固定レートで外貨に交換しないという単純な理由から、政府が外貨（あるいは、金《きん》）準備の不足を心配する必要がないことである。それどころか、政府は交換自体をまったく約束する必要がない。

実際には、変動為替相場制を採用する政府も外貨準備を保有し、自国の金融機関の利便性のために通貨交換サービスを提供する。しかし、交換はその時点の市場為替レートで行われるのであり、為替レートの変動を防ぐために行われるのではない。政府は、為替レートを望ましい方向に誘導しようとして、外国為替市場に介入することもできる。また、為替レートに影響を与えようとして、金融政策や財政政策などのマクロ経済政策も利用する。これはうまくいくこともあるし、いかないこともある。

重要なのは、変動為替相場においては、為替レートに影響を与えようとすることは裁量的だということである。それに対して、固定為替相場では、政府は為替レートが変動しないようにするための政策をとらなければならない。変動為替相場は、完全雇用の維持、十分な経済成長、物価の安定のような他の政策目標を追求できるように、政府により大きな自由度を与える。

後ほどこの議論を続ける際に、変動相場制を採用する通貨は、政府により多くの政策余地をもたらすことを論じる。政策余地とは、政策目標を達成するために国内の財政政策と金融政策を利用する能力をいう。これとは逆に、固定相場制は政策余地を減らす。それは必ずしも、固定相場制を採用する政府が国内政策を実行できないことを意味するわけではなく、それは状況次第である。政府が自国通貨を防衛できるだけの外貨（または金《きん》）を蓄積できるか否かが、重要な要因の1つとなるだろう。

次の2つの節では少し寄り道して、いわゆる「商品貨幣」を検討する。金本位制に基づく固定相場制が実在したのは、比較的最近の時代に限った話である。過去2000年間のうちかなり長い間、政府は銀貨や金貨を発行した。多くの論者がこれらを「商品貨幣」と同一視している。「商品貨幣」とは、貴金属が基準とされている貨幣制度である。もっとはっきり言えば、貨幣の価値が素材として用いられた金や銀に由来するという貨幣制度である。

しかしながら、結論は驚くべきものである。金や銀でできた硬貨も、実は金属に刻印された債務証書なのだ。金貨も銀貨も商品貨幣の例ではない。主権通貨である。

6.3 硬貨は商品貨幣か？ 「金属主義」対「名目主義」――メソポタミアからローマまで

前節の終わりで、硬貨は商品貨幣の一形態ではなく、常に発行者の債務証書であったと断言した。金貨は基本的に国家の債務証書であり、それにたまたま金《きん》が使われていただけである。金貨は国家の負債の証拠――負債の記録――に他ならない。国家は自らが支払いを受ける際、自らの債務証書を取り戻さなければならない。「租税が貨幣を動かす」――貨幣が受け取られるのは、その後ろ盾となる租税があるからであって、金《きん》で製造されているからではない。本節では、硬貨は商品貨幣であったという誤った考えの払拭にとりかかり、続いて次節でその議論を完成させよう。

本書では、経済史に深入りするつもりはない。我々は、貨幣が今日どのように「機能している」かに強い関心があるからだ。だからといって、歴史など重要ではない、あるいは過去の物語がどのように今日の貨幣観に影響を与えているかなど考えなくてよいと言っているわけではない。例えば、「貨幣は、最初は商品の形をとっていた」というのは、よくある考え方である（実は、ほとんどの経済学者がそう思っている）。古代の人々は市場を有していたが、交換の媒介の役割を果たす1つの商品を決めるという名案を思いつくまでは、不便な物々交換に頼っていた。最初それはきれいな貝殻だったかもしれないが、いくつかの進化の過程を経て、貴金属が最も効率的な「貨幣としての商品」に選ばれた——というわけだ。

もちろん、金属には固有の価値があった。つまり、他の用途で必要とされていた。典型的な議論は、以下のようなものである——そうした固有の価値が、鋳造された金属に価値を与えていた。これが、インフレを防ぐのに役立った（つまり、硬貨はいつでも溶かして地金として売ることができたので、他の商品との関係において金属硬貨の購買力が低下するのを防ぐことができた）。その反面、歴史を遡れば、政府が（貴金属の含有量を減らすことによって）硬貨の価値を下げてインフレを引き起こしてしまった、様々な物語が存在する。

この物語によれば、政府は後に紙幣（あるいは、固有の価値がわずかしかない卑金属の硬貨）を発行したが、それを貴金属に交換することを約束していた。これについても、政府がその約束を破った物語が数知れずある。

その後ついに、背後に「実物」が存在しない、今日の「法定不換貨幣」にたどり着いた。こうして我々は、ワイマール共和国やジンバブエのような現代の実例——貨幣の裏づけとなるものがないので、政府が貨幣を乱発するとハイパーインフレを引き起こしがちになる——を目の当たりにするようになったとされている。そしてそれが、「真の貨幣の本位である、金《きん》に戻ることさえできればいいのに」という金本位制支持者の嘆きを誘う。

ここでは、貨幣の歴史に関する従来の物語の誤りを証明するために、詳細な歴史を説明する余裕はない。そこで、その代わりとなるものを概観しよう。

まずは、計算貨幣は何千年も前から――少なくとも4000年、おそらくはもっとずっと前から――存在することに注目しなければならない（「現代貨幣理論」の「現代」は、「貨幣とは、少なくとも過去4000年間は国家貨幣であった」というケインズの主張から来ている）。我々がこれを知っているのは、例えば貨幣的な価値を記録するメソポタミアの粘土板や、その計算貨幣を使った価格表のおかげである。

我々はまた、貨幣の起源は負債およびその記録と関係が深く、貨幣や負債に関する多くの言葉が宗教的な意味を持っていることを知っている。例えば、「debt」「sin」「repayment」「redemption」「wiping the slate clean」「Year of Jubilee」がそうである。キリストが使ったアラム語では、「debt（負債）」に当たる言葉と「sin（罪）」に当たる言葉は同じものである。ふつう「我らの罪（our trespasses）を許したまえ」と訳される『主の祈り』は、「our debt」または「our sin」と、あるいはマーガレット・アトウッドが述べているように「our sinful debts」と訳してもいいかもしれない[1]。

メソポタミアの債権と債務の記録は、現代の電子的な記録とよく似たものだった――それはコンピューターのテープにではなく、粘土に刻まれていた。また、初期の貨幣単位はいずれも、主要な食用穀物の測定単位に由来している。例えば、何ブッシェルの大麦に相当するものを債務として負い、債権として有し、支払うのか、といった具合である。これらはすべて、貨幣を商品と捉えるよりも、計算単位、社会的価値の表象、債務証書と捉える考え方に合致する。つまり、MMT派が説くように、貨幣とは、オペラの上演が終わった時にコートと引き換えられるクロークの札《ふだ》のような、「証拠」である。

実は、pawnshop（質屋）の「pawn」は、質屋から貨幣を受け取る代わりに担保として預ける「pledge（質草）」を意味する言葉からきている。貨幣は後に、質草と引き換えられる。聖ニコラウス（St. Nick）が質屋（しかも、盗品を質入れする泥棒のための質屋）の守護聖人である一方、「オールド・ニック（Old Nick）」とは、我々が自分の魂を質入れする悪魔のことである（それゆえ、赤い服と煙突の煤《すす》が特徴である。そして、「nick」には「盗む」という意味がある）。「隣人の妻を欲してはならない」という、十戒の第10の戒め（これは「男の奴隷、女の奴隷、牛、ロバ、隣人の所有するすべてのものを欲してはならない」と続く）は、もともとセックスや姦淫に関するものではなく、借金の担保としてそれらを受け取ることを戒めたものである。一方、キリストは「the Redeemer（救い主）」として知られる。救い主とは、我々がredeem（贖罪／弁済）できないdebt（罪／負債）をpayする（償う／支払う）ために名乗り出る「Sin Eater（罪食い人）」であり、その背景には、神にrepayする（返済する／報いる）人身御供というさらに古い習わしが存在する（Atwood［2008］）。

「借り手にも貸し手にもなるな」というシェイクスピアの警句は、誰もが知っている。一般的に宗教は、「悪魔の」債権者と、妻子を質入れして「自分の魂を売る（そして債務の束縛に囚われる）」債務者の双方を、罪深いものと見なす（両者の罪深さが同じとは言わないまでも、少なくとも共に堕落し、恐ろしい債務の束縛で結びついている）。イブの原罪（original sin）による人類の罪（debt）から我々を解放できるのは、「redemption（贖罪／弁済）」だけである。

今日の人類のほとんどにとっては、逃れることができないのはもちろんオールド・ニックではなく、収税官に対する原罪／債務である。悪魔は最初の会計帳簿を管理し、自分が買った魂を注意深く書き込んだ。「死がすべての債務を支払う」というように、それを「帳消し」にできたのは死だけであった。今日の我々にとって、人生で避けられない2つのうちの1つは収税官である（もう1つは死である）。多種多様な罪（負債）の共通尺度として貨幣が発明されてから数千年間、最初は神殿権力の計算単位、後には王権の計算貨幣によって債権と債務が記録されたのが、メソポタミアの粘土板であった。

最初の硬貨は、それから何千年かの後に偉大なるギリシャ地方で生み出された（我々が知る限りでは、紀元前7世紀にリディアで）。硬貨の歴史について書かれたあらゆる記述に反して、ほとんどの場合、硬貨は金融や債務返済で使用される「貨幣」のごく一部でしかなかった。ヨーロッパの歴史のほとんどにおいて、貨幣の役割の大部分を果たしたのは割り符、為替手形、「バーの勘定書」などであった（バーの勘定書は、バーカウンターの奥の石板〔slate〕にチョークで書き記された――「wiping the slate clean〔帳消しにする〕」という言い回しが示しているように、女店主がつけを記録しているパブでは、1～2年消されなかったのかもしれない）。

イングランドでは近世まで、国王への支払いのほとんどが割り符（ヘーゼルウッドの棒の刻み目で記録された、国王自らの債務証書）で行われた。それは、19世紀になってようやく――破滅的な結末をもって――利用されなくなった。財務省が悪魔のような熱狂ぶりでそれをストーブに投げ入れた結果、何と、議会が焼き尽くされてしまったのだ！

　ほとんどの王国で、硬貨の量は非常に少なかった。従って、溶かして改鋳するために、硬貨は頻繁に回収される可能性があり、実際に回収された（少し考えれば分かるはずだが、硬貨は素材に用いた金属によって既に価値があるというのであれば、改鋳のためにすべての硬貨を回収するのは非常に奇妙かつ無意味なことだ！）。

　では、硬貨とは何であり、なぜ貴金属を含有していたのか？　確かによく分からない。ケインズが言ったように、貨幣の歴史は「時間の霧のかなたに消え去ってしまっている。氷が溶けていた時代……気候が爽やかで、精神が解放され新たな思想に満ちていた時代、そして、ヘスペリデス、アトランティス、中央アジアのエデンの園の中に」。要するに、我々は推測するしかないのだ。

　古代ギリシャは、民主政治と硬貨の起源と考えられている（この2つが、ある程度関連しているのはほぼ間違いない）。そして、古代ギリシャに関しては、次のような仮説がある。すなわち、貴金属は支配階級がほぼ独占しており、支配階級の社会が「階級的贈与交換」により結束していたがゆえに、貴金属が重要であったというものである。彼らは「アゴラ（市場）」を支配する一方、新興勢力である「ポリス（民主制都市国家の政府）」と敵対していた。古典学者レスリー・カークによれば、ポリスはまず、アゴラで使われる硬貨を鋳造した。それは、「ポリスこそが、汎用的な貨幣が利用されるあらゆる領域において、価値を定め、統制する最高権力である、という自らの主張を表明するためであった。……従って、共通の等価物として国家が発行する硬貨は、それが流通した都市のアゴラのように、多くの異なる価値の領域、その都市の最終的な権力の下にあるすべてのものを、単一の貨幣もしくは場所へ統合することの象徴であった」[2]。硬貨に貴金属を使用したのは、貴金属に大きな儀礼上の価値を置く支配階級を意図的に嘲笑するためであった。ポリスは、貴金属を勝手に使って、一般市民がアゴラの売春宿で利用するための硬貨を製造し、さらにはそこに自らが最高権力だと主張する刻印を施すことによって、支配階級による階級的贈与交換のステータスを貶めた。

ポリスは、自らの支払いに硬貨を使用し、支払いを受ける際にも硬貨の使用を要求した。これによって、ポリスはアゴラの小売市場を支配することになった。同時に、アゴラとそこでの硬貨の使用が、贈与交換の階級を打倒した。それは、租税制度と役人の定期給与制度の導入（および、贈与を受け取った役人に対する厳罰）が、贈与と情実に左右される「自然な」秩序に異議を申し立てたのとちょうど同じ時期であった。

カークが論じているように、硬貨は都市の権力の象徴に他ならないので、素材はどんなものでも構わなかった。しかし、貴族階級は蓄積した貴金属の量と質で人間の価値を計ったため、ポリスは純度の変わらぬ高品質の硬貨を鋳造する必要があった（なお、金《きん》は王と同様、時間が経っても変化することがないので、「高貴な金属」、すなわち貴金属と呼ばれている。硬貨に使われる金属は、同様に変質しないことが求められた）。ポリスの市民は、高品質で統一された硬貨との結びつきによって、平等な地位を手に入れた（また、当時の文学作品によれば、その都市の発行する硬貨の品質によって市民の「気質」が計られていた）。価値の標準的な尺度を提供することによって、硬貨は労働を比較可能なものにし、この意味で硬貨は平等主義的な革新であった。

その時代以来、硬貨は一般的に貴金属を含むようになった。ローマがその伝統を継承したが、カークの主張は聖アウグスティヌスの言葉と一致している。アウグスティヌスは、人々がキリストの硬貨であるように、ローマの貴金属硬貨は皇帝の権力を象徴している——敬虔な信者がキリストの命に従うように、硬貨は一も二もなく皇帝の命令に従う——と断言した。繰り返すが、貨幣と宗教のつながりに注目しよう。そうすれば、我々はローマ時代に足を踏み入れることができる。次節では、ローマ時代から現代までの硬貨を検討する。

6.4 硬貨は商品貨幣か？「金属主義」対「名目主義」——ローマ以後[3]

MMTの考え方からすれば、モノとしての貨幣は単なる負債の「証拠」あるいは「記録」である。そうだとすれば、なぜその記録を貴金属に刻むのか？　硬貨の発明前後数千年の間、負債は粘土や木や紙に記録されていた。それがなぜ変わったのか？　前節では、古代ギリシャにおける硬貨の起源は、その社会における特定の歴史的文脈の中で認識されなければならないと論じた。貴金属が使われたことは偶然ではなかったが、硬貨の起源は商品貨幣の考え方とも一致していなかった。貴金属の使用が重要でおそらく決定的でさえあったことは事実だが、これは社会的な理由によるものであり、実は民主制のポリスの台頭と結びついていたのだった。今度は、西欧社会におけるローマ時代から現在に至る硬貨を検討しよう。

ローマの硬貨も貴金属を含んでいた。しかし、ローマ法はいわゆる「名目主義」を採用していた。それは、硬貨の名目的な価値は素材である金属の価値によって決定される（「金属主義」）わけではなく、権力によって決定されるという考え方である。ローマの硬貨制度は適切に管理されており、貴金属の含有量は硬貨ごとに異なったものの、硬貨の品質低下やインフレに関して大きな問題は生じていなかった。

ローマ法では、特定の硬貨を袋に入れて（*in sacculo*）預ければ、返却を受ける際には預けたその硬貨を返すように要求できた（*vindication*）。しかし、（特定の硬貨ということではなく）一定額の貨幣を預けた場合の返却は、それが「領域貨幣」――裁判で強制される支払いで公式に認められる硬貨――である限り、いかなる組み合わせの硬貨が提供されても受け取らなければならなかった（*condictio*）。

この慣習は近世まで続いた。人々は保管のために、袋に封入した硬貨を預ける（封をした袋のまま、預けた硬貨の返還を要求できる）ことも、袋詰めされていない硬貨をそのまま預ける（返却を受ける際、法定の硬貨であれば何でも受け取らなければならない）こともできた。それゆえ、袋に入った（*in sacculo*）特定の硬貨の場合には「金属主義」の一形態らしきものが適用されていたが、一般的なケースでは「名目主義」が浸透していた。

実のところ、この慣習は、硬貨は「動産」――持ち主が財産権を有するもの――であるという考え方とより関係が深かった。しかし、袋詰めされていない自分の硬貨が他の硬貨と混ぜられてしまったら、所有者を特定する「目印」はない。ゆえに、権利者は法定貨幣で返してもらう権利を有するだけである。法定貨幣は、例えばイングランドでは「イングランド法定貨幣（*legalis moneta Angliae*）」だが、これは一定額の「スターリング」であると定められていた。ところが、「スターリング硬貨」なるものは存在しなかった（それどころか、当時のイングランドでは、計算貨幣であるポンド建ての硬貨すら鋳造されていなかった）。正確に言えば、債務は、国王が法定貨幣だと宣言した硬貨――外国の硬貨も含まれ得る――の適切な合計を提供することにより、国王が命じる名目的価値で履行された。

硬貨を発行した権力は、鋳造のたびに金属の含有量を自由に変えられた。一方、主権者の硬貨を主権者が宣言した価値で支払手段として受領するのを拒むことに対する罰は、厳しいもの（しばしば死刑）だった。しかし、そこには歴史上の矛盾があり、国王が硬貨で（手数料、罰金、租税の）支払いを受ける際、国王は硬貨の重さを量った。そして、重量の少ない硬貨の受領を拒否し、あるいは減価した上で受領した。硬貨の価値が本当に名目的に決められるのであれば、なぜわざわざ重さを量ったのだろうか？　なぜ発行者――国王――は、かたや名目主義、かたや金属主義というダブル・スタンダードを用いているように見えたのだろうか？

民間の売り手もまた、「重い」硬貨を好んだ。「重い」硬貨とは、重量が大きいか純度が高い、つまりは貴金属の含有量が多い硬貨を指す。売り手はもちろん、自分が「軽い」硬貨で国王に支払う羽目になることを嫌った。それゆえ、「グレシャムの法則」――悪貨は良貨を駆逐する――が作動することになる。誰もが「軽い」硬貨で支払うことを望み、「重い」硬貨で支払われることを望んだ。このように、硬貨の金属含有量には誰もが明らかな関心を示しており、人々がめいめいに硬貨を量るためのかなり正確な（そして非常に小さな）秤《はかり》が作られ、販売された。このため、現代の歴史学者（および経済学者）は、「金属主義」が支配的だったと思ってしまう。硬貨の価値が金属の含有量によって決められていたように見えるのだ。

しかし、裁判所の判決は、法律は名目主義者の解釈を支持しており、合法な硬貨はすべて受け取らなければならなかったことを示している。さらに、合法と判断された硬貨の受取り拒絶に対して、国王は長期刑や死刑を課していた（長期刑の判決はたいてい「国王のお許しがあるまで〔at the King's pleasure〕」服役するというものであった――うまい言い方だ！　彼の硬貨を拒んだ人々を無期限に拘束するのが国王の喜び〔pleasure〕であったことが目に浮かぶ）。何もかも非常に混乱しているようだ！　名目主義だったのか、それとも金属主義だったのか？

パズルの最後のピースはこれのようだ。つまり、現在の鋳造技術（縁にぎざぎざを付けたり、刻印したりすることを含む）が発明されるまで、硬貨は比較的「クリップ」――金属の縁を削り取ること――されやすかった。金属の粉を集めるために、わざとこすり付けられることもあった（通常の使用による摩耗でさえ、急激に金属の含有量を減らした。金貨は特に柔らかかった。そのため、金貨は「効率的な交換の媒介」にはとりわけ適していなかった――金属主義者の主張を疑うもう1つの理由である）。

これが、国王がクリッピングを確認するために硬貨の重さを量った理由である（ご想像のとおり、硬貨のクリッピングに対する罰も厳しく、死刑の場合もあった。しかし、犯人を捕らえることは困難だった）。重さを量っていなければ、国王はグレシャムの法則の犠牲となっていたであろう。国王は改鋳のたびに貴金属の含有量を減らした。しかし、国王が硬貨の重さを量ったので、人々もグレシャムの法則の悪い側に立つこと（あるいは、クリッピングで訴えられること）を回避しなければならなかった。

貴金属の使用は、「効率的な交換の媒介」どころか、クリッピング、計量、厳罰の極めて大きな原動力となっていたのだ！　これらは、紙幣への移行によってようやく解消された（実際には、紙幣でさえ理想的とは言えない。読者の中には、私がユーロ導入前のイタリアでさえ経験したように、グレシャムの法則の力学のせいで、古くなった紙幣を受け取ってもらうのに苦労したことがある人もいるだろう。クリッピングもなく、破れもせず、洗濯機で傷むこともなく貨幣の価値を記録する、コンピューター、キーストローク、ＬＥＤは何ともありがたいものだ）。

国王自らが、古い硬貨を事前に同意していた価値で受領する約束を撤回して、事態をさらに悪化させることもあった。これは硬貨を「こき下ろす」慣習であった。実は、近世まで、硬貨には額面金額が刻まれていなかった。国王が自らの「出納所」での価値として宣言した金額が、その硬貨の価値となった（昔の硬貨を見てみよう。それには神話上の人物や国王の肖像が刻まれているが、額面金額は示されていなかった)。国王は、租税負担を実質的に倍にするために、流通しているすべての硬貨の価値をこれまでの半分にすると宣言することができた。

これは主権者たる国王の特権であったため、硬貨の保有者はその名目的な価値に関して不確実性に直面する可能性があった。これが、重い硬貨しか受け取らないもう1つの理由であった——国王がどれだけ硬貨をこき下ろしても、その価値の下限は含有された金属の価値と等しかった。それでも、硬貨は通常、主権者によって定められ、裁判所と受領拒否に対する厳罰の脅しによって強制された、より高い名目的価値で流通した。

この物語には別の側面もある。現代国家の前身である絶対王政の台頭に伴って、重商主義と対外戦争という、双子の互いに関連する現象が起きた。帝国や国家の内側では、主権者の債務証書は——主権者が支払いにおいてそれを受け取り、臣民や国民もまたそれを受け取る限り——紛れもなく貨幣である。証書が金属であれ、紙であれ、電子的な記帳であれ、それは変わらない。しかし、権力の境界線の外側では、単なる証書ではまったく受け取られないかもしれない。(今日の米ドルのような)ある程度世界で広く受け取られる「証書」でもない限り、ある意味で、国際貿易と国際的な支払いは物々交換によく似たものになる。

こう考えてみよう。フランスの不倶戴天の敵であるイングランド国王の債務証書を、どうしてフランス人が欲しがるだろうか? イングランド以外では、イングランド国王の硬貨はそれに含まれる貴金属の価値でしか流通しないかもしれない。理論としての金属主義は、国王の債務証書の価値の下限としてなら妥当するかもしれない。最悪でも、溶かして地金にすることができるので、硬貨の価値が含有された金《きん》の価値を大幅に下回ることはあり得ない。

そして、これが重商主義政策と新世界の征服をもたらした。国王の金庫を金銀で満たすだけのために、なぜ国家は自国の生産物を輸出したがったのか？　そして、なぜ金銀を手に入れるために新世界に殺到したのか？　それは、対外戦争の遂行に金銀が必要だったからである。戦争遂行には、海外の地で傭兵部隊を雇い、その部隊の支援に必要な物資を購入する必要があった（英国は、フランスに兵員や物資をパラシュートで投下するための大型輸送機を保有していなかった——その代わりに、大陸の傭兵部隊を雇い、現地の商人から物資を購入した）。そこには見事な悪の循環があった。戦争は、金銀によって、金銀のために行われたのだ！

そして、それが本国で貨幣の混乱を招いた。金銀が常に不足したため、国家には（戦費を賄うための金属を維持しようとして）通貨の質を落とす強い動機が存在していた。しかしその一方では、「重い」硬貨で支払われることを好んだ。人々は、軽い硬貨の受取りを拒絶する強い動機を持つ一方で、重い硬貨を貯め込んだ。つまり、売り手は2種類の価格——重い硬貨のより低い価格と、軽い硬貨の高い価格——を維持しようとしていた。しかし、それは絞首台をもてあそぶことを意味していた。

この混乱は、現代国民国家の出現、硬貨に対する名目主義の明確な適用によって、そして最終的には、硬貨の貴金属含有という長く続いた事象の放棄によって、非常にゆっくり時間をかけて解消された。それによって、我々はついに「効率的な交換の媒介」、つまり電子的に記録される純粋な債務証書を手に入れたのだ。貴金属の硬貨は常に負債の記録であったが、それは不完全なものであった。そのために、歴史学者と経済学者の誤解を招いたことは間違いない！

確かに、「貨幣は商品ではなく、債務証書でなければならない」ことをまだ論証し尽くしてはいない。「貨幣は貴金属商品ではあり得ない」という論理的な主張を完全になし得るまでには、もう少し論拠の積み重ねが必要だろう。しかし、前節と本節は、硬貨の「商品貨幣」観を否定する十分な根拠を与えるはずである。

6.5 為替相場制度と国家のデフォルト

本節では、3つの例外的なケースを検討しよう。すなわち、固定為替相場制を採用しているが大きな政策余地がある国、固定相場制を採用していて国債がデフォルトとなった国、変動相場制を採用しているが政府債務に関して問題を抱えている国である。

ゆるやかな固定相場制——厳しく管理された為替相場制度——を採用する中国から見ていこう。中国は通貨を徐々に切り上げてきたが、そのペースはあくまでも自らが決めてきた。そのため、「通貨操作」だとの非難を（特に米国の当局者から）浴びてきた。中国は自国の輸出に有利になるように為替レートを過度に低く維持しているというのが、ワシントンによる表向きの非難の理由である。しかし、この非難は2つの意味で正当ではない。第1に、中国の通貨である人民元が大きく切り上げられたとしても、米国の対中経常収支赤字が大きく変わる可能性は低い。現在の中国の賃金水準は米国に比べて非常に低く、中国の輸出品のほとんどは低付加価値の製品である。また中国は、概ね労働集約的な中間組立工程を担っている。もし中国が雇用を失うほどに人民元が切り上がったとしても、その雇用はおそらく米国ではなくアジアの他の国に移ることになるだろう。

第2に、為替は変動相場制であるべきだという主張は説得力に欠けるようである。1970年代の初めまで、米国をはじめとする先進国が固定為替相場を採用していたことを思い出そう。確かに、その後先進国はそれが自国の利益にならないことに気がついた。しかし、今先進国が途上国に対して「為替レートを自由にしなければならない」と主張することは正当ではない。為替政策は、金利政策や財政政策と同様に、その国の政策担当者の手に委ねられるべきである。既に明らかにしてきたとおり、変動為替は、国内の政策余地の制限を取り除くので、たいていの場合、国家の利益になる。しかし、世界の多くの国々、とりわけ途上国は（自国の利益になると考えている）固定相場制を採用している。中国は、現在の発展段階においては、人民元の為替レートを慎重に管理することが自国の利益になると判断しているのだ。

しかし、固定相場制は政策余地を減らし、投機を招いてしまうから本質的に危険だと主張してきたことからすると、疑問が生じる。中国は、固定為替相場にもかかわらず（定期的に調整しているが）、なぜ非常にうまくいっているように見えるのか？　その答えはいたって単純で、何兆ドルもの外貨準備の存在である！　誰も中国の為替レートを固定する能力の負けに賭けたりはしない。つまり、固定為替相場は政策余地を減らすという法則には例外がある。中国の巨大な外貨準備が、通貨を固定していても大きな国内政策余地を維持することを可能にしているのだ。中国にはまだ経常収支黒字を維持する能力があるので、この状況は当分の間続くであろう（いずれどこかのタイミングで風向きが変わりそうだが）。

中国の成長とその変貌ぶりは、まったくもって前例のないものである。中国は近いうちに世界最大の経済大国になり、その１人当たりＧＤＰも世界の富裕国に仲間入りできるほどに増加しそうである。生産能力が拡大し賃金が上昇するにつれ、中国はますます輸出に頼らなくなるであろう。やがて経常収支赤字になり、外貨準備を吐き出すだろう。その時点で、中国は国内政策余地を維持できるように変動為替を選択するだろう。人民元が、国際準備通貨としてドルに取って代わる可能性もある。ただし、そうなるのは数十年先のことだ。

次の例、ロシアに移ろう。もちろん、ロシアはソビエト連邦の一部であったし、既に比較的発展した豊かな国であった。しかし、ソ連の解体は、我々がまず直面することのない経済的・政治的な問題を引き起こした。１９９８年、ロシアはその政府債務のデフォルトによって金融市場に衝撃を与えた。多くの人々が、ロシアのデフォルトは、主権を有する政府の債務にデフォルトリスクはないというＭＭＴの立場に反するものだと信じている。ロシアの債務が、政府によって発行された通貨であるルーブル建てだったことは間違いない。何が問題だったのか？　その鍵は、ルーブルのドルへの固定にあった。
ウォーレン・モズラーは、ロシア国債に関連するポジションを有していたヘッジファンドのマネージャーとして、ロシアの大失敗を目の当たりにした。彼は次のように説明している。

1998年8月当時、ルーブルは1米ドルに対して6・45ルーブルのレートで、ロシア中央銀行で米ドルに交換されていた。ロシア政府はこの固定為替相場政策の維持を望んでいた。しかし、ルーブルの非常に高い金利にもかかわらず、ルーブルの保有者がそれを米ドルに交換することを望んだために、この固定為替レートを維持することに固執していたロシア政府は、保有する米ドルの準備によって支払う意欲を制限されてしまった。ロシア政府は米ドル準備の減少に直面したが、国際市場で追加の外貨準備を調達することもできず、通貨の交換は8月中旬に一時停止に追い込まれ、ロシア中央銀行はルーブルを変動させる以外に選択肢がなくなった。この間も、ロシア政府はルーブルで支払う能力はあった。しかし、ロシア政府は「市場の水準」を上回る水準で為替レートを固定することを決めたため、8月中旬の時点でルーブルで支払う意欲を失ってしまった。それどころか、外貨準備を失うことなく支払いができる変動相場制への移行後でさえ、ロシア政府、すなわちロシア財務省および中央銀行は、国内的にも国際的にも期限到来時にルーブルで支払う意欲を失ったままだった。ロシア政府は、単に中央銀行にある相手先の口座にルーブルを振り込むだけで支払える能力を常に有していたのに、自らの選択によってルーブルの支払いをデフォルトした（傍点による強調は原文どおり。モズラーの議論については、http://www.epicoalition.org/docs/flawed_logic.htm を見よ）。

ロシアがこのような選択をした理由については、多くの議論がある。しかし、ロシアは名目上のものに過ぎないルーブルの義務を果たす能力はあったのに、支払う意欲がなく、代わりにデフォルトを選択したという事実に関する議論はない。可能な限りの結論を言えば、それは政治的な判断であった。我々は、政治を完全に無視することはできない。似たようなケースとして、2011年の連邦政府債務上限に関する米国連邦議会の議論があった。もちろん、連邦議会は債務上限を引き上げないという決定も可能であった。この時ばかりは、約束の不履行が目前まで迫ったように思われた。経済的に見れば、そんなことをするまともな理由はなかった――しかし、政治は時にクレイジーな結果をもたらす可能性がある。

結論として、ロシアのケースでは、自らの主権通貨における債務のデフォルトには、2つの関連する要因が作用していた。1つは固定為替相場、もう1つは変動相場への移行後でさえデフォルトするという政治判断である。

最後に、2012年初めのハンガリーのケースを見てみよう。ハンガリーは、自国通貨フォリントについて変動相場制を採用している。ハンガリーは通貨の発行者であり、その通貨を金属や外貨に交換することを約束していない。従って、公共目的に役立つ最大限の国内政策余地を有しているはずである（公共目的の議論については第7章を見よ）。ハンガリーは、フォリントで売られているものなら何でも「キーストローク」だけで購入できるはずである。そして自らの通貨を「借りる」必要はない（実質的には翌日物金利目標を達成するという金融政策の一部として、国債を発行することはあるかもしれないが）。それにもかかわらず、ハンガリーはまもなくその政府債務に関して深刻な問題に直面し始めた。どうしてそんなことになったのだろうか？

この問題については、ビル・ミッチェルが説明している（http://bilbo.economicoutlook.net/blog/?p=17645）。ハンガリー経済は世界金融危機によって大きな打撃を受け、深刻な不況に陥ったため経済成長が一気にマイナスに転じた。ご推察のとおり、これは政府の財政を直撃し、税収が急減して社会保障支出が増加した。しかしながら、ハンガリーは、EMU（次節を見よ）に参加するためにマーストリヒト基準――これは政府の財政赤字と債務の対GDP比に一定の制限を加える――を守ろうとし続けた。それゆえ、ハンガリー政府は、危機に対応するための財政支出を拡大するどころか、経済を崩壊させた。変動相場制の通貨も下落し、それを食い止めるために中央銀行は金利を大幅に引き上げた（高金利を約束するフォリント建ての資産を買うように外国人を誘導するため）。

通貨の下落と国内金利の上昇が、ハンガリーの債務者に激しく襲いかかった。多くの債務者が外貨建ての負債を発行していたが、彼らの所得はフォリント建てであった。フォリントが下落するにつれて、外貨建て債務の返済負担が重くのしかかった（返済するのに、より多くのフォリントが必要になった）。債務がフォリント建ての場合でも、国内の高金利が返済負担を重くした。つまり、借り手は外貨建てでもフォリント建てでも痛手を被ったのだ。

しかし、本当に問題なのはこちらである。政府も外貨で借入れを行っていた――債務残高のおよそ半分は外貨建てだった。政府と民間、双方の外貨建て債務を返済するための外貨の源泉は、輸出、海外からのさらなる借入れ、あるいはフォリントのさらなる交換だけである。ハンガリー政府は、キーボードのキーを叩くだけでは外貨を生み出すことができないので、これらすべての外貨建て債務にデフォルトリスクがある。市場がハンガリーの債務返済能力を不安視したことで、金利がさらに上昇した。そうなると、信用格付機関が債務の格付を引き下げ、金利と債務返済コストがさらに上昇し、それがさらなる格下げをもたらすという、悪循環に陥る可能性がある。

ビル・ミッチェルは、以下のように結論づけている。

> ハンガリー人の生活は、通貨の変動にまともにさらされ、非常につらいものになるだろう。民間部門では、国内所得が減少し、外貨建て債務の返済に苦しむことになるので、実質的な生活水準が著しく低下するだろう。政府もまた、経済の減速、通貨下落に伴う外貨建て債務の著しい実質負担増、輸出増加を生み出す経済的容量の低下（他のヨーロッパ諸国も経済が減速するので）により、デフォルトに向けて追い込まれるだろう。これは非常に切迫した状況であり、債券市場はデフォルトリスクの上昇に反応する。ここでの教訓は、ハンガリーの事例がＭＭＴの知見に反するものではないということである。変動相場制の主権通貨における財政赤字は、決して支払能

力のリスクを伴わない。主権を有する政府には常に、自国通貨で売られているものなら何でも購入できる「支出能力」がある。政府は、決して「市場原理」に支配されない。政府は銀行口座に振り込むことで支出し、このような振込みが「枯渇する」ことは決してあり得ない。

これらの3つの事例は、通貨を固定することの問題（その国が巨大な外貨準備を蓄積することができない場合）、稀ではあるが犠牲の大きい政治的な理由による自国通貨建て国債のデフォルトの問題、外貨建て債務の非常に現実的なデフォルトリスクを示している。固定レートで交換する約束のない主権通貨を採用し、外貨建て債務の発行を回避することが、非常に賢明である。

次は、主権通貨を使用せずに経済を運営しようとする、おそらく過去数世紀で最も壮大な実験――ユーロ――に話を移そう。

6.6 ユーロ――非主権通貨の仕組み

固定為替レート対変動為替レートの問題に戻ろう。これまでは、変動為替レートが国内政策余地を最大化するのに対し、固定為替レートは通常そうした余地を減らす（中国のように、外貨準備をたっぷりと蓄積して、固定レートの維持に対する疑念を解消できない場合には）と論じてきた。為替レートを固定するには別の方法もある。最も極端なのは、単純に他国の通貨を採用することである。米ドルを採用している――あるいは、米ドルと1対1の比率で交換される独自のドルを生み出している――国ならいくつかある。これらは、通常見られる「一国家、一通貨」原則の数少ない例外である。

しかしながら、大きな例外が1つある。それは、欧州通貨同盟（EMU）の創設である――欧州の加盟国は自国の通貨を捨て、ユーロを採用した。本節ではこのケースを検討する。なお、EMUは危機に瀕しており、生き残るかどうかはまったく分からない――この新版が出版される時までに、危機は解消されているかもしれないし、さもなければギリシャがEMUから排除されているかもしれない。そうなれば、通貨同盟は解体されるかもしれない（市場は次なる最も弱い国を狙い撃ちしそうだからだ）。どうなる可能性が高いのかを、今言い当てることは非常に難しい（「最終局面」についての考察は、後の議論を見よ）。

本節ではその代わりに、ユーロの仕組みの何が間違っていたのかに焦点を当てよう。MMTは、ユーロは「失敗するように設計された」システムだとずっと主張してきた。長い間、このような見解は無視され、あるいは嘲笑さえされてきた。今では多くの解説者が、ユーロの設計上の欠陥を認識している。

ユーロ

これまでのところ、本書の分析は主に「一国家、一通貨」の典型的なケースに向けられてきた（直前に述べた例外はあるが）。欧州通貨同盟の誕生まで、通貨を共有する国々の例は希少であり、たいていはイタリアのバチカン（名目上は独立しているが、バチカンはローマの中にあり、イタリアリラが使われていた）や、かつての植民地や保護国のようなケースに限られていた。しかし、ヨーロッパは壮大な実験に着手し、ＥＭＵに参加する国々はユーロを選択して自国通貨を放棄した。金融政策は、中央で欧州中央銀行（ＥＣＢ）によって設定される――これは、翌日物銀行間金利がＥＭＵ全域で同一であることを意味する。各加盟国の中央銀行は、もはや独立して金利を設定することがない――それらの中央銀行は、米国の各地区の連邦準備銀行（地区連銀）によく似ている。地区連銀は本質的に連邦準備制度理事会の子会社であり、金利は連邦準備制度理事会が（ワシントンで行われるＦＯＭＣ〔連邦公開市場委員会〕の会合で）設定する。

しかし、両者の間には１つ違いがある。それは、ユーロの場合は各国の中央銀行が、依然として銀行間および銀行と各国政府の間の決済システムを運営しているという点である。これは、中央銀行が国内財政政策の円滑な実施に必然的に関与していることを意味する。しかし、ＥＭＵ内の金融政策がある意味でＥＣＢの「一元管理」となったのに対し、財政政策は各国政府の管理下のままである。つまり、財政政策が通貨から大きく引き離されているのである。個々のＥＭＵ加盟国は、通貨の「発行者」ではなく「利用者」だと考えられ、米国の州（あるいはカナダの州）によく似ている。加盟国はユーロで課税や支出を行い、ユーロ建ての債務を発行する。まるで、米国の州がドルで課税や支出や借入れを行うようなものである。

米国の州との比較

米国では、州は均衡予算の提出を要求されている（48の州は実際に憲法上要請されている。これは、必ずしも会計年度末に均衡予算を達成していることを意味するものではない。予想より歳入が少ないことも、支出が多いこともあり得る）。米国の州はそれでも借入れを行う。州政府は、耐用年数の長い公共インフラをファイナンスする際は、例えば、ドル建て債券を発行する。州政府は租税収入を債務返済に使う。毎年、州政府は歳出計画に債務返済を含め、総歳入が債務返済を含むすべての経常支出を確実にカバーすることを目標とする（厳密に言えば、支払利息を含む経常収支の均衡は憲法上の要請である）。

米国の州は財政赤字になると、信用格付機関によって債務格付を引き下げられる可能性に直面する——格下げは金利の上昇を意味する。これが、悪循環——金利上昇が債務返済コストを増加させ、その結果赤字が増え、さらに格付が下がる——を招く可能性がある。そうなると、デフォルトが現実味を帯びてくる。米国には、州政府や地方政府がデフォルトしそうになったり、あるいは実際にデフォルトを余儀なくされた事例がある（例えば、オレンジ郡——米国で最も豊かな郡の1つ——がデフォルトした）。2007年に始まった危機のような景気の悪化は、多くの州政府や地方政府に債務問題をもたらし、格下げを誘発する。すると、それらの政府は支出の削減および／または増税を強いられる。

ＥＭＵ加盟国でこのような債務問題が発生する可能性を減らすため、各加盟国は財政赤字と債務発行に対する制限を採用することに同意した。その基準は、加盟国は政府財政赤字がＧＤＰの３パーセントを超えないようにし、政府債務残高がＧＤＰの60パーセントを超えないようにするというものであった。実際には、ほぼすべての加盟国がこの基準に違反し続けていた。

EMU加盟国は通貨の利用者であって、発行者ではない

ユーロを採用した国にとって、ユーロは、本書で述べてきた意味における主権通貨ではない。それは、あたかも外貨を採用したようなもの、米ドルに基づくカレンシー・ボード制を選択している国の「ドル化」のようなものである。ただし欧州連合の仕組みは、財政的な困難（２００８年以降、ユーロ圏に最初に世界金融危機が広がってから目撃されたこと）に陥った国に対して、他の加盟国が自ら救いの手を差し伸べる余地を残していることから、それほど極端なものではない。

さらに、「最後の貸し手」の役割を果たす能力を有するＥＣＢの存在が、加盟各国にある程度の柔軟性を与えている。ある国――例えばアルゼンチン――が外貨に基づくカレンシー・ボード制を採用している場合、その通貨の発行者（例えば米国）が助けに来てくれるという保証は（おそらくその期待も）ない。マーストリヒト基準は、困難に陥った国の財政的な救済に対する強力な障壁のように見えていた一方で、緊急時には「救済措置」が与えられるだろうという期待が常に存在していた。

ＭＭＴ派は、ユーロ圏の構造は金融危機に対応できないだろうとずっと予言していた。しかし、ア

イルランド、それからギリシャ（その後キプロス）が世界金融危機の余波で経済破綻に瀕するまで、その問題は表面化しなかった。2011年と2014年の2度にわたり、ギリシャの政府債務危機による市場崩壊を阻止したのは、他の加盟国とECBによる緊急対応だけであった。2015年春の時点で、非主権通貨の使用によって生じた問題に対する恒久的な解決策は見つかっていないため、危機はユーロ圏に広がったままである。この危機について、もう少し詳しく見てみよう。

6.7 ユーロ危機

2008年に始まった世界金融危機により、多くの「周辺国」（特に、ポルトガル、アイルランド、イタリア、ギリシャ、スペイン――いわゆる「PIIGS」）は深刻な債務問題と格付の引下げに直面した。市場はこれらの国の金利を引き上げ、問題を悪化させた。政府債務の金利がGDP成長率を超えて上昇したので、債務比率が上昇した。EMUは、ECB（とIMF）による融資という形で、介入せざるを得なかった。FRBもECBに対して数兆ドルの融資を行い、ECBはその資金をヨーロッパの各中央銀行に、各中央銀行は自国の銀行に融資した。債務問題に直面した国々は緊縮パッケージ――歳出削減、政府職員の解雇と賃金カット、租税と手数料の引上げ――を強制された。

この問題をほぼ回避したドイツ（さらにはフィンランドやオランダ）のような国々は、放漫な財政

図6–1　政府債務対GDP比率（1995–2010年）

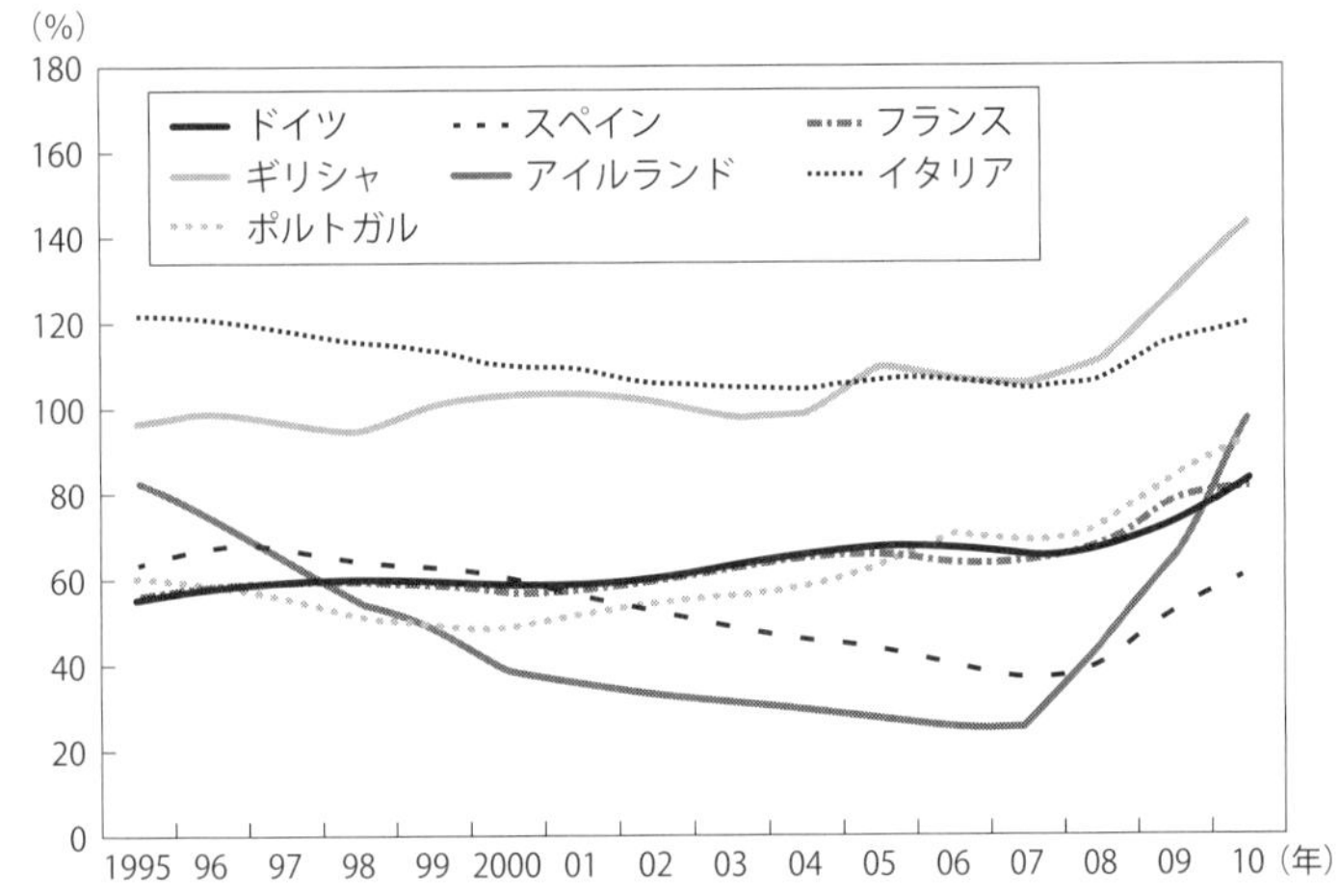

（出所）ECB

政策をとっているといわれていたギリシャのような「浪費家の」隣人を非難した。市場が弱い国の政府債務のデフォルトに事実上賭けたために、信用「スプレッド（ドイツ国債とより弱い国の国債の金利差）」が急拡大した（なお、デフォルトの期待値を計るのに適した指標は、デフォルトに対する一種の保険である「クレジット・デフォルト・スワップ」のスプレッドである）。

以上を念頭に置いた上で、ユーロ諸国が実際には、主権通貨を発行する国々の歴史的な実績と比較しても、特別に高い財政赤字比率や政府債務比率ではなかったのを理解することが重要である（図6–1、図6–2を見よ）。実際、その時点で、日本の財政赤字比率や政府債務比率は債務危機に直面したユーロ諸国のそれよりもずっと高かったし、米国のそれはこれらの国とほぼ同水準であった。しかし、変動レートの自国通貨を発行する国

図6-2　一般政府赤字対GDP比率（1995-2010年）

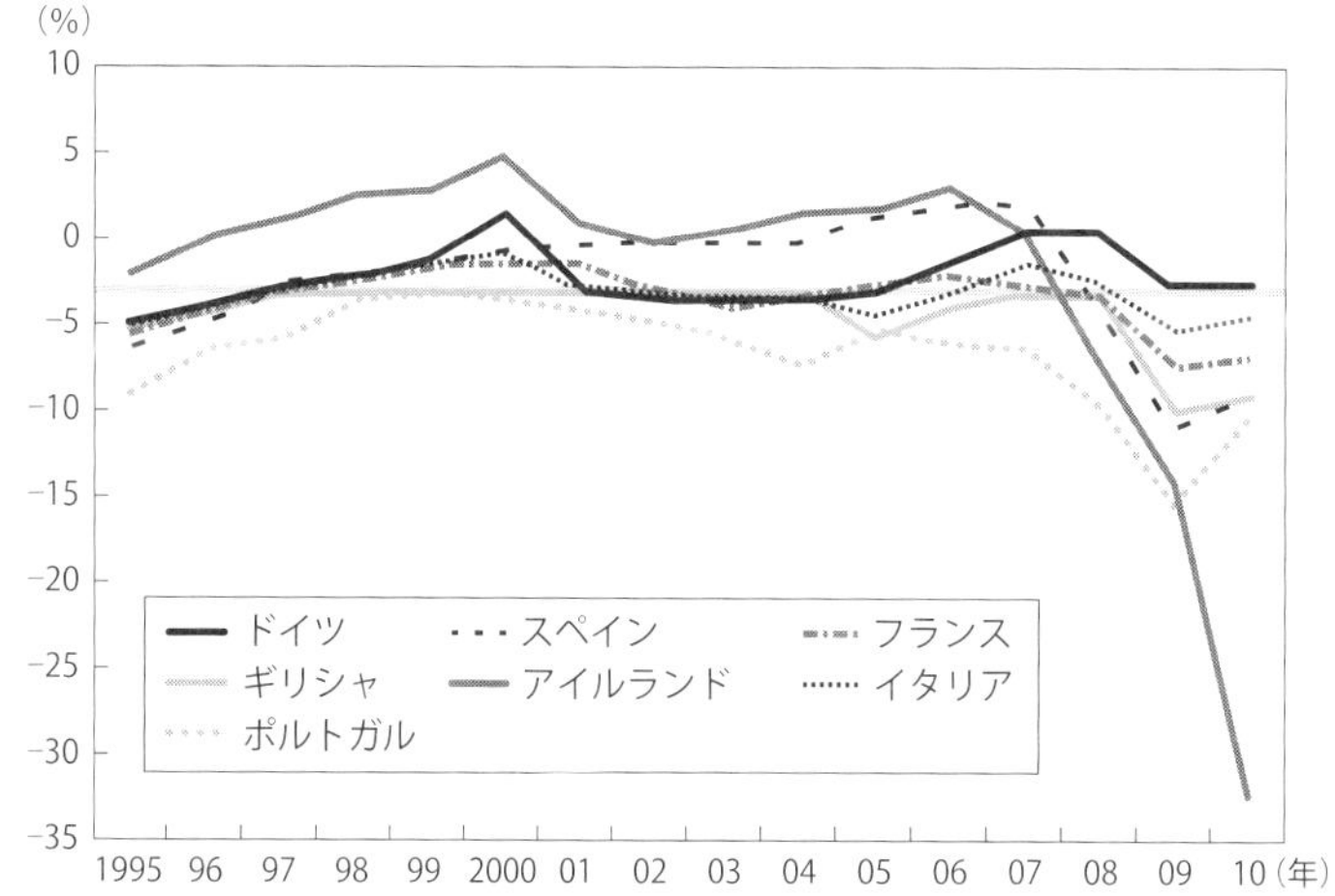

（出所）ECB

はこのような強烈な市場の反応に直面しない。つまり、政府債務の金利上昇を市場から強いられることがない（信用格付機関が債務格付を引き下げた場合でさえそうなのだ。かつて、日本が格下げされ、あるいは米国が格下げの恐れがあるとされた時のように）。危機が発生するまで、主権通貨を発行する政府の一般的な債務比率と比べても、ユーロ諸国の債務比率は実際に低かった。

政府赤字もまた、危機が起きるまでは制御不能な状態ではなかった。

だとすれば、例えば、日本とギリシャの違いは何だろうか？　日本の債務比率はギリシャより高いにもかかわらず、なぜ市場は日本には異なる扱いをするのか？

既に論じたように、重要なのは、ギリシャがEMUに加盟した際、主権通貨を捨てて本質的に外国通貨であるものを採用したのを理解することである。前述のとおり、日本はバランスシートへの「キーストローク」入力によって債務を返済する。「キーストローク」が足りなくなることなどあり得ない――日本は円を必要なだけ記帳して生み出すことができる。日本は非自発的なデフォルトを決して強いられない。主権を有する政府には常に、期限が到来したすべての支払いを実行する「支出能力」がある。確かにこれには、銀行口座に利息が確実に振り込まれるようにするための財務省と中央銀行の協力、および利息支払いの予算を計上するという選挙で選ばれた代表の意思が必要である。しかし市場は、主権を有する政府は期限が来れば当然義務を果たすものだと思っている。

ところが、EMU加盟国は状況が異なる。まずECBは、FRBと米国政府の関係と比べて、各加盟国からの独立性がずっと強い。FRBは「連邦議会の創造物」であり、議会の命令に従う。ECBはいかなる国の政府からも正式に独立している。FRBのオペレーション手順は、連邦議会によって承認されたすべての支払いを政府が行えるように、FRBが財務省と常に協力することを保証する(少なくとも、連邦議会が課す債務上限に達するまでは)。FRBは日常的に、準備制度加盟銀行が欲する準備預金を供給する必要に応じて米国政府の債務を購入する。ECBは、加盟国政府へのファイナンスを禁じられているが、安定性強化のために流通市場からであれば各国の国債を購入することを許されている。しかし、ECBは加盟国の政府や銀行を救済することにはなっていなかった。驚くべきことに、ECBのバランスシートは2012年1月半ばまでに5兆ドルを超えていた――これはFRBのほぼ2倍である。FRBには、金融システムを守るための権限に、ECBのような厳しい制約がないにもかかわらず――。

EMUの立場からすれば、財政政策を通貨発行から分離することは協定の欠陥ではなく、むしろ設計上の特徴だと見なされていた――分離の目的は、加盟国が「キーストローク」を使ったファイナンスで財政赤字を増やすためにECBを利用できないようにするのを確実にすることであった。つまり、資金調達をするなら市場に行くよう加盟国に強制することで、市場原理が財政赤字を抑制するだろうという考え方であった。過剰な借入れを行おうとする政府は金利上昇に直面し、支出削減と増税を余儀なくされる。それゆえ、通貨主権を放棄すれば、浪費家もおとなしくなると考えられていたのだ。

結局のところ、何が破局をもたらしたのか？　簡単に言えば、固定為替レートと部門収支の恒等式の組み合わせ、若干のデータ改ざん（ギリシャは本当の政府債務額を隠していたと報告されている）、そして世界金融危機である。これらが、EMUの周辺部に広がる巨大な政府債務問題を生み出し、同盟崩壊の危機をもたらしたのだ。

各国はユーロを採用していたので、EMU加盟国の間で為替レートは固定されていた。ギリシャとイタリアは、世界金融危機前の10年間、（特に賃金の）インフレ抑制に苦しんでおり、それゆえヨーロッパ域内で次第に競争力が低下していた。その結果、両国は（特にドイツに対して）慢性的な貿易赤字となった。マクロ会計の恒等式によって、経常収支赤字は、政府部門と国内民間部門の赤字の合計に等しくなければならない。従って、ドイツはギリシャの政府部門と民間部門による「放漫な」支出を（正当に）指摘できた。一方、ギリシャは貿易黒字に頼るドイツの「重商主義的な」貿易政策を

図6-3　部門収支の対GDP比率（ユーロ地域）

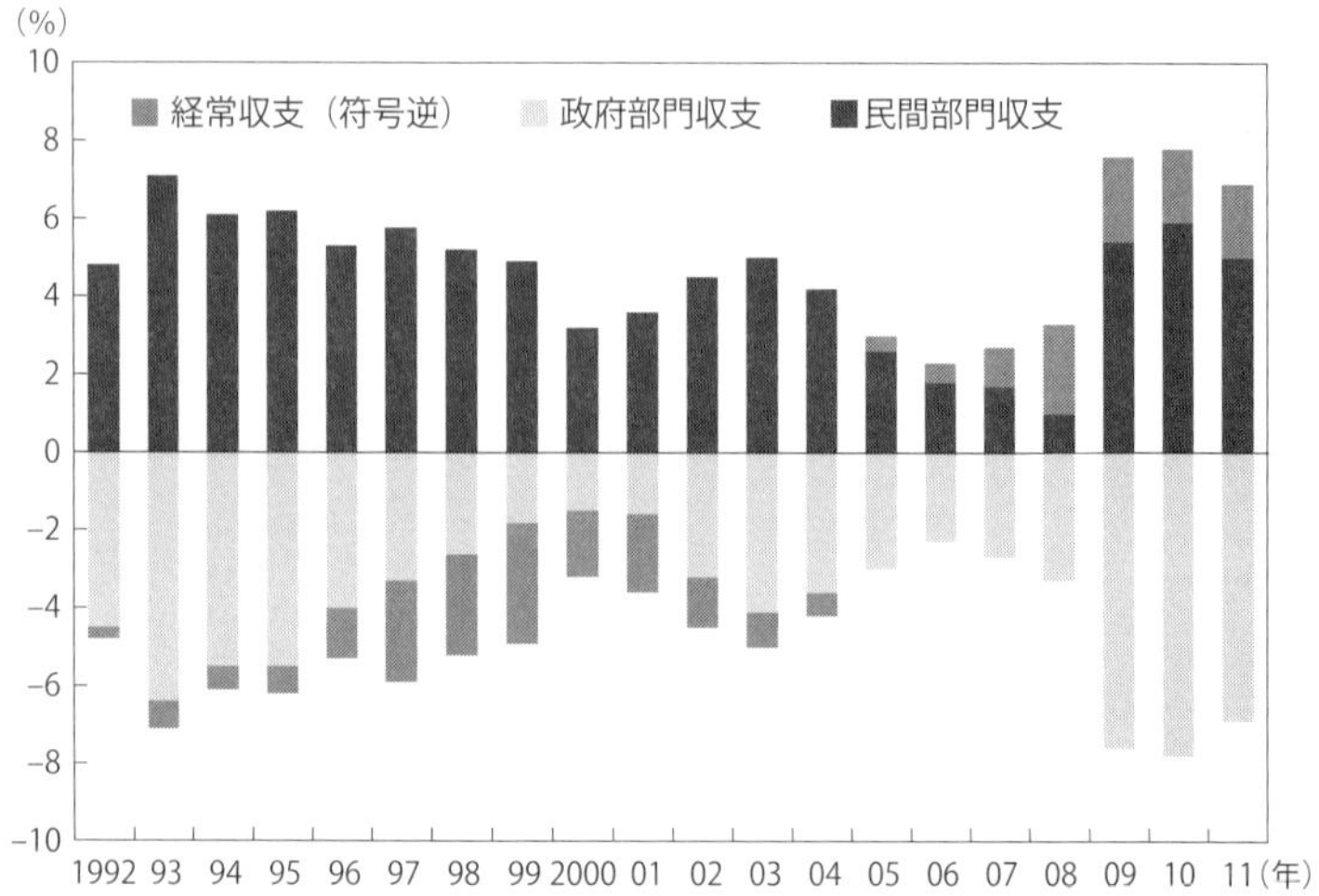

（正当に）非難することができた。ドイツは、輸出で自国の経済成長を維持するために隣人に頼ることで、財政赤字を小さく民間部門の貯蓄を大きく保つことができた。しかし、それは、隣人が債務を――政府部門、民間部門ともに――積み上げることを意味し、ついに市場は信用格付けの引下げでそれに反応したのだ。

図6-3は、ユーロ圏全体としての3部門収支を示している。

周期的な変動が容易に見てとれるが、ユーロ圏全体として貿易の収支［訳注：グラフでは、正負の符号を逆にした経常収支］がほぼ均衡し、従って政府赤字が民間部門黒字に等しいことも明らかである。しかし、加盟国ごとに見ると、部門収支は大きく異なっている。まずはフランスの場合である（図6-4）。

フランスは若干の経常収支赤字が続いている。

図6-4　部門収支の対GDP比率（フランス）

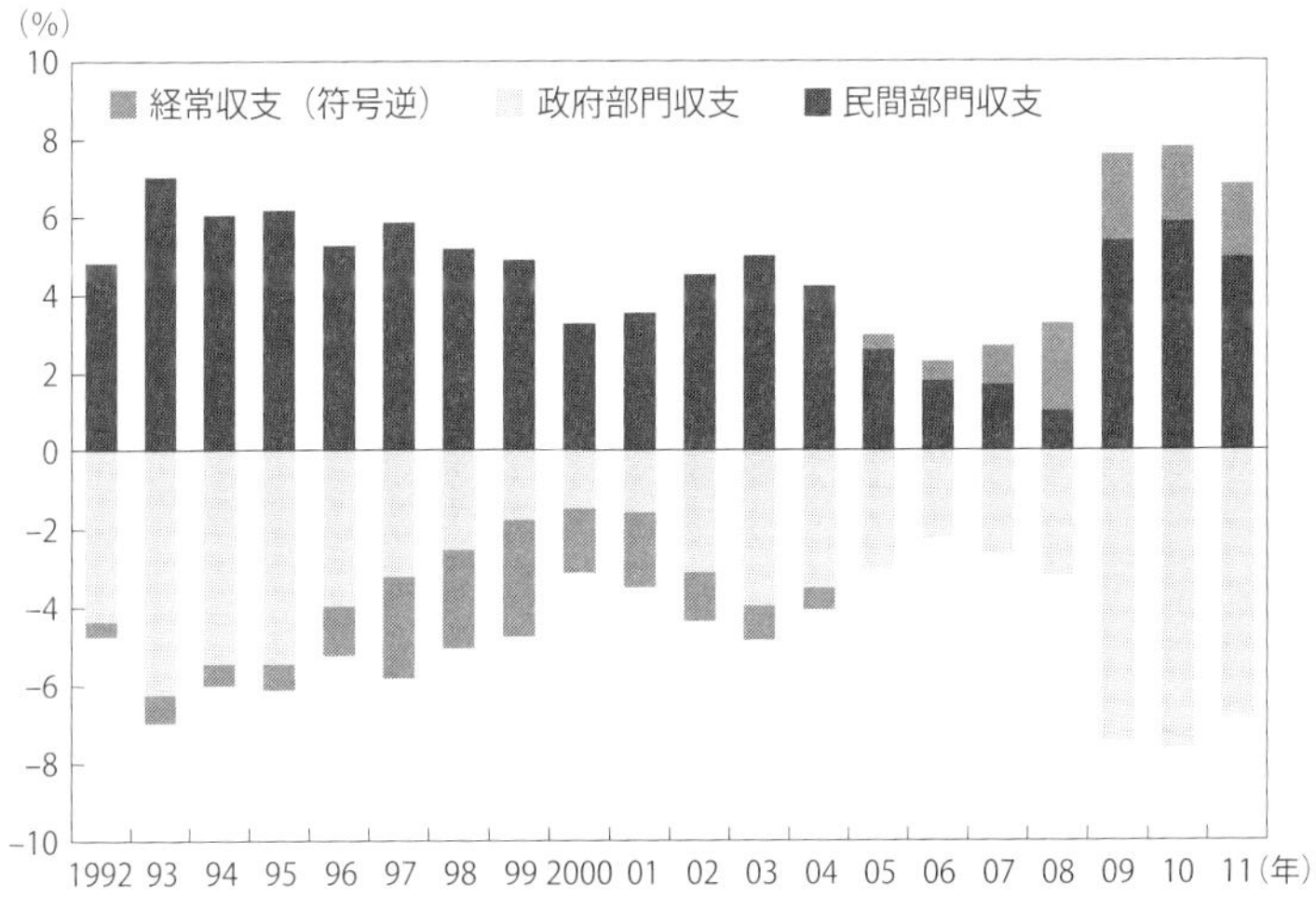

危機が始まってからは、民間部門の黒字が膨らんだ。恒等式により、これは、フランスが巨額の財政赤字になっていることを意味する。次はスペインである。

スペインの場合、世界金融危機前、民間部門は大きな赤字であった（クリントン政権下のゴルディロックス時代の米国のようなものである）。これは、スペインの民間部門が債務を大幅に増やしていたことを意味する。政府はある程度の黒字で、経常収支は大きな赤字であった。危機によって、これはがらりと変わった——民間部門は黒字になり始め、経常収支赤字が減り、政府赤字が一気に膨らんだ（図6-5）。

最後にイタリアを見てみよう（図6-6）。イタリアは、（日本と並んで）世界最大の政府債務残高を抱えている国の1つとして（悪）名高い。

イタリアの振れ幅はかなり小さく、通貨統合以

図6-5　部門収支の対GDP比率（スペイン）

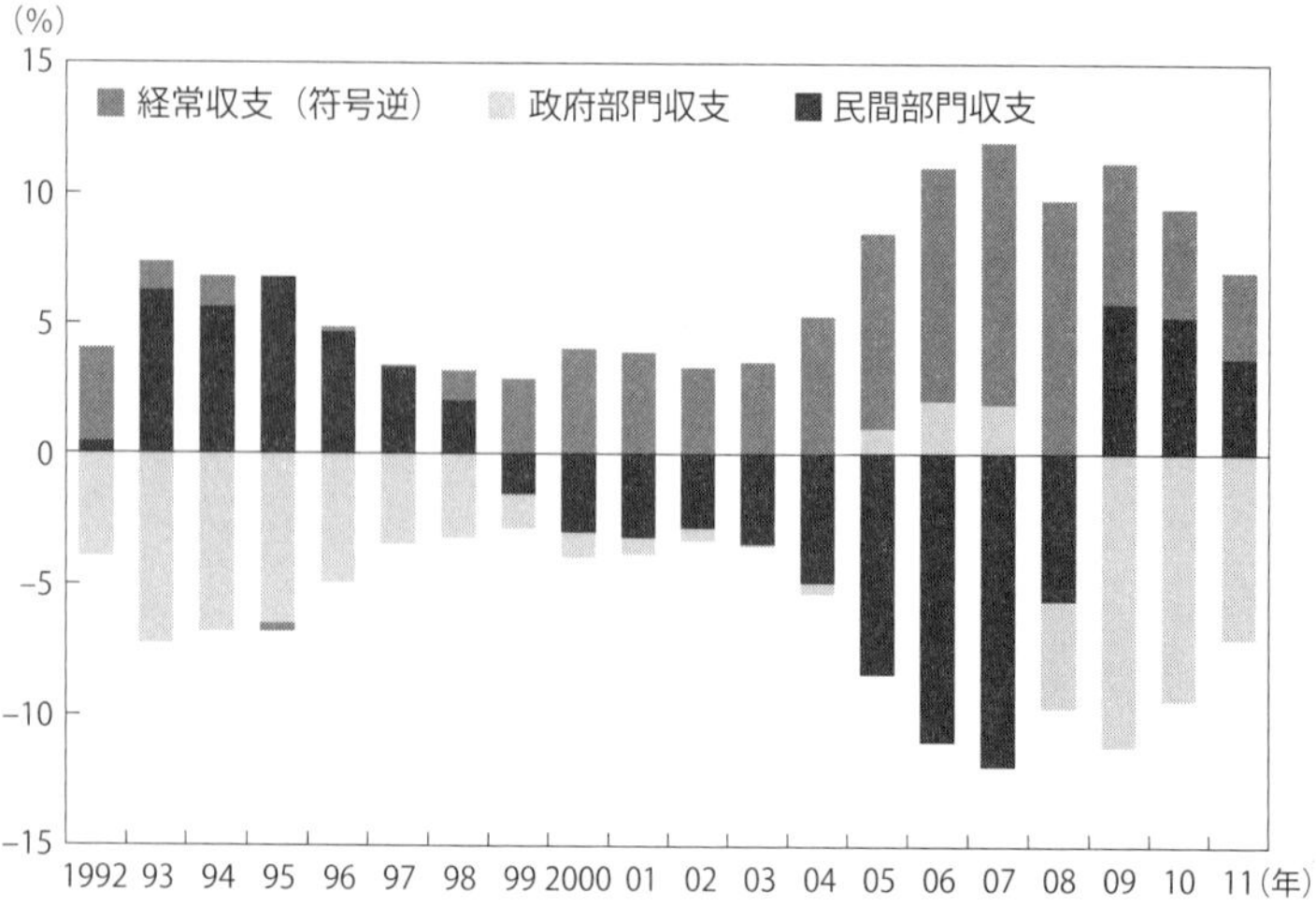

来、政府赤字はそれほど大きくなかった——危機までＧＤＰの５パーセントを下回っていた。統合後の民間部門収支は小さいながらも総じてプラスであり（２００７年と２００８年は除く）、経常収支は若干の赤字であった。ところが、ユーロ地域の危機が始まると、イタリアは最悪の乱用国の１つに選ばれた——かつては財政規律の模範とされていたスペイン同様、ＰＩＩＧＳと呼ばれる特別なグループの構成国という意味で。

残念なことに、これらの政府の一部は「創造的な会計」（債務隠し）に熱中し、それが発覚すると、非難が高まった。世界金融危機も問題の一因となり、神経質になった市場は最も安全な負債（米国債、ヨーロッパではドイツとフランスの国債）に走った。不動産バブルの破裂が、金融市場と債務を抱えた家計に打撃を与えた。また、ヨーロッパの銀行問題が、その救済措置を通じて政府債務を

図6-6　部門収支の対GDP比率（イタリア）

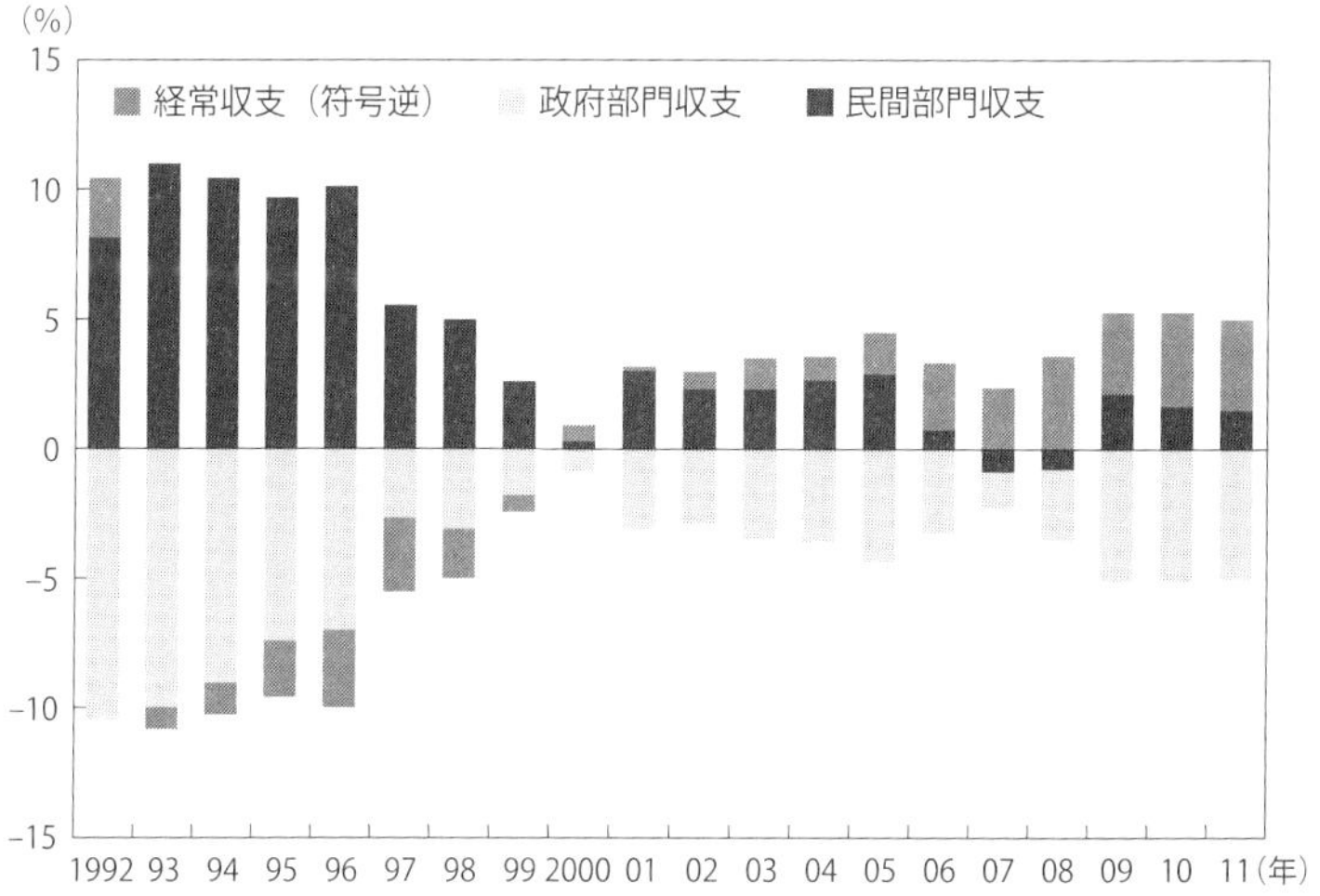

増加させた（アイルランドの政府債務問題は、経営に行き詰まった金融機関の救済措置が原因だった）。さらに、経済の減速が、政府の税収を減らして移転支出を増やした。

デフォルトを回避するために、ＥＣＢはそのルールを曲げ、救済策を準備しなければならなかった。ＥＭＵの官僚たちも、国家と通貨の完全な分離（すなわち、財政政策を主権通貨から分離すること）が賢明な考えではないことに気づき始めた。（ポール・クルーグマンのような）かつて現代貨幣理論を批判した者たちでさえ、ＭＭＴが最初から正しかったと徐々に気づき始めた——自らの主権通貨を発行する政府は自らの債務をデフォルトすることがないが、外貨を採用する政府はデフォルトリスクにさらされるのである。

いわゆるＰＩＩＧＳのほとんどの国は、世界金融危機が発生して初めて深刻な困難に直面した。

租税収入の減少と財政的な要求の増加に加え、自国の金融機関を救済しようとする国もあったからである。民間部門の債務が危険水準にあることを暴露したのもこの危機であった。金融機関は資産を圧縮し、貯蓄者は最も安全な資産に逃避しようとしたので、消費者は怯えて支出を削った。もちろん、企業は売上不振のため従業員を削減した。税収が急減し、（失業補償のような）社会プログラムに対する政府支出も増加した。つまり、これは我々が米国で目にしたものとまったく同じである——金融危機が経済不況を引き起こしたのだ。そのため、政府債務が急増し、（困難に見舞われたＰＩＩＧＳと、ドイツ、オランダ、フランスのようにより強固な経済の間の）金利差が急拡大した。凶暴な金利の力学が起動していたのだ——債務の増加がデフォルトリスクを高め、ゆえに金利が上昇して支払利息が増加し、その結果債務が急増した。

ヨーロッパ諸国の政府が、あくまでも安定成長協定（stability and growth pact）の制限（赤字をＧＤＰの3パーセント、債務を60パーセントまでに抑える）に従おうとしていたならば、それらの政府は世界危機の中で自国の経済を支えられず、世界的な（少なくともヨーロッパ大陸全域にわたる）不況を引き起こしていたであろう。そもそも安定成長協定は、財政赤字の内生的な性質によって、ほぼ間違いなく失敗することを約束された試みであった。

財政政策が景気循環の緩和に利用できるように、政府財政収支の振れ幅は、投資の振れ幅（もう少し大ざっぱに言えば、民間部門収支の振れ幅）と同じくらい大きくなければならない。比較的安定していて、高雇用を支えるシステムを作り出す手段として政府予算を利用する代わりに、ヨーロッパ人は、経済に与える影響をまったく顧慮せずに、小さい赤字を政策目標にした。しかし、たとえ安定成長協定がなくても、EMU加盟国の政府支出は市場のリスク認識による制約を受ける——それは間違いなく、EMU加盟国が米国、英国、日本のような主権通貨制度を持たないからである。

言い換えれば、EMUの協定は世界金融危機に対応する役割を果たせなかった。確かに、米国も世界金融危機にうまく対応できなかったが、それはほぼ100パーセントまずい政策のせいであった。ユーロ圏では、実行し得る最善の政策をもってしても、直面する問題に加盟国が個々に対応することはできなかったのだ。加盟国には、必要な規模で支出する能力を有する「全ユーロ圏中央財務省」のようなものが必要だった。ところが加盟国は、ECBと緊縮財政という中途半端な組み合わせに頼って迷走を続けている。それこそが、ユーロ圏が米国よりもずっと悪い形態である理由である。事実、2015年半ばの時点で、ヨーロッパは行き詰まり、金融部門はギリシャ問題に揺れているようだ。その行方は時間のみぞ知るところである。次節では、考えられる解決策を検討しよう。

6.8 ユーロの最終局面？

世界金融危機の発生以来、EMUは、打ち続く危機、そして巨大金融機関や加盟国政府の救済プランに悪戦苦闘している。各国のEU支持派の政府は、極右からも左翼からも挑戦を受けることになった。つい最近［訳注：2015年1月］、ギリシャでは反緊縮政党が選挙に勝利し、スペインでも同じことが起こりそうである。これらのポピュリスト政党は、債務減免の交渉とトロイカ（欧州委員会、ECB、IMF）が課した緊縮財政の撤廃を公約に掲げている。しかし、その理屈が通用するかは分からない。中央ヨーロッパ、とりわけドイツは依然として、問題は個々の周辺国の振る舞いにあり、ユーロの設計にあるのではないと確信しているからだ。

これはギリシャの問題ではない。アイルランドの問題でもない。ポルトガルの問題でも、スペインの問題でも、イタリアの問題でもない。これはEMUの問題であり、局所的にバンドエイドを貼るだけでは決して十分ではない。

たとえ加盟国が隣人の浪費を非難することばかりに熱中していないとしても、そもそも現在の協定は危機に対するあらゆる効果的な反応を禁止している。市場の攻撃のターゲットにされた国は、あっという間に危険な債務の罠にはまり、財政を破壊する金利上昇に襲われてしまう。他の加盟国は、せいぜい債務パッケージ——若干ゆるやかな条件での貸出——をまとめられるだけである。しかし、過大債務を抱えた加盟国が必要とするのは、債務減免であり経済成長であって、さらなる債務ではない。融資の条件として強要された緊縮財政によって、成長はマイナスに転じ、財政赤字が増え、絶望的な借入れがさらに積み上がる。

いずれにしても、債務国は債務の罠にはまってしまう。市場から借りれば金利が上がる。EMU（あるいはIMF）から借りれば引き換えに緊縮財政を押し付けられ、成長が減速して租税収入は急減する。

問題を抱えている国にとっての解決法の1つは、EMUを離脱し、政府が発行する主権通貨――つまり、ギリシャならドラクマ、イタリアならリラなど――に戻ることである。その移行は混乱をもたらし、短期的にはコストを支払うことになるだろう。しかし、その利益は、危機に対応するための国内の財政余地と政策余地が生まれることである。他方で、ユーロ建て債務のデフォルトは避けられないかもしれないし、EUによる報復もあり得る。

しかし、これは、一部で提唱されている「ゲルマン（Teutonic）対ラテン（Latin）」という2通貨制度にとっては好都合だ。この制度はユーロ圏を2つのグループ、すなわち独自通貨（例えば、ユーロT）を有する北部ゲルマン民族グループと、独自通貨（ユーロL、おそらく交換価値はずっと低い）を有する南部ラテン民族グループに分けるものである。だがこれは、例えばギリシャを別の外部通貨に縛りつけるだけだ。現在のユーロよりも安い通貨であっても、財政・金融の政策余地がないことに変わりはない。最大の国内政策余地を取り戻すには、各国が変動相場制の自国通貨を採用するのが最もよい。

解体が選択されないのであれば、唯一の現実的な解決策はEMUの改革である。多くのEMU批判者は、ユーロ圏（とりわけ周辺国）の低成長はECBのせいだと長い間主張してきた。つまり、完全雇用を達成するにはECBの金利設定が高すぎたと論じていた。しかし、この主張は正しくない。それは、低金利が望ましくないからではなく、中央銀行が最善を尽くしたところで、そもそも財政政策の制約こそがユーロ設定における真の問題だったからである。実際、数年前の論文によれば、ＥＣＢはＦＲＢと比べてさほど厳しい金融引き締め政策をとっていなかった――それでも、米国の経済パフォーマンスの方が一貫して良好だった（http://www.levyinstitute.org/pubs/wp_431.pdf）。

両者を分けたのは、財政政策であった。ワシントンはＧＤＰの20パーセントを超える予算を要求し、たいていＧＤＰの数パーセントの財政赤字である。一方、欧州議会の予算はＧＤＰの１パーセントに満たない。各加盟国はそれぞれの政府の赤字で不足分を埋めようとしたが、これがユーロ危機の問題を引き起こした。

問題は、赤字と債務の増加に対して、市場が金利上昇で反応したことであった。米国、日本、英国のような通貨主権国とは異なり、ＥＭＵ加盟国は外部通貨の利用者であることを市場は認識しているのだ。ＭＭＴは、ＥＭＵ加盟国は米国の州によく似ているとずっと主張してきた。米国であれば、市場が州に均衡予算を強制し、ワシントンが財政移転によってその痛みを緩和するので、深刻な問題はある程度回避できる。だがＥＭＵ加盟国の場合は、財政赤字に対して支払利息が占める割合が米国の州よりも大きくなってしまうので、（債務を抱えた加盟国にとっての）国外債権者にそれだけ多くの利息が流出してしまい、最善の財政刺激策とならない可能性がある。

ＥＭＵの弱点を知れば、その解決策を見出すのは難しいことではない。まず考えられる解決策は、欧州議会の財政政策余地を広げることである（例えば、債務を発行する能力を持たせ、その予算をＧＤＰの15パーセントにまで増やせばよい）。支出の決定を中央に集中させるべきか否かは政治的な問題である――資金は、単純に人口比例方式で、各国に配分することもできる。

実質的に同じことがECBによっても達成可能である。ECBが、EMU加盟各国が発行する政府債務を、例えばユーロ圏のGDPの最大60パーセントまで購入できるようにルールを変えればよい。ECBは、これらの債務の買い手として金利を設定することができる――その金利はECBの翌日物金利誘導目標、あるいはそれに若干上乗せした水準とすることが最善かもしれない。政府債務購入の配分は、各加盟国のGDPに基づくものになるだろう。さもなければ、人口比例方式もあり得よう。

こちらに関しては、各加盟国から政府債務を購入するために債務を発行する、ECBを後ろ盾とした「全ユーロ圏基金」とでも言うべき機関の創設など、様々なバリエーションが考えられる。しかし、そこで絶対に必要なのは、中央の支援がある――ECBやEUが債務の後ろ盾になっている――ことである。そうすれば、低金利の維持が可能になり、「市場原理」や金利の急騰による債務の悪循環を排除できるだろう。一定の算式（例えば人口比例方式）に基づいて全加盟国を対象に貸出を行いつつ、どの加盟国も同一の金利を利用できるようにすべきである。

これらはすべて、技術的には簡単で経済的には健全な提案である。だが、政治的には困難を伴い、EUが時間をかければかけるほど困難なものになる。危機は分裂や解体の圧力を高め、最終的な分離の可能性を高め、対立を煽るだけである。そして、それが真の解決を遠ざけ、「大恐慌2・0」――景気後退とフィッシャーの負債デフレーション力学の組み合わせ――の可能性をさらに高めてしまう。

改革によってユーロ圏を救えるか？

現時点で、ＥＭＵが改革に向けてどのような道を進むか予測することは不可能である。しかし、２つの明快な解決法がある。１つ目は、通貨統合に合わせて財政統合を成し遂げることである。２つ目の選択肢は、ＥＣＢに加盟国の政府債務を買わせることである。ユーロの発行者として、ＥＣＢは常に政府債務を購入する「支出能力」がある――加盟国の中央銀行のために、自らのバランスシートに記帳するだけでよい。

どちらの解決法も、本質的に財政当局と通貨を再統合し、「より完全な統合」を達成するだろう。国家と通貨を分離することは財政政策に無用の制約を加え、ほぼ確実に危機を引き起こす。唯一の例外は、経常収支黒字を持続できる国である――それが、ユーロのために自国通貨を捨てたにもかかわらず、ドイツが（まだ）危機に直面していない理由だ。

部門収支の議論に戻ろう。民間部門が金融資産の純貯蓄を欲する一方で、経常収支がゼロならば、政府赤字は民間部門黒字と等しくなければならない。ＥＭＵ全体としては、経常収支は問題ではなかった（ユーロ創設以来、時折若干の赤字となることもあるものの、基本的には若干の経常収支黒字が続いている）。しかし、個々の加盟国を見れば、大きな経常収支赤字の国もあり、それは持続不可能な政府財政赤字を意味していた。

最後の選択肢はＥＭＵの解体である。これは一時的に大混乱を招くかもしれないが、各国が自国通貨を再び採用すれば、自国の経済問題を解決するための国内政策余地を取り戻すことになる。我々はユーロ終焉の可能性を排除することができない――結末は時間のみぞ知るところである。

6.9 為替相場制度と政策余地――結論

為替相場制度の選択と、それに対応する国内政策の独立性の関係を簡単にまとめておこう。

・変動為替相場で主権通貨

→最も政策余地が大きい。政府は自国通貨で売られるものなら何でも購入できる「支出能力」がある。自国通貨におけるデフォルトリスクはない。政府支出が大き過ぎると、インフレや通貨安が起きる可能性がある。

・管理された変動為替相場で主権通貨

→政策余地がやや小さい。政府は自国通貨で売られるものなら何でも購入できる「支出能力」がある。ただし、国内政策が通貨を望ましい為替レートの範囲から逸脱させる圧力を生んでしまう可能性があるので、為替レートに対する影響に注意しなければならない。

・固定為替相場で主権通貨

→3つの中で最も政策余地が小さい。政府は自国通貨で売られるものなら何でも購入できる「支出能力」があるが、固定相場を維持するのに十分な外貨準備を維持しなければならない。状況次第で、これは国内政策余地に厳しい制約を与える可能性がある。外貨準備を失ってしまうと、固定レートで交換する約束について直ちにデフォルトとなる可能性がある。

本書で論じている政府のオペレーションは、3つの制度すべてに当てはまる。政府は銀行口座に振り込むことによって支出し、銀行口座から引き落とすことによって課税し、「利付きの、準備預金の代替物」を提供するために国債を売却する。しかし、国内政策目標を達成するためにこれらのオペレーションを利用する能力は、為替相場制度によって異なる。

固定為替相場制の場合、政府は国内通貨と引き換えに何かを売ろうとする売り手がいる限り支出を増やすことができる。しかし、政府は為替レートへの影響（例えば、輸入によって外貨準備が失われることによる影響）を恐れて積極的に支出を増やそうとしないかもしれない。

確かに、変動為替相場を採用する国でも、為替レートへの圧力を避けるために国内政策に制約を設けるかもしれない。しかし、固定為替相場を採用している政府は、固定するという約束についてデフォルトを強いられる可能性がある。一方、変動相場制もしくは管理された変動相場制を採用する政府は、していない約束のデフォルトを強いられることはない。

このように、固定為替相場制の方が、制約はより厳しい。固定レートで交換する能力についての懸念を引き起こすものは、自動的にデフォルトの不安を生むからである（結局どちらも同じことである）。

その不安は信用格付けの引下げと金利の上昇をもたらし、債務返済コストを増加させる可能性がある。(政府が固定レートで交換することを約束している)兌換通貨の場合、海外部門が保有する政府債務はすべて、事実上外貨準備に対する債権である。交換能力に懸念が生じた際に、デフォルトリスクがないことを保証するのは、債務額に対して100パーセントの外貨準備だけである。

これに対して、国内部門が政府に対して保有する債権の影響は同じではないかもしれない。政府は国内居住者をある程度コントロールできるからである——例えば、政府は増税し、支払いを自国通貨だけに限定することを要求できる。国民に対して外貨への交換を禁止することもできる。米国が金本位制だった時代でさえ、アメリカ人は金《きん》への交換を禁じられていたことを思い出して欲しい。それでもやはり、海外部門が政府に対して保有する債権に関しては、100パーセントの外貨準備があって初めて、その返済を確実なものとすることができる。

第7章 主権通貨の金融政策と財政政策

政府は何をすべきか？

本章では、政府は何をすべきかについて論じよう。また本章では、変動レートの自国通貨を発行する政府、すなわち支出能力の制約に直面しない政府を専ら取り扱う。変動相場制は最も大きな国内政策余地を提供する。為替レートを固定あるいは管理する国は、自国の状況次第で政策余地が小さくなる可能性がある。

本章では、政府には自国通貨で売られるものなら何でも購入できる「支出能力」があることを前提として、政府の適切な役割について一般通念とは異なる考え方を検討する。最初に、政府支出が制約されなければならない5つの理由を確認する。その後、政府の役割の範囲に関する典型的な「保守」と「リベラル」の考え方を比較対照する（この2つの用語は、米国特有の意味で使われる。米国のリベラルの考え方は進歩主義者、社会民主主義者、ヨーロッパの「左翼」の考え方に近く、保守の考え方は米国以外で「リベラル」あるいは「ネオリベラル」と呼ばれるものに近い)。

7.1 支出する能力があるからというだけで、政府は支出を増やすべきだということにはならない

政府がどのように支出するかを理解すると、実は「支出能力」は問題ではないという結論にたどり着く――政府は、望みどおりに支出するのに必要な「キーストローク」を常に行う能力がある。しかしこれは、そうすべきだという意味ではない。政府支出を制約する正当な理由をいくつか挙げることができる。

- 過大な支出はインフレを引き起こす可能性がある。
- 過大な支出は為替レートに圧力を加える可能性がある。
- 政府による過大な支出は、民間のためにほとんど資源を残さないかもしれない。
- 政府がすべてを行うべきではない――インセンティブへの影響をねじ曲がったものにしてしまう可能性がある。

・予算編成が、政府のプロジェクトを管理し評価する手段を提供する。

例えば、政府が冥王星探査のためにロケット科学者を1000人、新たに雇用することを決めたとしよう。最初に考慮すべきことは、必要なスキルを有し、かつ雇うことができるロケット技術者が1000人いるかどうかである。たとえ政府が望ましい支出計画を実行する支出能力があっても、資源が利用できなければそのミッションは完遂できない。政府は、利用可能な「現実の資源」という制約に常に直面している。これと関連して、現在あるインフラ、技術、知識が、目標を達成するという役割を果たせるかどうか見極めなければならない。これはもちろん重要な問題である。これらの条件は揃っていると仮定しよう。

2番目に考慮すべきことは、資源の別の用途との競合――いわゆる「機会費用」――と関係する。1000人のロケット科学者が、政府に雇用されなければ仕事がないのであれば、冥王星のミッションのために彼らを雇う機会費用は低い、もしくはゼロである（例えば、仕事がなければ彼らは家で子供の面倒を見るだろうから、彼らを雇うことの機会費用とは、やめることになる子守りの価値である。お分かりだろう――その機会費用はゼロではなさそうだが、失業中の労働者が自分にふさわしい仕事に就くことの利益と比べれば非常に低いだろう）。

もっと重要なのは、ロケット科学者の多く、あるいはほとんどが、民間部門であれ他の政府プロジェクトであれ、既に働いている可能性が高いということである。主権を有する政府は支出能力の制約に直面することがないため、その気になれば民間部門に賃金で競り勝てる。そうなると、ロケット科学者の賃金が高騰してしまうので、民間部門は彼らの雇用をあきらめて、他の資質を持った労働者を雇用するか、あるいは事業そのものをたたむことになる。民間部門に対する影響は複雑なものになる可能性がある――ロケット科学者やある程度その代替が可能なスキルを有する労働者を使用する産業部門における、賃金と生産コストの上昇、ひいては生産減少さえも引き起こしてしまう可能性が高い（おそらく、一定の目的に限れば、ある分野の技術者であればロケット科学者とほぼ同等の適性があるだろうから、企業はその技術者たちの賃金も競り上げてしまうだろう）。少なくとも、冥王星のミッションが「ボトルネック」――ある重要な資源が、他の重要な資源との比較において不足すること――をもたらす可能性があり、（おそらく数は限られるが）何らかの価格が大幅に上昇する。公共政策は、ロケット科学者を雇用する機会費用を、他の雇用とは分けて考えるべきである。

さらに、新しい政府プログラムの規模が大きすぎて、労働者や他の資源の争奪戦が起きれば、波及効果によって他の賃金や価格が上昇するかもしれない。例えば、第二次世界大戦のような大規模な戦争の間、政府は労働者を徴兵するのみならず、資源を戦争遂行のための生産に振り向ける。割当や賃金・物価の統制がなければ、これが全般的な物価・賃金のインフレを引き起こす可能性がある。なお、インフレの発生には大規模な戦争が必要なわけではない。政府支出が景気を完全雇用以上に押し上げれば、大規模な戦争がなくてもインフレが起きる可能性が高い。

同時に、国内の雇用と所得が高水準になると、状況によっては貿易赤字をもたらす可能性がある

（先に論じたように、輸入品に対する国内の需要が、輸出品に対する海外の需要に比べて増加するため）。これが為替レートに影響を与えるかもしれない（ただし、貿易赤字と通貨安の相関関係は、確実と言うには程遠いものではあるが）。

従って、政府により多く支出する能力があるとしても、他の（おそらくは、より望ましい）用途から資源を引き抜くことの結果だけではなく、物価や為替レートに与え得る影響も慎重に考慮しなければならない。

政府支出を制約する理由は他にもある。例えば、「福祉」への支出がインセンティブに影響を与えると、保守派はしばしば主張する。強力な社会的セーフティーネットは、政府の施しによって常に裕福に暮らせるから、本当は誰も働く必要がないというシグナルを送るかもしれない。あるいは、政府による企業の救済は、何が起ころうと政府が損失を補填してくれるだろうという考えから、経営者に過剰なリスクを取らせてしまうかもしれない。さらに、腐敗した政府は、お友だちを助けるプログラムには支出するが、本当に支援が必要なグループへの支援はすべて拒否するかもしれない（これは、しばしば「縁故資本主義」と呼ばれる）。従って、政府プログラムの結果は複雑で意図しないものになる可能性がある。

民間部門に与える影響も分析する必要がある。公的利用に配分するために民間利用から抜き取る資源が多いほど、政府部門が膨張して民間部門が小さくなりすぎる可能性が高くなる。公共目的達成のために十分な資源を配分する一方で、民間の目的達成のために民間部門にも十分な資源供給を残しておく必要がある。明らかに、これは経済だけの問題ではない（次節を見よ）。

政府支出プログラムの実施に際しては、これらすべてが考慮されなければならず、結果が芳しくないと、政府支出の規模に関してもっともな懸念が生じる——それは、支払不能の可能性の問題ではなく、政府プログラムの望ましくない（そして、ドナルド・ラムズフェルドがまさに「未知の未知」と言っているような）影響によって生じるものである。

最後に、政府は自主制約の一形態である予算を利用すべきであり、実際に利用している。一般的には、選挙で選ばれた代表が、特定のプロジェクトに支出する金額を割り当てる。そしてプログラムの管理者は、予算の範囲内でプロジェクトを完了させる責任を負う。予算超過は、管理ミスの指標となり得る。予算編成手続きは「終わりの見えない展開（mission creep）」——管理者の権限を拡大し名声を高めるために、プロジェクトを拡大すること——に対するインセンティブを減らすのにも役立つ。つまり、主権を有する政府による予算編成は、プロジェクトの統制と評価のための有用な仕組みを提供する。政府は常に支出を増やす能力があるが、予算編成は説明責任のための現実的な手段を提供する。

「支出能力」の制約がないことは、政府が制約なしに支出をすべきだという意味ではないことを確認してこの節を締めくくろう。次節で論じるように、政府支出は「公共目的」の達成に向けられるべきである。

7.2 「自由市場」と公共目的

現代の資本主義経済においては、家計や企業は多くの重要な経済的判断を行う。その判断は、雇用と生産の水準、生産の構成、所得の分配、生産物の販売価格の決定に寄与する。

自己の利益のみを追求する個人から成る「自由市場」経済は、あたかも「見えざる手」によって導かれるように、「調和的に」動くことができるという主張が時になされる。現代の資本主義経済はしばしば「市場」経済だと言われるが、多くのあるいはほとんどの経済活動が市場の外で行われていることを認めないわけにはいかない。例えば、多くの活動が家庭、親族および社会的集団の中でなされている。親は（ほとんどの場合）、金銭的な報酬や「市場原理」による誘因がなくても自分の子供の面倒を見る。そして、経済学者のロナルド・コースがかなり前に証明したように、企業内の生産組織は、企業の効率性を高めるために、「市場」が果たす役割を小さくしようという意図的な試みである。（垂直および水平統合を含む）産業構造も、市場原理を打ち砕くために構築される。労働組合と経営管理組織は、市場を団体交渉に置き換える。

このような現実を踏まえれば、資本主義経済が経済学の教科書の「自由市場経済」とほぼ同じであると結論づけるのは完全なこじつけであろう。ましてや、政府を排除すれば現実の経済は見えざる手によって均衡に導かれると信じるなど、まったくの盲信とさえ言えるだろう。

事実、このような結果に到達するのは高度に定型化され単純化された経済を前提とした一定の条件の下でのことであって、そうした条件が現実に存在するとは考えられないことを、経済学者たちは1950年代までに厳密に立証している。つまり、「自由市場」が最善であるという主張に科学的な根拠はない（それは「見えざる手」が機能する可能性がないことを「証明」してはいない――分からないだけだ――が、その可能性には極めて懐疑的であるべきである）。

いずれにせよ、自由市場が最善であるというこれらの主張は、一定の仮定に基づく経済になら当てはまるとしても、現実の現代資本主義経済にとっては無意味である。

これは、現代のあらゆる資本主義経済が、（多国籍企業を含む）巨大企業、労働組織、大きな政府の「混合体」だからである（米国連邦政府は世界最大の買い手と言われている）。個人や企業は、制約も権限も与えられる社会・政治・文化・経済的構造の中で活動している。個人や企業の目的は公共目的と呼ばれるものと一致することもあるが、一致しないことも多い。本節では公共目的について、および民間の利益と公共目的を調整しようとする際に政府の果たす役割について議論する。

公共目的とは何か？　これを定義し、あるいは特定することは容易でない。あらゆる社会組織の基本的な機能の1つは、必要な食料、衣類、住居、教育、医療、法的枠組み、そして社会の存続に必要な「社会化」［訳注：個人が、所属する集団の成員として必要な、規範・価値意識・行動様式を身につけること］を供給することである。本書の主題はマクロ経済学であるが、経済学の領域と、社会過程を研究する他の社会科学の関心事に厳密な区別はない。通常、我々は経済を生存の物質的手段――食料、衣類、住居など――の供給を担う社会構造の主要部分だと考える。しかし、経済は常に全体としての社会構造の中に埋め込まれており、文化、政治、社会制度に影響を与え、与えられる。優れた経済構造というものはすべて、人々のために十分な食料が生産可能であるべきことに同意できるとしても、なお未解決な多くの疑問が残る。それはどんな食料か？　それはどのように生産されるべきか？　どのように分配されるべきか？「十分な」とは何を意味するのか？

さらに、どんな社会においても個人と集団の関係は調和しない。両者の間には調整されるべき、相反する主張と目標が常に存在する。社会の全員がその実現を目指して努力したいと思うような、唯一かつ明白な公共目的は存在しない。たとえ社会の大多数が目指したいと思う一連の目的を見つけられたとしても、時間が経ち希望や夢が進化するにつれて、それは間違いなく変化するだろう。公共目的は進化する概念である。中央政府とは、公共目的を明確にし、個人と集団が社会的な（公共および民間の）目的の達成を目指して努力する社会構造を確立するのに役立つ存在である――従って中央政府は、社会において重要な役割を果たさなければならない。これをよりうまく実行できるのが、民主的な政府であると長らく考えられてきた。しかしながら、どのような形の民主制が採用されるべきかは明白でない。

結論として、3つの重要なポイントを指摘しておこう。第1に、公共目的は広範かつ進化するものであり、それゆえ時代や場所によって変化する。公共目的は、本質的に進歩的な（米国的な意味ではリベラルな）政治課題であり、社会全員の物質的、社会的、身体的、文化的、精神的幸福を絶えず改善しようと努力するものである。公共目的は、その限界が絶えず伸張するため終点がないという意味で、本質的に「野心的」である。

第2に、中央政府は国際的な組織と同様、我々が目指す社会像の形成において重要な役割を果たさなければならない。あらゆるレベルの政府は目標の設定にとどまらず、そうした目標を公共目的として達成することを目指して、制度、行動規範、目的に反する行為に対する処罰といった枠組みを定める上で主導的な役割を果たさなければならない。

すると、こうしたすべてを巡って激しい論争が巻き起こる――これが第3のポイントである。さらに、ある目標が別の目標と衝突することもありそうだ――つまり、1つの目標を達成しようとすると、別の目標の達成が困難になってしまうかもしれない。国内の利益団体が、目標達成のために立案された政策に対して激しく抵抗するかもしれない。

以上の議論は、明らかに経済学の範疇をはるかに超えて、政治学、社会学、宗教、イデオロギー、文化の領域に属するものである。一般的に、保守派は公共目的を狭く捉えがちであり、政府を制約したがる。リベラル派は、公共目的の達成において政府が果たす役割をより大きく考える。経済学はこの問題に多少の光を投じることはできるが、決定的な答えを出すことはできない。

後に、保守派（オーストリア学派）からのMMTへのアプローチを検討するつもりである（8・7節を見よ）。そこでは、公共目的が非常に狭いものであることを前提とした「小さな政府の経済」とも、

MMTが完全に矛盾しないことが分かるだろう。これは本書で採用されている考え方ではないが、MMTアプローチと矛盾しない考え方である。こうした認識は重要である。MMTはそれ自体左でも右でもなく、ある意味で1つの説明である。とはいえ、よりリベラルな公共目的のビジョンにMMTを加えたり、あるいは公共目的に「完全雇用と物価安定」または単に「経済の安定」を加えたりした場合の方が、「政府にはこのような政策を実行する『支出能力』がない」という考え方を即座に斥《しりぞ》けてくれるMMTは、公共目的を達成する方法を見つける上でより有益な理論となる。

7.3 機能的財政

1940年代、アバ・ラーナーは、彼が「政策に対する機能的財政アプローチ」と呼ぶものを考案した。そこで彼は2つの原則を提示した。

第1原則：国内の所得が低すぎる場合、政府は支出を（租税との比較において）増やす必要がある。失業はこの状態の十分な証拠であるから、失業が存在するならば、それは政府支出が少なすぎる（あるいは租税が高すぎる）ことを意味する。

第2原則：国内金利が高すぎる場合、それは、金利を下げるために、政府が銀行の準備預金という形で「貨幣」の供給を増やす必要があることを意味する。

この考え方はいたって単純である。変動相場制の自国通貨を発行する政府は、完全雇用を達成し、金利誘導目標を自らが望む水準に設定するのに十分な支出を行うための財政政策・金融政策の余地を有する。主権国家にとって「支出能力」は問題ではない。主権国家は、決して足りなくなることのない自らの負債（貨幣）を銀行口座に振り込むことによって支出する。政府には常に失業者を雇う支出能力があり、失業者は当然、貨幣のために進んで働く。

ラーナーには、これが、政府が青天井で支出すべきだという意味ではないこと、つまり支出が増え続ければインフレを促進するであろうということが分かっていた（そして前述のとおり、ＭＭＴも機能的財政も政府支出が為替レートに影響しないとは考えていない）。ラーナーが最初に機能的財政アプローチを考案したころ（１９４０年代の初め）、インフレはさほど大きな懸念事項ではなかった。米国は大恐慌のデフレを脱したばかりであったからだ。しかし、やがてインフレが深刻な懸念事項となり、ラーナーはインフレを抑制するために一種の賃金・物価統制策を提案した（彼は、経済が完全雇用に近づけばインフレになると元々考えていた）。それがインフレ圧力を弱めるのに効果的で望ましい方法だったか否かは、ここでは問題ではない。重要なのは、ラーナーが、政府はインフレ対策を講じなければならないかもしれないと認識しつつも、「政府は、経済を完全雇用状態に持って行くために、その支出能力を利用すべきである」と主張していただけだということである。

ラーナーは、「健全財政」の考え方――政府は家計や企業と同じように財政を運営すべきだという考え方――を否定した。彼には、景気循環の間も毎年（あるいは恒常的に）、政府が財政を均衡させようとすることの合理性が見出せなかった。ラーナーにとって「健全」財政（均衡予算）は「機能的」ではない。健全財政は公共目的（例えば完全雇用）を達成するのに役立たない。予算が時折均衡するのであれば、それはそれでよい。しかし、まったく均衡しなくとも、一向に構わない。彼はまた、政府の財政赤字の対GDP比を特定の水準未満に保とうとするあらゆる試みを否定し、あらゆる意味での債務残高の対GDP比についてもまた同様であった。「正しい」赤字とは、完全雇用を達成する赤字のことである。

同様に、「正しい」政府債務比率とは、望ましい金利目標の達成と両立する比率のことである（これらを、先に議論した赤字比率と債務比率の「持続可能性」に関する通俗的な考え方と比べてみよ）。これは第2原則から導き出される。政府が国債を過剰に発行しているということは、準備預金と現金が過少ということである。その解決策は、財務省と中央銀行が国債の売却をストップすることであり、さらに中央銀行が公開市場での国債買入れを実施することである。それによって、銀行の準備預金や市中の現金が増加するので翌日物金利が低下する。

政府は、望ましい「貨幣（準備預金と現金）」と国債のポートフォリオ・バランスを、銀行、家計、企業に達成させるようにすべきだ――第2原則は、基本的にこう言っているだけである。従って、政府の国債売却は、本当は政府の赤字支出に必要な「借入」オペレーションではないということになる。もっと正確に言えば、国債売却は、中央銀行が金利誘導目標を達成するのを手助けするように設計された金融政策の一部である。これらはすべて、これまでに示した現代貨幣の考え方に一致している。

コラム

ミルトン・フリードマン版機能的財政――財政政策と金融政策の統合案

財政赤字の危険性に関する現在の通俗観念に照らせば、ラーナーの考え方はいささか急進的に感じられる。ところが驚くべきことに、ラーナーの考え方は、当時はさほど急進的ではなかった。誰もが知るとおり、ミルトン・フリードマンは保守派の経済学者で、「大きな政府」とケインズ経済学の猛烈な批判者であった。財政政策と金融政策の双方に制約を与えるというテーマに関して、フリードマン以上に確固たる地位を築いた者はいない。しかしながら、1948年、彼はラーナーの機能的財政の考え方とほとんど同じ提案を行っていた。このことは、今日の議論が、主権を有する政府が利用可能な政策余地の明確な理解からいかにかけ離れたものになってしまっているかを示している。また、ラーナーの考え方が、経済学者の間で――言わば「空気のように」――政治的な立場を超えて広く共有されていたに違いないことも示している。後に、このテーマに関するポール・サミュエルソンのコメントも紹介するが、それは、今日の財政政策および金融政策に関する混乱について、説得力のある説明をもたらしてくれる。そこでサミュエルソンが示唆しているように、この混乱は問題を神秘化するために意図的に作り出されたものである。

ミルトン・フリードマンは、1948年の論文"A Monetary and Fiscal Framework for Economic Stability（経済安定のための貨幣と財政の枠組み）"において、政府が完全雇用の場合のみ均衡財政となり、景気後退期には赤字に、景気過熱期には黒字になるような提案を行った。戦後初期において、大半の経済学者がこのフリードマンの考え方を共有していたことは、ほぼ疑いの余地がない。しかし、フリードマンはそこからさらに進んで、ラーナーの機能的財政アプローチとほとんど同じところまでたどり着いていた。すなわち、すべての政府支出は政府の貨幣（現金通貨と銀行の準備預金）の発行によって支払われ、租税が支払われるとこの貨幣は「破壊」される（あなたが、自分の借用書が手元に戻ってきたら、それを破り捨てるように）。従って、財政赤字は貨幣の純増、財政黒字は貨幣の純減をもたらす。

要するに、フリードマンは、金融政策と財政政策を結合させて、反景気循環的な方法で貨幣の放出をコントロールするために予算を利用することを提案した（彼はまた、銀行に100パーセントの準備を要求することによって、銀行による民間の貨幣創造を排除しようとした――これは、1930年代初めのアーヴィング・フィッシャーとヘンリー・サイモンズから得た考え方である。そうなると、民間銀行による正味の貨幣創造は存在しない。つまり、民間銀行は、政府が発行した貨幣という準備を蓄積した場合にのみ、銀行貨幣の供給を拡大することになる。フリードマンの提案のうち、この部分についてはこれ以上触れないが、それが実行されれば、財政赤字と貨幣創造は1対1の関係になる）。これは、金融政策と財政政策を「二分する」、後の一般的な考え方（教科書で習うIS-LMモデルと関連するような考え方）とはまったく対照的なものである。その後、フリードマンもまた、中央銀行はマネーサプライをコントロールすべきだと論じて、財政政策と金融政策の結合を切り離した。

しかし、少なくとも1948年の論文においては、ラーナーのアプローチと一致する形で、明らかにその2つを結びつけていた。

フリードマンは、金融政策と財政政策がその結合した力をもって機能する自身の提案が、経済の安定に資する反景気循環的な強い力になると信じていた。つまり、失業が存在する時には赤字および正味の貨幣創造となり、完全雇用の時には黒字および正味の貨幣破壊となる。さらに、彼の反景気循環的な刺激の提案は規律に基づくものであって、裁量的な政策に基づくものではない。それは、自動的に、素早く、常に最適な水準で機能する。よく知られているように、彼は後に裁量的な政策を信用しないことで有名になり、「当局」よりも「規律」を支持していた。この1948年の論文では政策を、生産と雇用を自動的に最大水準付近で安定させる規律と結びつける適切な方法が示されている。

フリードマンの提案は、実は、主権国家における物事の動き方の説明に非常に近い。政府は「ハイパワードマネー」を創造する——つまり、準備預金を振り込む——ことによって支出を行う。課税の際はハイパワードマネーを破壊し、準備預金を引き落とす。赤字は、必然的に正味の準備預金注入、つまりフリードマンが「貨幣創造」と呼んだものをもたらす。

政府は租税によって支出をファイナンスしている。赤字になったら、支出のために、政府は自らが発行した貨幣を再び借りなければならなくなる——ほとんどの人が、こう信じるようになってしまった。しかし、財政オペレーションがバランスシートに与える影響の綿密な分析結果は、いずれもフリードマン（とラーナー）が概ね正しかったことを示している。つまり、政府は、バランスシートにキーストロークで記帳する「貨幣創造」によって支出する。

しかし、もしそうだとすれば、なぜ我々は完全雇用を維持できないのだろうか？　問題は、自動安定装置が民間需要の変動を完全に相殺するほど強力ではないことである。だからこそフリードマンは、経済が完全雇用に達していない限りは財政赤字を、ひいては正味の貨幣放出を認めていたのだろう。繰り返すが、これはラーナーの機能的財政の考え方に非常に近く、戦後初期の経済学者の一般的な考え方であった。しかし、今日では、それを支持するまともな経済学者や政治家はほとんどいない――ほとんどの人々が、それはインフレを招き、かつ／また財政を破綻させると信じている。これが今日の経済学教育の惨状である。

フリードマンの提案によれば、政府の大きさは、国民が政府に何を提供して欲しいかによって決定されることになる。すると、税率は、完全雇用の場合にのみ財政が均衡するような形で設定されるだろう。これは明らかにラーナーのアプローチと一致している。つまり、失業が存在するならば、政府は、財政赤字を心配することなく支出を増やさなければならない。基本的に、フリードマンの提案は、予算を反景気循環的に動かすことによって自動安定装置として機能させることである。そして、現代の政府の予算は実際このように機能している――つまり、景気後退期には赤字が膨らみ、景気拡大期には赤字が縮小する。景気が力強く拡大していれば、黒字にさえなる（米国では、クリントン政権期にこれが起きた）。しかし、たいていの場合は、経済を完全雇用状態に保つための、この赤字方向への振れが十分でない。

7.4 「機能的財政」対「政府予算制約」

ラーナーの機能的財政アプローチは、1970年代までにほとんど忘れ去られてしまった。それどころか、学問の世界では、「政府予算制約」として知られるものに取って代わられていた。その考え方は単純なものである。つまり、政府の支出は租税収入、借入れ（国債売却）の能力、「紙幣印刷」によって制約される。この考え方によれば、政府は実際に租税収入から支出し、租税収入の不足をファイナンスするために市場から借入れを行う。それでもうまくいかなければ政府は印刷機を回すことができるが、この行為は非常にインフレを引き起こしやすいと信じられているので、ほとんどの経済学者が忌み嫌っている。それどころか、経済学者たちは、紙幣印刷による支出の「ファイナンス」を戒める教訓としてハイパーインフレのエピソードをしきりに持ち出す（例えば、ドイツのワイマール共和国、ハンガリーの経験、あるいは最近ならジンバブエのハイパーインフレのエピソードである。なお、高インフレ率については第9章で考察する）。

ここで、関連する2つの論点に注目してみよう。1つ目は、政府は家計とまったく同じように「制約を受ける」というものだ。家計には所得（賃金、利息、利潤）があり、それが足りなければ銀行や他の金融機関からの借入れによって赤字をやり繰りすることができる。政府は、家計には不可能な紙幣印刷もできると認識されてはいるのだが、これは特別な行為――最後の手段で、その上悪い考え――だと見なされている。

政府のすべての支出が、銀行口座への振込み、すなわちキーストローク（「所得からの支出」よりも「紙幣印刷」に似ている）によって行われていることは認識されていない。つまり、主権通貨の発行者として、政府が必要な「貨幣」の供給を納税者や金融市場に頼ることはあり得ないのだが、このことを通俗的な考え方は認識していない――これが2つ目の論点である。そもそも、納税者や金融市場は、（支出もしくは貸出によって通貨を生み出す）政府から受け取った「貨幣」を政府に供給できるだけである。納税者は政府の負債を使って租税を支払い、銀行は政府から国債を購入するのに政府の負債を使う。

経済学者たちによるこうした混乱のせいで、今度はメディアと政策担当者がこんな考え方を広める――たえず租税収入を上回る支出をする政府は、いつかは市場が「貸出をストップする」にもかかわらず、「分不相応な暮らし」をしており、「支払不能」を軽く見ている。確かにこのような間違いを犯していないマクロ経済学者もおり、彼らは、政府が自らの通貨で支払不能になり得ないことを認識している。「印刷機を回す」ことができる政府が、期限の到来時にすべての約束を果たせることももちろん認識している。にもかかわらず、そんなことをしたら国がインフレやハイパーインフレの危険にさらされるという思い込みから、彼らはそのことを考えると身震いしてしまう。

政策担当者による議論の混乱は、（少なくとも米国では）はるかにひどいものだ。例えば、オバマ大統領はその任期中に、米国政府には――クッキーの瓶に貯めたお金をすべて使い果たしてしまった家計のように――「お金がない」とたびたび訴えた。

どうしてこんなことになってしまったのか？ ラーナーやフリードマンが明確に理解していたことを、どうして忘れてしまったのだろうか？

1960年代後半から1990年まで（少なくとも周期的に）、米国（と多くの国）は実際にインフレ圧力に直面していた。インフレは過大な政府支出によって起きると信じていた人々は、インフレと闘う「均衡予算教」の創始を煽り立てることに手を貸した（ポール・サミュエルソンの考え方については、コラムを見よ）。問題は、経済学者や政策担当者が最初は「神話」と認識していたものが、真実として信じられるようになったということだ。つまり、間違った理解が広まってしまったのである。

もともとこの神話は、過大な支出を行ってインフレを生み出してしまう政府を制約するという意味で、「機能的」だったかもしれない。しかし、多くの有益な神話と同様に、この神話は「有害な神話」になってしまった（有害な神話とは、ジョン・ケネス・ガルブレイスが「悪意なき欺瞞」と呼んだもの、つまり適切な行動を妨げる根拠のない確信の一例である）。主権を有する政府が、支払不能に陥ってしまうかもしれないので、自分には本当に望ましい政策に取り組む「支出能力」がないと信じ始めた。皮肉なことに、1930年代の大恐慌以来最悪の経済危機の最中に、オバマ大統領は、米国政府には「お金がない」――政府は最も望ましいと思われる政策に取り組む支出能力がない――と繰り返し訴えたのだ。失業率が10パーセント近くに上昇した時、政府は麻痺状態であった。政府は、ラーナー

（とフリードマン――前節のコラムを見よ）が提唱した政策――経済を完全雇用に戻すために十分な支出を行うこと――を実行できなかった。

しかし、危機の間、FRB（および、イングランド銀行や日本銀行を含む他のいくつかの中央銀行）は基本的にラーナーの第2原則に従った。つまり、FRBは、翌日物金利をゼロに近い誘導目標に維持するのに十二分の準備預金を供給した。FRBは、「量的緩和（QE）」を実施し、銀行から金融資産を買い取ったが、その量は記録的なものだった（量的緩和の第1弾で1・75兆ドル、第2弾は追加で0・6兆ドル）。実はその時、バーナンキ議長は、国債を購入する「貨幣」をどこで手に入れるのかと厳しく問い詰められた。彼は（正しくも）、FRBは準備預金を振り込むことで――キーストロークで――貨幣を生み出すだけだと答えた（このあとのコラムを見よ）。FRBは、「貨幣」を切らしてしまうことは決してなく、銀行が売ろうとするすべての金融資産を購入する支出能力がある。しかし、我々の大統領は（および多くの経済学者やほとんどの議会政治家も）、政府には「お金がない」と信じている！　金融資産を購入する「キーストローク」はいくらでもあるのに、賃金を支払うための「キーストローク」はないというのだ！

このことからも明らかなように、「政府は家計のように予算を均衡させなければならない」という神話は機能不全に陥ってしまっている。

コラム

政府の財政――ポール・サミュエルソンとベン・バーナンキ

ノーベル賞経済学者のポール・サミュエルソンは次のように語っている（これは、マーク・ブローグが制作した、ジョン・M・ケインズに関するドキュメンタリーの中の大変興味深いインタビューである）。

財政は常に均衡しなければならないという迷信［が必要だという考え方］には、一片の真理が含まれていると思います。それが迷信だとばれてしまうと、［そのことが、］すべての社会が制御不能な支出に対して備えていなければならない防波堤の1つを取り除いてしまいます。資源の配分には規律が必要であり、さもなければ無政府主義的な混乱と非効率に陥ってしまうでしょう。そして、昔ながらの宗教の機能の1つは、時には神話と見なされているかもしれないものによって人々を怖がらせ、長い間続いてきた文化が要求するやり方に沿った行動を取らせることなのです。我々は、毎年でないとしても短い期間ごとには財政を均衡させることの本来の必要性を信じなくなってしまいました。もし英国のウィリアム・グラッドストン首相が生き返ったならば、「いったい何てことをしてくれたんだ」と言うだろうし、ジェームズ・ブキャナンも同じように言うでしょう。私は、この考え方には利点があると言わざるを得ません。

政府は一定期間を通して財政を均衡させなければならないと信じることは、人々を怖がらせて望ましい行動をとらせるために必要な「宗教」あるいは「神話」にたとえられる。これを信じていなければ、有権者は議員たちに過大な支出を要求して、インフレを引き起こすかもしれない、というのだ。このように、均衡予算が望ましいという考え方は政府の「支出能力」とは関係がなく、家計の予算と政府の予算のアナロジーは間違っている。それどころか、政府支出は実際には予算制約に直面することがないからこそ、「神話」によって制約する必要があるのだ。

もっと最近では、バーナンキ議長が、政府は口座への振込みによって支出できることを明確に認めた。もちろん、バーナンキはFRBについて語っていたのであって、必ずしも財務省について語っていたわけではない。しかし、テレビと議会の両方で、QEで使っている貨幣をFRBがどこで手に入れているのか問い詰められた時、バーナンキは、政府の「キーストローク」が枯渇することはあり得ないことを意識させるような言い方で答えている。

テレビでは、FRBが支出しているのは税金で集めたお金なのかと尋ねられた時、バーナンキは以下のように答えた。

「税金で集めたお金ではありません。あなたが商業銀行に口座を持っているように、銀行はFRBに口座を持っています。だから、銀行に貸出をするために、私たちはコンピューターを使って、銀行がFRBに持っている口座の残高を書き換えているだけです。それは借入れというよりも紙幣の印刷にずっと似ています」。
「紙幣を印刷したのですか？」レポーターのペリーが尋ねた。
「まあ、事実上そうです」バーナンキは答えた。「そうする必要があるのです。なぜならば、我々の経済はとても弱っており、インフレ率が非常に低いからです。景気が回復し始めたら、それは、そのようなプログラムを終わらせ、金利を引き上げ、マネーサプライを減らし、インフレなき景気回復を確実にすべき時なのです」(http://www.cbsnews.com/2100-18560_162-4862191-2.html?pageNum=2&tag=contentMain;contentBody)。

議会では、バーナンキは、(ロン・ポールを含む)議員たちと次のようなやりとりを交わした。

ダフィー　私たちはポール博士とQE2について話をしました。あなた方(FRB)が資産を購入する際、そのお金はどこから来るのですか？

バーナンキ　私たちは銀行システムの中で準備預金を創造します。準備預金はFRBの中でのみ存在し、市中には出回りません。

ダフィー　でもやはり、それは税金のドルから来るのですか？

バーナンキ　そうではありません。

ダフィー　あなた方は、資産を買うために、要するに紙幣を印刷しているのですか？

バーナンキ　紙幣の印刷はしていません。私たちは銀行システムの中で準備預金を創造しているのです。

ポール　途中で割り込んで申し訳ないが、もう時間がないので。私は、あなたが「それはお金の支出ではない」と言うことを提案したい。そう、それは無から生まれたお金です。あなた方はそれを市場に投入する。あなた方は資産を保有し、資産は……、つまり、あなた方が不良資産を買い上げる時、その資産の価値は減少しかかっている。急ぎますが、もう1つ質問に答えられるなら、これが知りたいところなので。ええと、今日の金《きん》の価格は1580ドルです。この3年間でドルはほぼ50パーセント価値が下がりました。あなたは朝起きた時、金《きん》の価格が気になりますか？

バーナンキ　ええと、金《きん》の価格には注意を払っていますが、それは多くのことを反映していると思います。金《きん》の価格は、グローバルな不確実性を反映しています。思うに、人々……、人々が金《きん》を保有する理由は、いわゆる「テールリスク」、つまり本当に本当にひどい結果に対する防衛策としてなのです。そして、ここ数年間、巨大な危機の可能性がますます懸念されるようになってきたので、その分人々は防衛策として金《きん》を保有するのです。

ポール　金《きん》はお金だと思いますか？

バーナンキ　いいえ。金《きん》はお金ではありません。

FRBは準備預金の残高を「書き換えている」だけだと言っている時、バーナンキは、FRBが「キーストローク」によって支出していることを基本的に分かっている。FRBに財務省口座の残高を直接「書き換え」させないことが、唯一の自己制約である――しかし、本書で論じているとおり、FRBと財務省は、その制約を回避するオペレーション手順を発展させてきた。そして最後に、ロン・ポールに対する答弁の中で、バーナンキは「金《きん》は貨幣である」という考え方を言下に否定している。

グリーンスパン議長も、これよりずっと前に、FRBのキーストロークが枯渇し得ないことを認識していた。以下は、2004年9月21日に行われたFOMCの議事録11ページからの抜粋である(http://www.federalreserve.gov/monetarypolicy/files/FOMC20040921meeting.pdf)。

グリーンスパン議長　デスクは今日も昨日も、フェデラルファンド金利を1・5パーセントに維持するために、十分な準備預金を創造しているのだろうか?

コーン委員　ええ。

ミネハン委員　もちろんですとも。

グリーンスパン議長　彼は、やるべきことをやっていない。

コーン委員　でも、やろうとしています。

グリーンスパン議長　いや、ちょっと待ってくれ。デスクが創造できる準備預金の量に制限はない。デスクはやろうとしている、でもうまくいっていないなんて、そんな話はあり得ない。彼はボタンを強く押していないだけだ。

そのとおりだ。ニューヨーク連銀のオペレーション・デスクが翌日物金利を誘導目標まで下げられていないとすれば、「キーストローク」が十分な準備預金を生み出すだけのものになっていないのだ！キーをもっと強く叩け！

7.5 債務上限に関する議論（米国のケース）

本節では「特別なケース」、すなわち２０１１年の半ばにワシントンで持ちきりになったケースを検討しよう。ご承知のとおり、政府は決して尽きることがないキーストロークによって支出する。主権を有する政府はキーストロークによって自らの通貨を発行し、財政的な制約には決して直面しない。しかし、政府は、キーストロークを制限するルールや手続きを課すことによって、「自らの両手を後ろ手に縛る」ことを選択できる。我々は、このような自主制約にだまされてはならない。我々は、この制約の本質を見抜き、それは政府が自ら課したものである以上、取り除くのも可能であることを理解しなければならない。不幸なことに、ほとんどすべての経済学者と政策担当者が、このような自主制約を「当然の」、決して破ってはならないものだと見なすようになってしまう。ここで、２０１１年の夏に政策担当者をへとへとに疲れさせ、これからも繰り返されそうな、米国の「債務上限」問題を検討しよう。

米国では、議会が連邦政府の債務上限を制定する。連邦政府の債務残高がその上限に近づくと、議会は上限の引き上げを承認しなければならない。この債務上限は、政策によって制定されるものであって、市場によって制定されるものではない。つまり、議会の行動は議会自身のルールによって要求されるのであって、市場の圧力によって要求されるのではない。それゆえ、これは、米国政府が国債売却を増やせるか否かの問題でもなければ、国債の金利支払能力に関する問題でもない。

２００７年の世界金融崩壊の余波で、米国の財政赤字は増加した（既に論じたように、大部分は租税収入の減少によるものであった）。案の定、債務残高が上限に達して、議会は毎年上限を引き上げなければならなかった。これは、共和党が債務上限の引き上げ拒否によって赤字支出に反対する政治声明の発表を決定するまで、当然のこととして行われてきた。

そこで、現在の債務上限はそのままに、どうすれば連邦政府の財布のひもを緩められるか考えてみよう。これは、実は比較的簡単なことで、手順をわずかに変更するだけでよい。

まず、通常の手順がどんなものか再確認しておく必要がある。議会は（大統領の署名と共に）、支出に正当性を与える予算を承認する。合衆国憲法は議会に貨幣を創造する権限を与えている。それは、議会で承認された支出に使われる貨幣を財務省が創造することを意味するはずである。しかし実際には、財務省は、その支払いを担当する米国の中央銀行――ＦＲＢ――を利用する。現在の手順では、財務省が、支払いを行う目的でＦＲＢの財務省口座に預金を保有する。財務省が小切手を切り、あるいは民間銀行の口座に振り込むと、ＦＲＢにある財務省の預金が引き落とされる。

第3章の終わりで述べたように、財務省は財務省口座の当日最終残高を50億ドルに維持しようとしている。財務省に対して支払われた租税は、まず民間銀行にある財務省の特別な預金口座で保有される。ＦＲＢにある財務省口座の預金を補充したい時は、財務省はこれらの銀行から預金を動かす。そこには明らかに、やっかいな問題が2つある。まず、租税の受領は納税期限付近に集中する。次に、財務省はほぼ毎年財政赤字である（２０１１年には1兆ドルを超えていた）。それは、ＦＲＢにある財務省口座が頻繁に残高不足となることを意味する。

預金を手に入れるために、財務省は（様々な期間の）国債を売却する。最も簡単なのは国債を直接ＦＲＢに売却することである。その場合、ＦＲＢは、ＦＲＢにある財務省の要求払預金に国債の代金を振り込み、その見返りとして、財務省の債務をＦＲＢのバランスシート上に資産として計上する。これは、事実上どこの銀行でも行っていることである。つまり、あなたの債務証書を保有することで銀行はあなたに融資を行い、あなたの要求払預金に振り込む。それであなたは支出ができる。

しかし、現在の手続きは、ＦＲＢが国債を財務省から購入することを禁じている（少々の例外はあるが）。代わりに、ＦＲＢは国債を財務省以外の誰かから買わなければならない。考えてみれば、これは通貨を発行する主権者に適用するにはおかしな禁止事項だが、（ここでは触れないものの）これには長い歴史がある。そして、これが、（高インフレを招くほどの財政赤字を「ファイナンスする」ために）FRBが安易に「紙幣印刷」することを防ぐと信じられている――議会の予算権限（および危機に瀕している大統領拒否権）では、米国をハイパーインフレへと導かないように連邦政府の支出を制約するには不十分だと言わんばかりである。

そこで代わりに、財務省は国債（短期債および長期債）を民間銀行に売却し、それが（後にFRBにある財務省口座に動かすことができる）財務省の預金を生み出す。その後、FRBは、財務省が預金を動かした時に民間銀行が失う準備預金を補充するために、民間銀行から国債を購入する。お分かりだろうか？（分からなければ、第3章を見よ。）FRBは国債を手に入れ、財務省はFRBにある財務省口座に要求払預金を手に入れる。最初からこうしたかったわけだが、直接行うことは禁じられている。このあと、財務省は小切手を切って支払いを行う。すると、預金が民間銀行の口座に振り込まれ、同時にFRBによって民間銀行に準備預金が振り込まれる。

平常時、銀行は必要以上の準備預金があるとフェデラルファンド市場でその貸出をオファーする。たいていの場合、これがフェデラルファンド金利をFRBの誘導目標よりも押し下げ、超過準備の吸収を目的とした国債の公開市場売却の引き金となる。売却された国債はFRBのバランスシートから消え、銀行部門へと移る（世界金融危機をきっかけに、FRBは操作の手順を若干変えた。つまり、準備預金に利息を付け始め、「量的緩和」を採用した。これは、銀行システムに意図的に超過準備を残し、それに対して利息を付すものである——前出の議論を見よ。なお、国債のオペレーション上の意義は利息の支払いであり、従って、準備預金への付利にはこれとまったく同じオペレーション上の効果がある）。

そして、「債務手詰まり問題」が影響するのは、まさにそこなのだ。銀行、家計、企業、外国人が保有する国債は、政府債務（そして、会計の恒等式によって非政府部門の資産！）と見なされ、債務上限の対象となる。これに対して、準備預金は政府債務と見なされない。従って、１つの解決策は、ただ単に国債の公開市場売却をやめ、銀行システムに準備預金を滞留させることである。これは、基本的に量的緩和が既に行っていることである。ＦＲＢは、銀行に準備預金を再注入するために何千億ドルもの国債を買い入れた。ところが、それはもともと、（銀行に国債を売却することによって）銀行から抜き取った準備預金である。国債買入れによって国債はＦＲＢのバランスシートに戻ってきているが、まだ国債残高が多すぎるため債務上限での手詰まりが起きている。財務省が国債売却をやめさえすれば、ＦＲＢは銀行に超過準備を滞留させておくことができる。国債の満期が来たら、それは準備預金に置き換えられる。そうなれば「債務問題」は終わりを迎えるだろう。

債務上限を排除する他の方法

債務上限の引き上げを不要にする方法が他に２つある。財務省ワラント［訳注：政府が特定の支払いを目的として、小切手の代わりに用いる支払指図証券］と高額プラチナコインである。各々検討しよう。

米国政府は、支出する必要があるがFRBに保有する財務省口座の預金が足りない場合、市場では取引されず、FRBが資産として保有する「ワラント」を発行して補充することができる。ワラントの背後には米国政府の十分な信頼と信用があり、ワラントはFRBにとってリスクフリー資産である。ワラントは、内部的な債務（政府の一部門から他部門への債務）にすぎず、内部会計記録でしかない。必要ならば議会は、FRBがこのワラントから低利かつ固定の利息を得られるようにすることができる（これは、通常毎年末にFRBが財務省に引き渡す超過利益から控除される）。その見返りに、FRBは、政府が支出できるように財務省口座に振込みを行う。財務省が支出する際は、その口座から引き落とされ、それを受け取った民間銀行には準備預金が振り込まれる。

FRBにとって、財務省ワラントは資産、準備預金は負債となる。財務省は議会の承認どおりに支出することができ、その赤字はFRBに対して発行したワラントの額と一致する。議会はこのワラントを債務上限の対象から除外するように命じるだろう。ワラントは、政府の一部門（FRB）の他部門（財務省）に対する債権の記録に過ぎないからである。FRBの資産は財務省のワラントに一致する――よって、それらは相殺される。

これで、財政赤字の膨張をもたらす危機が発生しても、議会は債務上限を引き上げる必要がなくなる。

2番目の方法は、財務省の通貨創造に戻ることである――これは壮大なしゃれである。現在、米国財務省にはどんな額面金額のプラチナコインでも発行できる権限がある。従って、財務省は、高額プラチナコインの発行によって、例えば兵器購入のための巨額な支払いを実行できる（プラチナコインを最初に提案したのは、ジョー・ファイアストンである。ここを見よ。http://neweconomicperspectives.org/2013/02/framing-platinum-coin-seigniorage-a-working-document.html）。これは、ＦＲＢと民間銀行を必要としない。硬貨（および準備預金と連邦準備券）は債務上限に関しては政府債務とは見なされないので、プラチナコインで支出すれば財務省は政府債務の増加を回避できる。プラチナコインは財務省の債務だが、政府債務となる国債とは見なされない。通貨のように、プラチナコインは租税支払いの際に「償還」され、ゆえに納税義務を負う人々に必要とされる。従ってこれは、財務省の支出に課された根拠のない制限や手順を回避するもう1つの手段である。

これらの提案は、債務上限を課して財務省の両手を後ろ手に縛ることがいかにバカげているかを示しているだけである。既に我々は、財務省が支出する前に予算が承認されることを要求している。予算承認の制約は、財務省に説明責任を課すために必要である。しかし、ひとたび予算が承認されたならば、財務省が議会の承認に従ってキーストロークを行い、バランスシートに記帳することを、いったいどうして妨げようとするだろうか？

予算編成手続きに際しては、ＧＤＰ、失業、インフレのようなマクロ経済変数の変動予測を考慮すべきである。また、政府のキーストロークが過剰になり、インフレを煽ることがないようにすべきである。議会が予測を誤り、そして状況に応じて支出計画を修正したくなることももちろんあるだろう。

あるいは、インフレが加速してきたら、支出を抑えたり増税したりといった自動安定装置を組み込むこともできる。しかし、支出の方針を承認しておきながら、その後に根拠のない債務上限に達したからというだけで、キーストロークによる支出を恣意的に拒絶するなどナンセンスである。

本節を締めくくる前に、こうした手続きの変更に対してよくある異論を見てみよう。

異論：我々は、政治家が支出し過ぎないように、我々自身を予算上限で縛る必要がある。

異論への反論：よくも悪くも、我々には、議会が各プログラムへの予算配分を決定し、その予算案を大統領に提出する「予算編成手続き」がある。ひとたび予算が承認されたならば、それが支出を正当なものにする。これが、我々が選んだ代表がどのプログラムにどれだけの予算を付ける価値があるかを決定する「民主的な」手続きである。政府支出の多くは、不確実（例えば、失業給付は経済動向次第）であるという意味で、「無制約」である。これに制約を加えることは、必要ではないし、民主的な統制と説明責任にも矛盾する。債務上限は、まさにその本質ゆえに、根拠がなく予算編成手続きにも矛盾する。かつて債務上限はまったく問題ではなかった。予算は債務上限に優先するものであり、議会は決まってその上限を引き上げた。今や政治が非民主的な方法で予算編成手続きを破壊している。

異論：支出をファイナンスするための「貨幣創造」を抑制するために、独立した機関、つまり中央銀行が必要である。

異論への反論：今述べたとおり、議会と大統領がまず予算を成立させる。それが財務省の支出を正当なものにする。財務省がその職務を遂行できるようにするには別の手続きが考えられる。比較的原始的だが効果的なのは、財務省が単純に財務省紙幣を印刷して支出することだろう。あるいは、財務省が直接受取り手の預金口座にキーストロークで記帳する方法もあるが、それには財務省が銀行のバランスシートに準備預金をキーストロークで記帳できることも必要になる。しかし実際には、財務省とFRBの間で業務が分割されている（銀行は、「FRBを相手にする」ことになっている）ので、準備預金をキーストロークで記帳するのはFRBでなければならない。こうしなければならない本質的な理由は何もない。従って、銀行が財務省に決済用口座を保有し、財務省が準備預金をキーストロークで記帳することにしてもよいのだが、我々はそのような方法をとっていない。

我々は、FRBに財務省の債務を直接引き受けさせ、財務省口座にキーストロークで記帳させることができる。しかし、それもしていない。FRBは財務省の銀行だが、直接財務省の債務を引き受けることを禁じられている。それゆえ、我々は、同じことを実行するために、民間銀行、FRB、財務省が関わる複雑な手順を生み出したのだ。

7.6 経済の「安定と成長」のための財政スタンス

ラーナーは、政府の役割を車のハンドルにたとえた。政府は、経済が針路を外れるおそれがある時は、制御のため政策のハンドルを操作しなければならない。経済の問題を認識してそれに反応するには時間がかかるため、自動安定装置を備えておくことが望ましい。中央政府の財政は、自動安定装置の一例である。景気後退期には、ある種の支出（例えば失業補償に関する社会的支出）が自動的に増え、租税収入が減る（給与が減るから所得税と社会保障税が減る）。その結果、財政赤字が増える。これは好ましいことである——民間部門の所得を安定させるのに役立ち、需要を満たす安全な純金融資産を供給するからである。

経済を完全雇用に戻せるような反景気循環的な動きを十分に組み込むには、2つの条件が必要である。1つ目は、政府支出と租税収入は強度に循環的でなければならず、支出は反景気循環的（景気後退時に増加する）、租税は順景気循環的（景気後退時に減少する）でなければならない。支出を自動的に反景気循環的にする1つの方法は、景気後退時に（失業補償や社会的支援に関する）移転支出が大きく増加するように、手厚い社会的セーフティーネットを用意しておくことである。さもなければ、あるいはそれに加えて、租税収入もまた景気動向と連動しなければならない——順景気循環的に動く、累進的な所得税、あるいは売上税がその方法である。

2つ目は、政府は相対的に大きくなければならない。ハイマン・ミンスキー（Minsky［1986］）は「政府は投資支出全体と同じくらい大きくなければならない。あるいは、少なくとも、政府財政の変動幅は投資の変動幅と同じくらい大きく、かつ反対の方向へ動かなければならない」と主張していた（これは、投資はGDPの構成要素の中で最も変動の大きいものであるという考えに基づいている。投資には住宅投資が含まれるが、それは米国の景気循環の重要な要因である。ミンスキーの考えは、国民所得と国民生産を比較的安定させるためには、政府支出が投資と反対の方向に十分に変動しなければならず、そうすれば消費も比較的安定するというものである）。

ミンスキーによれば、1930年代の政府はあまりに小さ過ぎて経済を安定させることができなかった。1929年の連邦政府の支出規模はGDPの約3パーセントであり、ニューディールのピーク時でさえ、GDPのたった10パーセントだった。今日では、OECD主要国の政府はすべて、おそらく自国経済を安定させるのに十分な大きさである。一方、こうした観点からすれば、途上国の中には政府が小さ過ぎる国もあるかもしれない。現状、各国の中央政府は、低い方の米国（GDPの約20パーセント）から、高い方のフランス（同50パーセント）までの範囲にあるようだ。低い方の国々は、大きな政府を有する国々よりも、財政に組み込まれた自動的な変動の幅が大きくなければならない。

また、民間部門が（貯蓄を蓄積するために）黒字を望み、米国や他のいくつかの先進国では経常収支が赤字になりがちな状況から考えると、部門収支の恒等式によって、政府の財政は完全雇用であっても赤字に偏りがちなことが分かる。経常収支がゼロの国は政府の財政均衡を達成する可能性があるが、それは国内民間部門の黒字（貯蓄）がゼロであることを意味する。従って、経常収支黒字の国を除いて、通常は完全雇用であっても政府は財政赤字になると考えるべきである（本章第7節の、双子の赤字に関するコラムを見よ）。

さらに、（クリントン政権時代のような）政府の財政黒字は偉業として称賛されるようなことではないと認識すべきである——政府の財政黒字とは恒等式の産物であって、その意味するところは民間部門の赤字である（経常収支黒字の国の場合を除く）。民間部門は、通貨を発行する主権者とは異なり、通貨の利用者である。民間部門は現実に予算制約を受ける。今やご承知のとおり、米国民間部門による10年間（1996年から2006年まで）の赤字支出は、返済不可能な債務の山を築いた。これが、米国で始まった世界金融危機の説明の一部である。

確かに因果関係は複雑である。民間赤字の原因はクリントン政権の財政黒字であったと結論づけるべきではないし、世界危機は米国の家計の赤字支出だけのせいであったと結論づけるべきではない。しかし、会計の恒等式が成立することは確信できる。経常収支がゼロなら、国内民間部門の赤字は政府黒字と等しい。経常収支が赤字ならば、政府の財政赤字が経常収支赤字より大きい場合のみ民間部門は黒字（「貯蓄」）が可能である。

我々の通貨主権に対する理解から導き出される結論は、政府部門の赤字は民間部門の赤字よりも持続可能なものだということである。政府は通貨の発行者であるが、家計や企業は通貨の利用者である。

国が経常収支黒字を持続できないならば、長期的な成長を促進するには、政府財政は持続的に赤字に偏らなければならない。これは「正常」なことであり、このような状況下では持続的な成長に適した財政スタンスである。

さらに明確にしておきたいのだが、適切な財政スタンスは他の2部門の収支に左右される。経常収支が黒字傾向の国はより緊縮的な財政政策をとることが可能であり、政府財政黒字を持続することさえできるかもしれない（シンガポールがその例である。シンガポールは為替レートを固定しており、外貨を蓄積している間ずっと経常収支黒字なので財政黒字である）。国内民間部門が赤字ならば、政府財政黒字も適切である（経常収支がゼロならば、恒等式から、そうならなければならない）。しかし、これは究極的には持続的でない。既に論じたように、民間部門は通貨の利用者であって、発行者ではないからである。

最後に、すべての国が同時に経常収支黒字になることはできない。例えば、アジアの純輸出国が米国への輸出に大きく依存しているのに対し、米国は経常収支赤字で、輸出国が蓄積したがるドル資産を供給している。少なくともいくつかの国の政府は、世界の貯蓄者が欲する純金融資産を供給できるように絶えず赤字でなければならないというのが結論である。国際準備通貨を供給する国の政府がその役割を果たすことが理にかなう。当分の間は、それが米国政府なのである。

7.7 機能的財政と為替相場制度

ラーナーが主権通貨（いわゆる「法定不換」通貨）を利用する国のケースを分析していたことは明らかである。失業が存在する時に支出を増やしたり、準備預金を増やして（短期）金利を誘導目標水準にまで引き下げたりできるのは、主権を有する政府だけである。なお、ラーナーはブレトン・ウッズ体制――ドルを基軸とする固定相場制度――が創設されていた時期に機能的財政を論じていたことに留意する必要がある。つまり、彼は機能的財政アプローチを為替相場制度に関係なく主権通貨に適用するつもりだったと思われる。

しかし、ラーナーの時代の国々は厳格な資本規制を採用していたことを忘れてはならない。「トリレンマ」の観点から言うと、それらの国は固定為替相場と国内政策の独立を維持していたが、資本移動の自由は認めていなかった。国内政策の余地は変動為替相場の通貨のケースが最も大きいが、管理された為替相場もしくは固定為替相場でも資本規制を組み合わせれば、十分な国内政策余地が維持可能であることは、既に確認したとおりである。ラーナーは、おそらく当時このことを念頭に置いていたであろう。固定為替相場を採用し、かつ資本移動の自由を認める国のほとんどは、機能的財政におけるラーナーの2つの原則を追求することができないだろう。なぜならば、自国の外貨準備が脅かされるからである（一握りの国だけが非常に多くの外貨準備を蓄積しており、その地位は崩せない）。資本移動に対してある程度の制約があれば、管理あるいは固定された為替相場でも、完全雇用という目標を追求するのに必要な国内政策余地をもたらすことができる（変動相場制を採用する国にとってはごく簡単なことであるが）。

結論：機能的財政の2つの原則は、変動為替レートの通貨を採用する主権国家にはほぼそのまま当てはまる。通貨が固定されていると政策余地は制限され、国家は通貨の固定に対する信用を維持するために、外貨準備を守るための資本規制を採用しなければならないかもしれない。

コラム

米国の双子の赤字に関する議論——機能的財政アプローチ

（注意：このコラムは、より専門的な内容を要約したものである）

財政赤字に批判的な赤字タカ派は、「米国政府の財政赤字は、将来世代に重荷を背負わせる。このままでは、米国債を貯め込んでいるだけではなく、ドルの命運を左右するほどの力を蓄えつつある中国人に対して、未来永劫利息を支払わなければならなくなってしまう」と主張している。このことがしばしば、米ドルは国際準備通貨としての地位を失ってしまう危機に瀕しているという主張をもたらす。

ここでは、財政赤字、貿易赤字、海外部門による国債の蓄積、米国の将来世代が背負うことになると言われている利息の支払負担、これらの関係を取り上げよう。

部門収支の恒等式に従えば、財政赤字と経常収支赤字には正の相関関係がある。他の条件が不変ならば、政府の財政赤字は総需要を増加させ、その結果米国の輸入は輸出を上回ることになる。それは、米国の財政スタンスが（米国製品の輸出額を上回る）輸入品購入に利用可能な家計の所得を生み出すので、米国の消費者は輸入品購入を増やすことができるからである。政府赤字と経常収支赤字の相関関係をもたらす要因は他にも考えられる（金利と為替レートに対する影響が指摘されている）が、その重要性はせいぜい二次的なものに過ぎない。要するに、米国政府の赤字は、生産物に対する需要（その一部は海外で生み出される）を下支えすることができる――それによって、（財政赤字が、貿易相手国の経済成長を上回って米国が成長するように刺激する場合は特に）米国の輸入は輸出以上に増加する。

先に示したとおり、米国の経常収支赤字は（大部分は海外の中央銀行によって保有される）海外部門による米国債の蓄積に反映される。このことはたいてい、米国の財政赤字を「ファイナンスする」ための海外部門による「貸出」だと言われるが、米国の経常収支赤字は（米国債の形で蓄積される）海外部門の経常収支黒字の源泉であると考えた方がよいかもしれない。（海外部門による米国債蓄積を「ファイナンスする」ための財源を供給する）貿易赤字と政府財政赤字が併存するのが、ある意味で米国の傾向である。これが成り立つためには全貿易当事国の意欲が必要なこと――タンゴは（少なくとも）2人いなければ踊れない――は明らかであり、一般になされる議論の大部分は、対米貿易黒字を維持したいという中国の欲望が、ドル資産を蓄積したいというもう1つの欲望と結びついている事実を無視している。同時に、米国の財政赤字は国内民間部門の消費を可能にする国内所得（その一部が輸入を促進する）の創出に寄与しつつ、（財政赤字が外国人によって蓄積される米国債を生み出している時でさえ）外国人がドル建て貯蓄を行うための所得を供給しているのだ。

言い換えれば、米中両国の決定が独立してなされることはあり得ない。中国の純輸出に対する欲求を無視して、米国に対する中国の「貸出」を考えても無意味である。それどころか、以下のものすべてが（おそらく複雑な形で）つながっているのだ――すなわち、輸出向けの生産を行うという中国人の意欲、米ドル建て資産を蓄積しようとする中国の意欲、中国の貿易黒字の維持を可能にする中国の国内需要不足、海外製品に対する米国人の購入意欲、貿易赤字をもたらす（比較的）高水準の米国の総需要、米国政府の財政赤字をもたらす諸要因、である。もちろん、米中以外の国々や世界全体としての需要を要素として加えなければならないので、実際はこれ以上にずっと複雑である。

問題の核心に迫る思考実験を行ってみよう。外国人の米国債保有に関して多くの人が抱いている最大の懸念は、外国人に利息を支払わなければならなくなると信じられている米国の将来世代の負担である。国内で国債が保有される場合とは異なり、これは米国の納税者から海外の債券保有者への所得移転であると言われている（国債が米国人によって保有され、所得移転が米国人の納税者から米国人の債券保有者に対してなされるのであれば、さほど問題ではないと信じられている）。従って、国債の一部が外国人によって保有されているので、政府債務は将来世代に実際に負担を強いると主張されることになる。現実には、利息はキーストロークによって支払われる――ところが、我々の将来世代は、債券を保有する中国人への利息支払いに合わせて増税すること、すなわち赤字タカ派が懸念しているような負担を自らに課すことを決定するかもしれない。そこで、この仮定に基づいて思考実験を続けることにしよう。

米国が経常収支を永遠に均衡させるために、貿易赤字をなくそうとしたらどうなるだろうか？ その場合、米国政府の財政赤字は米国民間部門の黒字とぴったり等しくなる。外国人は米国との貿易によってドルを蓄積することがなくなるので、米国債を蓄積することができなくなる（もちろん、外国人は自国の通貨をドルに交換することができるが、これは貿易収支の均衡の維持を困難にするような形でドル高を引き起こすことになる）。そうなれば、政府の財政赤字がどれだけ大きくなろうと、米国はそれをファイナンスするために中国人から「借入れ」する「必要」がなくなるだろう。

このことから、米国の財政赤字の海外による「ファイナンス」は経常収支次第であることが明らかになる。つまり、外国人が米国政府に「貸出」できるようになるためには、米国に輸出をしなければならないのだ。もし米国の経常収支が均衡しているならば、政府の財政赤字がどれだけ巨大でも、国内民間部門の黒字が政府赤字とぴったり等しくなるのだから、米国はその赤字を「ファイナンスする」ために外国人の貯蓄を「必要」とすることはないだろう。実際には、国内民間部門の貯蓄を「ファイナンスする」のは財政赤字である（そして、海外の貯蓄を「ファイナンスする」のは経常収支赤字である）というのが、真に合理的な結論である。

結論として、「双子の赤字」の間には関係があるが、それは一般に考えられているようなものではない。米国の貿易赤字と財政赤字は関係あるが、それは中国に対する米国の立場を維持不可能にするようなものではない。中国や（日本のような）他の純輸出国がドル資産を減らすことを選択すれば、これは対米輸出を減らしたいという欲求に結びつくことになる。これは、急速な経済発展を遂げて、消費大国となりつつある中国に、とりわけ当てはまりそうなシナリオである。しかし、そのような変化が突然起きることはないだろう。中国への（「利付きの、準備預金の代替物」を提供するための）米国債売却が減るのに呼応して、米国の対中経常収支赤字は縮小するだろう。これが危機を引き起こすことはないだろう。米国政府は、赤字支出をファイナンスするために中国人からドルを借りることはなく、そもそも借りることなど不可能である。正確に言えば、米国の経常収支赤字こそが、世界で最も安全なドル資産――米国債――を購入するために中国人が使うドルを供給しているのだ。

念のため言っておくと、米ドルが世界の準備通貨であり続けることはおそらくないだろう。米国の立場からすれば残念なことかもしれないが、長い歴史の中では些細なことに過ぎない。中国が世界一の経済大国になることにほとんど疑いの余地はない。中国の通貨は国際準備通貨の地位に就く有力候補ではあるが、それは確実なことでもなければ、恐れるべきことでもない。

7.8 機能的財政と途上国

途上国の大部分は主権通貨を有しており、それは自国通貨で売られるものなら失業労働者を含めて何でも買える「支出能力」があることを意味する。ラーナーが指摘したように、失業は、自国通貨に対する満たされていない（そして、追加的な政府支出によって満たすことができる）需要が存在する証拠である。同時に、多くの途上国は、国内政策余地を減らしてしまう、固定為替相場または管理された為替相場を採用している。これらの国は、外貨準備を生み出す政策（輸出を増やす開発政策を含む）によって政策余地を広げ、あるいは資本規制により外貨準備を守ることができる。

また、途上国は、輸入を増やすことなく雇用と発展を生み出す政策（例えば輸入代替政策）を促進することができる。さらに、労働集約的な（ゆえに外国製の資本設備が必要でない）雇用プログラムを、あるいは新規就労者が必要とする生産物を供給する（ゆえに新たに生まれた所得を輸入品に支出しない）プログラムを生み出すことができる。

政府は、外国の生産者より国内の生産者を優遇することが可能である。政府は、自らが行う海外の財・サービスの購入を、輸出収入の範囲内に制限できる。また、外貨収入を利息支払いに充当する必要性を限定するために、外貨借入れを回避しようとすることができる。

前述のとおり、途上国は租税を課し、徴収する能力が低い可能性がある。これは、国内生産を直接統制する政府の能力に制限を加える。そうなると、政府の通貨を求めて働く気がある多くの失業労働者がいたとしても、彼らはその通貨によって安定した価格で生産物を購入できないかもしれない。(租税は自国通貨で支払われるがゆえに) 徴税を強化することが、通貨に対する需要を増やすのに役立つ。また政府は、新規就労者が購入したいと思う種類の財・サービスの生産増加をもたらす分野に集中して雇用を創出する必要がある。それが、雇用増加がもたらすインフレ圧力の軽減を可能にする。

長期的には、外貨建て債務を回避し、変動為替相場へ移行することが、国内政策余地の拡大につながる。国内の資源(最も重要なのは労働力)をフル活用することが、途上国の生産を——供給不足によって引き起こされるインフレを弱めつつ——最大化させる。労働者の完全雇用は、他にも数多くのよく知られた便益(ここでは詳述しない)をもたらす。

主権通貨は、政府により大きな政策余地を与える。政府は、銀行口座への振込みにより支出し、ゆえに通貨の利用者には当てはまる予算制約を受けることがない。変動為替相場(あるいは資本規制を伴う管理された為替相場)は、政府が固定レートを維持するための十分な外貨準備を蓄積する必要がないため、さらに政策余地を拡大する。この政策余地を計画的に利用すれば、通貨下落や国内の物価上昇を引き起こすことなく、政府は完全雇用を目指すことができる。そのためには、「最後の雇い手」または「就業保証」モデルが特に有効だが、これは次章で検討するトピックである(Mitchel and Wray [2005], Wray and Forstater [2004])。

7.9

輸出は費用であり、輸入は便益である——機能的財政アプローチ

国全体で見れば、実物的観点では、輸出は費用であり、輸入は便益である。その説明は単純なものだ。(労働力を含む) 資源が輸出向けの生産活動に使われる場合、国民はその生産物を消費し、あるいは (投資財の場合) さらなる生産のために利用することができない。その国は生産費用を負担するが、便益を得ることはない。他方で、輸入国は生産物を手に入れるが、それを生産する必要はない。従って、実物的観点では、純輸出は純費用を意味し、純輸入は純便益を意味する。

ここでいくつか注意点がある。第1に、生産者の立場からすれば、誰が財・サービスを購入するかは問題でない。企業は、国内で売っても海外の買い手に売っても等しく満足である。企業が望むのは、生産コストを回収し利益を得るために、自国通貨と引き換えに売ることである。生産物が国内で売れれば、買い手の銀行口座から引き落とされて生産企業の口座に振り込まれる。生産者も買い手も満足だ。生産物が外国人に売られる場合には、最終的な買い手が買い手国の通貨を使っていても生産者が自国通貨を受け取れるように、その代金の受領は外貨両替を経由する必要がある。詳細はともかくとして、たいていの場合は、国内の銀行もしくは中央銀行が最終的には外貨準備 (これは通常、外国の

中央銀行にある準備預金口座の残高である）を保有することになる。しかし、生産物が輸出される場合、実物資源に関しては、「労働の果実」が外国人によって享受されるという事実は変わらない（金融的には、生産企業が銀行口座に振込みを受け、その国は外貨建ての純金融資産を受け取っているとしても）。

第2に、純輸出は総需要に加算され、GDPと国民所得を増やす。輸出向けの財・サービスを生産するために雇用が生み出される。従って、純輸出でなければ完全雇用を達成できない国が、資源を輸出部門の仕事に配置することができる。賃金と利益が生み出され、家庭がそれまで受け取っていなかった所得を受け取って消費財を購入できるようになり、さもなければ破綻してしまっていたかもしれない企業が生き残る。これが、おそらく政府が輸出の増加を奨励する主な理由であろう。オバマ大統領は景気後退の最中に、米国経済に関する目標は輸出倍増だと宣言した。これは、成長を望む国ではよくある戦略である。しかし、すべての輸出には輸入がなければならず、すべての貿易黒字には貿易赤字がなければならない。すべての国が同時にこの方法で成長することは不可能だ。これは基本的に「近隣窮乏化」戦略である。

資源が外国人向けの生産に動員される分、国民は正味の実物の便益を受け取れない。従って、実物的には、輸出戦略は「自国窮乏化」戦略である。確かに、遊んでいた労働力などの資源が今や稼働し、賃金を受け取っていなかった労働者が今や所得を得て、売上がなかった企業のオーナーが今や利益を手にしている。しかし、生産物が輸出されれば、国民が購入できる生産物が増えることはない。そこで起きるのは、今や賃金や利益を得ているこれらの新たな権利者に対する、現状の生産物の再分配である。よって、輸出品を生産するために遊休資源を稼働させただけだとしたら、正味の便益は発生しない。国民は「より勤勉に」働いているにもかかわらず、全体としては消費を増やしていない。なぜならば、国民にとって利用可能な「パイ」が増えていないからである。

この再分配のプロセス自体は、今や職を得た人々がパイの一かけらを巡って争い、価格を競り上げるので、おそらくインフレが不可避となるだろう。確かに、これは望ましい社会的結果かもしれない――生産物が「持てる者」から「持たざる者」へ再分配されているし、失業者を仕事に就かせることは、家族や社会全体に(犯罪、家族崩壊、社会的一体性の観点から)非常に大きな便益をもたらす。さらに「乗数効果」もあるかもしれない。つまり、新規の労働者は賃金を支出し、生産者は売上を伸ばす。すると、経済のパイが大きくなるので、国内向け生産を行う民間部門に雇用を生み出す。

それでもやはり、国は乗数効果を享受するために輸出を行う必要はない。政府支出を増やすことも、また、雇用と売上を増やす。輸出主導の成長と比較して、より多くの成長の便益が国内経済に残る。換言すれば、たとえ乗数効果を考慮したとしても、国が――外国人による消費のためではなく――国内消費向け生産のための雇用を創出するならば、その国は一層豊かになる。

とはいえ、以上の議論は、その国にそもそも余剰供給能力があることを前提としていることに注意しなければならない。労働力、工場、設備がフル稼働していたら、国内消費、投資、あるいは政府による資源利用を減らさない限り輸出を増やすことはできない。労働力などの資源は、国内利用のための生産から、生産物に対する海外需要の充足にシフトするだろう。通常は明らかに、輸出のためではなく、国内利用のための生産によって完全雇用を達成する方が好ましい。新たな雇用が所得のみならず、より多くの生産物を（国内に）もたらすからである。国内利用のために使える「パイ」が大きくなった結果、新規就労者は、「持てる者」から「持たざる者」への再分配ではなく、輸出しないことで実現したより大きなパイからの分け前を手にすることになるだろう。

もう1つ明らかに注意しなければならないのは、海外向けの生産は、様々な理由から生産国の経済的・政治的な利益になり得るということである。国は、人道上の理由から（例えば災害援助のため）海外へ送られる財・サービスを生産するかもしれない。同盟国支援のための軍用品を生産するかもしれない。海外直接投資は、戦略的パートナーになるかもしれない途上国を支援することができる。国が単年で経常収支を均衡させるべき理由は確かにない――それは、生産プロセスが国際的につながった高度グローバル化経済においてはほとんど不可能であろう。それゆえ、生産物を輸出し、貿易黒字とすることの様々な戦略的理由を軽視するつもりはない。

「機能的」アプローチを国際貿易にも取り入れるべきだ、というのが我々の結論である。変動為替レートの自国通貨を発行する（主権を有する）政府が貿易黒字を追求することは、その政府が財政黒字を追求するのと同じように意味がない。経常収支黒字を最大化しようとすれば、正味の実物費用を負担することになる（前述の注意点はあるが）。それよりもむしろ、自国の完全雇用を追求し、その結果として経常収支と財政収支が調整されるようにするのが最もよい。これは、完全雇用を達成するために貿易黒字を追求する通常の戦略よりもはるかによい。

次章では、完全雇用と物価安定を促進するプログラムの詳細な分析に移る。ある重要な意味において、それは「租税が貨幣を動かす」という認識から直接導き出される。すなわち失業とは、政府による貨幣制度の不適切な管理から生じるものである。

第8章

「完全雇用と物価安定」のための政策

「就業保証プログラム」という土台

本章では、物価安定と同時に完全雇用を促進する政策を検討しよう。ほとんどの経済学者は、完全雇用と物価安定は両立しないと信じている。それどころか、失業は物価安定を促進するための手段であると考えている。本章では、まず完全雇用に対するMMTのアプローチを検討する。そして、実際に物価安定を強化するような方法で完全雇用を追求することは可能であると論じる。次章では、高インフレとハイパーインフレを検討しよう。MMT批判者の多くは、もしMMTの原則（とりわけラーナーの機能的財政アプローチから導き出される原則）に従ったならば、その結果は悪性インフレであると主張する。そのような懸念は一掃されることだろう。

8.1 機能的財政と完全雇用

自らの通貨を発行する政府は、常に失業者を雇う支出能力がある。しかし、完全雇用の達成はインフレ率や為替レートに影響を与えるかもしれない。また、完全雇用を達成するには、「呼び水」（需要全体を押し上げるための政府支出）から政府による直接雇用に至るまで、様々な方法があり得る。

近年、多くの経済学者が、「最後の雇い手（employer of last resort）」または「就業保証（job guarantee）」と呼ばれるプログラム［訳注：以降は「就業保証プログラム」と呼称する］を政府が運営すべきであるという考え方に回帰してきている。これは、1930年代に、「最後の貸し手」として の中央銀行のオペレーションに相当するものとして提唱された。中央銀行の金融政策には、準備金を調達できないすべての銀行に準備預金の貸出を提供することが含まれるように、国庫の財政政策には、仕事を見つけられない労働者に仕事を提供することが含まれる。本節では、就業保証プログラムの提案の一形態を検討する。この形態は、ラーナーの機能的財政アプローチと合致するのみならず、彼が心配した潜在的なインフレの問題に対処するのにも役立つ。

それどころか、就業保証プログラムはマクロ経済の強力な安定装置の役割を果たし、物価安定を強化しつつも完全雇用を（その定義どおりに）達成するだろう。重要なのは、それが、このプログラムの賃金と福利厚生で働くことを望む人々全員に雇用を提供すると共に、価格の「土台」を提供することである。本書での説明は簡潔にとどめなければならないが、詳細を知ることができる文献はひととおり紹介しておこう。このプログラムについて丸々1冊の本を書くのは簡単だが、ここでは数ページが限界である。連邦政府が資金拠出する、全国共通の就業保証プログラムの支持者は、働くことを望む者全員が確実に職を得られる方法は他にないと主張している（ケインズ学派的な「呼び水」需要刺激策は一時的には完全雇用を達成するかもしれないが、それを持続させることはできない。なぜならば、それは経済を不安定にし、インフレ圧力と持続不可能なバブルを生んでしまうからである）。

プログラムの設計

就業保証プログラムは、働く用意と意欲がある適格な個人なら、誰でも職に就けるように政府が約束するプログラムである。中央政府は、統一された時給を福利厚生と共に提供する共通プログラムに対して資金を拠出する（Wray［1998］, Burgess and Mitchel［1998］）。このプログラムは、パートタイム労働や季節労働のみならず、要望に応じた柔軟な労働条件を提供可能である。福利厚生を提供するには議会の承認が必要だが、医療、育児、老齢年金などの社会保障、通常の休暇・病気休暇を含めることができる。最低賃金が法律で定められるのと同様に、プログラムの賃金は政府によって設定され、政府が引上げを承認するまでは固定される。

統一基準賃金の利点は、就業保証プログラムの賃金よりわずかに高い賃金を支払えばそこから労働者を引き抜くことができるので、他の雇用者との競争を限定することである。こうして、プログラムの賃金は基準賃金（それより下がる可能性のない、賃金の下限）となる。働く意欲と用意がある者なら誰でも、プログラムの仕事を引き受けてその賃金を得られるので、これは事実上の最低賃金である。真の完全雇用でない限り、実際の最低賃金は常にゼロである——仕事を見つけられない者は、法定最低賃金すら手にできないからである。

プログラムの利点

福利厚生には、貧困削減、長期失業に関連する多くの社会的病理（健康問題、配偶者虐待と家族崩壊、薬物乱用、犯罪）の改善、オン・ザ・ジョブ・トレーニングによる技能強化が含まれる。フォーステイター（Forstater［1999］）は、経済の柔軟性を高め、経済環境や社会環境を改善する上で、こうしたプログラムをどのように活用できるかを強調している。このプログラムは、プログラムの仕事に移る選択肢を労働者に与えるので、民間部門の労働条件を改善するだろう。つまり、民間部門の雇用主は、プログラムによって提供されるものと少なくとも同程度の賃金、福利厚生、労働条件を提示しなければならなくなる。労働者はフォーマル・セクターの雇用に吸収され、労働法による保護を受けられるようになるので、インフォーマル・セクターは縮小する。不公平な扱いを受けている労働者が就業保証プログラムで働くという選択肢を手に入れることで、人種や性別による差別もある程度減るだろう。もちろん、このプログラムだけでは差別は無くせない。とはいえ、平等を求める闘いにおいて完全雇用が重要な手段であることは、長い間認識されてきた（Darity［1999］）。

最後に、統一基準賃金を有するプログラムは経済と物価の安定を促進するのにも役立つと強調する支持者がいる。就業保証プログラムの雇用は、景気後退時に増加し、景気拡大時に縮小する。つまり、民間部門の雇用と反対方向に動くので、プログラムは自動安定装置としての役割を果たす。このプログラムへの支出は、同じく景気後退時に増加して拡大時に減少するから、連邦政府の財政はより反景気循環的になる。

その上、統一基準賃金は景気過熱時にインフレ圧力を、不況時にはデフレ圧力を弱める。景気過熱時には、民間の雇用主はプログラムの賃金に上乗せした賃金を支払い、プログラムの労働者プールから従業員を採用することができる。このプールは雇用の「予備軍」のような役割を果たし、民間雇用の増加時に賃金上昇圧力を抑える。景気後退時には、民間で人員削減にあった労働者は就業保証プログラムの賃金で働くことができるので、プログラムの賃金は賃金と所得が下落し得る下限を決定する。このあとの小節で、もう少し細かく検討する。

マクロ経済の安定性について

前述のとおり、就業保証プログラムは固定の（ただし定期的に見直される）基準報酬パッケージを設定する。このことは、プログラムの賃金が民間賃金を競争スパイラルに陥らせる事態を防止する。プログラムの賃金は、民間部門の賃金がそれよりも下落し得ない下限を設定するだけである。従って、これは農産物価格の下限のように機能する。つまり、価格の下落を防ぐものであって、価格を上昇させるものではない。このように設計された就業保証プログラムは、かつてのオーストラリアの羊毛価格安定プログラムとほぼ同じように機能する「緩衝在庫プログラム」であると分析できる（実際に、就業保証プログラムの提唱者であるオーストラリアのビル・ミッチェルは、同プログラムが自国政府の羊毛価格安定プログラムと同じように機能することに気がついて、自身の提案を行った）。政府は羊毛価格安定プログラムの下、市場価格が価格支持水準を下回った場合は羊毛を買い取り、市場価格が同水準を上回った場合には羊毛を売却する。羊毛価格安定プログラムは、農家の所得を安定させ、ひいては羊農家による消費支出を安定させるために、羊毛価格を計画的に安定させるものである。

　就業保証プログラムでは、政府が労働力の下限価格を提示し、プログラムに参加する労働者にその賃金を支払う。政府は、就業保証プログラムの賃金を上回るのであれば、どんな価格であれ企業（と就業保証プログラム以外の政府事業）に労働力を売却する。羊毛の下限価格と同様に、労働力の下限価格が市場賃金に直接インフレ圧力を加えることはあり得ない。それどころか、政府は景気過熱時に労働力を売却するので、労働力の緩衝在庫プールが十分に大きい限り、賃金に対する市場圧力を抑制するのに役立つだろう。さらに、労働力はあらゆる生産に投入されるので、賃金がこのプログラムによって安定する分、生産コストもより安定することになる。先に指摘したとおり、羊毛の緩衝在庫によって、羊毛生産者の所得、ひいては消費が安定する。就業保証プログラムは、そのプログラムで働く労働者の所得と消費を直接的に安定させるだろう。そして、このプログラムによって他の労働者の賃金や所得もより安定するならば、それがマクロ経済の安定性をさらに高めることになる。

評論家たちは、このプログラムの存在が労働者をつけ上がらせ、賃上げ要求やインフレを招くことを懸念する。しかし、その影響が大きいとは思えない理由が2つある。第1に、就業保証プログラム以外の労働者の賃上げ要求が強すぎる場合、雇用主には常に労働力プールから雇う選択肢があるので、有効な労働力緩衝在庫は賃上げ要求を抑制する方向に働くだろう。羊毛生産者による価格引き上げ要求は、政府の羊毛緩衝在庫によって弱められる。強情な羊毛生産者も、政府の売却価格を大きく上回って羊毛価格を引き上げることはできない。頑固な労働者が賃上げ要求をエスカレートさせるとは思えない2番目の理由は、自分の賃金が就業保証プログラムの賃金を超えて上昇すればするほど、高賃金の仕事を失うことの損失が大きくなるからである。就業保証プログラムの賃金が時給15ドルなら、時給15・50ドルを稼ぐプログラム外の労働者は、調子に乗って15・75ドルを要求することもあるだろう。しかし、時給15ドルの就業保証プログラムの仕事を当てにできるからというだけで、彼らがさらなる賃上げを何年間も要求し続けることはなさそうである。時給20ドルの仕事を失う損失は、15・50ドルの仕事を失う損失と同じではない。

為替レートへの影響はどうか?

関連する議論として、為替レートに関するものがある。貧困層に所得をもたらす雇用が創出されれば消費が増えるが、それには輸入品の購入も含まれる。これが貿易赤字を悪化させ、通貨を下落させる。そして、為替レートの「パススルー効果」(国内における消費バスケット価格の上昇に加えて、通貨安によって輸入物価が上昇する)のせいで、インフレが加速するかもしれない。つまるところ、失業と貧困は、低インフレのみならず通貨の価値を維持することとの代償と見なされている(これは「フィリップス曲線」の主張――賃金とインフレを抑制するためには、多くの失業者を必要とする――と関連がある)。

これに対しては、2種類の反応があり得る。1つ目は倫理上のものである。国家は、国民の一部を、輸入品を消費する余裕がないほど貧しくしておくことによって、マクロ経済の安定を維持しようとすべきなのか? 一般的に、失業と貧困は、通貨の安定を維持するためなら容認できる政策手段なのか? これらの目的を達成するために利用可能な手段は他にあるのか? ないとすれば、失業と貧困を撲滅するために、政策担当者はある程度通貨安を容認すべきなのか? 物価と為替レートの安定を達成するための主要な政策手段として貧困と失業を利用することに対しては、強い倫理上の反対論がある。

他方で、このプログラムが物価と通貨の安定を脅かすという考え方に対して、我々は異議を唱えることができる。誤解のないように言っておくと、我々は、このプログラムが特定の物価指数(例えば消費者物価指数。この議論については次章を見よ)や為替レートに影響を与えないと主張しているのではない。それよりむしろ、就業保証プログラムは国内外における通貨価値に土台を提供するがゆえに安定させ、実際にはマクロ経済の安定性を高めると主張するのである。

前述のとおり、就業保証プログラムは、その賃金（と福利厚生）が最初に設定される水準次第で一時的な賃金と物価の上昇をもたらす可能性があるものの、国内のインフレは引き起こさない。

同様に、就業保証プログラムが実行されると所得が増えるならば、これは輸入品の増加をもたらす可能性がある。たとえそれに呼応して為替レートが下落するとしても（そして、パススルー・インフレがあるとしても）、安定した賃金が賃金・物価スパイラルを抑止するであろう。就業保証プログラムによる雇用と所得の増加に伴って貿易赤字が増加することを許容できないのであれば、貧困層と失業者にすべての負担を押し付ける以外に、国には利用可能な政策手段がある。つまり、為替レートへの圧力が万一強まって、それを最小化したいのであれば、国は貿易政策、輸入代替政策、ぜいたく税、資本規制、金利政策、取引高税などを依然として利用することができる（このような政策を富裕な先進国が実行すべきか否かは、何とも言えない。輸出は費用であり、輸入は便益であることを思い出そう。失業問題が解消されれば、輸入への反対論も解消される）。

支出能力について

既に確認したように、変動相場制の下で自らの通貨を運営する主権国家は、常に就業保証プログラムを提供する財政的な能力がある。プログラムの賃金で働く用意と意欲がある労働者がいる限り、政府は彼らを雇う「支出能力」がある。政府は、銀行口座に振り込むことによって賃金を支払う。政府の就業保証プログラムに対する支出は、租税収入によっても国債に対する需要によっても決して制約されない。

就業保証プログラムに対する支出が際限なく増加することもない。前述のとおり、労働者プールの規模は景気循環と共に変動し、民間部門が成長すれば自動的に収縮する。景気後退時には、民間部門で解雇された労働者が就業保証プログラムの仕事を見つけるため、政府の支出が増加する。すると、労働者プールから労働者を雇用し始めるように民間部門が刺激される。ハービー（Harvey［1989］）やレイ（Wray［1998］）は、米国における全国共通の就業保証プログラムに対する正味の政府支出はGDPの1パーセントを大きく下回ると推計した。これに対して、アルゼンチンの「失業世帯主プログラム」（限定的な就業保証プログラム。このあとの説明を見よ）の場合、ピーク時には総支出がGDPの1パーセントに達していた（正味の支出に置き換えれば、この数字がずっと小さくなることは明らかである。なぜならば、失業世帯主プログラムがなければ、政府は他の反貧困プログラムにもっと多く支出する必要があったはずだからである）。

雇用の増減幅

雇用の増減幅が大きくなり過ぎて、制御不能になるのではないかと心配する論者もいる。不況時には非常に多くの雇用が創出されなければならないのに対し、好況時には労働者が民間の雇用に流れてしまうので、非常に多くのプロジェクトが中止されなければならない。労働者プールが小さくなっても継続されなければならないプロジェクトもある。例えば、高齢者に温かいランチを宅配する「ミールズ・オン・ホイールズ（meals on wheels）」プロジェクトである。好況時には、他のプロジェクト――公共インフラの修復、あるいは貧困者のための住宅建設プログラム「ハビタット・フォー・ヒューマニティ（Habitat for Humanity）」――も縮小されてしまう可能性がある。

しかし、米国では、就業保証プログラムの労働者プールにおける雇用の一般的な増減幅は約400万人（例えば、好況時の800万人から不況時の1200万人）である。これは、どうしても大まかな推定になってしまう（失業者数、および労働力人口には含まれないが仕事の申し出があれば応じるかもしれない人数のデータに基づく推定である）。また、景気循環過程における、プログラム以外の雇用の通常の増減幅についても推測しなければならない（世界金融危機の余波による失業はもちろん非常に深刻なものであり、それはおそらく通常の3倍程度であった。それは、景気悪化を抑えるための緩衝在庫プログラムが整っていなかったからであった）。重要なのは、雇用の増減幅は制御可能なことである。好況時でもほとんどのプロジェクトが継続できるようにプールには相当な数の労働者が残っているだろうし、不況時には新たな労働者が稼働中のプロジェクトに吸収されると共に、他のプロジェクトが再開され、あるいは生み出され得る。

8.2 途上国の就業保証プログラム

小さな途上国は、いくつかの課題を抱えている。第1に、そのような国は限られた種類の第一次産品を生産し、自国では生産していない多くの種類の財を輸入しているかもしれない（ただし、これらの多くは、多くの国民の消費バスケットには直接入らないかもしれない）。その上、輸出品はさらに限られた種類の第一次産品だけかもしれない。貨幣所得の増加は、直接為替レートに圧力をかける可能性がある。第2に、フォーマル・セクターが小さく、大部分の生産と雇用がインフォーマル・セクターにあり、両者で支払われる賃金の格差が大きい可能性がある。第3に、中央政府の行政能力が非常に限定されているかもしれない。国内のインフラが、生産力を大幅に拡大させるには十分でないかもしれない。そして、最後に、為替レートが固定されている可能性が高い。

このような状況下で、就業保証プログラムがフォーマル・セクターの最低賃金と等しい賃金で全国的に実施されれば、インフォーマル・セクターから労働者が押し寄せるだろう。そうなれば、貨幣所得が増え、消費財に対する需要が増えることになる。そうなった時に最も重要なのは、この消費財には国民の大部分には手が届かなかった「ぜいたくな」輸入品が含まれるということである。つまり、貿易収支が悪化する可能性がある。そうなれば、政府はあっという間に固定為替レートの維持に必要な外貨準備を失ってしまうことになる。国内物価も上昇するだろう――ただし、国内で生産される財が、（そのほとんどが、貧困家庭によって購入される）経済学者が「下級財」と呼ぶものであれば、その価格に対する直接の圧力は限定されるだろう。しかし、もっと重要なのは、通貨安によって輸入物価が上昇することである。通貨危機が起きれば、それは経済危機の引き金となる可能性が高い。このような結果を回避する方法はあるのだろうか？

まずは、この国が物価、為替レート、貿易収支への影響をどうやって減らすことができるか検討しよう。この国は、プログラムが貨幣需要に与える影響を限定する必要があるだろう。それは、プログラムの貨幣賃金をインフォーマル・セクターの平均賃金に近いものに保つことによって可能となる。従って、プログラムの賃金はフォーマル・セクターの最低賃金に設定されるのではなく、むしろインフォーマル・セクターの賃金に近い水準で設定されるかもしれない。しかし、就業保証プログラムの報酬パッケージが、生活必需品を市場外で供給することを含むならば、貧困を減らすことができる。これには、国内で生産される食料、衣類、住居、基本的なサービス（医療、保育、老人介護、教育、交通手段）が含まれ得る。これらは現物で支給されるので、プログラムの労働者は、国内生産品ではなく輸入品を買うために貨幣所得を利用することはできなくなるだろう。さらに、プログラムの労働者による生産は、このような財・サービスの多く、あるいはほとんどを供給することができるので、政府の財政と貿易収支に対する影響を最小化できる。

このプログラムが、基本的な生活必需品を直接供給するのみならず、インフォーマル・セクターで得ていたのと同額の貨幣所得を供給するならば、結局は貨幣需要に対して影響を与えるだろう。さらに、就業保証プログラムの労働者による生産は、工具などの資本財の輸入を必要とするかもしれない。政府による綿密な計画は、悪影響を最小化するのに役立ち得る。例えば、必要な工具や材料の輸入は、輸出収入や国際支援につながる可能性がある。就業保証プログラムで使われる生産技術には柔軟性がある（その生産は、通常の市場収益性の要求を満たす必要がない――Forstater［1999］を見よ）。そのため、政府は、機械の輸入をファイナンスする能力に合わせて「資本装備率」を徐々に上げることができる。さらに、就業保証プログラムは、輸出向け生産能力を高めるように設計可能である。最も分かりやすい例は、事業コストを減らして民間投資を呼び込むための公共インフラの供給である。

このプログラムを段階的に実施すれば、それは、フォーマル・セクターとインフォーマル・セクターの両方に対する悪影響を減らすのに役立ち、政府財政に対する影響も限定するだろう。さらに、小さく始めることは、政府がより大きなプログラムを運営するのに必要な能力を獲得するのに役立つ。例えば、アルゼンチンは、各貧困家庭から世帯主1人だけ参加を認めることで、プログラムを限定的なものにした。各家庭から世帯主1人を登録しておいて、プログラムを計画どおりのペースで拡大させるために仕事は抽選で割り当てるという方法で、これよりさらに小さく始めることも可能である。個々のコミュニティ組織（例えば、村）が提案した中から最善のプロジェクトを選択し、そのコミュニティから一定数の世帯主を雇う（これも抽選で選ぶ）方式もあり得る。プロジェクトの開発、監督、管理の分散化は、中央政府の管理負担を減らすことができ、その地域のニーズを満たすことも確実にする。

別の例として、インドは農村の労働者限定の就業保証プログラムを実施している（第4節を見よ）。農村の労働者は、現在100日間の仕事を要求する権利を有している。農村の労働者に限定することは、職を求めて人々が都市へ移住するのを減らすのに役立つ。また、仕事を年間100日に限定することで、プロジェクトの数が少なくて済む（さらに、その地域の農業部門の崩壊が減る。農業は、一般に1年のうち一定の時期だけ労働力を必要とする。そこで、そのプログラムでは農閑期に労働者を雇う）。

本当であれば、生活賃金を支払う全国共通の就業保証プログラムを実施することが望ましい。しかし、現実的な理由から、それ未満のものから始めて、その目標に向かって努力することが必要かもしれない。プログラムを策定する際には、政治的な現実を含む、その国に特有の条件が考慮されなければならない。

アルゼンチンの場合がそうだったように、プログラムに対して国際援助団体のファイナンスを受けることも可能である。もちろん、賃金は主権を有する政府が常に自国通貨で支払えるので、賃金支払いに国際援助は必要ない。しかし、貧困の減少によって輸入が増えれば、国際援助は必要な国際通貨を供給することができる。また、プログラムは輸入でなければ入手できない工具や設備を必要とするかもしれない。そのため、外貨での国際援助が歓迎される場合がある。しかし、就業保証プログラムが対外債務返済のための輸出を直接的に増やすものでない限り、海外からの借入れは回避すべきである。

就業保証プログラムの生産物は、国内および海外の市場で販売することが可能である。例えば、アルゼンチンの失業世帯主プログラムの労働者は、フォーマル・セクターで販売される衣類や家具を生産した。また、プログラムの生産物は政府購入の代わりにもなる。例えば、失業世帯主プログラムの労働者は、政府のために制服を生産した。しかし、一般的には、就業保証プログラムの生産は民間部門と競争すべきではない。

政府は、返済が困難になるような外貨建て債務の膨張を回避するべきである。必要あるいは望ましい場合には、政府は貿易収支と固定為替レートを守るための伝統的な手段――関税、輸入規制、資本規制――を利用することができる。就業保証プログラムが貨幣賃金と貨幣消費を増やす限り、その貿易収支と為替レートに対する影響は、一般的に国内の成長がもたらす影響とよく似たものになる。国際貿易と資本移動の領域における「介入」の是非の議論はよく知られており、ここでさらに議論する必要はない。このような介入に対しては強い偏見があるが、近年は一致した意見として、保護はケースバイケースで許容し得るとの考え方にやや傾きつつある。

8.3 プログラム管理の容易性

プログラムが肥大化し過ぎて、管理不能になる可能性があると主張する批判者もいる。中央政府がすべてのプログラム参加者の状況を把握し、参加者が満遍なく有益なプロジェクトで充実した仕事を続けられるようにすることは困難であろう。悪くすれば、プロジェクト管理者が資金を着服し、汚職が問題となる可能性もある。管理を容易にするための手段をいくつか簡単に見てみよう。

第1に、中央政府がプログラムを策定し運営する必要はない。高度に分散化することが可能である——地方政府、地域の非営利社会奉仕団体、公園緑地管理機関、学区、労働者協同組合に分散できる。地域のコミュニティは、プログラムを運営する政府や出先機関にプロジェクトを提案することができる。中央政府の関与は、資金の供給と（おそらくは）プロジェクトの承認に限定されるかもしれない。これは、アルゼンチンのプログラムが運営された方法であり、インドの新しいプログラムもある程度はそうである。

資金が着服される可能性を減らすために、中央政府は賃金をプログラムの参加者に直接支払うことができる。これは、社会保障番号のようなものを使い、社会保障プログラムが退職者年金を支払うのと同じように、銀行口座に直接支払えば容易である。プロジェクト管理者が政府の資金を直接扱わなければ、着服は難しいだろう。もちろん、実際には働いていない者や死者の社会保障番号宛てに支払うような不正の事例はあるだろう。透明性が不正と闘う1つの方法である。例えば、インターネットを利用してすべての参加者とすべての支払いの記録を公開し、内部通報者に報酬を与える方法がある（プライバシーが心配だが、米国でさえ政府部門職員の賃金の記録は一般に入手可能である。就業保証プログラムの労働者の賃金は政府部門によって支払われるものであり、公的プログラムの透明性に関しては既に先例がある）。

管理費と原材料費を賄うために、中央政府はプロジェクトに賃金以外の資金を供給することもある。直接雇用を創造するプログラムでは、その費用は、賃金総額の25パーセント程度が一般的となっている。その支払金額が大きくなればなるほど、プロジェクト管理者に有害なインセンティブが働く。つまり、管理者はこの資金を得るだけの目的でプロジェクトを作り出すかもしれない。それゆえ、賃金以外の資金は少なく保たれるべきであり、中央政府は、プロジェクトからもたらされる資金で賃金以外の費用を賄うように要求すべきである。

このようなプログラムに民間の営利目的の雇用主を含めたくなるところだが、生産が営利目的であれば、有害なインセンティブが一層強くなる。民間の雇用主は、賃金総額を減らすために、自らの従業員を就業保証プログラムの従業員に置き換えるかもしれない。労働者協同組合なら、うまくいくかもしれない。労働者の団体なら、市場で販売する生産物の生産に適したプロジェクトを提案できる。就業保証プログラムは、一定期間（例えば1年間）、その賃金の一部を支払うこともできる（ただし、その期間が経過すれば協同組合は自立経営に移行しなければならない）。自立できなければ、労働者たちは通常の就業保証プログラムに移らなければならないだろう（アルゼンチンの失業世帯主プログラムは、労働者の協同組合で試みられた）。

管理上の問題について、さらに検討が必要なのは間違いない。政府が資金拠出する直接雇用創出プログラムには、現実の事例が数多くある。プログラムは、各国に固有の条件に適合していなければならない。試行錯誤が何度も繰り返されるだろう。社会的に有益な生産物を生産する有益な仕事を提供するという点で、うまくいかないプロジェクトもあるだろう。しかし、常に忘れてはならないのは、それに代わるもの――失業――の方が社会的な損失が大きいということである。

ほとんどの民間企業が――労働者を失業者の列に投げ込んで――倒産してしまうことも忘れてはならない。しかし、これが営利企業の重大な落ち度であると主張する者はほとんどいないだろう。我々は、就業保証プログラム、そして民間の雇用主に対しても、100パーセントの成功率を期待すべきではない。

8.4 就業保証プログラムと世界の実例

世界中で数多くの雇用創出プログラムが実施されてきたが、それには対象が限定されたものもあれば、幅広いものもあった。アメリカのニューディールは、資源保存市民部隊や雇用促進局（ＷＰＡ）のような、適度に包括的なプログラムをいくつか含んでいた。スウェーデンは、職へのアクセスを事実上保証する幅広い雇用プログラムを開発した（Ginsburg［1983］）。第二次世界大戦以降１９７０年代まで、オーストラリアを含む多くの国々が、高水準の総需要とゆるやかに調整された直接雇用創出の組み合わせにより、ほぼ完全雇用状態（２パーセント未満の失業率）を維持していた（ほぼ誰でも雇うであろう国有鉄道や軍隊のような、非公式な「最後の雇い手」がしばしば存在していた）。ミッチェルとムイスケン（Mitchell and Muysken［2008］）が主張したように、完全雇用に対する国家の約束は、たとえそれが明示的に全国共通の就業保証プログラムを採用していなくても、政府による雇用創出政策の実行を促進した。

１９３０年代の大恐慌の間、他の多くの国と同様、米国はいくつかの雇用プログラムを採用した。これらは全国共通の就業保証プログラムの一環ではなかったが、ニューディール政策は大規模なものであり、今なお現役の公共建築物、ダム、道路、国立公園、小道によって我々は恩恵を受け続けている。例えば、ＷＰＡの労働者は、

アメリカの外見を変え始める仕事を担った。彼らは道路、学校、橋、ダムを作った。サンフランシスコのカウパレス競技場、ニューヨーク市のラガーディア空港、ワシントンＤ.Ｃ.のナショナル空港（現在のレーガン空港）、オレゴンのティンバーライン・ロッジ、シカゴのレイクショ

ア・ドライブのアウター・ドライブ・ブリッジ、サンアントニオのリバーウォーク。……労働者たちは衣服を縫い、マットレスに綿を詰め、オモチャを修理し、学童に温かいランチを提供し、病人の世話をし、離村に馬で図書館の本を届け、洪水の犠牲者を救出し、病院、高校、裁判所、市庁舎の壁に巨大な壁画を描き、熱狂的な観衆の前で劇を演じ音楽を演奏し、48州のガイドブックを書いた（それは、今でも同種の本のモデルになっている）。世界大戦の暗雲が米国に迫ってきた際、軍隊や空軍基地を近代化し、国家の軍事的要求を満たすために膨大な人数で訓練を受けたのは、ＷＰＡの労働者であった（Taylor［2008］）。

ニューディールの雇用プログラムは１３００万の人々を雇用した。中でもＷＰＡは最大のプログラムであり、８年間続いて、８５０万人を雇用し、約１０５億ドルを支出した（Taylor［2008］p. 3）。ＷＰＡは傷ついた国を引き受け、多くの重要な点において、国を復興するのみならず20世紀へと進化させるのに役立った。ＷＰＡは、65万マイルの道路、７万８０００本の橋、12万５０００棟の民間および軍の建物、７００マイルの空港滑走路を建設した。また、子供たちに9億食の温かいランチを与え、１５００カ所の保育園を運営し、１億５０００万人の観衆の前でコンサートを開き、47万５０００点の芸術作品を制作した。ＷＰＡはアメリカの形を変え、国を近代化した（Taylor［2008］pp. 523–524）。

ディミトリ・パパディミトリウは、政府による直接雇用創出について、途上国を含む世界中の数多くの事例を要約して、次のように述べている。

政府による公共サービス部門における直接雇用創出プログラムには、長期にわたる好結果の歴史がある。20世紀を通じて、米国、スウェーデン、インド、南アフリカ、アルゼンチン、エチオピア、韓国、ペルー、バングラデシュ、ガーナ、カンボジア、チリなどの国々が、民間部門の需要が十分でない時に、このプログラムを「最後の雇い手」――経済学者ハイマン・ミンスキーの1960年代の造語――とする政策を断続的に採用してきた。例えば韓国は、1997年から98年の経済危機の間、政府支出の10パーセントを占める失業対策基本計画を実行した。この計画に基づき、造林、小規模な公共施設の建設、公共施設の補修、環境浄化業務、コミュニティセンターや福祉センターへの派遣などの公共プロジェクトで、そして若者やコンピューターに精通した者を対象にした情報・技術関連プロジェクトで労働者を雇った。経済危機の余波の中にあって、経済全体が拡大し、力強く成長した（http://www.latimes.com/news/opinion/la-oe-papadimitriou-job-creation-20120105,0,60 7208.story?track=rss&mid=56）。

もっと最近の例として、アルゼンチンとインドに話を移そう。カレンシー・ボード制の崩壊と共に訪れた経済危機の余波の中で、アルゼンチンは、貧困世帯主に仕事を保証する「失業世帯主プログラム（Plan Jefes y Jefas）」を創設した（Tcherneva and Wray［2005］）。

そのプログラムは、200万人分の新たな雇用創出に成功した。それは、貧困家庭に雇用と所得を提供したのみならず、貧困地域に必要なサービスと無償の物品も提供した。もっと最近では、インドは、政府が農村地域に住むすべての成人に公共事業プロジェクトにおける雇用を提供することを定める、2005年全国農村雇用保証法を承認した。その仕事は、登録から15日以内で得られなければならず、年間最低100日間の雇用を提供しなければならない（Hirway［2006］）。これらのプログラムは、政府が最後の雇い手として機能でき、かつ機能すべきであるという認識を比較的明確に示している。それどころか、インドのプログラムは、人権（有給雇用の権利）に対する取り組みの一部と見なされている。

これらの事例は、我々を理論の領域から実践の領域へと導いてくれる。直接雇用創出プログラムに対する批判者の懸念の多くは、誤りであることが明らかになってきている。雇用創出は、大規模でも困難な環境下でも成功し得る。参加者は、働く機会を喜んで受け入れ、プログラムへの参加は自信を与えてくれたと評価した。失業世帯主プログラムの事例が示すように、プログラムは、政治的なプロセスへの参加者を増やしながら、民主的に実行することが可能であり、不正や官僚的な無駄の事例も比較的少ない。有益なプロジェクトも実施可能である。人口の5パーセントを雇う巨大プログラムにおいてさえ、コミュニティは参加者に有益な仕事を見つけることができた。失業世帯主プログラムは社会不安を減らし、民間部門の生産に対する需要を提供した。

「失業世帯主プログラム」のようなプログラムは、他の国でも機能し得るだろうか？　少なくとも我々は、プログラムの成功と失敗から学ぶことができる。アルゼンチンの責任者の1人が私に語ったように、「本当に答えを持っているのは、ニーズがある人々であり、飢えに苦しんでいる人々である。政策をこれらの人々に向ければ、間違えることはない。政府はよい仕事をした。問題の根源に取り組んだ。……頂点には目を向けず、まっすぐ底辺に向かった」(Tcherneva and Wray [2005])。

ある意味で、就業保証プログラムは「底辺から雇う」ので、実際に「底辺を」対象としており、取り残された人々に雇用を提供する。その賃金と福利厚生は最も低いものであり、民間の雇い主が提示できる最低基準を設定する。労働者に対して民間部門より高い値を付けようとするのではなく、むしろ職を見つけられない人々を受け入れる。さらに、プログラムを分散化することによって、地方のコミュニティがプロジェクトを生み出し、プログラムを組成できるようにする。地方のコミュニティは、おそらく雇用とプロジェクトの両方の点で、そのコミュニティのニーズをよく分かっている。従って、就業保証プログラムは、雇用創出へのアプローチとしてはより典型的な「トリクルダウン」アプローチに代わり得る、「ボトムアップ」アプローチである。

8.5 就業保証と不平等

2014年、主にトマ・ピケティの有名な著書『21世紀の資本』(みすず書房)のおかげで、経済学者と政策担当者は不平等に気がついた。「上げ潮がすべての船を持ち上げるわけではない」と分かったのだ。事実、過去数十年間の経済成長は不平等を拡大させてきた。

実のところ、経済学者と政策担当者は楽観的な連中だと結論づけざるを得ない。はるかケネディの時代まで遡れば、経済を成長させられれば、誰もが勝ち組になるというのが社会通念であった。実際には、その考えはあまりにも幼稚で事実に反するものである。権力者は、好況時には利益をむしり取る。不況時には政府に救済してもらう。景気動向に関係なく幸福を守り増進させられないなら、誰も金持ちになり権力を握りたいなどとは思わないだろう。

なぜエリートたちはいつでもどこでも経済成長を叫ぶのか？　彼らが提唱するすべての政策は、それが経済を成長させるという主張によって正当化されているように思われる。富裕層に対する減税――それは経済を成長させる！　経済成長のために規制をなくせ！　自由貿易が成長を刺激する！　成長促進のために福祉を削れ！　成長促進のために財政を均衡させろ！　成長を取り戻すためにウォールストリートを救え！　他方、彼らが嫌う政策――最低賃金の引上げ、環境保護、貧困児童のための学校給食、労働者の通常休暇や病気休暇――はすべて、成長を妨げると言われている。

このような政策が成長を促進すれば、金持ちは公平な分け前よりも多くを手にするだろう。政策が成長を促進しなければ、その政策が金持ちの分け前を増やすだろう。表が出れば金持ちの勝ち、裏が出ても金持ちの勝ちだ。

これを聞いて驚くのは誰だろうか？　もちろん、地球上のほとんどすべての経済学者と政策担当者

図8–1　景気拡大期における所得増加の配分

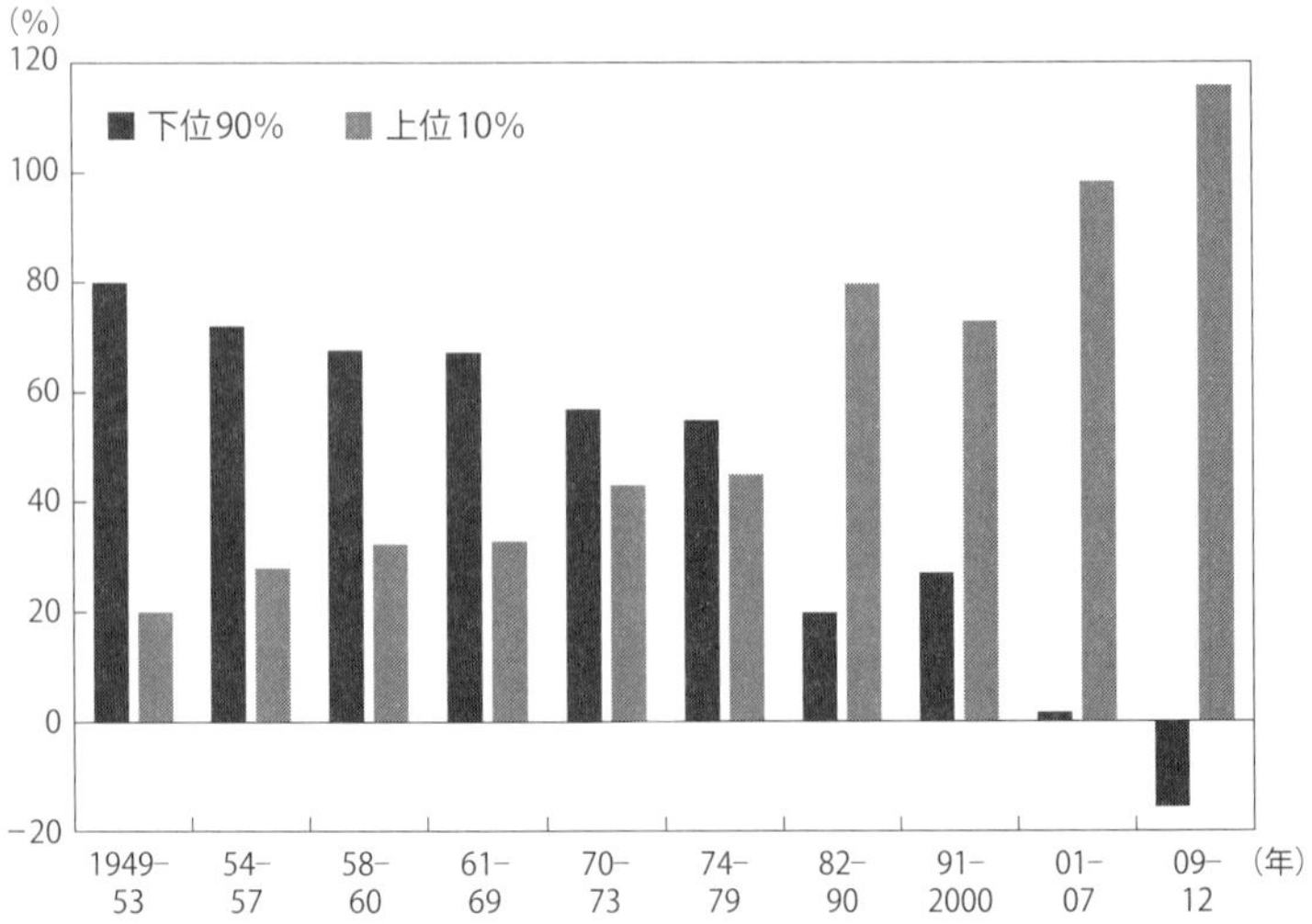

（出所）http://www.levyinstitute.org/pubs/op_47.pdf

だ。なぜか？　彼らは〈権力〉を考えることを拒むからだ。我々の経済は「市場主導」だとよく言われるが、実際には権力によって動かされている。注意を払ってきた者はみな、上位1パーセントの権力が、戦後容赦なく増大してきたことに気づいている。経済成長から得る利益をより多く自分の懐に移す能力も、それに比例して強化されてきた。

パブリーナ・チャーネバが示すように、その結末は明らかである。

景気後退からの回復のたびに、富裕層はその成長の分け前を増やしてきた。富裕層を所得分配の上位のどこ――上位10パーセント、上位1パーセント、上位ゼロコンマ数パーセント――で切り分けても、富裕層は景気回復のたびに経済成長から得る利益のシェアを増やしてきたことをチャーネバは示した（図8

−1）。

事態が悪化すれば、米国政府が富裕層救出のために飛んで来る。直近の惨事の際には、ウォールストリートの上位0・1パーセントを救うために何と数十兆ドルが支払われたが、メインストリート（実体経済）にはごくわずかな金額しか投入されなかった。他の研究では、「財政刺激策」が最も苦しんでいる人々には向けられなかったことをチャーネバが立証し、FRBがウォールストリート救済のために低金利で29兆ドルをはるかに上回る融資を実行したことを、アンディ・フェルカーソンとニコラ・マシューズが示した（このプロジェクトに関する論文はここを見よ。http://www.levyinstitute.org/ford-levy/governance/）。

経済が回復し始めた時に、上位1パーセントが回復による全体の利益以上のものを獲得したことは驚くに値しない。彼らには金も権力もあり、米国政府は彼らのためにほぼ全力を尽くしたのだ。

ハイマン・ミンスキーが1960年代に主張したように、貧困を減らしたければ「貧困との闘い」の中心的要素に雇用創出を含めなければならない。ミンスキーは、ケネディとジョンソン政権期の「貧困との闘い」には、このようなプログラムが含まれていないので失敗するだろうと（正しくも）予測した。さらに彼は、ひとたび職を求めるすべての人に仕事を与えたならば、所得の分配を徐々に底辺の人々に移さなければならないと主張した。それは、徐々に底辺の人々の賃金を増やす一方で、上位にいる人々の所得増加を抑えることによってなされる。

もちろん、我々はどちらもやらなかった。過去半世紀にわたり、実質最低賃金は急激に低下してきた。失業も増加してきた。多くの研究が立証しているように、労働生産性の上昇傾向が続いてきたにもかかわらず、実質賃金の中央値は１９７０年代初め以来停滞してきた。その差は誰が手にしたのだろうか？　金持ちと権力者である。

過去に失敗した政策を続けたがる人々もいる。彼らは、試みたものの失敗に終わった二大戦略――経済成長と、現代の衣装をまとった福祉、すなわちベーシックインカム――を利用したがる。ミンスキーが主張したように、確かに我々には福祉が必要である。寛大さは人間性の物差しである。しかし、福祉を増進しても、失業と貧困の問題は決して解決しない（失敗した「貧困との闘い」アプローチに対するミンスキーの批判と、それに代わる彼の提案の説明については、ここを見よ。http://www.levyinstitute.org/publications/the-war-on-poverty-after-40-years）。

ミンスキーは、「どうすれば所得の分配を改善できるか？」と問い、「まずは完全雇用によってである」と答えた。これは、彼が定義した「目一杯の完全雇用」を達成して持続する必要があることを意味する。すなわち、目一杯の完全雇用とは、「様々な職業、産業、地域にわたる雇用主が、現行の賃金・給与水準で、現状よりも労働者の雇用を増やすことを選好する［状況であり、］……目一杯の完全雇用の達成と持続によって、貧困を撲滅するという任務はほぼ全うできる」。

チャーネバの研究が示しているように、これはジョン・M・ケインズの見解でもあった。ケインズは、１９６０年代「ケインズ学派」によって支持された「呼び水」政策よりも、直接労働者を雇う政策を支持していた。ミンスキーが説明したように、呼び水政策は「既に富裕な人々」に有利にはたらく。チャーネバの研究は、まさしくそうした結果が生じたことを、説得力をもって示している。

8.6 完全雇用政策に関する結論

ラーナーは、完全雇用を達成するために、金融政策と財政政策を利用することを提案した。彼は、失業は政府支出が過少な証拠であり、それゆえ「機能的財政」によれば、失業をなくすために支出を増やすことが政府の責任であると主張した。なお、市場原理が均衡をもたらすと信じることと、同時に政府予算に対する機能的財政アプローチを推進することは、本質的に矛盾しない。すべての経済学者は、警察力や軍隊の供給を含めて、政府には一定の果たすべき役割があることを認めている。たとえ政府の役割がそれだけだとしても、政府は銀行口座への振込みによって警察勤務や兵役に対する報酬を支払い、銀行口座からの引落としにより課税すべきであり、税収が落ち込めば財政は赤字に向かい、税収が増えれば黒字に向かうと主張できる。これは市場原理を覆すものではなく、まさにフリードマンが主張した方法で安定性を高めるだろう（前章のコラム「ミルトン・フリードマン版機能的財政」を見よ）。

本章では、完全雇用を達成するための政策の検討にかなりのスペースを割いてきた。間違いなく、機能的財政とは、完全雇用達成に政策をフォーカスする根拠にとどまるものではない。機能的財政の基本的な結論は、政府は自らの通貨建てで売られているものなら何でも購入できる支出能力があるということである。それには失業者も含まれる。我々がここまで失業に関心を抱く理由は、失業が世界中で最も深刻な経済の失敗の1つだからである。失業者本人が苦しむだけではない。失業は、2つの側面――生産の縮小、失業の影響に対処するための社会的コスト――において社会に莫大なコストを強いる。

政府が完全雇用を追求しない理由の1つは、政府が自らにはすべての失業者を雇う支出能力がないと信じているからである。もちろん他にも理由はあるが、機能的財政の原則を理解すれば少なくともこの理由は排除できる。完全雇用の追求に対する他の反対論には、インフレと為替レートへの影響の可能性が含まれる。しかし、これらの影響は完全雇用プログラムの適切な設計によって最小化されるのを示すことが可能である（次章を見よ）。

国内政策の選択肢の観点から言えば、変動為替レートの下での主権通貨制度が（例えば、直接雇用創出プログラムによって）完全雇用政策の実行を可能にする。途上国の場合でも、主権通貨を採用していれば、政府は自国通貨建てで売られているものなら（すべての失業者を含めて）何でも購入可能である。直接雇用創出プログラムはインフレ圧力が最小となるように設計することが可能だが、過剰な政府支出がインフレを促進する可能性があるのは事実である。とはいえ、これは政府の支出能力とはまったく別の問題である。つまり、政府はすべての失業者を雇う支出能力があるが、インフレ圧力を減らすようにプログラムを設計しなければならない。

もう1つの問題は為替レートであり、完全雇用の結果、輸入が増加して為替レートに圧力を加える可能性がある。繰り返すが、「トリレンマ」の問題を解決するためには、通常、変動為替相場および／または資本規制の組み合わせが必要である。つまり、政府が国内プログラムのための政策余地を欲するのであれば、変動相場制および／または資本移動規制が必要である。さらに、前述のとおり、政府は輸入を最小化し輸出を促進するように雇用プログラムを設計することができる。得てして変動相場制に移行することが望ましい政策ではあるのだが、固定為替相場制であっても雇用創出プログラムを実行することは可能である。

このトピックを締めくくり、物価の不安定性の検討に移る前に、1つ問題を提起しよう。小さな政府を好む者はMMTを採用できるだろうか？

8.7 オーストリア学派にとってのMMT——リバタリアンは就業保証を支持できるか？

MMTは「大きな政府」の支持者のためだけにあるのではない。MMTに対する最も激しい批判者に、リバタリアンとオーストリア学派がいる。彼らは、MMT派が、政府が経済全体を飲み込んでしまうまで政府を巨大化させようと一致団結して取り組んでいると信じて疑わない。本節では、その懸念の払拭を試みよう。

まず、ある面において、MMTは主権通貨が機能する方法の説明である。好き嫌いは別として、主権を有する政府は銀行口座に振り込むことによって支出する。MMTの批判者の中にも、これを理解している者が少しは存在する。しかし、彼らは、政策担当者や一般大衆にその仕組みを教えてしまうと、みんなが政府に対する要求を増やすので、民主的なプロセスが必然的に政府予算を膨らませてしまうのではないとかと懸念している。これは、ポール・サミュエルソンの主張を思い出させる。つまり、通貨を破壊するハイパーインフレがあるジンバブエの地に向かってしまうことがないように、我々には「昔ながらの宗教」が必要だという主張である。

しかし、MMT派も同様にインフレを懸念している。実際、「物価安定」は常に、UMKC（ミズーリ大学カンザスシティ校）の完全雇用・物価安定センター（http://www.cfeps.org/）の2つの重要ミッションのうちの1つとなっている。確かに、リバタリアンとオーストリア学派の多くは、インフレを回避する唯一確実な方法は金《きん》に回帰することだと信じている。我々は既に、「商品貨幣」制度の運営に関する神話のいくつかを否定した――商品貨幣制度は、多くの金本位制支持者が考えるような形では決して機能しなかった。それはともかくとして、たとえ金本位制が望ましいとしても、それは政治的に実現不可能である（私見だが、就業保証よりもずっと実現の可能性は低い！）。いずれにしても、MMT派は（も）、黒いヘリコプターが現金袋を落下させながら飛び回ることを望んでいるわけではなく、政府の「呼び水」的な需要刺激策にも反対である（一定のラインを超えると――おそらく完全雇用に達する前に——それがインフレを引き起こすという主張に関しては、リバタリアンもオーストリア学派も、そしてミルトン・フリードマンさえも、正しい)。

確かに、MMTには別の面もある。我々は、政府の政策立案に合理的な分析を加えるために、貨幣が機能する方法に関する知識を利用する。主権を有する政府にとって非自発的なデフォルトは文字どおり不可能なため、現在ワシントンや世界中の政策担当者の頭の中を支配している、政府赤字や債務比率や他のあらゆる無意味な指標に関する懸念を、我々はいとも簡単に克服できる。我々には、完全雇用を達成する「支出能力」があるか?——ある。社会保障を実施する「支出能力」があるか?——ある。すべての学童のランチトレーにミルクを載せる「支出能力」があるか?——ある。問題は、支出能力に関するものではないし、そんなものはそもそもあり得ない。問題は資源に関するものである。

失業は簡単だ。当たり前だが、失業者は雇うことができるから、政府は彼らを仕事に就かせることができる。社会保障はそれより少し難しい。高齢者が(そしてその扶養家族や身障者も)快適に暮らせるように、そこに十分な資源を動かせるだろうか? 豊かな先進国なら、人口動態と生産能力のあらゆる合理的な予測から、その答えはイエスである。もちろん、予測が間違いだと判明することもある。しかし、その場合も、支出能力はやはり問題とはならない。問題は資源である。最後に、すべての学校給食にミルクの提供は可能だろうか? おそらく可能だろう。可能でないとすれば、それは資源の問題であり、アメリカとカナダの草原地帯をミルク生産地に転換すれば解決できるだろう。

おそらく、ほとんどのMMT派によって推奨される最も重要な政策は、就業保証/最後の雇い手の提案だろう。リバタリアン／オーストリア学派の連中は、このプログラムを忌み嫌っているようだ。たぶん、彼らはこれを大きな政府／ビッグ・ブラザー（独裁者）のプログラムだと誤解しているのだろう。就業保証プログラムに対しては、全員に働くことを「強制する」という批判と、「働かないこと」に対しても全員に報酬を支払うという批判が、しばしば同時になされる。実際には、就業保証プログラムは働きたい人々のためだけの、完全に任意のプログラムである。働くつもりのない人は参加できない。リバタリアンとオーストリア学派はこれが大好きなはずだ。就業保証プログラムはビッグ・ブラザーではない。大きな政府ですらない。仕事が政府によって提供される必要はまったくない。誰も職に就かなくても、別に構わない。就業保証プログラムは、自由を愛するリバタリアンとオーストリア学派の最も大切な規範に合致している。

従って、要約すると、

1. MMTはどんな大きさの政府にも合致する。望むならば、リバタリアンの小さな政府でも可能である。しかし、政府は変動相場制の主権通貨を発行する。政府は、その通貨で支払える租税を課す（確かに、これはビッグ・ブラザーが入ってくるところだ。租税は強制的である）ことにより通貨を支える。

2. 就業保証／最後の雇い手というアイディアもまた、いかなる大きさの政府にも合致する。大きな民間部門と小さな政府部門を望むならば、租税と政府支出を少なく保てばよい。それが、大きな民間部門が利用すべき資源を解放する。しかし、民間部門が雇用しきれない労働資源を吸収するために、やはり就業保証プログラムが必要であろう。民間市場の有効性に関してオーストリア学派が正しいのであれば、就業保証プログラムは常に小さいであろう。

3．就業保証プログラムは、好きなように分散化できる。連邦政府に営利企業の賃金を支払わせるとしたら、そこには重大なインセンティブの問題がある。従って、プログラムの賃金は連邦政府に支払わせるが、そこでの仕事は非営利法人、地方政府、州政府（あるいは本当に最後の手段としてのみ連邦政府）に作らせ管理させることが最善かもしれない。アルゼンチンは協同組合で試し、非常にうまくいったようだ。オーストリア学派／リバタリアンの連中に、自分たちの就業保証プログラムを組成させ、彼らにとってとても大事な非営利活動のために労働者を雇わせてもよいのではなかろうか？

4．貨幣経済（資本主義と言ってもよい）の問題は、そもそも課税が失業者（租税を支払うために貨幣を探し求める人々）を生み出すことである。これを現代のほぼ完全な貨幣経済（単に食べたり、テレビを見たり、携帯電話をいじったりするために貨幣を必要とする経済）に拡大適用すれば、（租税を支払うためだけに限らず）誰もが貨幣を探し求めるということになる。そうだとすれば、政府の租税によって生み出された失業問題を民間部門に解決させることはまったく愚かな行為である。民間部門が単独で、継続的に完全雇用を供給することは決してない（実際に供給してこなかった）。就業保証プログラムは、民間部門を支援するために論理的に不可欠なものであり、歴史的にも必要とされてきた。それは、民間部門の雇用を補完するものであって、代替するものではない。

怠けて福祉を受けるのではなく、全員が(能力を最大限発揮して)働き、社会に貢献すべきであるという考えを、どうして社会主義と呼ぶことができようか?

次章では、インフレとハイパーインフレを少し詳しく検討しよう。「法定不換貨幣」と財政政策に対するオーストリア学派の懸念の多くは、インフレの因果関係についての彼らの解釈(実際は思い込みに過ぎないのだが)に由来している。

第9章 インフレと主権通貨

「紙幣印刷」がハイパーインフレを引き起こすわけではない

本章では、インフレとハイパーインフレに対するMMTの考え方を検討する。よくある考え方は、財政赤字と完全雇用は、ハイパーインフレとまでは行かなくても、インフレを引き起こしやすいというものである。多くの批判者が、MMTに従うと必然的にインフレになる――それは破滅への道である――とさえ主張する。まず、インフレはどのように定義されるかを確認しよう。次にハイパーインフレ、さらには量的緩和がインフレを加速させるかもしれないという懸念、最後に物価安定を促進する政策に関するMMTの考え方を検討しよう。

9.1　インフレと消費者物価指数

最も一般的なインフレの尺度は消費者物価指数（CPI：Consumer Price Index）である。米国では、1966年以来CPIが7倍に上昇した。インフレへの警戒心が強い、いわゆるインフレ・タカ派の多くは、それは誤った財政・金融政策のせいである――具体的に言えば、金《きん》に裏づけられた「ハード・カレンシー」を放棄したせいである――と信じている。本節では、インフレとその計測の問題を検討しよう。

インフレの尺度としてCPIを利用することについては粗探しが可能であり、CPIには我々が即座に指摘できる、よく知られた問題点がある。しかし、間違いなく1960年代半ば以降（さらに言えば、傾向としては第二次世界大戦以降）、物価は全般的に、ほぼすべての国で上昇してきた。これはやや心配な問題である。ケインズが論じたように、賃金と物価には計算貨幣単位での「硬直性」がある程度必要であり、さもなければ貨幣は放棄されるかもしれない。貨幣の放棄はハイパーインフレの際に起き得ることであり、貨幣の価値が急激に下落するので（次節を見よ）、人々は価値を保持できる何かほかのものを見つけようとする。

しかし、1966年以降、明らかに米国や世界のほとんどの国々のインフレは十分に低かった（少数の金本位制支持者にとっては、そうではなかったが）。そのため、自国通貨は有効な計算貨幣であり続け、インフレにもかかわらず、人々は自国通貨を自発的に持ち続けている。実のところ、経済学者にとって、年率40パーセント未満のインフレ率から経済への重大な悪影響を見出すことは困難である。しかし、インフレ率が2桁になると、人々は明らかにインフレを嫌い、政策担当者はたいてい総需要を減らそうとして緊縮政策をとる。

問題は、緊縮財政が正しい政策か否かである。経済が完全雇用を超える水準で運営されていれば、ラーナーの機能的財政の第1原則により、政府は支出削減あるいは増税によって需要を抑える必要がある。過去半世紀の間には、超過需要になり、完全雇用の水準を超えて生産を増加させたであろう様々な国の実例がある。大きな戦争はインフレの典型的な引き金になる。しかし、第二次世界大戦以降ほとんどの先進国では、需要は完全雇用を超えるところまで経済を動かすような水準には総じて達していない。それどころか、ほとんどの場合、インフレはかなりの失業が存在する状況下で発生してきた。事実、経済学者はこの典型的な状況――インフレと失業が同時に存在する状況――を表す「スタグフレーション」という言葉を考え出した。彼らは、インフレ率と失業率を足し合わせる「悲惨指数（misery index）」さえも考え出した。これは、実際にはリンゴとミカンの個数を足すようなものだが、1970年代後半の米国では有権者の共感を呼んだ。

前章で、就業保証プログラムの創設によって、インフレ問題を悪化させることなく失業問題を改善できると論じた。その議論をここで蒸し返すつもりはないが、このようなプログラムはほぼ間違いなく物価の安定性を高める。しかし、就業保証プログラムがインフレを解消するとまでは言えないであろう。

現代の資本主義経済において、なぜゆるやかなインフレが持続する可能性が高いのか考えてみよう。そのためには、物価指数の構造について少し知る必要がある。もちろん、このあとの議論は極めて一般的なものである。どんな国にも、賃金・物価の設定行動に影響を与える、その国に特有の経験、構造、制度がある。すべての個別のケースでインフレを本当に理解するためには、それぞれの制度的状況の中で物価（と賃金）を動かす個別の条件を詳細に研究する必要があるだろう。

貨幣について論じる際、CPIは常に関心事となる。よって、先へ進む前にまず、通貨の購買力の尺度としてのCPIを見ておこう。物価変動を計るためには、ある年――基準年――の物価を、その後の（およびその前の）年の物価と比較しなければならない。こう言ってしまうと簡単そうだが、実際はかなり難しい。それは、物価が変動するのみならず、製品とサービスも変化するからである。従って、CPIなどの物価指標は、品質が向上した分だけ調整されなければならない。最新のノートパソコンは、1966年ならいくらしただろうか？　数百万ドル？　数十億ドル？　ウォーレン・モズラーがいつも冗談で言うように、あなたのiPhoneには、NASAが月旅行のために結集したよりも優れた電子技術が使われている。CPIは、科学というよりも芸術である。なぜならば、かつては存在していなかったものに価格をつけ、品質の変化を苦労して数値化しなければならないからである。確かに今日の新車の価格は1974年のそれの10倍を超えるが、それはずっと高機能で安全で快適である。

　さらに、ボーモル病と呼ばれるものがある。モーツァルトの時代の交響楽団は、若干の奏者の増減はあるものの、今日のものと同規模だった。指揮者次第ではあるものの、同じ楽曲の演奏時間はほぼ同じであった。つまり、ほとんど生産性が向上してこなかった（同じ交響曲を演奏するのに、同人数の「労働者」が同じ時間働く）。しかし、他の分野の労働者は、今やモーツァルトの時代とは比較にならないほど生産性が高い。同様な問題を抱えた分野は他にも多く、その大部分は生産性をさほど改善できないサービス業の分野である（理髪師、教師、医師を考えてみよ）。

　過去200年間にわたって生産性がさほど向上していないこれらの財・サービスの価格は、例えば驚異的に生産性が向上した製造業の生産物と比較して、とてつもなく高くなっているはずである。今でも100人の頭髪を見栄えよく保つのに1人の理髪師が必要な一方で、かつては100人の農夫に養われていたのと同じ人数の腹を空かせた消費者を、今では1人の農夫が養っている。もし生産性の向上だけを基準にして労働者に報酬が支払われるとすれば、音楽家は今でもモーツァルトの時代の賃金で働いているだろう。しかし、音楽家や理髪師は、農夫や工場労働者と（多少の差はあっても）ほぼ同じ水準の生活費を稼いでいる。我々は、農夫や工場労働者に不当に安い賃金を支払うよりは、理髪師や音楽家に過大な賃金を支払うことを選択しているのだ。

　同時に、ボーモル病理論によれば、我が国の生産において絶えず成長している部分は、この「病んだ」産業部門の中にある（先進国は、ボーモル病がより広がっているサービス業部門に大部分の労働者が属しているという意味で、「サービス業経済」である)。従って、さほど生産性の向上していない「病んだ」部門内で、過大な賃金が支払われる労働者がますます増加している。賃金(それゆえ、物価)に対するこの傾向は強まっている。

生産性は低いが賃金は他と同じように上昇する部門があるため、名目賃金が生産性よりも早く上昇する可能性がある。もう少し詳しく分析すると、ボーモル病理論では、政府はどちらかと言えばこの「病んだ」部門を徐々に引き受ける傾向があるため、民間部門が生産性の低い分野を減らすにつれて、政府がGDPに占める割合が大きくなる傾向がある。これは批判しているわけではなく、もちろん、政府には埋め合わせる傾向があるということである。米国の医療制度と、急増する医療費のせいで何十兆ドルにも上ると予測される米国政府の財政赤字を考えてみれば理解できるだろう。

ドルの価値の毀損は、コンサート・バイオリニストのせいだ! ある意味で、インフレの一部は、こうした状況を均《なら》す役割を果たしている。さもなければ、すべての音楽家や芸術家の生活は、工場労働者と比べて貧しいものになっているだろう。こう考えてみよう――インフレは文化を保護するためのコストである。たまには素晴らしい芸術作品も鑑賞したい。幼稚園の先生には、1クラスの園児を15人に維持して欲しい。製造業の生産性向上と歩調を合わせようとすれば、現在の幼稚園の先生は、教室に詰め込まれた数百人の5歳児を1人で受け持たなければならないだろう。しかし、そんなことは起きなかった(それでも、州政府や地方政府の予算削減で起きるかもしれない!)。幼稚園の教室での「非効率」を保つためには、インフレが必要である。

ボーモル病を患った部門のコストが増加する（賃金は上昇するが、生産性は上昇しない）につれて、その部門がGDPに占める割合が増え、CPIへの影響が大きくなる。生産的な部門の実質賃金の上昇が、病んだ部門に対する支出の増加を可能にするが、実質賃金が上がらなければ、ボーモル病の部門は高価すぎて手が届かないものになり、芸術と医療の部門は苦境に陥る。

これは、1970年代前半から米国でずっと続いてきたことである。医療費が高額化してきたにもかかわらず、平均的労働者の実質賃金は上がらなかった――これが、借金漬けになる家庭を増やした。リック・ウルフの研究によれば、ここ数十年にわたり、米国の労働生産性は上昇傾向が続いてきたが、それと比べると実質賃金は変わらぬままであった（彼の興味深い話はここを見よ。http://www.rdwolff.com/content/capitalism-hits-fan-2-rick-wolff.）。これは、賃金が低いために労働者が、自分たちが生産したものを買えないことを意味する。その場合、資本家には2つの選択肢がある。価格を変えずにおくか、低迷している労働者の賃金を補うために信用で生産物を売るかである。家計の負債が急速に増加したことから、資本家がどちらを選んだのかは明白だ。ウルフは、多くの根拠を示して、世界金融危機はこの負債の増加のせいで発生したと論じている。

インフレに対する防御として人々に金《きん》の購入を迫る、金本位制支持者の主張に戻ろう。我々はこう尋ねるかもしれない。実質価値が下がり続ける法定不換貨幣を、なぜ誰もが保有するのだろうか？なぜ、資産を金《きん》で蓄えないのか？　あるいはビットコインで蓄えないのか？

ケインズは「不確実性がなければ、誰も価値貯蔵手段として貨幣を保有しないだろう」と述べた。

将来について確信が持てず、怯えてさえいる場合にのみ、貨幣のような流動性の高い形態で資産を保有することが理にかなう。金融危機になると、誰もが現金に走る。現金の収益性は非常に低いが、巨大な損失よりはマシである！　もしあなたが資産のよい貯蔵方法を求めて１９６６年にまで戻り、２０１１年まで保有するポートフォリオを決定していたならば、45年間さほど多くの現金を保有しなかったであろう。米国債のような、価値貯蔵手段としてより適切な資産がたくさんあったはずだ。しかし、数カ月間保有するのに望ましいポートフォリオということであれば、ある程度の現金を保有するだろう。流動性と収益性はトレードオフの関係にある。

金本位制支持者は金《きん》が好きだが、１９８０年に金《きん》を買った人々は、その後30年間後悔し続けてきた。世界金融危機以降、金価格は大きく上昇したにもかかわらず、彼らはまだ損失を取り戻していない。一般的に、商品（コモディティ）価格は時間の経過と共に実質ベースで下落し――ひどいインフレ・ヘッジだ――、おまけに商品の場合は保管コストがかかる。事実、世界で取引されている商品のバスケットを考えた場合、インフレ調整後の価格は着実に下落傾向にあり、過去１００年間で、相対的な価格は平均で年間約１パーセント下落してきた。その理由は、採収・抽出の生産性向上および埋蔵資源の新たな発見である。確かに、次の世紀の商品価格を予測することは不可能だ。価格が上向く可能性もある。さらに、過去10年間で、商品市場は投機的なトレーダーによって支配されるようになってきており、人類史上最大の投機バブルを引き起こした。そして、それ自体が（商品は生産プロセスに投入されるので）インフレを加速させるのに一役買う可能性がある。やはり、値上がりするものは値下がりする可能性があり、インフレ・ヘッジとして商品を買って貯蔵することは、勝ち目のない賭けであろう。

要するに、物価は様々な理由から上昇する傾向にあった。計測の問題に関係する物価上昇もあり、ボーモル病や、市場支配力――組合や寡占――に関係する物価上昇もあった。インフレは、必ずしも悪いことではない。デフレはインフレよりもっと悪い。

実のところ、多少のインフレはおそらくよいものである。ケインズは「インフレは、名目収益を増やして債務返済を容易にすることで、投資の促進に役立つ」と主張した。1974年に多額の学生ローンを抱えて大学を卒業した人々は、カーター政権時代のインフレ（1970年代後半）に本当に感謝した。ローンの返済額は名目で固定されていたが、名目賃金はインフレによって多かれ少なかれ増えたからである！ ボーモル病に苦しんでいないすべての部門における物価の急速な下落も、これと同じ効果をもたらすであろうが、デフレ自体が恐ろしい病である（この場合は、風邪を恐れてもっと深刻な病を抱え込み、かえって命を危険にさらすようなものである）。

第二次世界大戦以降の物価上昇傾向の直接の原因が、過剰な総需要だった可能性はほとんどない。その一方で、戦後期に不況がなかったことが原因の1つであることは間違いない。これは、1930年代型の大恐慌の再来を防ぐために政府が介入する「大きな政府」経済が、通常デフレを経験しないからである。20世紀と19世紀を比較すると、19世紀中は好況時に物価が上昇して不況時に下落し、結果的に全般的な物価水準は1800年も1900年もほぼ同じだったことが分かる。しかし、第二次世界大戦後のひどいデフレを除けば、物価の進む方向は一方向のみ、つまり上昇だけであった。繰り返すが、人々はインフレが好きではないものの、低いが持続的なインフレが実際に経済に悪影響を及ぼすという証拠はあまりない。

経済に本当にダメージを与える、もっとずっと高いインフレ率に話を移そう。異常に高いインフレ率は滅多にないことを確認しよう。通常の「ゆるやかな」インフレが、徐々にハイパーインフレに達すると信じる理由はなさそうなことも確認しよう。

9.2 ハイパーインフレに対するもう1つの説明

もし政府がＭＭＴの主張に沿って運営されたら、我々は破滅的なハイパーインフレへの道をたどるのではないかと、多くの論者が心配している。それどころか、ＭＭＴ派はジンバブエやワイマール共和国のハイパーインフレの経験を再現するような政策を奨励しているとよく非難される。これらの国のハイパーインフレは、急増する赤字をファイナンスするために政府が「紙幣印刷」に手を出して、文字どおり記録的なインフレ率に達するほどマネーサプライを急増させたために引き起こされたと思われている。

ワイマール共和国やジンバブエの紙幣——通貨のゼロの数で史上最高記録を分け合っている——の

ハイパーインフレの話で、聴衆をその気にさせるのはいたって簡単である。確かに誰も高インフレを擁護することを望んでおらず、ハイパーインフレの擁護はなおさら望んでいない。フィリップ・ケーガンは、１９５６年の古典的論文で、ハイパーインフレを月間50パーセント以上のインフレ率と定義した。そうなったら間違いなくゼロの数があっという間に増え、経済活動は大混乱となるだろう。

ハイパーインフレの最もありふれた説明は、マネタリストの貨幣数量説によるものである。政府が紙幣を印刷し過ぎると、物価の上昇を引き起こす。悪いことに、物価が上昇すると貨幣流通速度が増す。通貨の購買力が急速に低下するので、誰も通貨をあまり長く持ち続けたがらない。明日には同じ通貨で買えるものが減ってしまうだろうから、その日のうちに所得を支出するために、賃金は日払いを求められる。それは、たとえ政府が紙幣を印刷する（あるいは、今ある紙幣にゼロを付け加える）ことが可能な、まさにその速さでマネーサプライが増加しても、マネーサプライは物価の上昇についていけないことを意味する。物価の上昇が速ければ速いほど、貨幣流通速度が上がる。ついには、夕食の時間までに物価がさらに上がるだろうから、あなたは1時間ごとの給与支払いを要求し、昼休みに店に駆け込むことになる。

以上が基本的に、貨幣数量説の単純バージョンが現実のデータとは一致しなかったことに対するケーガンの説明であった。物価がマネーサプライよりずっと早く上昇するのであれば、ハイパーインフレは「過少な財を追いかける過剰な貨幣」によって引き起こされると、どうすれば結論づけられるだろうか？　そこで、経験した事実と合致するように、貨幣数量説が修正されたというわけだ——すなわち、「貨幣流通速度は一定である」という古い貨幣数量説の前提（貨幣と物価の関連性を維持するためには、これが必要である）が、高インフレ状況ではもはや成り立たないことの説明がつくように。

こうして「修正された貨幣数量説」で理論武装すれば、たとえ貨幣流通速度が一定でない（貨幣量の増加が物価上昇に追いつかないので、貨幣流通速度が上がる）としても、「高インフレもハイパーインフレも過剰な貨幣から生じる」という主張が引き続き可能となる。そして、「マネーサプライを制御するのは政府である」というマネタリストの主張に基づけば、ハイパーインフレは紛れもなく政府の政策の責任である。さらに、ハイパーインフレの際に見られる現象として、政府通貨（紙幣）の供給が（ゼロの数を増やしつつ）急激に増加する。結局、政府は、税収が支出に追いつかなくなると赤字になるから、それを埋めるために死に物狂いで紙幣を印刷すると想定され、それが「過少な財を追いかける過剰な貨幣」を増やすことになる。

これが、評論家たちが「ハイパーインフレの責任の大部分は、赤字をファイナンスするための政府の紙幣印刷にある」と主張する根拠である。現在の米国、英国、日本にも似たような状況――（それを使えばマネーサプライと物価を押し上げられると考えられている）準備預金で銀行を満杯にしている巨額の財政赤字（および量的緩和）――を見出すことができる。解決策は？　政府の両手を縛ることだ。かつては、金《きん》を頼みの綱とすることができた（もちろん金本位制支持者には、その古きよき時代に戻りたがっている者もいる）。今日我々が必要としているのは規律である――具体的には、均衡予算を規定した憲法修正条項、債務上限、あるいは（ポール・クルーグマンのような赤字ハト派にとっては）「ひとたび景気が回復し始めたならば、いずれは赤字支出を大幅に削減する」という約束である。

以上のハイパーインフレの説明に対する、MMTの回答を確認しよう。我々は3つの点を指摘する。

1．MMTが、政府は「キーストローク」によって支出すると言う場合、これは説明であって規範ではない。「紙幣印刷」による政府支出は必然的に高インフレやハイパーインフレを引き起こすと言う評論家たちが正しいならば、ほとんどの先進国はキーストロークにより支出するので、ずっとハイパーインフレではないにせよ、少なくとも高インフレであろう。自国通貨を発行するすべての政府は、租税（あるいは国債売却）によって自国通貨を回収する前に自国通貨を支出しなければならないが、政府以外の誰も通貨を創造できない以上、これに代わる政府支出の方法はない。しかし、ハイパーインフレは極めてまれな出来事である。我々は、ワイマールやジンバブエ（あるいは、米国独立戦争時の大陸紙幣）のようなケースに注目しなければならず、そうすることが、「紙幣印刷」とハイパーインフレの関係について多くのことを教えてくれる。そこに因果関係を見出すことはできない。

2．ハイパーインフレを経験する国や貨幣制度には共通の特徴があるものの、それ自体は極めて特殊な状況によって引き起こされる。MMTがハイパーインフレの原因を完全に理解していると主張するつもりはないが、マネタリストの説明はこれまでの経験にほとんど光を当てておらず、それに代わる合理的な説明が存在する。我々は、３つのよく知られたケースを、そうした観点から検討するつもりである。

３．米国（あるいは、英国や日本――いずれも、２０１１年末時点で巨大な赤字国である）の現在の、あるいは将来見込まれる条件の中に、ハイパーインフレはもちろん、高インフレを予想させるものは何一つない。

ＭＭＴ、およびいわゆる法定不換貨幣に対する批判者のほとんどは、かつては貨幣が金《きん》のような商品と密接に結びついていた（それが、政府や銀行が「無から」貨幣を創造する能力を制限していた）、というイメージを概ね抱いている。その最もよい例が、貴金属の硬貨であった――それが、政府の貨幣に「真の」価値を与え、支出する際には実際に政府に金《きん》を取得させたと思われている。（政府や銀行によって発行される）紙幣に対して１００パーセントの金《きん》の裏づけがある厳格な金本位制も同じ役割を果たした、というわけだ。

しかし、第６章で論じたとおり、現実は常にまったく異なるものだった。すなわち、金貨や銀貨は（紙や電子的なバランスシートにではなく）たまたま金属に記録された主権国家の債務証書であった。実際に、硬貨はたいてい金属の価値をはるかに上回る、主権国家によって宣言された名目的な価値で流通していた（これは「名目主義」と呼ばれる。つまり、１セントの価値がある今日のペニー貨のように、主権国家の宣言によって名目的な価値が決定されていた)。ただし、その価値は必ずしも一定ではなかった。政府は「硬貨をこき下ろすこと」(政府への支払いにおいて、硬貨はそれまでの半分の価値で受け取られると宣言すること)によって価値を引き下げた。また、政府は金属の含有量を減らすことで硬貨の「質を落とした」が、それは必ずしも硬貨の名目的な価値を変えなかった。確かに、長期にわたって硬貨と物価が比較的安定していたケースがあったが、これは「金属主義」(硬貨は、その金属の含有量によって決定される価値で受け取られるという原則)ではなく、むしろ強固な「名目主義」を採用した強力で安定した政府と関係があった。

実際には、不安定な硬貨の期間もあった——弱小な国王が、軽い硬貨を拒絶する一方で、クリッパー(地金を手に入れるために硬貨を削り取る人々)を捕らえるために硬貨の重さを量るという行動に出た時期である。前述のとおり、これが「グレシャムの法則」の力学を生み出し、人々に硬貨の重さを量らせた。人々は、重い硬貨を受け取るが、軽い硬貨で支払おうとした。これは、名目主義にたどり着くことで——卑金属のみで硬貨を鋳造し、クリッパーのビジネスモデルを破壊することで——、ようやく解消した。

さらに、金本位制は、今日の金本位制支持者がイメージしているような形では機能しなかった。第1に、各国は金《きん》についたり離れたりした。危機が発生すると、各国は金《きん》から離れた。経済が回復すると、(再び経済が崩壊して、金《きん》の制約が国を金《きん》から引き離すまでの間)金《きん》に戻った。金本位制は、貨幣の安定に貢献するどころか、むしろ経済を不安定にした。

第２に、実際には誰もルールに従って行動しなかった。金《きん》にレバレッジをかけたい——交換可能な金《きん》の量より多く債務証書を発行したい——という誘惑が常に強すぎた（ミルトン・フリードマンでさえこれを認めていた。それが、金本位制が理論上は理想的かもしれないが、実際には機能しないと彼が論じていた理由である）。

第３に、比較的安定していた期間——第二次世界大戦後のブレトン・ウッズ体制、あるいは第一次世界大戦前のパックス・ブリタニカ——は、実際にはそれぞれドル本位制、あるいはスターリング本位制であった。いずれの場合も、基軸通貨国は金《きん》価格を固定することに同意し、他の国は自国通貨を基軸通貨に対して固定した。実際には、それは金《きん》の緩衝在庫プログラム（金《きん》の上限価格と下限価格）に相当するものであり、国際貿易は実際にはポンドで、あるいはドルで行われていた（ブレトン・ウッズ体制の下、金《きん》はフォートノックスに安全に保管されていた）。制度の安定に必要な条件を維持することは困難であり、そのため、どちらの体制も長続きしなかった。第一次世界大戦後、スターリング体制は復活させることができず、それどころか、ワイマール（後述する）、ひいてはアドルフ・ヒトラーの登場をお膳立てした。ブレトン・ウッズ体制は１９７０年代初めに崩壊し、かろうじて１世代続いただけであった。どちらのケースも、固定相場制の崩壊が国際的な混乱を引き起こした。

これが、一般的に、自国通貨を（本位が金《きん》であれ、外貨であれ）ある種の固定相場本位に結びつけようとする大部分の試みの帰結であり、それは必然的に崩壊する。

高インフレに陥っている国は、厳格な外部本位を採用することでインフレを迅速に抑え込むことができるという、金本位制支持者やカレンシー・ボード制ファンの主張は正しい。アルゼンチンはカレンシー・ボード制によってそれを行ったが、それは2つの問題を生み出す。第1に、ほとんどの国は、経済成長の維持に必要な財政政策余地を確保できるだけの外貨を稼ぐことができない。第2に、財政政策余地が消失してしまい、国内の低成長や失業の増加といった問題の発生に対応できないことが分かっても、カレンシー・ボード制は簡単にやめられない。アルゼンチンは、(財政政策は非常に緊縮的で、失業率が高かったにもかかわらず)そのドルの準備に対して投機攻撃を受け、危機に陥ってドルとの固定を放棄した。ドルから離れると、自らの通貨ペソへの回帰によって与えられた財政余地によって、経済成長が急速に回復した。重要なのは、通貨を金《きん》や外貨に縛り付ければインフレはうまく抑えられるかもしれないが、それは成長の制約となり、景気刺激が必要になったとしても、危機による以外は固定相場本位から簡単には抜け出せないということである。

そのことが、「政府は実際にどのように支出するのか」という問いに我々を立ち返らせる。自らの通貨を発行するすべての政府は、「キーストローク」により支出する——受取り手の口座に振り込み、同時に受取り手の銀行の準備預金に振り込む(政府は通貨を印刷し、それで支払うことができる。しかし、受取り手はそれを銀行に預金し、銀行は準備預金の残高を増やすことになるだろうから、結果は同じである)。繰り返すが、これは提案ではなく、現実である。これ以外の方法はない。あなたは、家の地下室でドルを印刷することはできない。政府は、あなたが租税を支払ったり国債を購入したりする前に、キーストロークによってドルを生み出さなければならない。

変動相場制なら、話はこれで終わりだ。銀行は国債を購入するために準備預金を使うことができ、預金者は現金を要求できる（その場合、中央銀行は現金を銀行に送り、一方で銀行の準備預金を引き落とす）。しかし、誰も政府の債務証書を返却して固定交換レートで金《きん》や外貨を要求することはできない。そこに支出能力の制約はない。外貨や金《きん》の制約もない。政府は現金への交換要求にすべて応じることができ、追加のキーストロークによって期限の到来するすべての利息を支払うことができる。

しかし、固定為替相場制、金本位制、カレンシー・ボード制においては、中央銀行と財務省の債務証書は外貨（または金《きん》）に交換されなければならない。そのため、分別のある政府はキーストロークを制限しなければならない。政府は、外貨や金《きん》が足りなくなる可能性がある。

政府は、交換の約束に関してデフォルトに追い込まれる可能性がある。それはもちろん債務のデフォルトと見なされる。政府は、約束したレートで交換を行う能力を市場から疑われると、「支出能力」を市場から疑問視される。分別のなさは致命的である——要求に応じて交換することを約束した（外貨や金《きん》の）準備に比べて過大な債務証書を発行する政府は、デフォルトを余儀なくされる可能性がある。

変動相場制は、分別のある政府が利用可能な、非常に大きな自由度をもって国内政策目標を追求するための政策余地を与える。もちろん、歴史には分別のない政府があふれ返っている。優れた統治に代わるものはない。ところが不思議なことに、第一次世界大戦の敗戦国（およびポーランドとロシア。両国は、いずれにしても資本主義の世界から去ったので、言わば勝者側にいながら戦争に敗れた）を除けば、過去1世紀の間に西洋の民主的資本主義国と言われる国がハイパーインフレを経験した事例はない。さらに変動相場制の国に限定すれば、通貨危機の事例すら存在しない。

実に不思議ではないか？　固定相場制を採用し、あるいは（外貨建て債務のような）外貨や金《きん》を引き渡す約束をしている国だけがハイパーインフレになり、通貨危機に陥るようである。そして、それは常に、これらの国が外貨や金《きん》を引き渡す能力に比べて、債務証書の発行を無分別に膨らませたことに行き着くようなのだ。

固定相場は分別を保証しているように見えるが、どうもそれは愚かな考えのようである。固定相場は、政府に分別をわきまえて欲しいという真っ当な願望の下で、通貨危機、ひいては非自発的なデフォルトを招いてしまう可能性がある。残念ながら、固定相場本位の政府はたいてい、聖アウグスティヌスの祈り――「主よ、どうか我に分別を与えたまえ、直ちにとは申しませぬが」――を選んでしまう。

分別や高インフレからの防御を手放した状態で、主権を有する政府が外貨を引き渡すことを約束すると、本当にワイマール共和国におけるハイパーインフレのようなリスクに国をさらすことになる。固定相場が通貨危機やハイパーインフレのリスクを取り除く、というのは事実ではない。なぜなら、政府には必ずしも分別があるわけではないし、たとえ政府に分別があっても、銀行は必ずしもそうではないからである（アイルランドのことを考えてみよ！　政府は財政的な分別の模範であったが、銀行はずっと外貨で貸出を行っていた。借り手がデフォルトすると、アイルランド政府はすべての外貨建て債務を肩代わりした——まったく分別を欠いていた！)。

さらに、変動相場本位が必ずハイパーインフレを引き起こすというのも事実ではない。もしそうだとすれば、我々は絶えずハイパーインフレだったであろう。キーストロークによる「紙幣印刷」の能力が必然的にハイパーインフレを引き起こすというのも事実ではない。自らの通貨を発行するすべての主権を有する政府は、キーストロークによって支出する。たとえ固定レートで交換する約束をしていたとしても、やはりキーストロークで支出する。キーストロークが必ずハイパーインフレを引き起こすならば、我々は常にハイパーインフレだったであろう。

実際はそうではない。ハイパーインフレは滅多にないことである。

9.3 現実世界のハイパーインフレ

高インフレとハイパーインフレは、稀な出来事である。本節では、歴史上のハイパーインフレ期の実例を確認しよう。ハイパーインフレを経験する国や貨幣制度にはいくつかの共通する特徴があるものの、ハイパーインフレ自体は極めて特殊な状況によって引き起こされる。「過大な財政赤字」をファイナンスするための「紙幣印刷」という単純な説明では、その経験をほとんど解明できない。

しかし、まずは財政赤字と高インフレあるいはハイパーインフレの関係を検討することが重要である。高インフレ期のブラジル（1990年には、CPI上昇率が3000パーセントに達した）の財務大臣だったルイス・カルロス・ブレッセル゠ペレイラは当時、従来とは異なる視点から洞察力に富んだ分析を行った。ある重要な意味において、租税収入は「後ろ向き」であり、過去の経済実績に基づいている。例えば、所得税はかなりのタイムラグをもって計算され、徴収される。売上税の徴収でさえタイムラグがある。インフレ率が年2パーセントならばタイムラグはさほど問題にならないが、月10パーセントあるいは50パーセントになれば、わずかなタイムラグでも大きな違いとなる。政府支出は比較的タイムラグが小さいので、物価の上昇につれて政府の支払額は増加する。高インフレの状況下では、租税収入の増加は政府支出の増加に対して遅れがちになり、赤字を生み出すことになる。

もちろん、この効果は物価スライドの方式――物価の上昇に伴い、賃金、価格、移転支出をどのくらいの頻度で引き上げるか――に左右される。ブラジルのような高インフレの国では、物価スライドの見直しサイクルは、政府支出が物価上昇とほぼ同じくらい早く増加するように短くなりがちである。租税収入の増加が相対的に遅くなることで、財政赤字が生み出される。また、物価スライドは慣性インフレを伴いがちである（物価上昇が賃金上昇の引き金となり、賃金上昇がコストをカバーするための値上げを企業に促すので、賃金・物価スパイラルが生み出される）。ブラジルのインフレ率は、1991年に一時的に下落した後、案の定、1992年には1000パーセント、1993年には2000パーセントを超えた。政府の財政赤字は、1992年にはGDPの10パーセントを下回っていたが、激しくスライドする支出に租税収入が追いつかず、1993年までに50パーセント超に急拡大した。

ブレッセルは、赤字の増加とインフレを抑える方法は、物価スライドの抑制であると気づいていた。それは痛みを伴うが、政府が賃金、福祉給付、政府支払価格の上昇を先延ばしできるのなら、インフレ圧力を抑え、同時に財政赤字を減らすことができる。

とにかく重要なのは、財政赤字は少なくともある程度は高インフレの結果であって、原因ではないということである。それでも、一般的に、(例えば物価スライドをやめて)政府が赤字を減らせば、インフレ圧力が減ることは事実である。もちろん、過酷な増税によっても同じ結果を得られる。さらに、この政策を推すことは、緊縮財政が高インフレを抑えられるという通俗的な考え方と矛盾しない。それどころか、MMT派は、高インフレと闘う方法の1つは政府支出削減あるいは増税だと常に主張してきた。MMT派が否定しているのは、高インフレの原因は「過剰な貨幣」という単純なものだという、マネタリストの考え方である。

(例えば、政府支出の物価スライドをやめることによって)インフレを止めることが、おそらく赤字の増加を抑え、ハイパワードマネーおよび国債残高の増加を抑えるであろう(また、それは政府の利息支払いを減らし、非政府部門の所得の増加を抑え、需要を押し下げるだろう)。あるいは、徴税の強化も同じ効果を発揮するだろう。金利誘導目標を下げることも(利息に対する政府支出を減らすので)有効かもしれない。

ハイパーインフレに関する歴史上のエピソードに話を移そう。米国には、このような経験として、よく知られたものが2つある。「大陸紙幣」と（南北戦争時の）「南部連合紙幣」である（アメリカ人は今でも「大陸紙幣ほどの価値もない」というフレーズを使う）。独立戦争前、英国の植民地であったアメリカでは、実は法定不換紙幣が導入され、かなり流通していた。ある意味、これは緊急的な措置であった――アメリカは、英国王から通貨の鋳造を禁止されていた。アダム・スミスを含めて、当時の解説者の一部は、「この植民地紙幣は、貴金属と交換できないが、その発行量が総税収と比較して過剰でない限りにおいて、その価値を維持している」と述べている（Wray［1998］を見よ）。

MMT派が言うように、「租税が貨幣を動かす」――すなわち、政府の紙の債務証書が租税の支払いにおいて受け取られる限り、その債務証書は納税者によって受け取られる。しかし、その価値は、入手が「どれだけ困難か」によって決められるであろう。もし（我々の母親たちがよく言っていたように）「金《かね》が木になる」ならば、それを摘み取るのに要した労力分の価値しかないだろう。スミスは、植民地政府が過剰に支出すれば、租税支払いのための紙幣が簡単に手に入るようになり、より低い価値で流通するようになるだろうと警告した。

大陸紙幣と南部連合紙幣には、共通の欠点があった。まず、戦争（英国対植民地、北部対南部）の要請が、通貨の量を過剰にした。確かに、そのこと自体に目新しさはない――政府支出が需要を増やし、供給不足をもたらし、物価を上昇させるので、戦争は一般的にインフレを生み出す。とはいえ、それは（南北戦争時の）ユニオン（北部）で発行された通貨にも当てはまり、こちらも非常に高いインフレに苦しんだ。しかし、南部連合のインフレと比べればまったくたいしたことはなかった。問題は租税であった。基本的に、大陸紙幣にも南部連合紙幣にも租税の裏づけがなかった。大陸紙幣の場合、英国と戦う植民地のゆるやかな連合は、租税を課し強制する十分な権限を持っていなかった。南部連合紙幣の場合、南部連合の議員たちは、人々が既に南北戦争の遂行で非常に苦しんでいると考えていたので、租税負担を増やすことを望まなかった。対する北部諸州は、大きな赤字だったとはいえ、通貨を動かすために租税制度を保持し、ゆえにハイパーインフレを回避した。南部のインフレがよりひどいものだったのは、勝利に対する悲観的な見通しが原因だと考えられているかもしれないが、それは事実ではないようだ。見通しが真っ暗だった戦いの終盤でさえ、南部連合は依然として比較的低金利で国債を発行できた（これらの事例に興味があれば、私の本 *Understanding Modern Money* を見よ）。問題は、独立戦争でも南北戦争でも、実は租税を強制する能力の欠如にあったようだ。

今日最もよく知られているハイパーインフレの事例は、ワイマール共和国、より最近ではジンバブエで発生した（あまり知られていないが、より劇的だったのはハンガリーのハイパーインフレである）。これらに関する最も優れた分析は、ウィリアム・ミッチェルとロブ・パレントーによるものである（ウィリアムのブログ―― http://bilbo.economicoutlook.net/blog/?p=10554; http://bilbo.economicoutlook.net/blog/?p=13035、ロブの記事―― http://www.nakedcapitalism.com/2010/03/parenteau-the-hyperinflation-hyperventalists.html）。

ワイマール・ドイツに関する典型的なストーリーは、ハイパーインフレという結果を顧みず、政府が金《きん》の裏づけがない法定不換貨幣を好き放題に印刷し始めたというものだが、現実はもっと複雑だ。まず、20世紀初頭でさえ、ほとんどの政府が債務証書を発行することによって支出していたことを理解しなければならない（ただし、そうした債務証書の多くは、英国のスターリングや金《きん》に交換可能だった）。ドイツは第一次世界大戦に敗れ、途方もない額の賠償金の負担に苦しんでいた（賠償金は金《きん》で支払わなければならなかった）。さらに悪いことに、ドイツの生産能力の多くは破壊もしくは接収されており、金《きん》の準備はほとんど残っていなかった。戦勝国が要求する支払いの実行に必要な金《きん》を手に入れるため、ドイツは輸出をしなければならなかった（ケインズは、最初に世界的に有名になった著書『平和の経済的帰結（The Economic Consequences of the Peace）』（ケインズ全集第2巻、東洋経済新報社）の中で、ドイツはおそらく債務を返済できないだろうと論じていた。なお、これは本質的に金《きん》で表示される対外債務であった）。

ドイツの生産能力は国内需要を満たすのにさえ十分ではなく、ましてや賠償金を支払うために輸出するにはまったく不十分だった。ドイツ政府は、賠償金支払いに必要な輸出のために資源を解放できるような水準の租税を課すことは政治的に不可能であると考えていたので、代わりに政府支出に頼った。これは、政府が限られた生産の供給を巡って国内需要と競い合うことを意味した――これが物価を押し上げた。同時に、ドイツの国内生産者は必要な輸入品を購入するために海外から（外貨で）借入れをしなければならなかった。物価上昇と対外借入れが自国通貨の下落をもたらし、（自国通貨建ての海外からの輸入コストが上昇するので）それが必然的に借入れを増やし、同時に自国通貨建ての賠償金コストを増加させた。

以上の理由から、租税収入が物価上昇に追いつかず、高インフレ（やがてハイパーインフレになった）のために財政赤字が急速に拡大した。1924年、ついにドイツは新しい通貨を採用した。それは法定支払手段ではなかったが、租税支払いのために受け取られると定められた。ハイパーインフレは終わった。ワイマールのハイパーインフレが単に政府の「紙幣印刷」によって生じたと言うのは、明らかに単純すぎる。

次はジンバブエだ。この国では、途方もない社会的・政治的な大混乱が生じており、労働力人口の80パーセントが失業し、GDPが40パーセントも減少していた。これは、物議を醸した農地改革に続いて起こった（この改革によって農地が細分化され、食料生産が崩壊した）。政府は食料輸入とIMF融資（対外債務のもう1つの事例）に頼らなければならなかった。食料不足と、大幅に減少した供給を巡る政府と民間部門の奪い合いによって、物価が押し上げられた。

これは、政治的・経済的理由により、政府が増税できなかったもう1つの事例でもあった。ここでもやはり、単純なマネタリスト理論で説明がつく、政府の「紙幣印刷」が引き起こした事例であるというレッテルを貼ってしまったら、本当の意味でジンバブエの問題を解明することにはならない。問題の大部分は、社会不安、農業の崩壊、多額の対外債務によって引き起こされたものであった。

9.4 ハイパーインフレについての結論

我々は、「政府支出に対する制約を強めても（あるいは、増税する能力を高めても）、先の事例ではハイパーインフレをうまく防げなかったかもしれない」と主張したいわけではない。しかし、ハイパーインフレの具体的な事例を分析すれば、「法定不換貨幣を採用している政府が、突然貨幣を大量に印刷してハイパーインフレを引き起こす」といった単純な話ではないことが分かる。ハイパーインフレに至る経路はいろいろあるだろうが、そこには共通の問題がある。つまり、社会的・政治的大混乱、内戦、生産能力の崩壊（戦争が原因となり得る）、弱い政府、外貨や金《きん》で表示される対外債務である。財政赤字が増加し、（恒等式によって）政府の債務残高が増加することは間違いない。しかし、（政府と競って物価を押し上げる）民間支出をファイナンスするために、銀行が貨幣創造していることも忘れてはならない。

緊縮財政政策の強化は、インフレ圧力を抑えるのに有効だったかもしれない。しかし、ハイパーインフレの共通の原因は生産におけるある種の供給制約なので、緊縮財政がすべての苦痛を和らげたわけではないだろうし、問題の解決に金本位制は必要ない。むしろ、高インフレの問題に対処するためには、政策担当者は、物価スライドを抑え、生産を安定させ、供給に対して需要を減らし、社会不安を和らげるようにすべきである。高インフレがしばらく続いた場合は、新しい通貨の採用や対外債務のデフォルトも有効である。

結論を言えば、高インフレ（あるいはハイパーインフレ）、財政赤字、「マネーサプライ」の3者には関連性がある。ただし、それは単純なマネタリストの力学ではない。前述のとおり、政府は常に、口座に振り込む「キーストローク」によって支出し、口座から引き落とす逆のキーストロークによって課税（または、国債を売却）する。赤字は、政府の振込みが引落としよりも多く、その結果、政府の債務が「ハイパワードマネー（準備預金＋現金）」および国債（長期債と短期債）という形で生み出されたことを意味する。既に述べたとおり、高インフレ（あるいはハイパーインフレ）期には、租税は政府支出よりゆっくりと増加するため、赤字になることが見込まれるが、それは政府の債務残高（ハイパワードマネー＋国債）の増加を意味する。

中央銀行によって高金利政策が実行されると、事態は悪化する。一般的には赤字が増えると、政府は国債を大量に売却し、国債金利の支払いが政府支出を増やすからである（国債売却は、採用されたオペレーション手順によって要求されることもある。つまり、サポート金利を上回るように翌日物金利の誘導目標を設定する政策のために行われることもある――米国では、ＦＲＢのフェデラルファンド金利誘導目標が超過準備に対して支払う金利を上回るケースが、これに該当する）。中央銀行が赤字拡大に対して金利誘導目標の引き上げで反応すれば、それは赤字拡大の加速を助長し、さらに政府による金利支払いの形で経済に需要刺激を加えてしまう。

9.5 量的緩和とインフレ

２０１２年９月、ＦＲＢはＱＥ３を全速力で推進すると発表した。３という数字には魔法の力がある――あるいは、そうであって欲しいと思われていた。ＦＲＢはこの時、年末まで毎月４００億ドル相当の住宅ローン担保証券（mortgage backed securities: MBS）を買い取ること、２０１５年半ばまで事実上のゼロ金利政策を適切に維持することを約束した。ＦＲＢはまた、月間の総購入額が８５０億ドルに達するまで、ＭＢＳ以外の長期資産を（長期金利への低下圧力を期待して、満期が長めの資産に偏る形で）購入することを発表した。２０１４年10月、ついにＦＲＢはＱＥから徐々に脱し始めた。２０１５年春、ＦＲＢは、ゼロ金利政策は年央に終了するかもしれないというメッセージを強め始めた。

ＦＲＢがＱＥのスロットルを緩める用意が整ったところで、今度はＥＣＢがＥＣＢ版ＱＥを強化した。すると、２００８年にＦＲＢによる金融機関の救済が始まって以来、米国の悪性インフレを予測していたインフレ・タカ派は、ユーロ圏のインフレについて気をもみ始めた。結局のところ、米国もＥＭＵも最後の手段としてＱＥに踏み切った。ヨーロッパでも米国でも、政策担当者は策が尽きていた。財政刺激策が提案されることはなかったため、残された唯一の政策は金融政策だったが、従来型の金融政策で実行可能なものは（金利誘導目標をほぼゼロにした時点で）既にやり尽くしていた。そこで、米国とEMUは、日本の例に倣って中央銀行のバランスシートを膨らませた。

景気刺激策がFRBのQE頼みになったのには、2つの理由がある。第1に、政策担当者は、財政政策は論外であるというオーストリア学派の考え方を信じていた。財政政策は効果がないと信じる者もいれば、政府には「お金がない」と信じる者もいた。どちらも間違っているが、とにかく強く信じられていた。

第2の理由は、「適切な金融政策を実施すれば、米国の大恐慌や日本の失われた10年――実際には今や20年以上になる――のような事態を回避できる」という考え方に、バーナンキ議長が取りつかれていたことである。基本的にバーナンキは、「中央銀行には翌日物金利（米国ではフェデラルファンド金利）をゼロに押し下げる（ゼロ金利政策）だけでなく、もっとできることがある」という主張に学者としてのキャリアを賭けたのだ。

銀行の救済措置とQEにより、FRBのバランスシートは文字どおり一気に膨れ上がった。そのため、貨幣数量説のマネタリスト、オーストリア学派、ロン・ポールの支持者たちはハイパーインフレになると大騒ぎし続けた。

三度の量的緩和の間に、FRBは膨大な量の国債とMBSを購入した。FRBは銀行の準備預金に振り込むことで資産を購入するため、QEの結果としてFRBのバランスシートは急激に――文字どおり何兆ドルにも――膨らんだ。同時に、銀行は自分たちの資産（FRBが買う国債とMBS）を準備預金と交換した。通常、銀行は準備預金の保有量を最小化しようとする――つまり、支払決済（銀行間で互いの準備預金を使って勘定を決済する）とFRBが課す法定準備率をカバーするのに必要な量だけにとどめようとする。しかし、ゼロ金利政策の状況下では、銀行は準備預金を貸し出してもリターンを得ることができない。さらに、FRBは、危機の余波の中で政策を転換したため、今や準備預金に対してわずかながら利息を支払っている。従って、銀行は超過準備を保有し続け、FRBは銀行にわずかな利息を振り込む。銀行にとっては面白くないが、どうすることもできない。FRBは国債やMBSを購入する際に銀行が拒めないような価格を提示したので、銀行は大量の準備預金を抱えることになった。

ワシントンが支出を増やそうとしなかったことは、もちろんバーナンキの責任ではなかった。中央銀行家は財政政策をどうすることもできない。彼らは、配られた唯一の手札、つまり金融政策でしかプレイできないが、その手札はバランスシート不況においては無力《インポ》である。従って、中央銀行家は、せいぜい不合理な期待を生み出すという罪を犯していただけであった。彼らはオズの魔法使いのようなものだが、回しているそのハンドルは経済につながっていなかった。

QEがもたらすものは、銀行の資産サイドにある国債とMBSの、準備預金への置き換えである。中央銀行による国債購入は銀行の利息収入を減らし、その利益水準を低下させる。利益水準の低下は、銀行が貸出を増やす動機付けになるだろうという理不尽な希望を唱える論者もいた。銀行が貸出を増やすことはなかったし、増やしていたら酷いことになっただろう。銀行には、借りる意欲と信用力のある借り手に対して、健全な融資を行って欲しい。我々は、銀行が利益追求に躍起になるあまり、常軌を逸した融資を行うことを（二度と！）望まない。

QEをこんなふうに要約しよう。あなたは銀行に当座預金口座と貯蓄預金口座を持っている。銀行から、預金の一部を貯蓄預金口座から当座預金口座に移すことを提案されるが、あなたはそれを断れない（その代わり、あなたは銀行からトースターをもらえるとしよう——あなたは実はトーストが大好きだ）。この預金の移動は、あなたが預金を使い果たし、支出を増やす動機となるだろうか？　おそらくならないだろう。あなたが将来に不安を抱き、配偶者が最近解雇され、住宅ローン残高が住宅の時価を上回っているとすればなおさらである。当座預金だと利息が減るから、むしろわずかに支出を減らすかもしれない。

同じように、QEとは基本的に、FRBにある銀行の貯蓄預金口座（国債）から当座預金口座（準備預金）に資金を移動することを意味する。これによって、銀行の利益は100あるいは200ベーシスポイント減ることになる。これが景気を刺激するだろうか？　インフレ心配症の人は、イライラが収まるだろう。QEがインフレを引き起こす可能性はないのだから。どれだけ準備預金が生み出されても、それは中央銀行のバランスシートに確実に閉じ込められたままである。そこから脱出してインフレを引き起こす可能性はない。

しかし、QEには負の側面もある。低金利の環境下で、銀行は預金に対してほとんど利息を払ってこなかったし、一方で預金者に課す手数料を引き上げた。低い預金利率と高い手数料が、貯蓄という行為を無意味なものにしている。貯蓄しても銀行預金から0・5パーセントの利息すら得られない。確かに住宅ローンの金利も低下したが、差し引きすると消費者の所得は吸い取られてしまった。以下は、クレディ・スイス銀行のレポートからの引用である。

> FRBによる、ほぼゼロ金利療法の副作用――それは、最近数年間の個人利子所得の急減である。利子所得の減少は、債務返済コストの節約効果を事実上ちっぽけなものにしてしまう。図2［訳注：レポート完全版では図4］は、家計の債務返済コストと個人利子所得の推移を比較したものである。どちらもほぼ同時（2008年の半ば）に、総計1・4兆ドル付近でピークを打った。FRBのデータを分析したところ、住宅ローンや消費者ローンの返済コストを含む総返済額は、ピーク時より2000億ドル減っている。一方、利子所得はピーク時からおおよそ4250億ドル減少しており、これは債務返済額減少による恩恵の2倍以上になる（Credit Suisse, 21 November 2011, Economics Research, http://www.credit-suisse.com/researchanda nalytics――完全版はこちらを見よ。https://research-doc.credit-suisse.com/docView?language=ENG&source=ulg&format=PDF&document_id=930221251&serialid=WCjh4HraBteNnwZn29w46PybhgK%252BBIXDfe0rAQogpwQ%3D）。

これをマクロな視点から見てみよう。オバマ大統領の財政刺激策を覚えているだろうか。それは2

年間、年に4000億ドルほど（GDPのほぼ3パーセント）だった。それが「効果があったか否か」については激しい論争が続いている。本当にクレイジーな連中だけが、それはまったく効果がなかったと信じている。FRBのゼロ金利政策は、オバマの刺激策の半分に匹敵する総需要を経済から奪い取っている。しかも、これは2年間だけではない。FRBがゼロ金利政策を実施する限り、ずっとずっと、何年も何年も続く。

だとすればQEは、毎年GDPの1・5パーセントを奪い去るのに一役買うことで、景気を刺激するものなのだろうか？

過去20年間にわたってゼロ金利政策を経験した日本のケースから学んだように、極端な低金利は、与える以上に多くの需要を経済から奪ってしまう。つまり、FRBはブレーキとアクセルを踏み間違えてきたのだ。QEは経済に急ブレーキをかけるが、FRBは、QEが経済へガソリンを送り込んでいると考えている。それは、QEが間違った政策であることを意味するわけではない――多くのMMT派は常にゼロ金利政策を支持している――が、QEは景気を刺激しないことを理解しなければならない（こちらも見よ。http://moslereconomics.com/2012/12/27/fed-qe-extracts-record-interest-income-from-the-economy/）。

9.6 結論——MMTと政策

ある面において、ＭＭＴアプローチは説明的である。ＭＭＴアプローチは、主権通貨がどのように機能するかを説明する。我々が、キーストロークによって支出する政府について述べ、主権通貨の発行者が通貨不足に陥ることはあり得ないと主張する時、それは説明的である。政府が自らの通貨を借りることはないと言う時、それはやはり説明的である。国債売却を、中央銀行が金利誘導目標を達成するのを手助けする金融政策の一部に分類することも、説明的である。そして最後に、変動相場制が最大の国内政策余地を与えると論じる時、これもまた説明的である。

一方、機能的財政論は規範的な政策の枠組みを提供する。機能的財政論は、主権を有する政府は完全雇用を達成するために財政・金融政策を運営すべきであると言う。ラーナーによれば、これは、政府予算を適正レベルに設定すること（つまり、失業が生じている時は支出を増やして租税を減らす）、そして金利を適正レベルに設定することによってなされる。この考え方は、さほど急進的なものではない。この考え方は、戦後期のケインズ学派によって採用され、先に見たようにミルトン・フリードマンにさえ採用されていた（彼には独自の機能的財政論があった）。

しかしながら、ラーナーの最初の提案は、低インフレの経済環境下、というよりは、１９３０年代に経験したようなデフレへの逆戻りが大いに懸念されていた時期に構築された。その後、１９６０年代にインフレが顕在化してからは、ラーナーは物価安定に大きな関心を注ぐようになった。ラーナーは、独自の賃金・物価統制を推し進める政策提案を作り上げた。本書ではそれを検討していないが、それとは若干異なる形の賃金・物価統制が、１９７０年代初頭、米国のニクソン政権によって試みられた。それが機能したか否かについては議論が分かれるが、2桁のインフレに対処するためカーター政権下で緊縮が選択されて、それは捨て去られた。１９７０年代後半以降、主要国はインフレと闘うために常に緊縮的な財政・金融政策に頼ってきた。

問題は、政府が完全雇用を追求しているふりを完全にやめなければならなかったことである。もっとはっきり言えば、失業は物価安定を達成するための手段となった。中央銀行は物価安定だけを追求すべきだとする社会通念、そして財政政策の徹底的な軽視によって、状況は一層悪化した。政策に対するラーナーの「ハンドル・アプローチ」は放棄されてしまった。その典型的な結果が、高失業率であり低経済成長であった。米国では、貧困と不平等が拡大した。世界的には、景気拡大期においてさえ失業者の増加が問題となっている。

前章では、インフレに火をつけることなく雇用を創出する新たな戦略——就業保証アプローチ——について検討した。既に説明したとおり、それは、緩衝在庫と下限賃金を操作することによって「底辺から雇う」ので、(「呼び水」的な需要刺激策が経験しそうな) インフレによるボトルネックに苦しむことがない。減税や (「呼び水」的な) 支出増加は得てして、雇用が失業者や貧困者に「滴り落ちること（トリクルダウン）」を願いつつ、既に比較的裕福な人々に有利になりがちである。対する就業保証プログラムは、失業者を直接対象として、彼らが貧困から抜け出すことを狙っている。

就業保証の提案をＭＭＴアプローチに含めることについては、議論が分かれている。ＭＭＴは純粋に説明的であるべきで、いかなる政策も推奨するべきでないと主張する者もいれば、就業保証プログラムは最初からＭＭＴの一部だと主張する者もいる。

我々は20年前にＭＭＴアプローチを展開し始めたが、最初から就業プログラムを取り入れていたので、実のところは後者が正しい。我々はさらに、主権通貨には「土台」が必要であり、就業保証プログラムにおける基準賃金の設定によって、プログラム自体がその土台となると考えている。限界的には、通貨には、プログラムが雇用できる労働力分の価値がある。例えば、就業保証プログラムの賃金が時給15ドルに設定されれば、15ドルで1時間分の労働力を購入できる。プログラム賃金が安定している限り、そしてプログラムで働く労働者がいる限り、プログラムの賃金より数セント高い賃金で、雇用主はプログラムから新規の労働者を募集することができる。

就業保証プログラムは、通貨を「裏づける」１オンスの金《きん》よりもずっと有効な土台であると我々は考えている。労働力はあらゆる財・サービスの生産に投入されるので、労働力の緩衝在庫は金《きん》の緩衝在庫よりも経済を安定させるのに有効である。さらに、労働者の所得は、最終消費財に対する需要の最も重要な源泉である。従って、完全雇用状態で、そして緩衝在庫就業プログラムの比較的安定した賃金を利用して経済を運営することが、消費支出と家計所得の安定のみならず、賃金、それゆえ物価を安定させるのにも有効である。

ステファニー・ケルトンは、(マネタリズムを引き合いに出した)こんなアナロジーを使っている。ミルトン・フリードマンは、マネタリズムとして知られる、彼独自の「貨幣数量説」を推し進めたことで有名である。これはどんな経済学の教科書にも載っているので、ここでは詳しく触れない。その基本的な考え方は、マネーサプライの増加は所得と支出の増加をもたらし、マネーサプライが急速に拡大すれば、それはインフレを引き起こすというものである。彼の「インフレは、いついかなる場合でも貨幣的現象である」という言葉はよく知られている。ある面で、マネタリズムは説明的である。つまり、マネタリズムは、貨幣量の増加とインフレの間には相関関係があると主張する。別の面では規範的である。すなわち、「中央銀行は、インフレと闘うためにマネーサプライの増加を制御すべきだ」と主張する。説明的な要素と規範的な要素の両方を備えていないマネタリズムは想像できず、マネタリストの政策提言を、貨幣がインフレを引き起こすというマネタリストの主張から引き剥がすことはできない。

それに対して、「政府は、インフレを引き起こすことなく完全雇用を追求すべきだ」というのがMMTの政策規範であり、そうするのに就業保証プログラムほど良いプログラムは見つかっていない、というのがケルトンの主張である。従って、我々はMMTの説明からこの政策提案を切り離すことができない。それどころか、MMTは規範も説明もはるかに超えたものである。MMTは、経済を全体として理解するための首尾一貫したアプローチを与え、貨幣の「本質」の理解から始まる「世界観」

を提示する。

とはいえ、ＭＭＴの教義の大部分は誰でも取り入れることができる。その政策規範に同意することなく、単にＭＭＴの説明的な部分を利用したいならば、それも可能である。ＭＭＴの説明は政策立案のための枠組みを提供するが、政府が何をすべきかに関しては意見を異にする余地がある。主権通貨を発行する政府にとって支出能力は問題とならないことをひとたび理解したならば、今度は、政府は何をすべきかという問題が最も重要になる。我々は、それについて意見を異にすることも可能である。

第10章 結論——主権通貨のための現代貨幣理論

MMTの文化的遺伝子

この入門書では、適切な政策を策定する上で、途上国を含むすべての主権国家にとって必要な、マクロ恒等式、およびストックとフローの密接な関係を検討してきた。我々は、主権通貨を採用する国の実際のオペレーションを入念に検討すると共に、通貨制度によって異なる国内政策の形成に対する制約についても検討してきた。そして、変動相場制が国内政策余地を拡大すると結論づけた。それでも、固定為替相場制を採用する途上国でさえ、通貨の発行者である主権を有する政府が利用可能な国内政策余地は、一般に認識されているよりもほぼ間違いなく大きい。

通貨の発行者はどのように支出し課税するのか。通貨の発行者はなぜ国債を売却するのか。これらを理解することは、あらゆる為替相場制度の下で政策の選択肢を広げるのに役立つ。それが（政府は公共目的にかなうと思われることを成し遂げるために予算を使うべきだと説く）機能的財政アプローチに我々を導いた。重要なのは、政府は物価安定と共に完全雇用を促進すべきだということである。我々は、そうした目標の達成に利用可能な１つのプログラム――就業保証プログラム、または最後の雇い手プログラム――を綿密に分析した。

以上のことすべてが、入門書としての役割を果たしている。これらは、「現代貨幣」が実際にどのように機能するのか（および、自らの主権通貨を発行する政府はどんな政策選択が可能なのか）を理解するための前提条件である。この最終章では、本入門書の初版刊行以降のいくつかの展開を取り上げる。まずは、ＭＭＴが「正しかった」２つの領域――世界金融危機とユーロ危機――から始めよう。

10.1 ＭＭＴは正しかった――世界金融危機

英国女王が、「なぜ経済学者は誰も世界金融危機――大恐慌以来最悪の経済危機――を予見しなかったのか」と尋ねたのは有名な話である。もちろん、一握りの経済学者は迫り来る危機を１９９０年代の半ばから後半には警告していたので、その発言は必ずしも真実ではない。ダーク・ベゼマーは、「誰が危機の到来を予想していたか」を確かめようと、様々な予測を入念に調査した。(1) 彼は、危機を予測したのみならず、危機を生んだ問題の本質も正確に見通していた10人余りを選び出した。

要するに、オーソドックスな均衡アプローチを信奉する経済学者の連中は、危機を予見しなかったし、できるはずもなかった、というのがベゼマーの結論である。それどころか、彼らは危機を生み出す一因となったあらゆる金融革新を軽視するか、もしくは、そうした革新はリスクを減らして金融システムの回復力を高めるものだと見なしていた。正しく理解していた10人余りは、均衡の概念を捨て、代わりにストックとフローが矛盾なく扱われるフロー循環アプローチを採用していた。彼らは、供給と需要の均衡よりもむしろ会計の恒等式を重視していた。また、金融システムを「実体」経済とは別のものとして明確にモデル化すると共に、最適化エージェントモデルは採用せず、むしろ不確実性を考慮していた。

この入門書は、ワイン・ゴッドリーの先駆的研究を範として、会計の恒等式およびストックとフローの扱い方から始まっている。ゴッドリーと私は、1990年代の持続不可能な「ゴルディロックス」経済に警鐘を鳴らしてきた——恒等式によれば、クリントン政権期の財政黒字は民間部門の巨額赤字を意味していた。ハイマン・ミンスキーの金融不安定性アプローチを加味した結果、MMT派は金融部門がますます脆弱さを増していることを確認できた。また、我々はミンスキーの「段階」アプローチを採用して、最新の段階——彼が「マネー・マネージャー資本主義」と呼んだもの——は極めて不安定で、危機をより深刻にする傾向があることを警告した。

1990年代後半から2007年まで、我々は過度に悲観的な反対論者として退けられることが多かった。しかし、「ニューエコノミー」を称えたグリーンスパンや、「大いなる安定」を称えたバーナンキの言うことをうのみにしなかったおかげで、ＭＭＴは主流派の近視眼を避けることができた。２０００年代中ごろ、ビル・ブラックは、ＵＭＫＣ（ミズーリ大学カンザスシティ校）で我々と合流し、不動産部門のバブルを生んでいたあらゆる銀行の詐欺行為に警鐘を鳴らした。ミッチェル・ハドソンは、「ＦＩＲＥ」（金融、保険、不動産）部門の異常な膨張を指摘した。我々は、レヴィ経済研究所で開催される年次ミンスキー学会で、事態はますます切迫しているという予測を発表した。ＦＲＢのエコノミストは――２００７年の春になっても！――同じ学会で悲観論を退ける論文を発表し、不動産バブルもなければ危険性もないと主張していた。同じ２００７年の学会で、ゴッドリーは今後１年で経済成長はほぼゼロに減速するだろうと述べ、私は、瞬く間に金融機関に巨大損失をもたらすに違いないサブプライムローンのデフォルトが近いうちに急増すると警告した。今となっては明らかだが、我々が正しかった――数カ月後に恐慌が始まった。

しかし、主流派の経済学者は、２００７年を通じて万事順調だと考えていた。世界中の中央銀行総裁は、低インフレを維持していることに満足していた。ＦＲＢのグリーンスパン議長は「マエストロ」として知られ、史上最高の中央銀行総裁としてのみならず、地球上で最も力のある人間として称えられた。彼が引退すると、議長のマントはバーナンキに引き継がれ、彼は「大いなる安定」という見方を広めた。低インフレの維持によって、世界各国の中央銀行総裁は経済の安定を促進した。経済関係者は皆、中央銀行が経済の安定に責任を持つと考えていたため、誰もが安定を予想し、それゆえ我々は安定していたのかもしれない。

その時必要だったのは、期待をコントロールすることだけだった。市場は、中央銀行が低インフレを維持しつつ、経済に少しでも問題があれば安定を取り戻すために素早く対処するだろうと考えていた。そのこと自体が信頼につながった――これは、「グリーンスパン・プット」、後には「バーナンキ・プット」として知られるが、つまりは、FRB議長が悪いことが起きるのを防いでくれるという考え方であった。不動産価格が高騰し、商品価格はバブルを形成し、株式市場は上昇した。そして、ウォールストリートの金融機関はすさまじい利益を記録した（Wray［2008］［2009］）。

世界経済が1930年代以来最悪の危機に陥った2007年初春、すべてが見事に崩れ落ちた（免れたのは数カ国――特に、自由な金融市場が認められていなかった中国――だけであった）。主要な中央銀行は、自分たちが責任を持つと言って市場を安心させようと対策を講じた。しかし、金利引下げ（基本的にゼロへの引下げ）は何の効果もないことが明らかになった。危機は悪化した――失業が増え、小売売上高は減り、不動産市場は大恐慌以来最悪の暴落となり、金融機関は次々に危機に陥った。FRBは準備預金を貸し出し、不良資産を買い取り、民間金融機関の債務を保証した。一方、財務省は米国自動車産業の事実上の国有化を含む独自の救済策で後に続いた。米国政府の支出、貸出、保証の総額（FRBや財務省によるものを含む）は、29兆ドル（GDPの2倍）を超えるまでに膨らんだ――しかし、ほとんど成果はなかった。「マエストロ」、「大いなる安定」、「自由放任（レッセ・フェール）」はもはやこれまでであった。

10.2 MMTは正しかった——ユーロ危機

欧州統合は、おそらくは高尚な動機に突き動かされた壮大な計画であった。しかし、MMTが当初から主張してきたように、EMUの創設には致命的な欠陥があった(2)。少なくとも、通貨統合は「馬の前に荷車をつなぐもの」であった——加盟国を保護できるだけの主権を有する財政機関の下で財政統合を実現する前に、ユーロを採用してしまったからだ。

それどころか、EMUの創設全体が、永続的な緊縮政策が成長への道であるという信念らしきものに則って、自ら望んで欠陥を抱えてしまったようだった。EMU加盟国は、通貨に関する主権を有していなかったので、個々に緊縮政策を実行しなければならなかった。欧州議会は適切な財政機関を有していなかったので、支出を行うには主権のない各国からの分担金拠出が必要であった。我々MMT派のメンバーは当初から、EMUの致命的な欠陥は、主権通貨から財政政策を切り離そうとしたことであると主張してきた。ギリシャやイタリアのような個々の加盟国は、EMUに加盟した時に「外国の」通貨——ユーロ——を採用したが、自国の財政政策に対する責任を負ったままであった。

過去10年間、多くの評論家がECBの政策に注目して、その金融政策が緊縮的すぎると論じてきた。マーストリヒト基準が厳しすぎるという論者もいた。どちらの批判もある程度当たってはいるが、評論家たちは最も重要な問題を常に見逃していた。それは、イタリアが、サムおじさん［訳注：Uncle Samすなわち米国政府のこと。頭文字がUSとなることから使われる擬人化表現］の援助がないことを除けば、ルイジアナ州と同等のものになっていたということである。つまり、本当の問題は、各国が金融《マネタリー》政策（金利の設定）を放棄したことでも、財政赤字と債務に対する過度に厳しい制約に同意したことでもなかった。実際には、マーストリヒト基準は非主権国にとっては甘すぎたし、（ＥＭＵの最初の10年を平均すれば）ＥＣＢの金融政策はＦＲＢの政策よりも緊縮的なものではなかった。金融政策は、さほど問題ですらなかった（ステファニー・ケルトンの素晴らしい記事を見よ。http://neweconomicperspectives.org/2012/06/can-monetary-policy-do-more.html）。

ＥＭＵの創設により、個々のユーロ加盟国は必然的に２つの問題に直面することになった。

1．深刻な不況に襲われると、加盟国の財政は自動的に巨額の赤字となった。問題はマーストリヒト基準ではなかった。なぜならば、結局ほぼすべてのユーロ加盟国が、常にこの基準に反していたからだ。問題はむしろ、市場がそれらの国の国債に対するリスクプレミアムを引き上げたことであり、その結果金利が急上昇した（それがさらに赤字を増加させる悪循環を生んだ）。助けに来てくれる「サムおじさん」はおらず、加盟国は金利を低く保つためにＥＣＢの援助に頼らなければならなかった。どうかうまくいきますように！　頼みの綱は、ドイツ連邦銀行の言いなりに動くＥＣＢ——それは愚かな賭けであった。

2．第2の問題は、加盟国は自国の銀行システムに責任を持っていたが、自国の政府を弱体化させずに銀行を救済できる望みがなかったことである。これもまた、ユーロの制度設計のせいであった。ブリュッセルには、総政府支出やGDPさえも大幅に上回る、民間銀行の債務の重荷を背負わされた政府を助けに来てくれる「サムおじさん」がいなかった。

統合の目的の1つは、生産要素が国境を越えられるように壁を取り払って、労働者と資本の移動を完全に自由化することであった。それがよい考えだったか否か――そして、うまくいったか否か――は別の問題である。我々の議論で重要なのは、銀行がユーロ圏のどこでも資産を購入し負債を発行できるようになったことである。何と、銀行はまさしくそのとおりに行動した。それに輪をかけたのが、バーゼル合意における銀行の規制と監督を緩和したことであった。そのため、ユーロ圏の銀行は、ウォールストリートの銀行が狂奔したのと同じような、常軌を逸した取引に手を染めた。

もちろん、それがアイルランドの銀行を窮地に陥れたものである。アイルランドの銀行はヨーロッパ中で貸出を増やし、その負債額をアイルランドのGDPの何倍にも膨らませた。その後、銀行の失敗が明らかになった時、アイルランド政府は財政赤字と政府債務を未知の領域にまで増やして銀行を救済しなければならなかった。これもまた、EMUおよびEUの制度設計上の特徴であった――大まかに言えば、いくらでも膨張できるように銀行を野放しにしておいて、その後、銀行救済のために政府の財政を膨張させるというものだ（そうなったのは、もちろんユーロ圏の銀行だけではなかった。

アイスランドや英国を考えてみれば分かるはずだ)。

実際は言うまでもなく、アイルランドの銀行救済は、(周辺国ではなく)中心的なヨーロッパ諸国の銀行を救うためのものであった。アイルランドは人類史上おそらく最も偉大な慈善行為によって自ら犠牲となり、ドイツ、フランス、英国の銀行をアイルランドの銀行に対する貸出の損失から守ったのだ。この大惨事は、「ジャガイモ飢饉」とは異なり、完全にアイルランド政府の政策——恩知らずとも言うべきドイツ人、フランス人、イギリス人を救うための、銀行の債務肩代わり——によって引き起こされたものであった。

そして、今回のユーロ危機のもう1つ重要なポイントは、預金者がユーロ預金をEMU内ならどこの銀行にでもコストをかけずに移せることであった。これは、「ターゲット2」と呼ばれる決済システムによって可能となった。例えば、スペインの銀行の預金者は誰でも、ドイツの銀行に預金を移すことができる。このような預金の移動が行われると、スペインの中央銀行は(ドイツの中央銀行に振込まれる)準備預金を借りる必要がある。預金が周辺国から流出しがちだとすれば、周辺国の中央銀行は、ドイツ連邦銀行の口座に蓄積する準備預金を手に入れるために、ECBに対する借金の深みにはまっていくことになる。

危機が周辺国に広がると、トロイカは金融支援の条件として緊縮財政を要求した。しかし、個々の加盟国が緊縮財政を維持しながらも成長する唯一の方法は、他の国から需要を奪い取るべく近隣窮乏化・重商主義的政策をとることであった。ドイツはそれが得意だった。従って、統合の背景にある全体的な考え方は、ヨーロッパに2つの世界大戦をもたらした非善隣的な行動を防ぐことであったにもかかわらず、ＥＭＵの創設はそれを助長することを保証されていた。ＥＭＵは、そのような政策を実行しようとするすべての加盟国の利己的な行動に報酬を与え、ドイツがその大部分を手にしたのだった。

そこに、自由な資本移動を伴いつつ、（現代の金融機関の特徴として知られている）邪悪さを解き放つ知恵が上乗せされ、金融危機が発生確実な状況が整った。とどめの一撃は、各加盟国に自国の肥大化した金融機関に対するすべての責任を負わせることであった。

財政主権が存在しない中、最初の深刻な金融危機がいくつかの加盟国の財政を膨張させた。アイルランド?――そのとおり。残りの加盟国もドミノ倒し状態となった。従って今や、周辺国の問題に対処するためトロイカが課した緊縮財政を責めることは誤りである。永続的な緊縮財政は常に計画されていたのであって、新たに出されたものではない。緊縮財政は、主権の中枢が存在しない中で、主権のない政府が採らざるを得ない方法なのである。

問題は、緩み切った財政政策を採る、浪費家の地中海の一国では決してなかった。ユーロ加盟国は、いかなる金額であろうと慢性的な赤字になるべきではなかったし、債務比率を大きく上昇させるべきでもなかった。ユーロ加盟国は、自らの意思に基づいて、通貨に関しては主権国ではない――何年も前に、外貨を選択して自らの主権通貨を放棄しており、自らの主権通貨を放棄するすべての国と同じように、慢性的な財政赤字を計上する能力を失っていた。この能力は、貿易黒字を巡る近隣窮乏化競争に敗れるすべての国にとって欠かせぬものである。

少し驚くのは、ＥＭＵがこれだけ長く続いたことである。その理由の１つは、金融機関の節度を失った行動が、民間部門の赤字を伴った一部加盟国のバブル化した経済状態を、かなりの期間にわたって持続可能にしたことだった――米国の金融機関がやったのとまったく同様に。さらに、そこには「信頼」というおとぎ話――いざという時には、ＥＣＢがその権限を逸脱して救済してくれるだろうという市場の信仰――が存在した。また、主権通貨の発行者と外貨を利用する政府の違いを、貸し手が理解できていなかった可能性がかなり高い。

しばらくの間は、最終幕が演じられるだろう。まずはＰＩＩＧＳ、それからフランス、オーストリア、フィンランド、オランダ。しかし、ドイツ――そう、あらゆる財政の厳正さの母である――とて無縁ではいられないだろう。ドイツの債務比率は、自らの通貨を放棄した国としては桁違いに高すぎる（アルゼンチンのことを覚えているだろうか？　アルゼンチンはカレンシー・ボード制を採用していた――基本的に、ユーロを採用するのと同じことだ。ドイツとは違って、アルゼンチンは常にマーストリヒト基準を満たしていたが、それでも危機に陥った）。ドイツの成功は、他のユーロ加盟国の需要――急速に弱まりつつある需要――に依存している。ドイツ経済は減速し、貿易黒字は減り、政府赤字は増加するだろう。いずれは、市場はドイツにも罰を与えることになるだろう。

ＥＭＵを救うことは可能である。しかし、そのためには、ＥＣＢが自らのＤＮＡに逆らう必要がある。ＥＭＵには、ＥＣＢによる救済が絶対に無いようにする制限が組み込まれていた。ユーロ圏全域にわたる金融政策（金利設定）と各国の財政ファイナンスの分離は不可侵なものであった。確かに、ＥＣＢは、私が予想していた以上のことを行った。しかし、ＥＭＵの制度設計に逆らうことを渋る中央銀行総裁に頼りながら、財政機関なしで通貨同盟を運営することはできない。従って、ＥＭＵが救われるかどうかはまったく分からない。

10.3 「創造主義」対「償還主義」——貨幣の発行者は、実際はどのように貸し出し、支出するのか

ＭＭＴは、通貨を発行する国家権力と租税債務を課す国家権力の間には密接な関係があると強調してきた。簡単に言えば、「租税が貨幣を動かす」のだ。また、主権を有する政府は支出のために租税収入を必要としないことも明らかにしてきた（本当は、証明など必要ないのだが！）。ビアズリー・ラムルが言ったように、ひとたび金《きん》を放棄すると、連邦税が歳入を目的としたものであると考えるのは「時代遅れ」となった。

本節では、３つの同じような問題を検討する（その答えは皆同じである）。

1．政府は、支出する前に、租税収入を受領する必要があるのか？

2．中央銀行は、貸出を行う前に、準備預金を受領する必要があるのか？
3．民間銀行は、貸出を行う前に、要求払預金を受領する必要があるのか？

これから見るように、これらは1つの問題に集約できる。つまり、創造と償還、どちらが先なのか？

我々が貨幣と呼ぶ制度の本質は何か？　貨幣と呼ばれるモノに共通する特徴は何か？　ほとんどの経済学者が、貨幣を「交換の際に使うもの」と称している。それは「貨幣とは、貨幣のはたらきをするものである」と言っているに過ぎない（人間を、テレビを見るもの――時々冷蔵庫にも行くが――と定義するようなものである）。

ケインズの『貨幣論』は、「計算貨幣」――債務、債権、そして、もちろん価格を表示する単位――の説明から始まっている。そこでケインズは、計算貨幣の本質についても触れた。クナップの言説に倣い、少なくとも過去4000年間、計算貨幣は国家権力によって定められてきたと論じた。計測単位は、必然的に社会的な構築物である。私は、自分独自の時間、面積、価値の計測単位を決めることができるが、それらが広く採用されるようになるには、社会的に認められなければならない。

従って、貨幣に共通する特徴の1つは、あらゆる貨幣が計算貨幣で計られることである。経済学者が貨幣であると言明するモノはすべて計算貨幣で表示されるが、貨幣の本質はそれ以上のものでなければならない。

前述のとおり、多くの経済学者は貨幣を、市場での交換を媒介するために使われるものと特定する。しかし、それは貨幣を――本来の制度としての貨幣ではなく――「市場という制度の中で交換の媒介に使用することに、我々が同意しているもの」に矮小化してしまっているように思われる。「モノとしての貨幣」の、制度としての本質は何か？　最も明白な共通の特徴は、「負債の証拠」だということである。硬貨、財務省紙幣および中央銀行券は政府の負債、銀行券や預金は銀行の負債である。さらに我々は、モノとしての貨幣の定義を、短期証券投資信託（money market mutual funds）の持ち分（これも、その発行者の負債である）などを含むように拡大することができる。

時代を遡れば、ヨーロッパの国王が発行した木製の割り符（刻み目で金額を記録した）などが、かつては負債の証拠であった。債務を記録するのにどんな素材が使われるかは、明らかに重要ではなかった――割り符は単なる証拠であり、債権者と債務者の関係の記録であった。国王は、償還に関する決まりに従って、自らの割り符債務を償還することを約束した。納税者は、刻み目の入ったヘーゼルウッドの棒であれば、何を持って行ってもよいわけではない――本券と半券がぴったり一致し、なおかつ国庫またはその代理人によってそのことが確認されなければならない。

我々は、社会的に生み出され、広く受け入れられる計算貨幣を利用しており、負債はその計算貨幣で表示される。現代の国家においては、社会的に認められた金銭的な負債は一般的にその国の計算貨幣で表示される。米国では、計算貨幣はドルである。特定の金銭的な負債が「流通」し、交換やその他の支払い（すなわち、それぞれの負債の返済）に用いられる。その最もよい例が、通貨（財務省と中央銀行の負債）と要求払預金（銀行の負債）である。我々は、なぜこれらを支払いにおいて受け取るのだろうか？

貴金属でできている、もしくは貴金属に交換できるから我々は通貨を受け取る――その「モノとしての性質」ゆえに受け取る――と長い間信じられていた。実際には、貴金属の硬貨は、ほとんど常に素材である金属の価値をはるかに超えた価値で流通していた（少なくとも国内ではそうだった）。また、通貨が固定レートで金《きん》と交換されることは例外であって、原則ではなかった。それゆえ、ほとんどの経済学者が、今日の通貨は「法定不換通貨」であると認識している（ただし、ほとんどの経済学者は、過去においてもそうであったことを理解していない）。

さらに、重要なことに、ローマ時代まで遡る「法」は一般的に「名目主義」の立場をとっており、硬貨の法的な価値は名目価値により決められていた。例えば、銀行に硬貨を預ければ、引き出す際には同じ名目価値（額面金額）の通貨を受け取ることを期待できるだけである。つまり、たとえ通貨が金貨であったとしても、その法的な価値は名目的に決定されるという意味で、それはやはり法定不換通貨であった。

「通貨は、その発行者に対してその通貨で支払うように強制される義務があれば、受け取られるだろう」というのがＭＭＴの主張である。それゆえＭＭＴは、「租税は貨幣を動かす」というフレーズを、「国家は租税債務を課すことができると共に、国家自らの負債の形をした、租税債務の支払手段を発行できる」という意味で用いている。

ここに、「主権」として特定することが可能な1つの制度、あるいは1組の制度が存在する。ケインズが言ったように、主権者には、何を計算単位とするか――ドル、リラ、ポンド、円といった具合に――を宣言する権限がある。また、主権者は手数料、罰金、租税を課す権限を有し、支払いにおいて自らが何を受け取るかを指定する権限を有する。手数料、罰金、租税が支払われると、通貨が償還される――つまり、主権者によって受け取られる。

主権者はその通貨を貴金属や外貨と交換することに同意することもあるが、それは必要なものではない。租税、手数料、10分の1税、罰金の支払いにおいて通貨を受け戻すことに主権者が同意してさえいれば、通貨を「動かす」――すなわち、通貨に対する需要を生み出す――ことができる。当然、無限後退に陥るような議論も必要ない。間抜けをだませると分かっていれば、私は喜んで国家の債務証書を受け取ろうとするかもしれない。しかし、自分に租税債務があり、それを国家の通貨で支払わなければならないと分かっていれば、私は間違いなく国家の通貨を受け取るだろう。これが、「租税は通貨に対する需要を創造するのに十分なものである」とMMTが主張する意味である。すべての人がこのような義務を負っている必要はない――課税範囲が幅広いものである限り、通貨は広く受け取られる。

通貨を受け取るのには、他の理由もある――金《きん》や外貨と交換できるかもしれないし、価値貯蔵手段として保有できるかもしれない。ただし、これらはあくまで租税を補完するものである――せいぜい、通貨を利用して決済されなければならない義務（租税、手数料、10分の1税、罰金など）から派生したものに過ぎない。

ミッチェル・イネスは、債権の基本原則を提示した。つまり、債務証書の発行者は、支払いと引き換えに債務証書を受け戻さなければならない（Wray［1998］）。我々は、これを「償還可能性の原則」と呼ぶ。つまり、債務証書の保有者は、発行者に対して債務証書を渡すことで自らの支払いを実行できる。なお、保有者は債務証書を最初に受け取った者である必要はない――第三者でもよい。第三者が発行者に負債を負っていれば、その債務証書は第三者の負債を消滅させるために発行者に返却され得る。もちろん、その決済は双方の負債（発行者の負債と第三者の負債）を消滅させる。

ある主体に対して支払いをしなければならないことが合理的に予想される場合、その人はその主体の債務証書を手に入れようとするだろう。これによって、主権者以外の主体が発行する債務証書が広く受け取られる場合もあることの理由の一部が説明可能である。

また、ハイマン・ミンスキーが言ったように、銀行の要求払預金が受け取られる理由の1つは、我々（少なくとも、我々の多く）には、銀行預金で返済できる、銀行に対する負債があるからである。銀行間の勘定を額面どおりに決済するための中央銀行を有する現代の銀行システムにおいては、どの銀行の預金証書を渡しても、他の銀行に対する負債を消滅させることができる。

債務証書の受領性は、「要求があれば、その債務証書を、より広く受領される他の債務証書に交換する」という約束によって高めることができる。社会において最も広く受け取られる債務証書は、その国の主権者によって発行される債務証書である（あるいは、少なくとも他の何らかの主権者――おそらくは、より経済的に重要な国の主権者——によって発行される債務証書である）。この場合、債務証書の発行者は、交換を確実にするために主権者の債務証書を保有し、あるいはそれに容易にアクセスできるようにしておかなければならない。

いずれにしても、裁判所が強制する最終的な支払手段はすべて、それ以外の場面でも、最終的な支払手段として利用することが可能である。ローマ時代から、裁判所は金銭契約を「法定貨幣」（それは、常に特定の計算貨幣で表示された、一定の負債の形をとる）で支払うことを要求する、名目的な意味で解釈してきた。つまり、契約の条件が金額で書かれていたら、その契約はモノをもって強制することはできない。

本節の冒頭で、同じような3つの問題を掲げた。

1．政府は、支出する前に、租税収入を受領する必要があるのか？
2．中央銀行は、貸出を行う前に、準備預金を受領する必要があるのか？
3．民間銀行は、貸出を行う前に、要求払預金を受領する必要があるのか？

答えがすべて「ノー！」なのは明らかなはずだ。実際、論理的に考えてみても、創造から償還へ向かわなければならない。罪にせよ負債にせよ、創造されていなければ、贖罪あるいは償還する（redeem）ことは不可能である。

国王は、支払いにおいて割り符や硬貨を発行する。それが、国王を罪深い債務者の立場におく。国王は、自らの債務証書を受け戻して、負債から解放される。

中央銀行は、自らの負債として準備預金を発行する――通常は、民間銀行に貸し出し、あるいは公開市場で国債を買い入れることによって発行する（準備預金は、要求すればいつでも中央銀行券に交換することができる――交換されても、中央銀行は負債を負ったままである）。中央銀行は、支払いにおいて中央銀行券や準備預金を受け取って、負債から解放される。

民間銀行は、自らの負債として要求払預金を発行する（通常は、民間企業や家計に融資を実行することで発行する）。銀行は、支払いにおいてその要求払預金をもとに振り出された小切手を受け取って、負債から解放される。

これらのケースでは、1つのバランスシート（「貨幣の発行者」のバランスシート）の両側を見てきたが、どのケースでももう1人の債務者がいることに注意しなければならない。主権者は、割り符や硬貨を発行する前に、それらで支払える納税義務を課すことによって納税者に債務を負わせなければならない。これが、割り符や硬貨に対する需要を創造する。

中央銀行は、民間銀行に準備預金を貸し出す際、民間銀行が中央銀行に保有する口座に準備預金を振り込むが、同時に民間銀行は中央銀行に対して（借入れという）負債を発行する。民間銀行は、借り手に要求払預金を貸し出す際、借り手の預金口座に振り込むが、借り手は銀行に対する負債を記録する。

従って、それぞれの償還は同時に双方の負債を消し去る。どちらも帳消しだ。ハレルヤ！

これが振込みと引落としのすべてだ。そして、恐るべき罪深さで結ばれた2人の負債の束縛を――債務証書が発行者のもとに戻っていく「償還の日（Redemption Day）」［訳注：元来は、キリスト教徒がすべての罪から解放される「贖罪の日」を意味する」まで――記録するキーストロークのすべてである。

国家は支出をする前に、まず租税収入を得なければならないと考える人々、

中央銀行は準備預金を貸し出す前に、まず準備預金を手に入れなければならないと信じる人々、

そして、民間銀行は預金を貸し出す前に、まず預金を手に入れなければならないと信じる人々。

この人々は皆、「償還」と「創造」を取り違えている。

租税の受領、準備預金の受領、要求払預金の受領は、すべて「償還行為」である。「創造」は「償還」より先でなければならない。負債は、それが償還される前に創造されなければならないのだから。

10.4 就業保証の必要性に対する認識の高まり

本書の初版が刊行されて以来、就業保証の提案は支持を増やし、完全雇用の確保における政府の役割を増すことに賛成する議論が強まってきた。[3] 本節ではその理由を検討する。第1は、経済停滞論の再燃である。第2に、米国の労働市場が回復していないという証拠が増え、これが「ニュー・ノーマル」だと多くの論者が主張している。第3に、FRBは、低金利政策は投資を刺激しないことを（再）発見した（我々の多くは初めから分かっていた）。第4に、我々の「思想的指導者」は、アメリカ人が非自発的失業に関して政府に手を打って欲しいと思っていることにようやく気づきつつある。これらの理由が、就業保証の主張を補強している。

経済停滞論

我々の経済は停滞しているという主流派の認識から始めよう。ラリー・サマーズは、我々に残されたものはバブルだけであると論じた。[4] 過去30〜40年にわたり、我々は経済（と政府）を、投機を生業《なりわい》とするウォールストリートに次々と譲り渡してきた。それを「カジノ経済」と呼ぶ者もいるし、「金融化」と呼ぶ者も多い。ミンスキーは「マネー・マネージャー資本主義」と呼んでいた。ここでは深入りしないが、これらはすべて、金融独占資本が、金融部門へと流れる経済的地代（economic rents）という形で経済の活力を奪うことで、「生産活動を妨害し」経済を衰退させる傾向に注目している。これによって、生産活動を支えるための国民所得が大幅に減少し、停滞が生じる。

現代資本主義における停滞傾向の最も有効な説明は、サマーズによるものでも、アルヴィン・ハンセンの戦後の警告によるものでもない。むしろ、それはオレゴンの２人の経済学者、ハロルド・ヴァッターとジョン・ウォーカーの生涯をかけた研究成果であった。[5] 簡単に言えば、問題は、資本の生産性が高すぎることにある。投資が生産性を向上させる性質は、総需要に対する投資の乗数効果を上回る。この問題は徐々に大きくなり、労働者（消費に使われる賃金を稼ぐ）を機械（賃金を稼がない）に置き換える傾向によってさらに悪化する。これが進むと、やがて、しかし確実に、機械を作り出す機械にたどり着く。この問題は、既に19世紀後半までには顕在化していた。それは、第二次世界大戦中および戦後の早い時期に、政府の成長によって解消された。米国連邦政府は、１９６０年ごろまでＧＤＰ成長を上回るスピードで成長した（つまり、経済規模に占める割合において、連邦政府は着実に大きくなった）。次の15年間で、今度は州と地方の政府がＧＤＰよりも速く成長した。１９７０年代半ば、州と地方の政府の勢いがなくなると、大停滞が始まったのは偶然ではない（なお、レーガン大統領のソ連崩壊を目的とした軍備増強によって、それはごく一時的に解消された）。政府の成長の減速が、需要ギャップを拡大させたのだ。

従来の考え方に従えば、低経済成長に対する解決策は投資支出の刺激である。ケインズ学派に言わせれば、それが乗数効果によって総需要を増やし、雇用と成長を高める。新古典派の経済学者に言わせれば、投資の増加は生産能力を増強し、総供給を増やし、直接経済成長を高める（新古典派の理論では、賃金が柔軟である限り――たとえ何があろうとも――雇用は自己調整し、常に完全雇用である）。では、どうやって投資を刺激するのだろうか？　確かに、どちらの学者も企業に対する減税が投資を刺激することに同意する。しかし、政府が一文無しだとしたら、財政政策を用いることができない。赤字という厄介者を避けようとすれば、金融政策、つまり投資を刺激するための低金利以外に手はない。しかし、ＦＲＢはもう５年をはるかに超えて金利をほぼゼロに保っているし、日本の場合は20年を超えている。それでも投資はほとんど行われず、成長せず、雇用はほとんど創出されず、どちらかと言えば停滞状態にある。低金利は機能していない。

投資と金利

いずれにしても、低金利は必ずしも投資を促進しない。なぜか？　ケインズの答えはこうだ。企業は売れると思うものを生産する。従って、長期にわたって将来の売上が伸びると思わなければ、生産能力増強のための投資を行わない。減税は、それが長期にわたって将来の売上を増やすと信じさせる魔法の妖精の粉がない限り、企業の投資を増やさないだろう。低金利にしても、魔法によってはるか未来まで売上が増えると企業に思わせない限り、企業の投資を増やさないだろう。（企業に対する）金利と税率の引下げだけで、企業をだまして投資させるためには、妖精の粉を大量に撒く必要がある。

ケインズの継承者たち——ケインズ学派と名乗る人々と混同しないように——は、金利政策が投資にとって非常に重要だという考え方を常に拒んできた。長期にわたるゼロ金利政策を約束して銀行を超過準備で満杯にすれば、銀行が貸出を、企業が投資のための借入れを行うというバーナンキの考え方に、彼らは決して賛成しなかった。それはうまくいかないと我々は指摘し、今や誰もが知るとおり実際にうまくいかなかった。投資は金利に対して——下げようが、上げようが——それほど敏感ではない。その上、ヴァッターとウォーカーが主張したように、投資を増やすことは需要不足の解決策にはなり得ない。つまり、投資を増やすと、総需要が（乗数によって）増える以上に総供給（能力）が増える。

労働市場のニュー・ノーマル

我々の経済は、（一時的に経済成長率を引き上げるものの、結局は金融危機や景気後退によって破裂してしまう）バブルによって繰り返し中断される停滞状態にある。労働者にとっては、その後遺症が失業である。さらに言えば、バブルによって加熱された「景気回復」でさえ、ほんのわずかな雇用しか生み出さない。世界金融危機からの回復の間、失業率は徐々に低下したものの、その大きな要因は労働参加率の低下であった。問題はそれだけではない。ダン・アルパートが報告しているように、民間部門は主に低賃金部門で雇用を創出している。つまり、「（低賃金の）これらの部門——小売、事務管理・廃棄物サービス、娯楽・接待サービス——が米国民間部門における全雇用の約3分の1を占めるが、［２０１３年］の前半期に創出された雇用の57パーセントをこれらの部門が占めた」(http://www.westwoodcapital.com/wp-content/uploads/2014/01/2013-US-Jobs-Report-Card-Alpert-011314.pdf)。

過去40年にわたって、「雇用なき成長」が経済の常態となっている。雇用が回復するずっと前に、公式には不況は終わったことになっているのだ（ステファニー・ケルトンのこのグラフを見よ。http://neweconomicperspectives.org/2014/01/five-ways-improve-odds-succeeding-labor-market.html）。そして、ちょうど労働市場が改善し始めたころに、バブルの破裂ですべてが崩壊し、またやり直しになる。景気後退のたびに職を失う人が増えるが、それと比べて景気拡大期に再び職に就ける人が少ない「ラチェット効果」も生じている。クリントン政権期の好景気という大きな例外はあるが、景気循環のピークは、雇用を創出して労働参加率を押し上げる能力をますます失ってきている。

評論家たちは、世界金融危機が発生した後の今ごろになって、これが「ニュー・ノーマル」だと主張している――我々の経済は、（何カ月も何年も職を探している人々は言うまでもなく）新規に労働市場に参入する人々のために十分な雇用を決して生み出さないので、労働参加率はこの先ずっと低下すると思っておかなければならない。これに機械化やロボット化の進展、国際競争、政府雇用の縮小を加えれば、米国の求職者にほとんど希望がない理由が分かるはずだ。

最後に、公表されている労働参加率のデータは、文民人口――16歳以上で、学生でも受刑者でもない人々――を計算の分母としていることに注意が必要である［訳注：実際には、軍人や精神病院等に入院している人々も、統計上の文民人口から除外されている］。劣悪な労働市場は、労働参加率の計算の分母とならない人々を増やしがちである。もちろん、米国は投獄大国で、何百万人もが監獄に送られる。そして、劣悪な労働市場は大学進学者数を増やす傾向がある（これは悪いことではない）。ともかく、それは、非就業者を支えるための就業者の割合が低下することを意味する。

問題は、低成長と雇用なき成長である。たとえGDP成長率を多少引き上げられたとしても、それは十分な雇用を生み出さないことだろう。また、先に述べた理由から、供給サイドに作用する投資機会と需要サイドに作用する消費支出を生み出すのに十分な4〜6パーセントのGDP成長を維持することは不可能である。投資を誘発できるだけの総需要の増加をもたらす政府の成長を考えることは可能だが、そうはならないだろう。ワシントンには米国政府が一文無しだと信じている連中があまりに多いため、政府は財布の紐を締めなければならない。

そうした状況で、否応なく出番が回ってくるのが……。

就業保証

繁栄を取り戻すためのレシピは、消費者向け売上が伸びるように、底辺の人々の雇用を創出し賃金を引き上げることである。我々は、借金を原動力にした消費ブームに再び頼りたいとは思わない。投資にも頼れない。仮に、「確信の妖精」が投資を増やすように企業を説得するというありそうにない出来事が起こったとしても、総需要に関する乗数効果は、総供給に関する生産能力向上の効果が需要の成長を上回るという現実には太刀打ちできないからだ。いずれにしても、民間部門主導の景気拡大は例外なく失速し、たいていの場合、債務の増加による金融危機で幕を閉じる。

この循環を断ち切るには、政府が果たす役割を大きくする必要がある。政府主導の成長が、実は民間部門の財政力を強化する。また、それは直接的に雇用、所得、売上を増やすので、「確信の妖精」に頼る必要がない。「政府による直接雇用創出が計画に取り入れられなければならない」という認識が広がっている。

ジェシー・マイヤーズは、「ミレニアル世代が勝ち取るべき5つの経済改革」と題する記事で、最初に就業保証を取り上げた（http://www.rollingstone.com/politics/news/five-economic-reforms-millennials-should-be-fighting-for-20140103）。

誰にでも保証された仕事

失業の嵐が吹き荒れている。最も簡単で直接的な解決策は、社会に対して生産的に貢献したいと思うすべての人が公的部門でそれなりの生活費が稼げるように、政府が保証することである。何百万人もの人々が働くことを望んでおり、やらなければならない仕事が山のようにある——考えるまでもないことだ。この考え方はそれほど過激なものではない。それはルーズベルトのニューディール期に連邦政府の雇用促進局が可能にしたことに似ているし、１９６０年代にはマーティン・ルーサー・キング・ジュニアが公的部門での就業保証に対して賛意を表明していた。

マイヤーズの投稿記事は大いに歓迎された。「ハフィントンポスト（現ハフポスト）」は、５つの改革のうちどれが最も支持を集めるか、調査を実施した。その結果、就業保証が圧倒的な支持を得た（http://www.huffingtonpost.com/2014/01/13/rolling-stone-millennials_n_4589014.html）。

予想どおり、高所得者と白人の保守派はこのプログラムに反対だったが、低所得者、民主党員、黒人の大多数はこのプログラムに賛成だった。非自発的失業という悲劇の影響を最も受けない人が、就業保証に最も消極的であった。しかし、調査結果をさらに分析してみると、就業保証プログラムに強く反対している人々はほんの一部――4分の1を少し超えた程度――に過ぎないことが分かる。

（質問）民間部門で仕事を見つけられない人々に対して、政府が雇用を提供することによって、すべてのアメリカ人（成人）に就業を保証する法律に賛成か、反対か？

（回答）強く賛成　22パーセント
どちらかといえば賛成　25パーセント
どちらかといえば反対　13パーセント
強く反対　28パーセント

もっと詳しく調べてみると、その結果はさらに興味深いものである（http://cdn.yougov.com/cumulus_uploads/document/sd19asu7et/tabs_HP_government_20140109.pdf）。65歳以上を除くすべての年齢層

で、50パーセント以上の回答者が就業保証プログラムに「強く賛成」または「どちらかといえば賛成」である。このプログラムに「強く反対」しているのは、民主党員では9パーセント、黒人では11パーセントのみ。中間所得者層（年収4万から8万ドル）では、「強く反対」は30パーセントだけである。地域別では、北東部と中西部は賛成が過半数を大きく上回り、南部ではほぼ過半数（48パーセント）の支持を獲得、西部だけが反対多数である（「強く反対」が34パーセント、「どちらかといえば反対」が17パーセント）。

この結果については、驚くべきことが2つある。第1は、この質問が、政府が雇用を提供するプログラムについて尋ねていることである。国民は政府に敵意を抱いているはずだとすれば、このように好意的な反応が示されたことは注目に値する。第2に、民主党員や黒人の支持がこれほど高いのに、自分の支持者が明らかに望んでいることを推進する指導者が出てきていないことに驚く。

ついにその時が来たのだろうか？

10.5 MMTと外的制約——固定相場か変動相場か、それが問題だ

「主権を有し、『不換』通貨を発行する政府は、その通貨において支払不能になることはない」とMMTは主張する。政府は、自らの通貨で表示される義務において、非自発的なデフォルトを強いら

れることはあり得ない。自国通貨建てで売られているものなら何でも購入する「支出能力」がある。自国通貨との交換によって、外貨建てで売られているものも購入できるかもしれない（だが、それは確実ではない）。

これに対して、政府が通貨を他のもの（金《きん》、外貨）に固定価格で交換することを約束したら、その約束を守れないかもしれない。支払不能と非自発的なデフォルトの可能性が出てくる。

一般に、変動相場制の下での不換通貨制度は、より大きな政策余地をもたらす。政府は国内の政策課題を解決するために、財政・金融政策を利用することができる。固定相場制は、政府が交換の約束を考慮しなければならないので政策余地を減らし、国内の政策課題と対立する可能性がある。例えば、政府は通常（「常に」ではない）、固定レートを維持するための準備として蓄積される外貨（または金《きん》）が確実に国内に流入するような政策を実行しなければならない。それは、たいていの場合、賃金と輸入を抑制しようとして国内で失業が生じることを意味する。

ここまでは、理論レベルの話に過ぎない。通貨を固定することは制約を増やす。固定価格での交換を確実なものにするために、固定する対象となるものを手に入れなければならないからである。その制約はどれほど厳しいものなのか？　それは状況次第である。現在の中国の場合、「管理された」為替相場による制約はさほど厳しくない。例えば、中国は国内賃金のかなり急速な引上げに取り組んできた。これに対して、ネパールの場合は、自国通貨をインドの通貨に対して固定することが制約となっている。仮にネパールが中国のような賃金引上げ政策を実行すれば、対印貿易赤字が拡大することになり、海外で働く自国の労働者からの送金を増やすことができなければ、インド通貨およびドルの準備が激減するだろう。そうなれば、ネパールの固定為替相場制は脅かされ、通貨危機が起きる可能性が高い。

中国やネパールにとって、変動為替相場制は便益をもたらすだろうか？ 中国はいずれ、変動相場制が望ましいばかりか、必要不可欠な立場に置かれるだろう。中国は、著しく発展して豊かになり、変動相場制が避けられなくなるだろう。外貨準備の増加が止まり、おそらく経常収支赤字になり始める。そして、徐々に資本規制を緩和することになる。西洋流の完全な「自由市場」には移行しないかもしれないが、国内政策余地を維持するためには変動為替相場制が有利だと気づくだろう。そうでなければ、準備通貨の発行者に従属する準植民地状態を待ち望むことになるかもしれない。中国は、そのような選択はしないだろうが。

ＭＭＴは、「実物」の観点では、「輸入は便益であり、輸出は費用である」と強調する。変動相場制を採用して資本規制を緩和すれば、国は「便益」（輸入）を増やして、「費用」（輸出）を減らすことができるようになる。その国は、自国で生産可能なすべての生産物と、海外部門がその国に売りたいと思う生産物なら、何でも享受する支出能力がある。その国は、資本収支黒字の拡大によって純輸入を「賄う」。資本収支上では、これは、海外部門による輸入国通貨建ての金融債権の蓄積として反映される。

収支《バランス》は均衡《バランス》する。多くの論者が、経常収支が赤字なので米国には「貿易不均衡」が存在すると言うが、資本収支が黒字なので不均衡は存在しない。つまり、経常収支赤字と資本収支黒字の金額が等しく、不均衡は存在し得ないのだ。外国人はドル資産を欲し、それゆえ米国に自分たちの生産物を売る。そうすることが彼らの国益なのかもしれないし、そうでないかもしれない。これは我々が判断すべきことではない。それは間違いなく誰かの利益であり、そうでなければ輸出などしないだろう。輸出企業の方針なのかもしれない。金持ちのエリートが実行しているのかもしれない。あるいは、本当に国益にかなうのかもしれない。

ブライアン・ロマンチャックは、“Why Rich Countries Should Float Their Currencies（なぜ富裕国は変動為替相場制を採用すべきなのか）”と題する記事でこの問題を取り上げている（http://www.bondeconomics.com/2014/02/why-rich-countries-should-float-their.html）。彼は債券市場の専門家で、裕福な先進国は変動為替相場制を採用している限り「外的制約」に直面しないことを認識している。ここで重要なのは、他国があなたの国に対して生産物の輸出を望んでいる場合、あなたはその輸入をファイナンスするためにどうやって外貨両替するか心配する必要がないことである。

外国為替の取引高は、貿易フローを支えるのに必要な金額より桁違いに大きいことが分かっている。この過剰な取引は、一部は外国為替売買の結果であるが、巨大な国際資本市場のフローを反映したものでもある。これらのフローが通貨の相対的な価値を決定する。輸入国の究極的な取引相手は、為替リスクを取りたがる海外投資家でほぼ間違いない。国産品ならば、輸入品をファイナンスするための外貨建て借入れを行う必要がない……。
為替の変動性《ボラティリティ》は破壊的だが、企業は短期的な変動性の影響を限定するために為替ヘッジを利用することができる……。いずれにしても、現地通貨建ての金融資産に対する潜在的需要があるため、先進国市場の通貨に対する「買い」はいずれかの価格で必ず存在すると考えられる。通貨自体が基本的に消滅でもしない限り、それに対する需要は存在するだろう……その通貨に対する「買い」が常に存在するとの前提に立てば、常に経常収支赤字をファイナンスすることが可能である。唯一の問題は、ファイナンスの際の価格である。

簡単に言えば、あなたが米ドル、カナダドル、豪ドル、英ポンド、日本円、ユーロを売ろうとすれば、買い手が見つからないことはあり得ないだろう。唯一の問題は価格である。ロマンチャックは、自分が「富裕国」について述べていることを認めている。彼は、変動為替相場制は途上国にとってもよいのではないかと言っているが、実のところ途上国は、彼自身よく分からないと感じている困難な問題に直面している。

正直言って、ネパールは変動為替相場制にした方がよいのかどうか、私には分からない。世界の最貧国の多くにとって、為替相場制度はさほど重要な問題ではないのではなかろうか。ＭＭＴの批判者は、このようなケースを指してＭＭＴが間違っている証拠だと言う。彼らは、貧しい国々が直面する問題の解決策を見つけてみろと我々に迫る。ＭＭＴが、途上国が直面している複雑な問題に対して単純な解決策を見つけられなければ、とにもかくにもMMTは間違っていると言う。まったくもって奇妙な主張である。

我々は、変動相場制の主権通貨を採用する途上国政府は、国内通貨を求めて働く気がある国内のすべての資源を雇う「支出能力」があると主張しているだけである。このような国は、望むものすべてを輸入できるだろうか？　おそらく無理だろう。固定相場制にすれば輸入を増やせるだろうか？　ひょっとすると、できるかもしれない――しかし、その場合は、国内の完全雇用をあきらめなければならなくなる可能性が非常に高い。また、支払不能とデフォルトのリスクを背負うことになるだろう（渡すことができないかもしれないものを渡す約束をするからだ）。このトレードオフは、国内の利益となるのだろうか？　そうは思えないが、確信はない。

現実世界を見る限り、途上国の固定為替相場制はたいてい（ぜいたくな輸入品やフロリダでのバカンスが好きな）エリート層の利益である。一方、途上国では、一般に国民のおよそ半分が失業中か「臨時雇い」（信号待ちをしている高級輸入車のガラス拭き）である。これは悪いトレードオフのように見える。

たいてい問題となる巨大な怪物は、「インフレ・パススルー」である。変動為替相場は、輸入コストを引き上げ国内インフレへと「通じる」、通貨下落の可能性を開く。そのインフレへの影響はおそらく誇張されているが、途上国の政策担当者は、それに身の毛のよだつような恐怖心を覚える。

ニール・ウィルソンも、「輸出国こそ愚か者」と題する記事で、これまでの議論に関連する優れた見解を示している（http://www.3spoken.co.uk/2014/02/its-exporters-stupid.html?spref=tw）。

重要なのは、通貨の下落によって輸入品が「値上がり」したとすれば、その際に生じる「インフレ」は、為替の需要が均衡するように輸入を減らそうとする貿易構造上の反応だということである。それは、他のどこかの国の輸出も減少させる。忘れてはならないのは、ある通貨が下落すると、それ以外のすべての通貨が相対的に上昇し、輸出に依存する国（輸出主導国）の輸出が減り始めることである――これが輸出主導国の景気低迷を招く。通貨が下落した国以外の国はどこでも、外国為替市場に介入して「余分な」その通貨を購入することができ、それによってその通貨の（すべての国にとっての）下落は止まるだろう。そして、ある輸入国に対するすべての輸出国は、それを行うための無限の能力を持つ中央銀行を有している。

輸出主導国は、他国が自国製品を購入できるように、絶えず海外に流動性を供給しなければならない。さもなければ、輸出取引の決済に必要な特定の貨幣が海外で不足し、輸出は完全にストップしてしまう（英国の買い手は中国製品を［英ポンドで］購入するが、中国の労働者には人民元で給与が支払われる。輸出格差による人民元の不足分は中国国民が供給しなければならず、さもなければあり得ない話だが、中国製品は無限に高くなる）。

従って、重要な洞察は、［私の考えでは、］輸出国は輸出をする必要があり、輸出政策を「流動性オペレーション」によって支援する中央銀行は最終的に、（そうすることを公言するにせよ、しないにせよ）いかなる重要な輸出相手国の、いかなる通貨下落も、自らの銀行システムを通じて食い止めるだろう……。私の考えでは、通貨下落に対して行うべき政策対応は、一時的な「ぜいたく品」輸入禁止によって貿易構造上のインフレを制御することである。それは輸出国に問題を押し付けるが、その問題は、輸出国がシステマチックに介入し通貨間の不均衡を調整することで軽減できる。そこでは通常は輸出国が貿易を通じて行うことを、輸出国に強制的に行わせている。

おそらく、変動為替相場制を採用し、その上でパススルー・インフレに対処するのがよいだろう。インフレと闘う「痛み」を、可能な限り富裕層に強いることが道理にかなう。所詮、彼らはＢＭＷを輸入して、子供をフロリダに連れて行くような連中である。

ＭＭＴの原則は、すべての主権国家に当てはまる。もちろん、主権国家は完全雇用を達成できる。確かに、完全雇用は貿易赤字をもたらすかもしれない。貿易赤字は（もしかしたら）通貨安を引き起こすかもしれない。通貨安はインフレ・パススルーをもたらすかもしれない。しかし、そのような結果を望まないならば、主権国家には利用可能な政策上の選択肢が数多くある。輸入規制や資本規制がその例である。雇用割り当て、投資割り当て、対象を絞り込んだ技術開発もまた、政策上の選択肢である。

国内資源の完全雇用は、裕福な先進国よりも途上国にとってずっと重要だが、現実はまったく逆である。政府が自らに雇用を提供する支出能力がないと考えているので、失業率は途上国の方がずっと高い。それゆえMMTは、途上国が直面するすべての問題を消してしまう魔法の杖を提供できないとしても、有用なアドバイスを提供できる。

10.6 貨幣の文化的遺伝子

本書の初版刊行以降、MMTは一気に広まり、確かにブログの世界で1つの流れを作った。我々に相変わらず足りないのは、どのように説明するかという点である。我々は、人々を怖がらせるのをやめなければならない。問題は理論ではなく、表現にある。

MMTに対する反応は主に道徳的なものである。これは評論家に対する皮肉ではない。ジョージ・レイコフが言うように、あなたはすべてのことを、表現を通して理解する。あなたはメタファーがなければ理解することができない――物語がなければ考えることができないのだ。

クレイジーな連中を除けば、誰もが、米国政府が資金不足に陥る可能性がないことを知っている。グリーンスパンから、バーナンキ、イエレンにいたるまで、彼らはみな通貨主権者による非自発的なデフォルトのリスクがゼロであることを理解している。従って、MMT派が今は*や*、*り*の赤字ヒステリーに対処する方法は、連邦政府はキーストロークによって支出するので、ドルで売られているものは何でも購入する支出能力があるということを指摘することである。

彼らの反応は、典型的には次の4段階を経る。

1．不信：クレイジーだ！
2．恐怖：ジンバブエだ！　ワイマールだ！
3．義憤：お前たちは、我々の経済を破壊する！
4．激怒：お前たちは、不潔で、左翼で、共産主義者のファシストだ！

これらは、順番に姿を現す我々の友人である。MMTは、債務や赤字の持続性に関する議論に勝つどころか、敗れている。なぜそうなるのか？　政府がキーストロークによって支出することは「不道徳」だからだ。

政府の支出を可能にする金融オペレーションを、MMTがどれだけ正確に説明しても同じことだ。議会の予算編成に始まって、その後財務省、FRB、特別な民間銀行によって行われる複雑な手順を伴う一連のオペレーション――その結果、財務省がFRBに保有する自らの口座に十分な預金を確保し、最終的には企業や家計の銀行口座に振込みができるようになる――をいくら説明したとしても。

MMTは、事実を正確に示すことによって議論に敗れている。それは、誰もが表現を通してしか事実を認識できないからである。我々は、別の表現を開発しなければならない。しかし、保守派の、教科書的表現を採用することはできない。その表現は、特定の市場に関するメタファー――「公正な取引」に基づくメタファー――を自ずと想起させてしまうからだ。その優越的な立場を利用して、「無」――単なるキーストローク――と引き換えに何かを手に入れる政府は、公正ではないことになってしまうのだ。

人々の直感は、「税金で支出を賄う」というメタファーを好む。私は年金信託基金に掛け金を払い込んだから、老後はその金庫から自分の分を引き出せるようになる――どう考えてもこの説明は完全に間違っているが、そんなことは関係ない。間違った説明がまかり通っている。

社会保障税は逆進的であり、神話を維持しようとすれば税率をさらに引き上げなければならないため、将来はさらに逆進的なものになる（そのことが年金現価の計算結果を一層悪化させる）。このことを完全に理解しているにもかかわらず、社会保障税の免除期間に猛反対する、自称進歩主義者がいる。進歩主義者は、「私は払い込んだ。ゆえに給付を受ける資格がある」という道徳的な神話を捨てるよりも、その制度自体を破壊することを好む。

我々には、貨幣の新しい「文化的遺伝子」が必要である。

その文化的遺伝子が、市場、自由な交換、個人の選択から始まることはあり得ない。我々には社会的なメタファー、すなわち私益最大化の論理に代わる「公益」が必要である。我々は、政府が果たす積極的な役割、および政府による我々の役に立つような貨幣の利用に、焦点を当てなければならない。

政府は、公益のために通貨を支出する。政府は、支払いにおいて通貨を受け取ることを約束する。租税制度は通貨を背後で支え、我々は通貨を強固なものに保つために租税を支払う。選挙で選ばれた議員による、透明性と説明責任を備えた優れた予算編成は、政府が過剰な支出をしないことを保証する。

民間支出が物価の安定を脅かす危険性はあるが、政府は、インフレを寄せ付けないために思うように使える、様々な政策手段を有している。必要ならば、政府は、民間支出を冷やすために増税などの対策を講じることができ、超過需要を取り除く必要に応じて自らの支出を減らすことができる。

政府支出は、我々が資産として蓄積する通貨や米国債を供給する。政府の通貨や国債を所有することによって、我々はこの偉大な国の出資者《ステークホルダー》となる。社会保障などの所得補助プログラムから受け取る給付金は、我々に自国の生産品へのアクセスを与えてくれる。

我々はこのアクセスを手にする資格があるが、それは租税を支払うからではなく、我々全員がこの社会に参加しているからである。我々は皆自立して生きている。政府は、社会的支出――老後のため、医療のため、食料配給券《フードスタンプ》のため、貧困家庭支援のための支出――によって我々の自立を支援する。

我々は自立しているのだ。

政府は資金不足にはなり得ない。政府には常に、我々が自立した国家運営を行うのに必要な財政的な能力がある。技術的に可能なことはすべて、財政的に可能である。あとは、技術、資源、政治的意思の問題である。技術と資源は既に手にしている。我々に必要なのは、政治と連携し、我々の意思を強固なものにするのにふさわしい文化的遺伝子である。

貨幣制度は素晴らしい創造物である。貨幣制度は、我々が公正な社会を実現するように政府を機能させるために必要な資源へのアクセスを政府に与える一方で、個人の選択をも可能にする。貨幣制度は起業家精神を刺激する。貨幣制度は、国民の生産の多くをファイナンスし、組織し、分配する。貨幣制度は、公共目的達成のために政府が利用する最も重要な仕組みの1つである。

我々は、貨幣制度を公共目的追求のために使わなければならず、その結果として誰もが個々の私的な目的をある程度追求できるようになる。我々は、互いに助け合うために、共に貨幣を使うことができる。

我々は自立すべきだと言っても、それは対外強硬主義的な意味で言っているわけではない。主権通貨は国家的なものである。裕福な国は（他国を支援するために）国境を越えていく能力がある。貧しい国には、それは無理かもしれない。しかし、それらの国も主権通貨を有していれば、（その能力の限りにおいて）自立した国家運営を行うために、自らの貨幣制度を利用することができる。

裕福な国、とりわけ国際準備通貨を発行する米国のような国は、それ以上のことをしなければならない。他国を支援することは、我々の責任である。そのことが、我々をよりよき人間にする。そのことが、我々の国をよりよき国にする。我々は、共によりよき世界を作ることができるのだ。

巻末解説

ＭＭＴの命題は「異端」ではなく、常識である

松尾　匡

本書にはもう一人、中野剛志さんの解説がついていて、その中で正確な内容紹介がなされているだろう。また、私と一緒に「ひとびとの経済政策研究会」で活動している朴勝俊さんが、本書の内容をＡ４で16ページにまとめた下記のレポートを発表している。それをご覧いただけば、本書の概略を把握することはできる（「〈レポート０１２〉ＭＭＴとは何か――L. Randall Wray のModern Money Theoryの要点」https://economicpolicy.jp/2019/05/04/1164/）。

そこで以下では、ＭＭＴというものについての、私の目から見た簡単な紹介と評価を記すことにする。

米英急進左派の経済政策理論のひとつ

2018年の米国中間選挙でサンダース派が躍進し、十名の国会議員が誕生した。中でも史上最年少の議員、アレクサンドリア・オカシオ＝コルテスは有名である。なにしろ無名のプエルトリコ系の女性が、民主党のベテラン最高幹部を予備選で打ち負かし、さらに共和党候補に圧勝したのだから。彼らはあのアメリカにおいて社会主義者を自称することをいとわぬ最左翼の政治勢力である。

こうした動きは、新自由主義的な体制への反乱の広がりととらえられ、日本の左派の間にも希望を与えている。そして、「それに引き比べて日本では」と、安倍政権がかくも強権的立法と政治私物化を進めながら、若者の内閣支持率が高く、選挙のたびに自民党の圧勝をもたらすこの国の大衆の現実を嘆くのが、ありがちなパターンである。

しかし、こうした論者たちのどれだけが、これら欧米の急進的勢力の経済政策論について意識してきただろうか。

アメリカの政府債務の総額は、特にトランプ政権成立以降急激に膨らみ、今や日本の倍に達している。日本の左派・リベラル派の中には、民主党の左の端にしてトランプ政権への最も熾烈な批判者であるオカシオ＝コルテスであるなら、さぞかしこの財政毀損をケシカランと叩くであろうと期待した向きがあったのではないだろうか。

あにはからんや、彼女は当選後、ウェブ雑誌『ビジネス・インサイダー』のインタビューで、「政府は予算のバランスをとる必要はなく、むしろ財政黒字は経済に悪影響を与える」とするＭＭＴ

（Modern Monetary Theory：現代貨幣理論）こそ「絶対に」「私たちの言論の中にもっと広がる」必要があると語ったのだ[1]。

彼女のＭＭＴ支持発言をきっかけに、アメリカではこの学説を巡る議論がマスコミを舞台に盛り上がり、それは例によって日本にも波及した。大マスコミも大臣たちも有名エコノミストたちも、やっきになってこれをトンデモ扱いし、ついには財務省が、海外の経済学者17人の非難を並べ、グラフ30枚以上、表もイラストも駆使したスライド62ページにわたる本気の反論資料を発表するに至った。

奇妙なのは、それに対してＭＭＴ支持を表明した論客や政治家は、保守派ばかりだったことだ。世間で左派サイドとみなされる政治家でその主張内容に支持を表明したのは現在のところ山本太郎ただ一人である。

そのような中、本家アメリカでは、ＭＭＴの代表的論客の１人であるステファニー・ケルトンが、バーニー・サンダースの政策顧問につくと報じられた。もともと彼女は、２０１６年の大統領選挙の時にも、サンダースの経済政策顧問を務めていた。またその前年２０１５年には、イギリス労働党党首選で、最左翼で泡沫候補と見られていたジェレミー・コービンが圧勝しているが、そのときの目玉公約であった「人民の量的緩和」は、ＭＭＴの財政学者、リチャード・マーフィのアイデアであった。

このように、ＭＭＴは、生地米英では急進左翼系の経済政策のバックにある経済理論のひとつとなっているのだが、なぜか日本ではそうなっていない。私はＭＭＴ論者ではないが、このことは異常なことだと思っている。

「異端」扱いの標準的経済理論

しかし、ＭＭＴに対してろくに読まない藁人形論法的批判や無理解が絶えないのは、本人たちが招いている面もあるように思う。主流新古典派の経済学者や共和党緊縮政治家に罵倒されることは本望なのかもしれない。しかし、欧米の反緊縮左派世界の中で、少なくとも当面の経済政策主張がほとんど変わらないニューケインジアン左派などとの間でも、論争が対話不可能になる印象がある。

そもそもＭＭＴ論者は、自分たちの主張をわざと「異端」と位置づけているかのような言い方をする。既存の経済学がことごとく根本的に間違った前提の上に立っていて、自分たちの見方をとることで初めて真理が見えると言うような。そこで批判された側もマスコミも、その自称を真に受けてＭＭＴを異端の経済学と扱うわけである。

しかし、本書でも説かれているＭＭＴの主張とされる次のような事実命題は、実は異端でもなんでもない。まともな経済学者なら誰でも認める知的常識の類であって、新奇なところは何もない不変の真理である。

- 通貨発行権のある政府にデフォルトリスクはまったくない。通貨が作れる以上、政府支出に財源の制約はない。インフレが悪化しすぎないようにすることだけが制約である。
- 租税は民間に納税のための通貨へのニーズを作って通貨価値を維持するためにある。(2) 総需要を総供給能力の範囲内に抑制してインフレを抑えるのが課税することの機能である。だから財政収支の帳尻をつけることに意味はない。
・不完全雇用の間は通貨発行で政府支出をするばかりでもインフレは悪化しない。
・財政赤字は民間の資産増（民間の貯蓄超過）であり、民間への資金供給となっている。逆に、財政黒字は民間の借入れ超過を意味し、失業存在下ではその借入れ超過（貯蓄不足）は民間人の所得が減ることによる貯蓄減でもたらされる。

ニューケインジアン左派で、イギリス労働党経済顧問委員会委員のサイモン・レン＝ルイスも、MMTの学説全般について、基本的には、標準的マクロ経済学の考え方から出てくることと同じことを言っていると繰り返し評している。(3)

しかしその上で、MMTの論者が政府取引の会計的細部にやたらとこだわるとの感想を述べ、そのことにいささか閉口している様子である。これは私もまったく同じ感想である。さらに言えば、基本用語の使い方に一般の経済学とは違う独特なこだわりがある。特に、本質論を直截に現象的な次元の議論に適用して、本質と矛盾する現象形態に即したものの言い方を排撃する傾向が感じられる。

たとえて言えば、マルクス経済学を初めて学んで、利子も地代も労働の搾取が源泉だと把握したばかりの大学一年生の学生活動家が、利子を出資の報酬と扱ったり地代を土地提供の報酬と扱ったりして議論する言い方に、いちいち噛み付く姿に似た印象がある（プロのマルクス経済学者は、利子の源泉は労働の搾取と把握した上で、現象的次元では利子を出資の報酬と扱う現実に則った説明を平気でするものであるが)。

「MMT」ケルトンとクルーグマンの対話不能な論争

そのことがよくわかる例として、最近見られた、有名なニューケインジアン左派のノーベル賞経済学者ポール・クルーグマンと、ケルトンとの間に交わされた論争(4)を概観しよう。

クルーグマンはこの中で、赤字財政支出政策ばかりに頼って金融緩和政策を言わないMMTを批判して、両者の間には代替関係があると主張している。彼は、ゼロ金利のときにはMMTの言うこともあてはまるが、プラスの利子が付いているときには、赤字財政支出をすると、金利が上昇して民間投資が減ってしまうと言う。いわゆる「クラウディング・アウト」効果である。同じ完全雇用を達成するにも、赤字財政支出はほどほどにして、残りは金融緩和で金利を下げて設備投資を増やすことで実現することも必要になると言うわけだ。

ケルトンはこれに対して、逆に、赤字財政支出をすると金利は下がるのだと反論している。そして、金利が下がりすぎて困るから、望ましい水準にまで金利を引き上げるために、当局は国債を売るのだと言う。

これに対してクルーグマンは何を言っているのかさっぱりわからないという対応をし、ケルトンはわからないのはクルーグマンの前提しているIS-LMのようなモデルが間違っているからだと応じている。

クルーグマンはここで、赤字財政政策という言葉で、国債を民間に向けて発行して調達した資金でもって政府支出することを指している。それに対してケルトンが同じ言葉で指しているものはまったく違う。

たしかに、マクロ経済の本質としては、政府・中央銀行を一緒にした「統合政府」が、民間人に通貨という購買力を出して財やサービスを買い、それで世の中の購買力が高まりすぎてインフレがひどくならないように、徴税してそれを消し去っている。マクロ経済にとっての効果は、国債は政府が出そうが中央銀行が出そうが同じ。それを合わせた統合政府が出した国債の純増(減)は、結局金利調整のためになされている。こうしたことは、政府取引の会計手続きをどんなふうに決めようがまったく関係なく成り立っている、人の意識を離れた機能法則的事実である。

ところがMMTはこれをどんな話の次元にも直截に適用するので[5]、ケルトンが赤字財政政策と呼ぶのは、統合政府が通貨を作って財政支出することである。だから、そのために民間の銀行のもとにおカネ(準備預金)が出すぎて金利が下がってしまう。それを受けて統合政府が、いわば「売りオペ」で国債を出しておカネを吸収することで、金利を元に戻しているのだと説明しているのである。

結果的には、ケルトンの見方で政府が「売りオペ」しすぎて、出したおカネをまるまる回収して国債に換えた事態が、クルーグマン語で言う赤字財政支出の結果とまったく同じになる。このときにはクルーグマンの言うとおり、金利が元の水準よりも上がって当然だろう。しかしそれをケルトンは赤字財政支出自体がもたらしたクラウディング・アウトとはみなさない。いわば行きすぎた金融引き締めがもたらしたものと解釈されることになるのだろう。

「ケルトン語」の赤字財政支出のあとで、統合政府が適切に「売りオペ」して、出したおカネを部分的に国債に換えた事態は、「クルーグマン語」に翻訳すれば、赤字財政支出と金融緩和が組み合わさったものと表現されるだろう。

そういうわけだから、私見では、両者は基本的に用語法の違いで行き違っているに過ぎない。クルーグマン同様IS–LMを前提してもケルトン語を表すことはできる。クルーグマン語の赤字財政支出拡大政策はIS曲線単独の右シフトで表されるのに対して、ケルトン語の赤字財政支出拡大政策はIS曲線、LM曲線双方の右シフトで表されるというそれだけのことである。

しかし、MMTにとっては、政府支出の財源として国債を売って資金調達するというような表現をすること自体が、事態の本質をわかっていないタブー表現扱いである。国債はあくまで事後的な金利調整のために出されているという言い方にこだわる。銀行の資産であるおカネ（準備預金）と国債は、共に政府の債務であるが、前者は利子が付かず、後者は利子が付く点に違いがあるに過ぎないとされている。

私などは、数学的に同値なものは同値と見なすいいかげんな人間なので、本質がわかっているなら、どっちでもいいじゃないかと思ってしまう。ことに、デフレ脱却するまでの実践的方針としては、あからさまに通貨を発行することによる政府支出を求めることについて、クルーグマンら左派ケインジアンとMMTの間に違いがあるとは思えない。そもそもイデオロギーで歪められる障害なく、本質がクリアに表れるシステムを作ることは、ＭＭＴ派の望むところだろうから（私見同様ニューケインジアンの場合はこれに、インフレ予想の上昇による実質金利低下がもたらす総需要拡大という、ＭＭＴが同意しない賛成根拠がついてくるだけの違いである）。

「貨幣はそもそも債務」

ところで、やはり同様に通貨発行による政府支出を唱える欧米反緊縮左翼の経済政策論に、信用創造廃止を唱えるヘリマネ論の潮流がある。彼らはＭＭＴ同様、貨幣はすべて債務なりという立場であるが、ＭＭＴと異なり、だから現行システムの貨幣はよくない制度であるという判断をつけて、「債務なき貨幣」の実現を提唱している。この点を巡っても論争になっていて、本書においても、あらゆる貨幣はそもそも債務であるという立場からの批判が述べられている。

銀行預金貨幣が債務なのはわかりやすいが、ＭＭＴは政府が出す通貨も債務と見なす。政府が公衆に対して持つ徴税債権を相殺・消滅させるものという意味で、政府の公衆に対する債務だと言うのである。この論理が成り立つには、国民は皆もともと納税債務を国家に負っているという前提がなければならない。これは私にはなかなか心情的に受け入れがたい前提である。

人の意識を離れて存在する法則的現実は、政府が財やサービスを買ったために公衆に購買力が溜まっていくのを、他方で消滅させることで、インフレを受忍可能な程度に抑えることである。徴税・納税の債権債務関係という考えは、人間の意識の中で、これを司るための決まりごとの一種である。

その意味で、ＭＭＴの嫌う、政府支出の財源として徴税するとか国債を出すとかと言う議論と、五十歩百歩のイデオロギーのように私には思える。

「こっち側」の大義!

このように、欧米反緊縮左派世界の中でも、ＭＭＴは他学派と論争しているのであるが、そんな中、２０１９年５月に、アメリカ上院で共和党議員が、なんと「ＭＭＴ非難決議」を上げる動きを始めた。このとき、上記のとおりケルトンと熾烈な論争をしたクルーグマンは、ツイッターで、「私はＭＭＴのファンではないが、共和党の連中が信奉する経済学教義よりは、はるかにいい。理論に同意しないならそれに基づく政策をとらなければいいだけだ。だが共和党の連中は思想警察みたいなまねをしようとしている」と抗議の声を上げている。(6)

日本の左派・リベラル派の諸氏は、ここにようやく本格教科書が翻訳されて、ＭＭＴについての妖怪物語を脱してちゃんとした検討ができるようになったわけだが、本書を読んだ上でなお反対という人たちはいて当然だろう。しかし、アメリカで起こったようなことが日本でも起こった時、クルーグマンのように大義に立つことができるだろうか。

【注】

1. Relman, Eliza, “Alexandria Ocasio-Cortez Says the Theory That Deficit Spending is Good for the Economy Should ‘Absolutely’ Be Part of the Conversation,” *Business Insider*, Jan. 7, 2019.
https://www.businessinsider.com/alexandria-ocasio-cortez-ommt-modern-monetary-theory-how-pay-for-policies-2019-1

2. ＭＭＴは、課税で貨幣というものを受け入れるニーズが質的に作られる論理次元と、課税で総需要が抑制されて貨幣価値が量的に維持される論理次元を区別する。しかし前者の次元の論理では、民事契約の司法的保護を自国通貨取引に限るとか、賃金を自国通貨で払う義務にするなどでも貨幣を受け入れるニーズは作られるはずだが、それ自体にインフレを抑える力がない以上、課税なくこれらの仕組みだけで貨幣システムを維持するのは困難だろう。

3. Wren-Lewis, Simon, “MMT: Not So Modern,” *Mainly Macro*, Mar. 16, 2016.
https://mainlymacro.blogspot.com/2016/03/mmt-not-so-modern.html
———, “MMT and Mainstream Macro,” *Mainly Macro*, Mar. 22, 2016.
https://mainlymacro.blogspot.com/2016/03/mmt-and-mainstream-macro.html

4. ブラッド・デロング「クルーグマン：機能的ファイナンスのどこが問題か」（２０１９年２月14日）『経済学１０１』optical_frog訳。
https://econ101.jp/
ステファニー・ケルトン「クルーグマンさん、ＭＭＴは破滅のレシピではないって」（２０１９年２月21日）『道草』erickqchan訳。
http://econdays.net/?p=10437
Krugman, Paul, “Running on MMT（Wonkish）: Trying to Get This Debate Beyond Calvinball,” *The New York Times*, Feb. 25, 2019.

https://www.nytimes.com/2019/02/25/opinion/running-on-mmt-wonkish.html

Kelton, Stephanie, "Paul Krugman Asked Me About Modern Monetary Theory. Here Are 4 Answers: Deficit levels, Interest Rates and the Tradeoff Between Fiscal and Monetary policy" *Bloomberg Opinion*, Mar. 1, 2019.

https://www.bloomberg.com/opinion/articles/2019-03-01/paul-krugman-s-four-questions-about-mmt

———, "The Clock Runs Down on Mainstream Keynesianism: Paul Krugman's Macro Framework is Leading Him Astray," *Bloomberg Opinion*, Mar. 5, 2019.

https://www.bloomberg.com/opinion/articles/2019-03-04/krugman-s-macroeconomics-is-no-match-for-mmt#comment-4364182466

5. ＭＭＴ論者は、たまたま現実の財政支出の会計手続きがこの「本質」と合致した形式の見かけであることをことさら重視する傾向がある。私はその正誤を判断する力を持たないが、赤字財政支出に際しては、ある例では後日民間の銀行が買い戻す約束をつけた国債を中央銀行が民間の銀行から買うことで、別の例では政府支出先の業者が取引銀行に持ち込んだ政府発行小切手を中央銀行が引き受けることで、政府支出額と同じ額の準備預金が民間の銀行の資産側にまず作られるという。これが、政府支出先業者の銀行預金に政府から払い込まれた額と一致し、この預金が給料や仕入代金として払われて世の中に貨幣として出回っていく。それに対して政府の国債発行は別途行われ、民間の銀行は国債を買った分、政府に準備預金が吸収される。これをもってＭＭＴ論者は国債発行が支出に先立つ財源調達でないことの表れと見なすのだが、本書でも、政府支出に先立って国債発行で財源を用意しなければならない制度的制約をつけたとしても結局は同じということが示されているように、これは見かけの形式を巡る議論であって本質的ではない。

6. https://mobile.twitter.com/paulkrugman/status/1124286093837389825?s=19

※この解説文の原稿を修正するにあたっては、望月夜氏との議論が大きく役立っている。記して感謝する。ただしこのことは意見の一致を意味するものではない。

MMT現代貨幣理論入門

2019年 9月12日 第1刷発行
2021年12月13日 第4刷発行

著　者――L・ランダル・レイ
監訳者――島倉　原
訳　者――鈴木正徳
解　説――中野剛志／松尾　匡
発行者――駒橋憲一
発行所――東洋経済新報社
〒103-8345 東京都中央区日本橋本石町1-2-1
電話＝東洋経済コールセンター 03(6386)1040
https://toyokeizai.net/

装　丁…………秦　浩司(hatagram)
D T P…………アイランドコレクション
印　刷…………東港出版印刷
製　本…………積信堂
編集協力………パプリカ商店
編集担当………渡辺智顕
Printed in Japan　ISBN 978-4-492-65488-0

【著者】

L・ランダル・レイ（L. RANDALL WRAY）

経済学者、ニューヨークのバード大学教授兼レヴィ経済研究所上級研究員。

セントルイスのワシントン大学在籍中はハイマン・P・ミンスキーに師事。専門は、貨幣理論と金融政策、マクロ経済学、金融不安定性、雇用政策。ポスト・ケインジアンの代表的研究者・論客の一人。

パシフィック大学で学士号、セントルイスのワシントン大学で修士号および博士号を取得。ローマ大学、パリ大学、ベルガモ大学、ボローニャ大学、メキシコ国立自治大学（UNAM、メキシコ市）の客員教授や、ミズーリ大学カンザスシティ校の教授等を歴任し、現在に至る。

著書に、*Understanding Modern Money : The Key to Full Employment and Price Stability*（現代貨幣を理解する――完全雇用と物価安定の鍵、1998年）、*Money and Credit in Capitalist Economies*（資本主義経済における貨幣と信用、1990年）、*Why Minsky Matters*（ミンスキーはなぜ重要なのか、2015年）がある。

また、*Credit and State Theories of Money*（2004年）の編者であり、*Contemporary Post Keynesian Analysis*（2005年）、*Money, Financial Instability and Stabilization Policy*（2006年）、*Keynes for the Twenty-First Century : The Continuing Relevance of The General Theory*（2008年）の共同編集者である。


【解説（巻頭）】

中野剛志（なかの たけし）

評論家。1971年、神奈川県生まれ。元・京都大学大学院工学研究科准教授。専門は政治経済思想。1996年、東京大学教養学部（国際関係論）卒業後、通商産業省（現・経済産業省）に入省。2000年よりエディンバラ大学大学院に留学し、政治思想を専攻。2001年に同大学院より優等修士号、2005年に博士号を取得。2003年、論文“Theorising Economic Nationalism”（*Nations and Nationalism*）でNations and Nationalism Prizeを受賞。著書に山本七平賞奨励賞を受賞した『日本思想史新論』（ちくま新書）、『TPP亡国論』『世界を戦争に導くグローバリズム』（ともに集英社新書）、『国力論』（以文社）、『国力とは何か』『真説・企業論』（ともに講談社現代新書）、『保守とは何だろうか』（NHK出版新書）、『官僚の反逆』『日本の没落』（ともに幻冬舎新書）、『富国と強兵――地政経済学序説』（東洋経済新報社）、『目からウロコが落ちる奇跡の経済教室【基礎知識編】』『全国民が読んだら歴史が変わる奇跡の経済教室【戦略編】』（ともにベストセラーズ）などがある。

【解説（巻末）】

松尾　匡（まつお ただす）

立命館大学経済学部教授。1964年、石川県生まれ。専門は理論経済学。著書に河上肇賞奨励賞を受賞した『商人道ノスヽメ』（藤原書店）、『不況は人災です！』（筑摩書房）、『「はだかの王様」の経済学』（東洋経済新報社）、『この経済政策が民主主義を救う』（大月書店）など。共著に『これからのマルクス経済学入門』（筑摩書房）、『マルクスの使いみち』（太田出版）、『そろそろ左派は〈経済〉を語ろう――レフト3.0の政治経済学』『「反緊縮！」宣言』（ともに亜紀書房）などがある。

【監訳】

島倉　原（しまくら はじめ）

株式会社クレディセゾン主任研究員。1974年、愛知県生まれ。1997年、東京大学法学部卒業。株式会社アトリウム担当部長、セゾン投信株式会社取締役などを歴任。経済理論学会および景気循環学会会員。会社勤務の傍ら、積極財政の重要性を訴える経済評論活動を行っている。著書に『積極財政宣言――なぜ、アベノミクスでは豊かになれないのか』（新評論）がある。

【訳】

鈴木正徳（すずき まさのり）

1964年生まれ。都立西高校、早稲田大学法学部卒業。1987年、第一勧業銀行入行。2002年よりローンスター・ファンド等、複数の投資ファンド系資産運用会社に勤務。現在はフリーランス。

A～Z

ア行

カ行

サ行

タ行

ナ行

ハ行

マ行

ヤ・ラ・ワ行

第2章　自国通貨の発行者による支出

1. 数学を使った説明はエリック・ティモワーニュの手になるものである。

第3章　国内の貨幣制度

1. これらはすべて、スコット・T・フルウィラーの論文（http://papers.ssrn.com/sol3/papers.cfm?abstract_id=1874795）でさらに詳しく論じられている（一般の読者には、恐らくそこまで必要ないと思われるが）。
2. 本節の議論は、2010年9月（2011年4月改訂）のスコット・T・フルウィラーの"Treasury Debt Operations–An Analysis Integrating Social Fabric Matrix and Social Accounting Matrix Methodologies"（http://papers.ssrn.com/sol3/papers.cfm?abstract_id=1825303）に手を加えたものである。

第6章　現代貨幣理論と為替相場制度の選択

1. *Payback: Debt and the Shadow Side of Wealth,* by Margaret Atwood (Toronto: House of Anansi Press, 2008).（マーガレット・アトウッド『負債と報い——豊かさの影』佐藤アヤ子訳、岩波書店、2012年）
2. *Coins, Bodies, Games, and Gold,* by Leslie Kurke (Princeton, NJ: Princeton University Press, 1999), xxi, 385.
3. 本節で取り上げた議論に関しては、Chris Desan、David Foxをはじめとするケンブリッジ大学でのセミナー参加者の皆様に感謝申し上げる。こちら（http://www.boston.com/bostonglobe/ideas/articles/2011/08/21/which_came_first_money_or_debt/）も興味深いので参照されたい。

第10章　結論——主権通貨のための現代貨幣理論

1. Bezemer, D. J. 2009. "No One Saw This Coming": Understanding Financial Crisis Through Accounting Models（未発表論文）。こちら（http://www.voxeu.org/article/no-one-saw-coming-or-did-they）も参照されたい。
2. 我々の初期の研究については、以下を参照されたい。http://neweconomicperspectives.org/2012/07/nostradamus-and-the-euro.html; http://www.economonitor.com/lrwray/2012/07/24/who-first-warned-about-the-euro-the-wsj-weighs-in/; http://www.economonitor.com/lrwray/2011/11/16/euro-crisis-is-spreading-from-periphery-to-center-the-system-designed-to-fail-will-fail/
3. こちらも参照されたい。http://neweconomicperspectives.org/2014/01/job-guarantee-2.html、http://neweconomicperspectives.org/2014/01/dazed-confused-matt-

yglesias-job-guarantee.html; http://moslereconomics.com/2013/11/19/comments-on-bakerbernstein-book/

4. こちらも参照されたい。http://www.economonitor.com/lrwray/2013/11/21/bow-down-to-the-bubble-larry-summerian-endorses-bubbleonian-madness-and-paul-krugman-embraces-the-hansenian-stagnation-thesis/

5. 詳しくは、私の2007年の論文（http://www.levyinstitute.org/pubs/wp_488.pdf）を参照されたい。また、それより前にMarc-Andre Pigeonと共同執筆した、需要制約を要因とする長期停滞に関する研究論文（http://www.levyinstitute.org/pubs/wp269.pdf）も参照されたい。

Aspromourgos, Tony. 2000. "Is an Employer-of-Last-Resort Policy Sustainable? A Review Article," *Review of Political Economy,* Vol. 12, No. 2: 141–155.

Atwood, Margaret. 2008. *Payback: Debt and the Shadow Side of Wealth,* Anansi.（マーガレット・アトウッド『負債と報い――豊かさの影』佐藤アヤ子訳，岩波書店，2012年）

Bell, Stephanie. 2000. "Do Taxes and Bonds Finance Government Spending?," *Journal of Economic Issues,* Vol. 34, No. 3: 603–620.

———. 2001. "The Role of the State and the Hierarchy of Money," *Cambridge Journal of Economics,* Vol. 25, No. 2: 149–163.

——— and L. Randall Wray. 2002. "Fiscal Effects on Reserves and the Independence of the Fed," *Journal of Post Keynesian Economics,* Vol. 25, No. 2: 263–271.

——— and ———. 2004. "The War on Poverty after 40 Years: A Minskyan Assessment," *Public Policy Brief,* The Levy Economics Institute of Bard College, No. 78.

Boulding, Kenneth E. 1985. "Puzzles over Distribution," *Challenge,* Vol, 28, No. 5: 4–10.

Burgess, John and William F. Mitchell. 1998. "Unemployment Human Rights and Full Employment Policy in Australia," in Melinda Jones and Peter Kreisler (eds.), *Globalization, Human Rights and Civil Society,* Sydney: Prospect Press.

Clower, Robert W. 1965. "The Keynesian Counter-Revolution: A Theoretical Appraisal," in Frank H. Hahn and F. P. R. Brechling (eds.), *The Theory of Interest Rates,* pp. 103–125, London: Macmillan.

Commons, John R. 1924. *Legal Foundations of Capitalism* (1995). New Brunswick, NJ: Transaction Publishers.（ジョン・ロジャーズ・コモンズ『資本主義の法律的基礎 上巻』新田隆信・中村一彦・志村治美訳，コロナ社，1964年）

Cramp, A. B. 1962. "Two Views on Money," *Lloyds Bank Review,* July: 1–15.

Darity, William Jr. 1999. "Who Loses from Unemployment," *Journal of Economic Issues,* Vol. 33, No. 2: 491–496.

Davidson, Paul. 1978. *Money and the Real World,* London: Macmillan.（ポール・デヴィッドソン『ポスト・ケインジアン叢書3　貨幣的経済理論［原書第2版］』原正彦監訳，金子邦彦・渡辺良夫訳，日本経済評論社，1980年）

Dillard, Dudley. 1980. "A Monetary Theory of Production: Keynes and the Institutionalists," *Journal of Economic Issues,* Vol. 14, No. 2: 255–273.

Foley, Duncan. 1989. "Money in Economic Activity," in John Eatwell, Murray Milgate and Peter Newman (eds.), *The New Palgrave: Money,* New York, NY and London:

W. W. Norton.
Forstater, Mathew. 1999. "Full Employment and Economic Flexibility," *Economic and Labour Relations Review*, Vol. 11.
——— and L. Randall Wray (eds.). 2008. *Keynes for the Twenty-First Century: The Continuing Relevance of the General Theory*, London: Palgrave Macmillan.
Fullwiler, Scott. 2003. "Timeliness and the Fed's Daily Tactics," *Journal of Economic Issues*, Vol. 37, No. 4: 851–880.
———. 2005. "Paying Interest on Reserve Balances: It's More Significant than You Think," *Journal of Economic Issues*, Vol. 39, No. 2: 543–550.
———. 2006. "Setting Interest Rates in the Modern Money Era," *Journal of Post Keynesian Economics*, Vol. 28, No. 3: 495–525.
———. 2008. "Modern Central Bank Operations: The General Principles." https://ssrn.com/abstract = 1658232
———. 2009. "The Social Fabric Matrix Approach to Central Bank Operations: An Application to the Federal Reserve and the Recent Financial Crisis," in Natarajan, Tara, Wolfram Elsner and Scott Fullwiler (eds.), *Institutional Analysis and Praxis: The Social Fabric Matrix Approach*, pp. 123–169. New York, NY: Springer.
———. 2011. "Treasury Debt Operations: An Analysis Integrating Social Fabric Matrix and Social Accounting Matrix Methodologies." https://ssrn.com/abstract = 1825303
Galbraith, James K. 2011. "Is the Federal Debt Unsustainable?," Levy Economics Institute Policy Note. 2011/2.
Ginsburg, Helen. 1983. *Full Employment and Public Policy: The United States and Sweden*, Lexington, MA: Lexington Books.
Godley, Wynne. 1996. "Money, Finance and National Income Determination: An Integrated Approach," Levy Economics Institute, Working Paper, No. 167. http://www.levyinstitute.org/publications/money-finance-and-national-income-determination
——— and Marc Lavoie. 2007. *Monetary Economics: An Integrated Approach to Credit, Money, Income, Production, and Wealth*. New York, NY: Palgrave Macmillan.
Goodhart, Charles A. E. 1989. *Money, Information and Uncertainty*. Cambridge, MA: MIT Press.
———. 1998. "Two Concepts of Money: Implications for the Analysis of Optimal Currency Areas," *European Journal of Political Economy*, Vol. 14, No. 3: 407–432.
———. 2005. "Review of Credit and State Theories of Money: The Contributions of

A. Mitchell Innes," *History of Political Economy*, Vol. 37, No. 4: 759–761.
———. 2008. "Money and Default," in Mathew Forstater and L. Randall Wray (eds.), *Keynes for the Twenty-First Century: The Continuing Relevance of the General Theory*, pp. 213–223. New York, NY: Palgrave Macmillan.
Graeber, David. Interview.
http://www.boston.com/bostonglobe/ideas/articles/2011/08/21/which_came_first_money_or_debt/
Graziani, Augusto. 1990. "The Theory of the Monetary Circuit," *Économies et Sociétés*, série MP, 7, Vol. 24, No. 6: 7–36.
Harvey, Philip. 1989. *Securing the Right to Employment: Social Welfare Policy and the Unemployed in the United States*, Princeton, NJ: Princeton University Press.
———. 1999. "Liberal Strategies for Combating Joblessness in the Twentieth Century," *Journal of Economic Issues*, Vol. 33, No. 2: 497–504.
———. 2002. "Human Rights and Economic Policy Discourse: Taking Economic and Social Rights Seriously," *Columbia Human Rights Law Review*, Vol. 33, No. 2: 364–471.
Hayden, F. Gregory. 2006. *Policymaking for a Good Society: The Social Fabric Matrix Approach to Policy Analysis and Program Evaluation*, New York, NY: Springer.
———. 2009. "Normative Analysis of Instituted Processes," in Natarajan, Tara, Wolfram Elsner and Scott Fullwiler (eds.), *Institutional Analysis and Praxis: The Social Fabric Matrix Approach*, pp. 103–120. New York, NY: Springer.
Heilbroner, Robert. 1985. *The Nature and Logic of Capitalism*, New York, NY and London: W. W. Norton.
Hirway, Indira. 2006. "Enhancing Livelihood Security through the National Employment Guarantee Act: Toward Effective Implementation of the Act," The Levy Economics Institute Working Paper, No. 437.
Ingham, Geoffrey. 2000. "'Babylonian Madness': On the Historical and Sociological Origins of Money," in John Smithin (ed.) *What is Money*?, London and New York: Routledge.
———. 2004a. "The Emergence of Capitalist Credit Money," in L. Randall. Wray (ed.), *Credit and State Theories of Money: The Contributions of A. Mitchell Innes*, 173–222, Cheltenham: Edward Elgar.
———. 2004b. *The Nature of Money*, Cambridge: Polity Press Ltd.
——— (ed.). 2005. *Concepts of Money: Interdisciplinary Perspectives from Economics, Sociology, and Political Science*, Cheltenham: Edward Elgar.
Innes, A. Mitchell. 1913. "What is Money?," *Banking Law Journal*, May: 377–408.